महाकवि कालिदास
एक अनकही कथा

महाकवि कालिदास
एक अनकही कथा

मधु झा

ZORBA BOOKS

ZORBA BOOKS

Published in India by Zorba Books, 2018

Website: www.zorbabooks.com
Email: info@zorbabooks.com

Copyright © मधु झा

ISBN Print Book - 978-93-87456-68-6
e-Book - 978-93-87456-69-3

All rights reserved. No part of this book may be reproduced or transmitted in any form or by any means, electronic or mechanical, including photocopying, recording, or by an information storage and retrieval system—except by a reviewer who may quote brief passages in a review to be printed in a magazine, newspaper, or on the Web—without permission in writing from the copyright owner.

Although the author and publisher have made every effort to ensure the accuracy and completeness of information contained in this book, we assume no responsibility for errors, inaccuracies, omissions, or any inconsistencies herein. Any slights on people, places, or organizations are unintentional.

Zorba Books Pvt. Ltd.(opc)
Gurgaon, INDIA

Printed at Repro Knowledgecast Limited, Thane

समर्पण

मेरे पीताजी त्रीवेनी कान्त झा

“महाकवि कालिदास” एक ऐसा नाम, एक ऐसा व्यक्तित्व जिनके बारे में सारा विश्व सदियों से जानने के लिए उत्सुक रहा है| समय - समय पर विद्वानों ने उनके महाकाव्य, उनका काल, उनके जन्म स्थान एवं उनके व्यक्तित्व के बारे में चिंतन, मनन एवं लेखन किया है|

आगामी कई सदियों तक विद्वान उनके बारे में अनुशीलन करते रहेंगे| जिस तरह गोताखोर समुद्र की गहराई में जितना अधिक उतरते हैं, उतना ही अधिक जानकारी एवं रहस्यों का पर्दा खुलता है, उसी प्रकार महाकवि की कृति, उनका जीवन, रहस्यों एवं मोतियों से भरा हुआ खजाना है, जो जितना खुलेगा, दिनों दिन उस खजाने में से और भी चमकते हुए मोती पूरे विश्व को मिलेंगे|

कहाँ महाकवि कालिदास और कहाँ मैं निपट मूर्ख? मैं भलीभांति जानती हूँ कि कालिदास के बारे में अनेक विद्वानों ने अनुशीलन करते हुए इतना कुछ लिख डाला है कि मुझे पता नहीं कि मैं क्या लिख सकती हूँ?

मैं न तो उन विद्वानों की तरह हूँ और न ही मुझमें उनकी तरह शब्दों की क्षमता है| मेरे पास मात्र महाकवि के लिए अपार श्रद्धा है, जिसके फलस्वरूप उस ज्ञान रूपी सागर में बच्चों की तरह ज़िद्दी बन गहराई में उतरना चाहती हूँ| उस गहराई में उतरने के लिए मैं कुछ विद्वानों की लेखनी का सहारा लूँगी, क्योंकि उचित दिशा निर्देशों के बगैर मैं उस गहराई में नहीं उतर सकती| मुझसे अनेक तरह की गलतियां होंगी, क्योंकि मेरे पास न शब्दों का खजाना है और न ही ज्ञान का| मुझे आशा ही नहीं पूर्ण विश्वास है कि विद्वान गण मेरे द्वारा लिखे गए तथ्यों को विचाराधीन रखेंगे या मेरे तथ्य सही नहीं होंगे तो मुझे अज्ञानी बच्चा समझ क्षमा कर देंगे|

महाकवि कालिदास को साक्षात् माता काली ने दर्शन देकर वर दिया| मुझे भी विश्वास है कि प्रत्यक्ष न सही, अप्रत्यक्ष ही माता का आशीर्वाद मुझ पर है, इसलिए मैं इस सागर में उतरने के लिए प्रेरित हूँ|

सभी पाठकों एवं विद्वानों से मेरी प्रार्थना है कि मेरे द्वारा लिखी गयी इस पुस्तक में वाक्य सम्बंधित दोष, व्याकरण सम्बंधित दोष, साहित्यिक शब्दों का अभाव रहेगा, जिस सबके लिए मैं क्षमा प्रार्थी हूँ| मुझमें इतनी हिम्मत नहीं थी कि मैं कालिदास विषय पर लिखूँ, क्योंकि अभी तक जिन विद्वानों ने इस विषय पर लिखा है वे साहित्यकार एवं संस्कृत के बहुत बड़े ज्ञाता हैं| कहते हैं जहाँ चाह, वहाँ राह| एक दिन मुझे स्मरण हुआ प्रेमचंद जी का, जिन्होंने बहुत ही सरल भाषा, क्षेत्रीय भाषा का भी प्रयोग अपनी कहानियों में किया है और पाठक ने सिर्फ उन्हें स्वीकारा ही नहीं, बल्कि अपने ह्रदय में बसाया भी है| स्मरण आते ही मेरी हिम्मत बढ़ी, और

मेरी आत्मा ने मुझे प्रेरणा दी कि मैं भी सरल शब्दों में लिखूँ, तो पाठक मेरी भावनाओं की कदर करते हुए मेरे लेखन को स्वीकार करेंगे। पाठकों से मेरा अनुरोध है कि मेरी लिखी अशुद्धि या तथ्य दोष को नज़र अंदाज़ कर मेरी भावनाओं को समझ कर मेरी लेखनी को स्वीकार कर, विचार करें।

भोले नाथ की असीम कृपा से मुझे ऐसे माता - पिता, भाई - बहन मिले जिनके प्यार और सहयोग से मेरा आत्म विश्वास बढ़ा। मेरे पिता मेरी नज़र में विद्वान ही नहीं, बल्कि ज्ञानी हैं। उनके मार्ग दर्शन एवं आशीर्वाद के बिना मैं कुछ नहीं कर सकती हूँ। मेरी माँ का आशीर्वाद सदा मेरा साथ देता है, जिसके कारण आज तक मैं सफल होती आयी हूँ। कहते हैं ऊपर माता रानी (माँ सरस्वती) एवं नीचे जन्मदात्री माँ का आशीर्वाद जिनके साथ है वे बहुत ही भाग्यशाली होते हैं। कहने की आवश्यकता नहीं कि मैं भी भाग्यशाली हूँ। बड़ी बहन के आशीर्वाद, स्नेह एवं छोटे भाई - बहन के सहयोग और जोश भरे शब्दों ने मेरी हिम्मत बढ़ाई है, जिसके लिए मैं उनकी आभारी हूँ।

कहते हैं कि किसी सफल पुरुष के पीछे किसी नारी का हाथ होता है, वैसे ही किसी सफल नारी के पीछे किसी पुरुष का हाथ होता है, जिसे मैंने अनुभव किया है। आज मैं जो भी हूँ, जितनी भी सफल हूँ, उसके पीछे मेरे पति का प्यार, उनका अविश्वसनीय सहयोग, और उनके जोश भरे शब्द हैं। परछाई की तरह उन्होंने ज़िंदगी के प्रत्येक मोड़ पर मेरा साथ दिया। एक सच्चे मित्र की तरह पग - पग मेरे साथ रहे। उन सबके लिए मैं उनसे क्या कहूँ, मेरी समझ के परे है। अन्य पारिवारिक सदस्यों में मेरा बेटा (पुत्र) है, जो मेरे ह्रदय का टुकड़ा है, जिसके बिना ज़िंदगी ज़िंदगी ही नहीं। उसने मुझे इतना प्रेरित किया कि मैं खुद को लिखने से रोक नहीं पायी।

मेरे कुछ महिला एवं पुरुष मित्रों ने मेरा सहयोग किया, साथ - साथ प्रेरित किया कि आप निश्चित ही इस कार्य को करें। उनके प्रति मैं आभार व्यक्त करती हूँ।

ससुराल पक्ष के बड़ों एवं बच्चों ने मेरे उत्साह को बढ़ा, उसे दुगुना कर दिया। बड़े मेरे लिए हमेशा सम्मान के पात्र बने रहेंगे। छोटे बच्चों के लिए मंगलकामना एवं स्नेह ज़िंदगी भर मेरे ह्रदय में बना रहेगा।

उन गुरुजनों को प्रणाम करते हुए अपनी लेखनी आरम्भ करना चाहती हूँ, जिन्होंने मुझे कलम कागज़ की परिभाषा सिखाई।

अंत में अपने विरोधियों एवं अपने प्रति ईर्ष्या एवं घृणा भाव रखने वालों का ह्रदय से धन्यवाद देती हूँ, क्योंकि उनकी भावना ने मुझे कुछ कर के दिखाने के लिए प्रेरित किया।

कहते हैं ईश्वर जो भी करता हैं, अच्छे के लिए ही करता है| वर्तमान में भले ही वह मन से अप्रिय लगे| इस के लिए में ईश्वर की कृतज्ञ हूँ, जिन्होंने मेरे जीवन के कुछ समय को ऐसी कठिनाई भरी परिस्थितियों से घेर दिया कि उस समय मेरे पास लिखने के अलावा कोई विकल्प नहीं बचा| ऐसी कठिनाई जो न तो दूसरों के सामने कहते बनती और न निगलते| कहावत है अपनी कमी और दूसरों की हँसी, उस दुःख से उबरने का एक ही रास्ता था कि मैं उन दुखों को कहानी के काल्पनिक पात्रों के माध्यम से अपनी लेखनी में व्यक्त करूँ| जिस तरह कुंती ने कृष्ण से दुःख माँगा था और कहा था कि- "जिसके पास दुःख है उसी के पास तुम हो|" उसी तरह मैं अपने आप को कृतार्थ समझती हूँ कि ईश्वर ने मुझे उस कठिन परिस्थिति का सामना इस तरह करने की क्षमता और शक्ति प्रदान की| श्री गणेश का नाम लेकर इस कामना से कि आप सभी का आशीर्वाद मेरे साथ है मैं महाकवि कालिदास के विषय में लिखने का साहस कर रही हूँ|

ॐ नमः शिवाय, जय श्री गणेश - जय माँ सरस्वती

Contents

महाकवि का जन्म काल 7

महाकवि कालिदास का जन्मस्थान? 22

मेघदूत के तथ्य 42

रघुवंश 48

अभिज्ञान शाकुंतलम् 58

महाकवि कालिदास की जीवनी 66

मिथिला एवं कालिदास पुस्तक के आधार पर 146

Chapter 1

माता सरस्वती के वरदपुत्र महाकवि कालिदास भारत की इस पवित्र धरती को छोड़ कहाँ अवतरित हो सकते थे| इतिहास गवाह है कि भारतवर्ष अनेकानेक भक्तों, विद्वानों, ज्ञानियों, कवियों, साहित्यकारों की पुण्य जन्मस्थली रहा है, जिनमें कालिदास भारतीय साहित्य की सर्वश्रेष्ठ विभूति है| इनकी कृतियों में हमारी पुरातन सभ्यता - संस्कृति, इतिहास सुरक्षित है| देश - विदेश के अनेक विद्वानों ने इनकी रचनाओं को अपनी - अपनी भाषा में सादर प्रचार - प्रसार कर पूरे विश्व में इन्हें लोकप्रिय बनाया| इनकी रचनाओं ने अलग - अलग तरह के व्यक्तियों के व्यक्तित्व को पोषित ही नहीं किया, बल्कि सभी तरह के प्रेमियों की प्यास बुझाई है| इनकी रचनाएँ कोई कुआँ या तालाब नहीं हैं, जहां जाति बंधन, वर्ण बंधन, आर्थिक बंधन या राजनैतिक बंधन हो| इनकी रचनाएं तो सागर हैं, जहां कोई भी बंधन नहीं| सब तरह के बंधनों को तोड़ वह प्रत्येक के ह्रदय में घर कर चुके हैं| उनकी रचनाओं से उन वियोगी (बिछोही) प्रेमियों की प्यास बुझती है जो अपने प्रेमी या प्रेमिका के वियोग में तड़पते हैं| "मेघदूत" में विप्रलम्भ - श्रृंगार का इस तरह वर्णन उन्होंने किया है कि वियोगी प्रेमियों की आत्मा संतृप्त हो जाती है| अभिज्ञान शाकुन्तलम् के तीसरे अंक में राजा जब शकुंतला को शीघ्र ही अपनी राजधानी में बुलाने का वचन देकर गया तभी से विप्रलम्भ का प्रारम्भ हो जाता है| इसी तरह चतुर्थ, पंचम और षष्ठ अंक में भी विप्रलम्भ की सामग्री भरपूर है| इस तरह कालिदास ने अपनी रचनाओं से बिछोही प्रेमियों की दर्द भरी कहनियों के पात्रों के माध्यम से उन प्रेमियों की प्यास बुझाने का प्रयास किया, जो चातक पक्षी की तरह आसमान की ओर देख, वर्षा की एक बूँद को पाने का इच्छुक था| इससे ऐसा भी आभास होता है कि कालिदास ने बिछोह की पीड़ा को अपने जीवन में सहा था|

बिना व्यक्तिगत अनुभव के हृदय की उस पीड़ा को कोई कैसे व्यक्त कर सकता है? मेघदूत में अपनी उसी पीड़ा को यक्ष के माध्यम से कहलवा कर उन्होंने विश्व को ऐसा उपहार दे दिया जिससे आज पूरा विश्व उनका गुणगान कर रहा है|

विप्रलम्भ रस के अंतर्गत उन्होंने बड़े ही मार्मिक ढंग से करुण रस का वर्णन किया है| यक्ष जब अपनी प्रियतमा का चित्र बनाकर उससे आलिंगन करना चाहता था तब उसके आँसू चित्र को पहले ही धो दे रहे थे| कितना मार्मिक प्रसंग है यह| इसी तरह मेघदूत के उत्तरमेघ में श्लोक ४४ में यक्ष ने अपनी प्रियतमा और अपने बारे में लिखा है कि मिलने की चाह और गर्म उसांसो को देख - देखकर ही यह समझ लेता है कि इसी तरह उसकी प्रियतमा भी बिछोह में दुबली हो गयी होगी, विरह से तप रही होगी, आँखों से झर - झर आँसू बहा रही होगी| इस तरह उन्होंने करुण रस के द्वारा प्रेमियों की दुखी आत्मा को शब्दों के चमत्कार से व्यक्त कर उनकी प्यास बुझाई है|

कालिदास ने जिस तरह विप्रलम्भ श्रृंगार का वर्णन किया उससे किसी भी तुलना में कम सम्भोग - श्रृंगार को नहीं माना जा सकता| सम्भोग - श्रृंगार का सर्वश्रेष्ठ वर्णन "कुमार सम्भवे" में शिव - पार्वती के विवाहोपरांत वर्णन में लिखा है| अष्टम सर्ग (कुमार सम्भव) सम्भोग श्रृंगार से भरा हुआ है|

"यन्मुखग्रहणमक्षताधरं दानमव्रणपदं नखस्य यत|
यद्रतं च सदयं प्रियस्य तत्पार्वति विषहते स्म नेतरत||"

श्लोक सं. ०९ अष्टम सर्ग, कुमार सम्भवे

यह तो सम्भोग श्रृंगार का एक मात्र उदाहरण है| कालिदास ने तो सम्भोग - श्रृंगार लिखने की सारी सीमाएं तोड़ डाली| इससे कुपित होकर माता पार्वती ने उन्हें श्राप तक दे दिया कि तुम्हारी मृत्यु एक वेश्या के हाथों होगी (किवदंती)| सम्भोग श्रृंगार की पुष्टि अभिज्ञान शाकुन्तलम् के भी बहुत सारे श्लोकों में होती है| कालिदास ने सम्भोग श्रृंगार का वर्णन करने में जिन उपमाओं का उपयोग किया, वह अत्यंत ही प्रशंसनीय एवं चमत्कारिक हैं| दाम्पत्य जीवन का सुख भोगने वाले दंपत्ति सम्भोग श्रृंगार को पढ़ कर कालिदास के कृतज्ञ हो जाते हैं| वास्तव में विप्रलम्भ के बिना सम्भोग श्रृंगार अधूरा है| कवि ने दोनों श्रृंगारों का ऐसा वर्णन किया है जो अन्यत्र दुर्लभ है| इसलिए कवि ने शकुंतला और दुष्यंत का बिछोह करवाया| बिछोह की पीड़ा सम्भोग के लिए व्याकुल रहती है| यह बात कालिदास से बेहतर कोई कैसे लिख सकता है? कालिदास ने सम्भोग और बिछोह, दोनों का अपनी ज़िंदगी में व्यक्तिगत अनुभव किया था| उनके प्रेम का आंकलन उनके सर्वप्रिय काव्य मेघदूत को पढ़ने से होता है| उसी तरह सम्भोग का वर्णन उनके अनेक काव्यों में बड़ी ही सूक्ष्मता से है|

वात्सल्य रसः- इनके अलावा वात्सल्य रस भी उनके काव्यों में पाया जाता है| जब राजा दुष्यंत देवराज इंद्र की सहायता करके मारीच ऋषि के आश्रम के दर्शन करने के लिए अपने रथ से उतरते हैं, और एक बालक को सिंह के बच्चे से छेड़खानी करते देखते हैं, जो उनकी ही मुखाकृति जैसा बालक है, तब दुष्यंत का वात्सल्य प्रेम जाग उठता है और वे पता लगाते हैं कि यह उनका ही रक्त है| राजा बालक को गोद में उठाकर उसके स्पर्शसुख का अनुभव करते हैं और उनका वात्सल्य प्रेम जाग उठता है| इस तरह उन्होंने माता - पिता के वात्सल्य रस की तृष्णा को संतृप्त किया है|

शांत रसः- उनके कुछ श्लोकों से शांत रस के भी दर्शन होते हैं| जैसे इंद्र के सारथी मातलि के साथ अपनी राजधानी को लौटते हुए राजा हेमकुंट पर्वत के समीप मारीच आश्रम के दर्शन करते हुए मुनि को प्रणाम कर कहते हैं "यह स्वर्ग से भी अधिक शांतिदायक स्थान है| मुझे ऐसा लग रहा जैसे मैं अमृतकुंड में प्रविष्ट हुआ हूँ|" इस प्रकार कालिदास ने आत्मा की शांति की तलाश| हो सकता है ऐसा ही कोई स्थान हो जहाँ उन्हें आत्मा की शांति मिलती हो या फिर ऐसी ही शान्ति की तलाश (खोज)|

भयानक रसः- भयानक रस का दर्शन भी उनकी रचनाओं में देखने को मिलता है| जब राजा दुष्यंत कण्व के समीप एक मृग का वध करने के लिए उसके पीछे जाते हैं तो मृग की स्थिति, भय से मुख से चबाये हुए कुशों का गिरना, शरीर में संकोच हो जाता है| उसका शरीर भय के कारण काँपने लगता है| इस तरह कालिदास ने भयानक रस को अपने काव्यों, रचनाओं के माध्यम से परोसा| मानव, दानव या जानवर पक्षी सभी को अपने प्राण सबसे प्रिय होते हैं| इन बातों को महाकवि ने बड़े ही मार्मिक ढंग से प्रस्तुत किया है|

वीर रसः- चूंकि बहुत से विद्वानों ने यह प्रमाणित किया है कि वे राजकवि थे इसलिए राज्य सत्ता को उन्होंने बहुत ही सूक्ष्मता से देखा होगा, और उनके आश्रयदाता के साथ किसी न किसी युद्ध में भी गए होंगे| इसलिए उनकी रचनाओं में वीर रस का अत्याधिक वर्णन देखने को मिलता है| उनके महाकाव्य "रघुवंशम्" में उनके बहुत सारे श्लोकों में वीर रस के दर्शन मिलते हैं| "कुमारसम्भवे" के कार्तिक का तारकासुर को मारने में वीरता का बहुत ही अच्छा वर्णन उनके द्वारा हुआ है| विक्रम शब्द अपने आप में वीरता का सूचक है| जिनके नाम से कालिदास ने अपना नाटक "विक्रमोवर्शीयम्" लिख डाला| मेघदूत और ऋतुसंहार को छोड़ कर उनकी सारी रचनाओं में किसी न किसी रूप में वीर - रस के दर्शन मिलते हैं|

हास्य रसः- हास्य रस को भी उन्होंने नज़रअंदाज़ नहीं किया है| उस समय राजाओं के दरबार में हास्य प्रधान नाटकों का संचालन होता था| इसलिए उन्होंने अपने नाटकों में हास्य चरित्र अवश्य रखा है, और उनका हास्य

मर्मस्पर्शी हास्य ना होकर परिष्कृत हास्य होता था| जिसके कारण उन्होंने इस क्षेत्र में भी यश प्राप्त किया है| अभिज्ञान शाकुन्तलम् में जब विदूषक राजा मृग के शिकार से ऊब गया और उसे समाचार मिला कि आश्रम में रहने वाली शकुंतला नामक कन्या से राजा को प्रेम हो गया, तब वे कहता है:-

"गण्डस्योपरि पिण्डकः संवृतः|"

अर्थात- "घेंघा के ऊपर फोड़ा हो गया है| अपने दुर्भाग्य को वह मुहावरेदार भाषा में व्यक्त करता है|"

दूसरा उपाय करता हुआ वह कहता है:-

"मैं अंग - भंग हुए पुरुष के जैसा बनकर रहूँगा|"

यह भी हास्य रस ही है| इस प्रकार इस नाटक में जगह - जगह हास्य रस का अच्छा उदाहरण देखने को मिलता है| उनके और भी नाटकों में विदूषक चरित्र के रूप में हास्य रस देखने को मिलता है| हास्य रस एक ऐसा रस है जो हर प्रकार के व्यक्तियों को अच्छा लगता है| महाकवि ने सारे रसों का संयोजन कर अपनी रचनाओं में चार चाँद लगा दिए हैं|

प्रकृति प्रेम:- महाकवि कालिदास को प्रकृति से कैसा प्रेम था यह हम उनकी रचनाओं में देख सकते हैं| राज दरबारी कवि एवं राजकाज में हिस्सा लेते हुए उन्होंने हिमालय की पर्वत चोटियों से लेकर सिंहल (लंका) तक का भ्रमण अपने जीवन काल में किया, और प्रकृति का ऐसा चित्रण जो अन्यत्र दुर्लभ है| यह सिर्फ हम महाकवि की रचनाओं में ही देख सकते हैं|

उनकी रचनाओं में प्राकृतिक सौंदर्य में मानवीय भावनाएँ दूध में जल की तरह समायी हुई हैं, और मानव सौंदर्य या मानव प्रेम, मानव के हृदय का चित्र प्राकृतिक सौंदर्य में समाया हुआ है| वे पर्वत, नदी, वृक्ष, बादल, झरना महल का वर्णन ऐसी सजीवता के साथ करते हैं कि पढ़ने वाले के सामने वह दृश्य की भांति आकर खड़ा हो जाता है| महाकवि पशु और पक्षियों में भी मानवीय गुणों को देख लेते थे और उन्हें समझते हुए इस प्रकार उनका वर्णन करते थे जैसे; (शकुंतला की विदाई से दुखी होकर) हिरणियाँ चबाई हुई कुशा के कौर उगल रही हैं, मोरों ने नाचना छोड़ दिया है, लताओं से पीले पत्ते इस प्रकार झड़ रहे हैं, मानो उनके नेत्रों से अश्रु गिर रहे हों| कुमारसंभव में उन्होंने हिमालय को चल और अचल दोनों कहा है| चल रूप में हिमालय को देवता बताया है और अचल रूप में पर्वत| उसी तरह गंगा को कभी नदी, तो कभी देवी रूप में वर्णित किया है| पूर्व मेघ

में प्रकृतिका अदभुत वर्णन मिलता है| मेघदूत में यक्ष को प्रकृति की छवियों से नवीन शांति एवं नवीन साहस मिला है|

प्रकृति सुंदरता या प्रकृति के प्रेम में महाकवि कभी - कभी तो ऐसा लिखते हैं कि

"यह स्थान स्वर्ग से भी बढ़कर शांतिपूर्ण है|"

रघुवंश में माता - सीता को जिस प्रकार धरती अपने आप में समा लेती है| सीता को जब लक्ष्मण, राम की आज्ञानुसार जंगल छोड़ने गए तब "जैसे लू लगने से लता के फूल झर जाते हैं और वह सूखकर भूमि पर गिर पड़ते है, वैसे ही इस अपमानजनक आज्ञा को सुनकर सीता के आभूषण भी गिर पड़े और वे अपनी जननी धरती की गोद में लौट गयी| "मानवी" माता से कम करुणामयी जननी पृथ्वी नहीं थी| जब सीता लक्ष्मण के चले जाने पर फूट - फूट कर रोने लगी, तब मानो वनस्थली रो पड़ी है| इस प्रकार प्रकृति का मार्मिक चित्र मानव मन के मार्मिक चित्रण में इस तरह समा गया है कि उन्हें अलग करना असम्भव है|"

"उनका रोना सुनकर मोरों ने नाचना बंद कर दिया, वृक्ष - फूल आँसू गिराने लगे| हिरणियों ने मुँह में भरी हुई घास का कौर गिरा दिया| सीता के दुःख से दुखी होकर समस्त जंगल रोने लगा|

ऐसे अनेक स्थान हैं जहाँ महाकवि ने प्रकृति का सजीव चित्रण किया है| इससे ऐसा लगता है कि महाकवि प्रकृति प्रेमी थे|

सौंदर्य प्रेम:- महाकवि की रचनाओं में सौंदर्य का वर्णन भरा पड़ा है| चाहे "कुमार सम्भव" में माता पार्वती का सौंदर्य हो, चाहे इंदुमती का सौंदर्य, या फिर मेघदूत के यक्ष की प्रियतमा का रूप हो; या नाटकों में शकुंतला, उर्वशी या मालविका का| ये तो उनकी रचनाओं की प्रधान नायिका हैं| माता पार्वती जी के सौंदर्य वर्णन में तो उन्होंने नख - शिख का वर्णन किया है|

प्रधान नायिका को छोड़कर उन्होंने अन्य नारियों के भी सौंदर्य प्रेम का वर्णन अदभुत किया है| ऐसा लगता है जैसे महाकवि सौंदर्य के पुजारी रहे होंगे| इतना तो तय है कि महाकवि की पत्नी अत्यंत सुन्दर और राजकुल की रही होंगी| सुंदरता की उपमा में उन्होंने प्रकृति से जुडी वस्तुओं का उपयोग कर सुंदरता में भी चार चाँद लगा दिए हैं|

आध्यात्म प्रेम:- अंत में महाकवि कालिदास की रचनाओं में आध्यात्म प्रेम कूट - कूट कर भरा है| उन्होंने अपनी सभी रचनाओं में किसी न किसी रूप में मंगलाचरण करते हुए अपने इष्ट देव को याद ही नहीं, बल्कि अपनी रचना समर्पित भी की है|

<u>कुमार संभव का मंगलाचरण:-</u> इस महाकाव्य में उन्होंने भगवान शिव और माता पार्वती का गुणगान ही किया है|

"अस्त्युत्ररस्यं दिशि देवताम्मा हिमालयोनाम नगाधिराज|
पूर्वापरौ तोर्मानिधि वगाहय स्थितः प्रथित्या इव मानदण्ड||"

भारतवर्ष के उत्तर में देवता के समान पूजनीय हिमालय नाम का पर्वत राज है| जो पूर्व और पश्चिम समुद्रों तक फैला हुआ, ऐसा लगता हैं मानो पृथ्वी को नापने तौलने का मापदंड हो|

<u>रघुवंश:-</u> जैसे वाणी और अर्थ अलग होते हुए भी एक ही कहलाते हैं, वैसे ही पार्वती जी और शिवजी भी कहने को दो रूप हैं, परन्तु वस्तुत: वे एक ही हैं| मैं संसार के माता - पिता पार्वती और शिवजी को प्रणाम करता हूँ, जो शब्द और अर्थ के समान एक ही रूप हैं|

मेघदूत में भी अप्रत्यक्ष रूप से महाकवि ने "जनकतनया" लिख कर माता जानकी को मंगलाचरण के रूप में याद किया और आशीर्वाद लिया है| अभिज्ञानशाकुंतलम् में भी मंगलाचरण करते हुए भगवान शिव को प्रणाम किया है| साथ - साथ जल, अग्नि, सूर्य, चंद्र, आकाश, पृथ्वी, वायु को शिव का ही अंश माना है|

विक्रमोवर्शीयम में महाकवि ने भगवान शिव की आराधना का नाटक आरम्भ किया है| यहाँ उन्होंने मोक्ष प्राप्ति के इच्छुक पुरुष को प्राणायाम द्वारा अपने हृदय के भीतर शिव को ढूँढ़ने का संकेत दिया है|

मालविकाग्निमित्रम् में पापो का नाश करने वाले शिव और उनकी पत्नी उमा को प्रणाम करते हुए नाटक का प्रारम्भ किया है|

इनके साथ - साथ महाकवि ने अपनी रचनाओं में स्थान - स्थान पर देवताओं का स्मरण किया है| महाकवि को माँ काली का वरदान था, इसपर सभी विद्वान एक मत है| महाकवि शैव थे यह उनकी रचनाओं से ज्ञात होता है| भगवान को समर्पित उनके दो महाकाव्य हैं, एक "कुमारसम्भव" और दूसरा "रघुवंश", जिसमें राम - जानकी की जीवनी लिख उन्होंने अपनी भक्ति का प्रमाण दिया हैं| उनका मेघदूत भी माता जानकी को समर्पित खंडकाव्य है, यह आगे वर्णित है| इस प्रकार हम पाते हैं कि महाकवि अध्यात्म प्रेम से ओत - प्रोत थे|

महाकवि का जन्म काल

महाकवि कालिदास के जन्म काल के सम्बन्ध में विद्वानों में मतांतर है| हाँ इतना मत सभी का एक है जो कालिदास का काल है वही विक्रमादित्य का काल है| इतिहासकारों का मानना है कि "विक्रमादित्य" एक उपाधि भी है, जिसे अनेक राजाओं ने धारण किया| कालिदास के जन्म काल से सम्बंधित विक्रमादित्य का काल है इसलिए विक्रमादित्य के काल निर्धारण से ही कवि का काल निर्धारण किया जा सकता है| पहले तो मैं अलग - अलग विद्वानों का मत सम्मान सहित यहाँ प्रस्तुत करना चाहती हूँ|

वाङ्मयात्मक प्रमाण कालिदास के ग्रंथों से ही उद्धृत कर एक पक्ष ईसा पूर्व विक्रमादित्य से और दूसरा पक्ष गुप्तकालीन चन्द्रगुप्त द्वितीय विक्रमादित्य से कालिदास को जोड़ता है| श्री भगवत शरण उपाध्याय ने कालिदास के जीवन और कृतित्व पर विशद विवेचन कर बड़ी बारीकी से कालिदास का अनुशीलन किया है| वाङ्मय के आधार पर उनका अनुशीलन पूर्ववर्ती समीक्षकों के जैसा ही रहा, किन्तु पुरातत्व के आधार पर उपाध्याय जी ने कालिदास के काल निर्धारण में शिलालेखों के अतिरिक्त चित्रों, मूर्तियों के आधार पर सिद्ध किया है कि कालिदास के काव्यों में जो वर्णन मिलते हैं, उन्ही वर्णनों का प्रतीक गुप्तकाल की कला है| इसलिए कालिदास गुप्तकालीन सिद्ध होते हैं| उपाध्याय जी ने तर्कों द्वारा ही नहीं, प्रमाणों द्वारा भी अपने मत की पुष्टि की है| उनके मत से भास, सौमिल्य, कविपुत्र, अश्वघोष, वात्सायन आदि कालिदास के पूर्ववर्ती आचार्यों को वे पहली ईस्वी से लेकर तीसरी ईस्वी तक मानते हैं|

उपाध्याय जी की इस मान्यता को असिद्ध तभी बतलाया जा सकता है, जब भास वात्सायन का काल निर्धारण सही ढंग से किया जाए| लेखक देवदत्त शास्त्री ने अपनी पुस्तक "कालिदास एक अनुशीलन" में उपाध्याय जी के तर्कों पर असंतुष्टि व्यक्त करते हुए लिखा है कि भास, सौमिल्य कालिदास के पूर्ववर्ती तो अवश्य थे किन्तु अश्वघोष के पूर्ववर्ती नहीं हो

सकते| कारण अश्वघोष और कालिदास की रचनाओं में समानता अवश्य है, परन्तु यह कैसे मान लिया जाय कि कालिदास ने अश्वघोष से उधार लिया है?

संस्कृत साहित्य के इतिहासकार वी. वरदाचार्य ने कालिदास और अश्वघोष की रचनाओं के साम्य पर विचार करते हुए लिखा है कि बुद्ध चरित और सौन्दरनन्द के कुछ वाक्य और वर्णन कालिदास के ग्रंथों के वर्णन से मिलते हैं| अश्वघोष ने बुद्ध का राजमार्ग पर निकलने का जो वर्णन किया है, वह कालिदास के कुमारसम्भव में शिव के और रघुवंश में अज के राजमार्ग पर निकलने के वर्णन से बहुत अंशो में समान है| इससे ज्ञात होता है कि कालिदास ने अश्वघोष से यह वर्णन लिया है| लेखक देवदत्त शास्त्री इसे मान्यता नहीं देते हैं| वे लिखते हैं इन दोनों कवियों के ग्रंथों में समानता अवश्य है, परन्तु इससे यह सिद्ध नहीं होता है कि कालिदास ने अश्वघोष से उधार लिया है|

गौतम बुद्ध दिन में साधारण रूप से राजमार्ग पर जा रहे हैं| इस प्रसंग में अश्वघोष ने लिखा है कि स्त्रियाँ अपनी नींद से उठीं और अपने केशादि प्रसाधन की ओर ध्यान न देकर सहसा बुद्ध के दर्शनार्थ खिड़की पर जाती हैं| यहाँ पर इस प्रसंग में उनकी निद्रा, श्रृंगार और बुद्ध दर्शन की अभिलाषा इस बात को प्रकट करती है कि यह वर्णन अप्रसांगिक है और यह अन्य किसी ग्रंथ से लिया गया है| कालिदास के ग्रंथों में यह वर्णन उन्ही शब्दों में दोहराया गया है| यदि कालिदास ने यह वर्णन अन्य किसी ग्रंथ से लिया होता तो वह उसको दो स्थलों पर उसी रूप में रखने का साहस नहीं करते| देवदत्त शास्त्री का कहना है कि व्यक्ति चोरी की वस्तु का प्रदर्शन नहीं करता है| इसके अतिरिक्त कतिपय अप्रचलित व्याकरण संबंधी प्रयोग जो कालिदास के ग्रंथों में आये हैं, उनका प्रयोग अश्वघोष के ग्रंथों में बार - बार आया है| इससे ज्ञात होता है कि अश्वघोष ने ही कालिदास से भाव लिए हैं न कि कालिदास ने अश्वघोष से|

उपाध्याय जी की मान्यता को अस्वीकार करते हुए उन्होंने श्लोकों की समानता का मिलान करते हुए जब यह लिखा कि कोई भी व्यक्ति चोरी की वस्तु का प्रदर्शन नहीं करता, और दूसरे, तीसरे ही वाक्य में उन्होंने लिखा है कि अश्वघोष ने कालिदास के कतिपय अप्रचलित व्याकरण संबंधी प्रयोग अपने ग्रंथों में बार - बार किया है| यहाँ प्रश्न उठता है कि क्या अश्वघोष चोरी की वस्तु का प्रदर्शन करना चाहते थे?

क्या यह आवश्यक है कि परवर्ती कवि पूर्ववर्ती कवि से अधिक यश नहीं प्राप्त कर सकता? अधिकतर कवियों, लेखकों पर अपने पूर्ववर्ती कवि का आंशिक असर होता है| ऐसे में अगर मान लिया जाए कि कालिदास की रचनाओं पर भी आंशिक या फिर एकाध श्लोकों में अपने पूर्ववर्ती कवि का

असर था, तो क्या कालिदास की महानता कम हो जायेगी? ऐसे में क्या एकाध श्लोकों से हम अश्वघोष को परवर्ती कवि घोषित कर सकते हैं?

एक और बात, वस्तुत: किन्हीं दो कवियों की रचनाओं में प्राप्त समानताओं को एक दूसरे से प्रभावित बतलाना सर्वथा निरापद नहीं है, क्योंकि समान सन्दर्भों में, समान उक्तियों अथवा कल्पनाओं का उत्थापन बड़े कवियों के लिए बिल्कुल संभव है| राजशेखर ने भी कहा है, प्रत्येक ग्रंथकार अपने पूर्ववर्ती ग्रंथकारों से प्रभाव ग्रहण करता ही है|

"सर्वाऽपि परेभ्य एवं व्युत्पद्यते" कालिदास और अश्वघोष के ग्रंथों में प्राप्त समानताओं पर ध्यान पूर्वक देखने से पता चलता है कि कुछ इस प्रकार के प्रसंग है जो सामान्य लोक जीवन में आते हैं और कवियों के लोक जीवन से ही प्रेरणा ग्रहण करने की संभावना बढ़ जाती है|दूसरी बात कालिदास औंर अश्वघोष के कुछ वर्णन में समानता, कल्पना, सादृश्य दृष्टिगोचर नहीं होता है| कुछ श्लोकों में तो कालिदास के ऋणी ही अश्वघोष नज़र आते हैं, जैसे बुध्दचरित ३/१९ में अश्वघोष ने लिखा है|

खिड़कियों के बाहर झाँकने वाली कामिनियों के मुख कमल, जिनके कर्ण भूषण परस्पर रगड़ खा रहे थे, महलों में परस्पर संलग्न सरोजों के समान शोभा दे रहे थे|

जबकि कालिदास ने लिखा है:-

"अतिकौतूहलपूर्ण प्रमदाओं के मद्यपानसुंगंधित और भ्रमर सदृश चंचलनेत्रयुक्त मुखों के कारण महल की खिड़कियाँ कमलों से भूषित सी प्रतीत होती थी| यहाँ स्त्रियों के मुखों की कमल से तुलना या उपमा की गयी है| अश्वघोष ने केवल उपमा दी किन्तु कालिदास ने उपमा की कल्पना को विकसित एवं ललित बना दिया है| इस आधार पर तो कालिदास की कल्पना ही बाद की कल्पना ठहरती है| मिराशी जी ने एक युक्ति दी है कि कालिदास ने संस्कृत बौद्धग्रन्थ, विशेषत: अपने पूर्ववर्ती कवियों के काव्य पढ़े थे| ईसा के बाद पहली शताब्दी में महायान पंथ के उत्कर्ष प्राप्त करने पर ही बौद्धों ने संस्कृत में ग्रंथ रचना की है| तब कालिदास को अश्वघोष से पूर्व का, अर्थात ईसा पूर्व पहली शताब्दी का मानना युक्तिसंगत नहीं होगा| इस प्रकार मिराशी का तर्क भी कालिदास, अश्वघोष के बाद आविर्भूत बतलाया है| लालित्य की दृष्टि से यही स्वीकार करना पड़ता है कि कालिदास ने अश्वघोष की कल्पनाओं एवं पदविन्यासों को ग्रहण कर, उन्हें अधिक आकर्षक बना दिया है| इस प्रकार कालिदास अश्वघोष के परवर्ती कवि ही थे|

श्री देवदत्त शास्त्री ने वरदाचार्य महोदय के तर्क से यह तथ्य दिया कि अश्वघोष मुख्य रूप से एक दार्शनिक और गौण रूप से कवि थे| अत:

उन्होंने अपने काव्य के लिए एक प्रसिद्ध कवि को आदर्श रखा होगा, और उनके काव्यों को देखने से यह ज्ञात होता है कि उनके आदर्श कवि कालिदास ही है| इसलिए देवदत्त शास्त्री ने माना कि अश्वघोष का समय प्रथम शताब्दी है और कालिदास का समय ईसा पू. है|

जबकि उपाध्याय जी ने कालिदास द्वारा वर्णित शिव की बारात में चलने वाली चैवरधारिणी श्री गंगा और यमुना की मूर्तियों के वर्णन को गुप्तकालीन प्रतीकों से लिया गया सिद्ध किया है| उनका कहना है कि गंगा यमुना की चैवरधारणी मूर्तियां तभी बनने लगी थी, उसके पहले नहीं| देवताओं की मूर्तिओं का उल्लेख कवि ने "मूर्तिमंत" प्रतिमा और देव प्रतिमा आदि में किया है| ब्रह्मा और विष्णु के संबंध में भी कवि वही प्रतीक, वही लांछन प्रयुक्त करता है, जो मूर्तियों के हैं| इसी प्रकार मयूराश्रयी गुप्तमूर्ति (मथुरा और काशी में) दोहद (स्तम्भों पर) सप्तमातर: (कुषाण कालीन सप्तमातृका मूर्तियाँ), रावण का कैलाश उखाड़ना, लीलाविन्द के लिए लक्ष्मी, किन्नर और अश्वमुखी (मथुरा म्यूजियम) प्रभामंडल, छायामंडल, स्फुटत्प्रभामण्डल आदि मूर्तिकला के भी प्रतीक हैं, जो आज भी सुरक्षित हैं| कुमारसम्भव में जो शिव की निर्वात समाधि का वर्णन है वह वस्तुत: बौद्धों की मूर्तियों के अनुकरण में है| इन सब के माध्यम से उपाध्याय जी ने प्रमाणित किया है कि वे गुप्तकालीन थे|

लेकिन उन्हें गुप्तकालीन ना मानने वाले श्री देवदत्त शास्त्री के रघुवंश में आये श्लोक

"आसमुद्रक्षितीशानामानाकरथवर्त्यनाम|"

में आये "आनाकरथवर्त्यनाम" की व्युत्पत्ति करते हुए आ - नाक का दोहरा अर्थ बताया है| यदि आसमुद्र में समुद्र का अभिप्राय गुप्तों से हो सकता है तो फिर आनाक के नाक का अभिप्राय नाकों अर्थात नागों से भी हो सकता है| उन्होंने यह प्रमाणित किया है कि इस शब्द का शैशुनाक से निकट का सम्बन्ध है| उनका कहना है कि नन्दीवर्धन शैशुनाक वंश का नवां राजा और प्रद्योत शाखा का पाँचवा राजा था| इनका राजकाल अवन्ति में २० वर्ष और मगध में ४० वर्ष रहा| नन्दिवर्धन के बाद शैशुनाक वंश का अंतिम, दसवाँ राजा महानंद या महानन्दि था| यह "कथासरित्सागर योगानंद" में कहा गया है| नन्द वंश का प्रवर्तक यही महानंद था और इसने नन्द संवत् की भी स्थापना की थी|

अलबरूनी के अनुसार नन्द संवत् विक्रम से चार सौ वर्ष पहले गिना जाता है| चाणक्य द्वारा नंदवंश का विनाश किये जाने के बाद मौर्यों ने नन्द संवत् का प्रचलन बंद कर दिया| लेखक अलबरूनी ने इसी विवेचन की तुलना रघुवंश से करने पर शैशुनाक नन्द मौर्य परम्परा के उत्तराधिकारी

और साकेत में प्रधानता प्राप्त शुंगो के शासन काल में दाशरथि राम के अवतार की महिमा चरमोत्कर्ष पर पहुंची हुई प्रतीत होती हैं| रघुवंश में वर्णित इक्ष्वाकु वंश का आधार कालिदास ने ब्राह्मण ग्रंथों में वर्णित इक्ष्वाकु वंशी राजाओं के यशोगाण से लिया हुआ माना जा सकता है| इसलिए उनका मानना है कि इक्ष्वाकुवंशी राजाओं के यशोगान से पूर्ण परिचित कालिदास ने रघुवंश की रचना की|

इधर परांजपे (स्कंदगुप्त - लेखक- जयशंकर प्रसाद) आदि विद्वानों का मत भी मिलता जुलता है कि कालिदास ने मालविकाग्नि मित्र में शुंगों के इतिहास का सूक्ष्म विवरण दिया है जैसा कि उसी काल के आस - पास का कवि लिखा सकता है| इसी तरह पटवर्धन और वैद्य महोदय भी कालिदास को ५७ ईस्वी पूर्व का मानते हैं|

यहाँ यह विचार करना आवश्यक है कि शुंगों का वर्णन भी अगर मान लिया जाए तो यह क्यों माना जाय कि ऐसा सूक्ष्म वर्णन सिर्फ थोड़े समय के बाद का कवि लिखा सकता है| क्योंकि बहुत बाद का कवि या इतिहासकार भी अपने इतिहास का सूक्ष्मता से गहन अध्ययन कर उसे अपने लेखनी में शामिल कर सकता है|

दूसरी बात कि यदि उनकी रचनाओं के आधार को परखा जाए तो "शाकुन्तलम् और रघुवंशम्" के कर्ता चन्द्रगुप्त विक्रमादित्य के ही समय में हुए क्योंकि "आसमुद्रक्षितीशानाम्" इदं नवोत्थानमिवेन्दुमत्यै: ज्योतिष्मतीचन्द्रमसैव रात्रि:|" इत्यादि स्थानों में 'इंदु' और चंद्र शब्दों से समुद्रगुप्त के वंशधर चन्द्र्गुप्य द्वितीय की ओर कालिदास का संकेत है और इसलिए महाकवि कालिदास मगध के गुप्त सम्राट चन्द्रगुप्त द्वितीय के राजकवि थे, यह मानना अनुचित नहीं होगा|

किसी भी रचनाकार को इतिहास की जानकारी अवश्य होती है लेकिन भविष्य कोई नहीं जानता इसलिए महाकवि कालिदास शुंगो के इतिहास से परिचित होने के साथ - साथ चन्द्रगुप्त द्वितीय के समकालीन थे, जिसमें कोई संदेह करना उचित नहीं है|

गुप्तकालीन कालिदास को मानने वाले रघु ने दिग्विजय तथा गुप्ता आदि शब्दों को लेकर मान्यता स्थापित की है कि कालिदास गुप्त कालीन थे| उस विषय में समीक्षक लिखते हैं कि (जो ५७ ईस्वी पहले का मानते हैं) अग्निवर्ण हमें शुंग वंश के अंतिम शासक घोर कामुक देवहुति के समान जान पड़ता है और कालिदास शुंग शासन काल के जान पड़ते हैं|

यहाँ यह भी विचारणीय है कि अग्निवर्ण के समान ही पिछले गुप्तवंशी विलासी और वैभवहीन हुए| चूंकि कालिदास ने इतिहास में शुंगवंशों का ह्रास होते देखा और उन्होंने एक अप्रत्यक्ष चेतावनी के रूप में "रघुवंश" की रचना

की होगी, कि जो राजा वैभवहीन एवं विलासी हो जाए तो उसका पतन सुनिश्चित है| कालिदास का चन्द्रगुप्त द्वितीय से संबंध जोड़ने के प्रयास को निरर्थक बतलाते हुए आचार्य सूर्यनारायण व्यास का कहना है - जो विद्वान चन्द्रगुप्त द्वितीय से कवि का नाता जोड़ते हैं, वे यह विचार करें कि द्वितीय चन्द्रगुप्त कभी उज्जैन का सम्राट नहीं था| उसकी राजधानी पाटलिपुत्र थी| कवि ने पाटलिपुत्र में यह आकर्षण कभी प्रकट नहीं किया है जो उज्जैन - मालवा प्रदेश के लिए किया है| वह कैसे राजकवि और राजमित्र या राजसभा का पंडित रहा होगा| सोमदेव ने दो विक्रमादित्य की चर्चा की है| उनमें से एक उज्जयिनी का और दूसरा पाटलिपुत्र का नरेश था| लेकिन यह कैसे मान लिया जाए कि उज्जयिनी नरेश पाटलिपुत्र से भिन्न राजा था? जबकि कुछ इतिहासकारों का मानना है कि शकों को परास्त एवं उछिन्न करने वाले पाटलिपुत्र के अधीश्वर चन्द्रगुप्त द्वितीय विक्रमादित्य को ही उज्जयिनी का नरेश भी मानते हैं| कारण उज्जयिनी भी बाद में गुप्तों की राजधानी बन गयी थी|

आचार्य व्यास जी ने "मालविकाग्निमित्र" नाटक में अग्निमित्र के जीवन की जिन सूक्ष्म घटनाओं का चित्रण किया है, उन्हें प्रत्यक्षदर्शी बनाकर कालिदास ने अवश्य लिखा है| मेघदूत में विदिशा का जो वर्णन है वह शुंगकालीन राजधानी के रूप में है, और उन्हें ऐसा विश्वास है कि कालिदास ने विदिशा का वैभव राजधानी के रूप में स्वयं देखा था| यहाँ हमारा मानना है कि चन्द्रगुप्त काल में भी उज्जयिनी को राजधानी बनाया गया जिसका विस्तृत वर्णन हम आगे करेंगे|

श्री भगवतशरण उपाध्याय ने कालिदास द्वारा संकेत किये गए लौकिक विश्वासों, उत्सवों, जादू - टोना, यंत्र - मन्त्र, औषधि तंत्र आदि का विस्तृत विवेचन करते हुए इन सबको गुप्तकालीन माना है और सिद्ध किया है कि कालिदास ने अपने समय के सामाजिक विश्वासों, उत्सवों आदि का उल्लेख किया है| उपाध्याय जी ने अश्वमेध यज्ञ, धार्मिक आचार - विचार, निष्ठा आदि विशद विवेचन करते हुए सिद्ध किया है कि कालिदास द्वारा वर्णित जीवन गुप्तकाल का ही है| गुप्तकाल के राजा परम भागवत थे|

डॉ. राजवली पांडेय ने बड़ी योग्यता से यह सिद्ध किया है कि "ईसा पूर्व 57 वर्ष में विक्रमादित्य नाम का राजा था, और उसकी उपाधियां" विषमः शीलः साहसांक और शकारि थी| द्वितीय चंद्रगुप्त तथा अन्य गुप्त राजाओं ने (समुद्रगुप्त और स्कंदगुप्त) विक्रमादित्य की उपाधि धारण की थी| यह उनका व्यक्तिगत नाम नहीं था| चतुर्थ शती ई. में विक्रमादित्य उपाधि की कल्पना ही इसे प्राचीन काल में विक्रमादित्य नाम की सूचना देती है|

उनका कहना (लिखना) है कि 'अभिज्ञान शाकुंतल' के भरतवावय में उस विक्रमादित्य को सैकड़ों गुणों से परिवृत बतलाया गया है, जिसकी नीर - क्षीर विवेकिनी परिषद के समक्ष 'अभिज्ञान शाकुंतल' अभिनीत हुआ है, और सूत्रधार ने जिसका विरुद साहसांक बतलाया है, और यह साहसांक विरुदधारी मालव गणतंत्र का गणमुख्य ईसा पूर्व स्थित विक्रमादित्य ही हो सकता है, गुप्तकालीन विक्रमादित्य उपाधिधारी चंद्रगुप्त नहीं|

जबकि यहाँ विचारणीय है कि रघुवंश में रघु के दिग्विजय में कालिदास ने हुणों को पराजित किए जाने का वर्णन किया है, और पांचवी शती में भारत में हुणों को स्कंदगुप्त ने खदेड़ा था| क्या कालिदास को भविष्य में होने वाली घटनाओं के बारे में जानकारी थी? इस प्रश्न का आशय यही है कि कालिदास निश्चित ही गुप्तकालीन थे|

कालिदास ने अपनी रचनाओं जैसे कुमासंभव में कुमार का, विक्रमोवंशी में विक्रम का, स्कन्द आदि राजाओं का अनेक जगह संकेत किया है| कालिदास ने अप्रत्यक्ष रूप से अपने राजाओं (आश्रयदाताओं) का गुणगान भी अपनी रचनाओं में किया है| वे चंद्रगुप्त द्वितीय, विक्रमादित्य सभा में राजकवि थे(जिसका विस्तृत वर्णन आगे किया जाएगा)| उन्हें समुद्रगुप्त के दिग्विजय के इतिहास की जानकारी चंद्रगुप्त द्वारा शकों को परास्त करना देखा होगा और साथ ही साथ वे (कालिदास) कुमारगुप्त के सम - आयु (सामान - उम्र) के रहे होंगे| अतः उन्होंने स्कंदगुप्त का पराक्रम भी देखा होगा| कारण कोई भी मनुष्य तीन पीढ़ी को देख सकता है| चंद्रगुप्त द्वितीय के पूर्वज समुद्रगुप्त के सम्मान में उन्होंने रघु के दिग्विजय का वर्णन किया होगा| विक्रमावंशी में उन्होंने चंद्रगुप्त द्वितीय विक्रमादित्य का गुणगान और उनके विक्रम को उजागर किया| कुमारसंभव से उन्होंने कुमारगुप्त एवं स्कन्दगुप्त आदि राजाओं का पराक्रम, ऐश्वर्य आदि का वर्णन किया|

वैसे तो बहुत सारे समीक्षक कालिदास को ईसा पूर्व प्रथम शताब्दी का मानते हैं| जिनमें कन्हैयालाल पोद्दार, आचार्य सूर्यनारायण व्यास, सर विलियम जोन्स, वी. वरदाचार्य, डॉ. पीटर्सन, केशवभाई ध्रुव, डॉ. नंदगीकार, र. प. कंगले, डॉ. राजवली पाण्डेय, देवदत्त शास्त्री आदि विद्वान उन्हें ईसा पूर्व प्रथम शताब्दी का मानते हैं| विद्वानों ने कालिदास के पूर्ववर्ती कवि एवं परवर्ती कवि का समय निरूपण करते हुए कवि प्रयुक्त छंदों, छंदों की गति, विरामों की सूक्ष्मता के आधार पर भी कालिदास को ईसा पूर्व प्रथम शताब्दी का ठहराने की कोशिश की है|

श्री देवदत्त शास्त्री अनुसार कालिदास ने अपने नाटकों में जिस प्राकृत भाषा का प्रयोग किया है, वह मागधी है|

यहाँ विचारणीय है कि चंद्रगुप्त द्वितीय विक्रमादित्य मगध के सम्राट थे, जिनकी राजधानी पाटलीपुत्र थी। कालांतर में राजनैतिक समस्याओं के कारण उन्होंने अपनी दूसरी राजधानी उज्जैन बनायी (जिसका वर्णन आगे है)। मगध सम्राट चंद्रगुप्त द्वितीय विक्रमादित्य की सभा के नवरत्नों में एक कालिदास थे। चूंकि वे मगध राज्य के राजकवि थे, इसलिए उनकी रचनाओं में प्राकृत भाषा मागधी का प्रयोग अत्यधिक हुआ है। इस तथ्य के आधार पर भी कालिदास गुप्तकालीन ही सिद्ध होते हैं।

एक महत्वपूर्ण तथ्य ज्योतिर्विदामरण नामक ग्रंथ की एक उक्ति है।

**"धन्वंतक्षिपणकामर सिंहशंकु वेतालभट्ट घटखर्पर कलिदासाः।
ख्यातों वराह मिहिरो नृपतेः सभायाः रत्नानी वै वरुचिनंव विक्रमस्य॥"**

इससे पता चलता है कि यह उक्ति स्वयं कालिदास की है। विक्रमादित्य के दरबार में धन्वंतरि, क्षपणक, अमसिंह, शंकु, बेताल, घटखर्परः, वराहमिहिर, बररुचि और कालिदास - ये नवरत्न थे। ज्योतिविन्दामरण छठी शती की रचना है। इसलिए इसके आधार पर भी कालिदास गुप्तकालीन ही ठहरते हैं।

उपाध्याय जी ने कालिदास को गुप्तकालीन मानते हुए एक तथ्य यह भी दिया है कि कालिदास सामंतवाद के समर्थक थे। यह बात उनकी रचनाओं में उपाध्याय जी ने पाई है, और समुद्रगुप्त तथा उसके उत्तराधिकारी गुप्त राजा भी साम्राज्यवादी थे। कालिदास सामंतवादी और साम्राज्यवादी के पोषक थे, इसलिए भी वे गुप्तकालीन ठहरते हैं।

जयशंकर प्रसाद लिखित स्कंदगुप्त पुस्तक से हमें यह पता चलता है कि गुप्तवंशीय सम्राट चंद्रगुप्त विक्रमादित्य ने मालव और सौराष्ट्र के पश्चिमी क्षत्रपों को पराजित किया, जो शक थे। इसलिए यही चंद्रगुप्त विक्रमादित्य थे। सौराष्ट्र में रुद्रसिंह तृतीय के बाद किसी के सिक्के नहीं मिलते। इसलिए माना जाता है कि इसी चंद्रगुप्त ने रुद्रसिंह को पराजित कर शकों को निर्मूल किया, पर उनका मानना है कि चंद्रगुप्त के पिता समुद्रगुप्त ने ही भारत की विजय यात्रा की थी। हरिषेण के प्रशस्ति से ज्ञात होता है कि आर्यावर्त के विजित राजाओं में एक नाम रुद्रदेव भी है। संभवतः यही रुद्रदेव स्वामी रुद्रसेन था, जो सौराष्ट्र का भी क्षत्रप था। तब यह विजय समुद्रगुप्त की थी। फिर चंद्रगुप्त ने किन शकों को निर्मूल किया? समुद्रगुप्त के शिलालेख से प्रकट होता है कि उसी ने विजय-यात्रा में राजाओं को भारतीय पद्धति के अनुसार पराजित किया। तात्पर्य कुछ लोगों से उपहार लिया, कुछ लोगों को उनके सिंहासन पर बिठला दिया; कुछ लोगों से नियमित "कर" लिया इत्यादि।

अगर हम इन सबको सही मानते हैं तब भी कालिदास को गुप्तकालीन ही मानेंगे, कारण कालिदास के आश्रयदाता चंद्रगुप्त विक्रमादित्य थे, जिनके पूर्वजों (पिता ने) भारत की विजय यात्रा की थी| कालिदास ने उनके पिता का गौरवगान रघुवंश में किया होगा, ये तथ्य कालिदास के गुप्तकाल के होने का समर्थन करता है| चन्द्रगुप्त का समय ४१६ ई. तक है|

[मंदसौर के शिलालेख जो ४३६ ई. का है - कुमारगुप्त का उल्लेख करता है........."वानंतवांतस्फुट पुष्पहासिनीं कुमारगुप्ते पृथ्वीं प्रशस्ति|" इससे यह पता चलता है कि चन्द्रगुप्त का सम्पूर्ण अधिकार मालवा पर नहीं था, वह उज्जयिनिनाथ नहीं थे| उनकी उपाधि विक्रमादित्य थी|]
स्कंदगुप्त पुस्तक से जयशंकर प्रसाद रचित पेज ४

जबकि चन्द्रगुप्त के शक - विजय का उल्लेख बाणभट्ट ने भी किया है|

"अरिपुरे परकलत्रकामुकं कामिनिवेशचंद्रगुप्ताः शकनरपतिं अशातयत|"

स्कंदगुप्त पुस्तक से जयशंकर प्रसाद रचित पेज ६

यह शक - विजय किस प्रान्त में हुई, इसका ठीक उल्लेख नहीं, पर कुछ अनुमान करते हैं कि कुषाणों के दक्षिणी शक क्षत्रप से ४०० ई. के समीप प्रतिष्ठान का उद्धार चन्द्रगुप्त ने किया| जब, आंध्र राजाओं से लड़ - झगड़ कर वे शक क्षत्रप स्वतंत्र हो गए थे, तब चद्रगुप्त ने दक्षिण के उन स्वतंत्र शकों को पराजित करने के लिए, जिस उपाए का अबलम्बन किया था, उसका उल्लेख 'कथा - सरित्सागर' की चौथी तरंग से भी प्रकट है|

चन्द्रगुप्त ने भी पिता के अनुसरण पर विजय - यात्रा की थी, जैसा कि उसके उदयगिरि वाले शिलालेख से स्पष्ट है| कालिदास ने विजय - यात्रा लिखने के साथ - साथ अपनी रचनाओं में "ज्यमिति" और "होरा" इत्यादि, शब्दों का प्रचार किया है, जो पाँचवी शताब्दी के समीप है| इससे भी व्यक्त होता है कि कालिदास गुप्तकालीन ही थे|

स्कंदगुप्त के शिलालेख में जो पद्य रचना है, वह वैसी ही प्रांजल है, "व्यपेत्य सर्वानमनुजेंद्र पुत्रान लक्ष्मीः स्वयं यं वरयोचकार" इत्यादि में रघुवंश की जैसी शैली दिखाई पड़ती है| 'स्कंदेन सक्षादिव देवसेनामु' इत्यादि में स्कंदगुप्त का स्पष्ट उल्लेख भी है, और कुमारगुप्त के तो बहुत उल्लेख है| रघुवंश के ५,६,७, सर्गो में तो अज के लिए कुमार शब्द का प्रयोग ११ बार आया है| यह तथ्य भी कालिदास को गुप्तकालीन ही ठहराते हैं|

अब हम यहाँ डॉ. रामाशंकर तिवारी लिखित "महाकवि कालिदास" पुस्तक से प्रमाणिकता से भरे तथ्य को ससम्मान लिखकर कालिदास को गुप्तकालीन मानने का प्रयास करते है|

मालविकाग्निमित्र नाटक का नायक शुंगवंशीय राजा अग्निमित्र है, जो मौर्यवंश का उच्छेद कर मगध - साम्राज्य को स्वायत्त करने वाले सेनापति पुष्यमित्र का पुत्र था| इसका समय विद्वानों द्वारा ईसा से लगभग १५० वर्ष पूर्व निर्धारित किया गया है| इसका अर्थ कालिदास का समय इससे पूर्व नहीं है| पुनः कलिदास का नामोल्लेख कन्नौज के सम्राट हर्षवर्धन (६०६ - ६४७ ई) के आश्रित कवि वाणभट्ट द्वारा रचित 'हर्षचरित' की प्रस्तावना में तथा पुलकेशी द्वितीय(६३४ ई,) के ऐहोल ग्राम वाले शिलालेख में हुआ है| इससे अभिप्राय यह निकलता है कि कालिदास ईसा. की सातवीं शताब्दी के बाद आविर्भूत नहीं हुए होंगे| अतएव ईसा पूर्व दूसरी शताब्दी से लेकर ईसवी संवत् की सातवीं शताब्दी के बीच महाकवि कालिदास का आविर्भाव हुआ होगा|

कालिदास का सम्बन्ध किसी विक्रमादित्य उपाधि वाले नरेश से था| साथ ही इन्होंने शकों को पराजित किया| अभिनन्द - कृत 'रामचरित' में उल्लेख आया है कि कालिदास की कृतियों को 'शकराती' अथवा 'शकारि' राजा ने प्रसिद्धि प्रदान की| सुबंधु में वासवदत्ता में विक्रमादित्य के काव्यानुरागि होने का संकेत दिया है| ज्योतिविंदाभरण में (पीछे उल्लेख) जो कालिदास की ही रचना समझी गई है| कालिदास को विक्रमादित्य की राज्यसभा के 'नवरत्नों' में परिगणित कराया है| इन उल्लेखों से स्पष्ट है कि 'शकारि', शंकरमुपरिपु, विक्रम तथा विक्रमादित्य; ये सभी उपाधियाँ एक ही पराक्रमशाली नरेश से सम्बंधित है, जिन्होंने शकों का मानमर्दन किया था, तथा जो कविता को प्रोत्साहन देने में अभिरुचि रखते थे| वास्तव में ईसा. पूर्व ५६(57) वर्ष पहले का जो उल्लेख विद्वानों द्वारा विक्रमादित्य के विषय में हुआ है, और उन्होंने विक्रम संवत् का प्रवर्तन करने वाले जिस विक्रमादित्य राजा के अनुसंधान का अथक प्रयास किया है, उन्हें डॉ. रामाशंकर तिवारी उल्लेख तथ्य के माध्यम से दूसरी दिशा में व्यक्त करते हुए लिखते हैं कि, ईसा से ५७ - ५८ वर्ष पूर्व वाले संवत् का प्रारंभिक नाम 'कृत संवत्' था, और इसे विक्रमादित्य के नाम से आरंभ में नहीं जोड़ा गया था| मालवों के गणतंत्र ने ईसवी संवत् के उदय से ठीक पूर्व सीथियनों (शकों) पर गौरवपूर्ण विजय प्राप्त की; जिसके ५७ - ५८ वर्ष बाद ईसवी संवत् का आरंभ हुआ| मालवों के लिए यह विजय राजनीतिक एवं सामाजिक दृष्टि से महत्वपूर्ण सिद्ध हुई| इसकी स्मृति में मालवों ने नया संवत् चलाया, जिसे 'कृत संवत्' कहा, जो ५०० साल तक प्रचलित रहा| गुप्तवंशीय नरेश चंद्रगुप्त प्रथम ने (३१९ - ३३५ ई.) "गुप्त संवत्" का प्रवर्तन किया, जिसको उत्तर भारत में लोकप्रियता मिली| इस बीच मालवों ने कृत संवत् को 'मालव संवत्' की नई अभिधा प्रदान की| नवीं शताब्दी के अंतिम दशक (८९८ ई.) में चंड महासेन के धौलपुर वाले अभिलेख में ही प्रथम बार "विक्रम संवत्" का प्रयोग हुआ है| यद्यपि दसवीं शताब्दी के ३४ अभिलेखों में ३२

में पुनः "मालव संवत्" का व्यवहार हुआ, लेकिन ग्यारहवीं - बारहवीं शताब्दी ईसा में 'विक्रम संवत्' ही सामान्यतः प्रचलित हो गया, और आज भी भारत के उत्तरी भाग या एक बड़े भू - भाग में धार्मिक तथा सांस्कृतिक संदर्भ में यह संवत् मान्य एवं प्रतिष्ठित हो गया है|

इस विषय में सभी विद्वान एकमत हैं कि कृत संवत् ही बाद में मालव संवत् तथा अंततः "विक्रम संवत्" कहलाने लगा| मालवों ने आरंभ में शकों पर विजय प्राप्त की| बाद में गुप्त वंश के प्रतापी नरेशों ने शकों; हुणों इत्यादि विदेशी जातियों को पराजित किया| शकों को पराजित करने का श्रेय चंद्रगुप्त द्वितीय को है| जिसने विक्रमादित्य की उपाधि धारण की| सुप्रसिद्ध ईरानी इतिहासकार "फरिश्ता" ने लिखा है कि विक्रमादित्य उज्जैन का अधीश था, और ईरान के बादशाह अंदशिर का समकालीन था| उसने विक्रमादित्य की मृत्यु के साथ एक संवत् के जुड़े होने का उल्लेख किया है| साथ ही पंडितों ने प्रचुर अन्वेषण कर यह सिद्ध किया है कि फरिश्ता का अभिप्राय ईरानी बादशाह अर्दशिर द्वितीय तथा शाहपुर तृतीय से है, जिनका शासनकाल (३७९ ई. से ३८८ ई.) तक है, और उन्होंने भी राजा विक्रमादित्य, चंद्रगुप्त विक्रमादित्य है; ऐसा कहा; जिसके नाम के साथ ५७ - ५८ ई. पू. वाला संवत् जुड़ा है| बाद में जब इस संवत् को स्थाई रूप से "विक्रम संवत्" कहा जाने लगा, तब लोगों ने यह विश्वास कर लिया कि ईसा. पू. ५७ - ५८ में भी कोई विक्रमादित्य नामक राजा था| चंद्रगुप्त द्वितीय विक्रमादित्य के विषय में वे बिल्कुल भूल गए और अत्यंत सुलभ ढ़ंग से ई. पू. ५७ - ५८ वाले संवत् को किसी राजा विक्रमादित्य के द्वारा प्रवर्तित मान लिया गया|

प्रोफेसर कीलहार्न जैसे विद्वान विक्रम संवत् में 'विक्रम' शब्द से किसी राजा के बोध होने की बात को अस्वीकार करते हुए लिखते हैं कि विक्रम संवत् की विशेषता यह है कि कार्तिक मास में यह आरंभ होता था| राजा लोग इसी समय युद्ध के लिए प्रस्थान करते थे, अतः इस ऋतु को विक्रम काल कहा जाता था| हर्षचरित इत्यादि अनेक ग्रंथों में विक्रम शब्द का प्रयोग इसी अर्थ में किया गया है| बाद में मूल अर्थ समझ नहीं आने के कारणवश इस शब्द का प्रयोग विक्रमादित्य द्वारा प्रवर्तित 'संवत्' के अर्थ में होने लगा| इसलिए हम यह मान सकते हैं कि कालिदास ई. पू. प्रथम शताब्दी में नहीं थे|

एक और प्रश्न, यदि कालिदास ई. पू. प्रथम शतक में विद्यमान होते तो वे निश्चित ही शकों के उस आक्रमण से परिचित रहते, जिसका वर्णन 'गार्गी संहिता' के 'युगपुराण' में किया गया है, और जिसमें पाटलिपुत्र के समस्त पौरस का सर्वनाश हो गया था| पंडितों का अनुमान है कि यह आक्रमण शक अग्लाट द्वारा हुआ था, जो संभवतः शकाधिराज अयस (५८

-११ ई. पू.) का सेनापति था| कालिदास के ग्रंथों में जिस शांति एवं समृद्धि का चित्रण मिलता है, उसकी वर्तमानता ई. पू. पहली सदी के अशांत हिंसापूर्ण वातावरण में संभव नहीं| कालिदास ने अपनी रचनाओं में पुराणों का एक संसार खड़ा किया है| पौराणिक जन - विश्वास, देवता, पूजा सभी पौराणिक साहित्य से संबंध रखते हैं, जिनका संग्रह - संकलन और संस्करण गुप्तकाल में हुआ था|

बहुत से विद्वानों ने दो विक्रमादित्य की चर्चा की| चंद्रगुप्त द्वितीय के संबंध में ऐसी मान्यता है कि वह मगध के सम्राट थे, तथा उनकी राजधानी पाटलिपुत्र थी| तब उज्जयिनी नरेश कोई दूसरे विक्रमादित्य होंगे? लेकिन यहाँ यह विचारणीय है कि उज्जयिनी नरेश पाटलिपुत्र नरेश से भिन्न (अलग) नहीं थे, कारण इतिहासवेत्ताओं का बहुमत शकों को परास्त एवं उच्छिन्न करने वाले पाटलिपुत्र के अधीश्वर व चंद्रगुप्त द्वितीय, विक्रमादित्य को ही उज्जयिनी नरेश मानता है; क्योंकि उज्जयिनी भी बाद में गुप्तों की राजधानी बन गई थी| कालिदास के काव्यों में जिस वैभव एवं ऐश्वर्य का चित्रण हुआ है वह गुप्त सम्राटों के शासनकाल में ही संभव है| धार्मिक सहिष्णुता, दंडनीति की विनम्रता का उल्लेख प्रचुर मात्रा में हुआ है| गुप्तकाल में कलाओं का सर्वांगीण विकास एवं उन्नति हुई थी, जिनमें मूर्तिकला का विकास उल्लेखनीय है| इस काल में हिंदू, बौद्ध और जैन मूर्तियों का प्राचुर्य हो चला था| कालिदास ने अपनी रचनाओं में मूर्तियों का संसार अवतीर्ण किया है| उन्होंने भरत की सटी अंगुलियों (जालग्रंथितांगुलिकारः) का वर्णन किया है| इस प्रकार की गुंथी अंगुलियों वाली मूर्तियाँ केवल गुप्तकाल में ही उपलब्ध होती है| इसके अतिरिक्त, गुप्तकालीन अभिलेखों तथा सिक्कों की भाषा से कालिदास के काव्यों में साम्य दिखाई देता है| गुप्त सम्राटों के सिक्कों पर बने मयूरपृष्ठ के ऊपर बैठे कार्तिकेय का वर्णन कालिदास ने अनेक बार किया है|

कीथ ने कहा है कि महाकवि कालिदास चंद्रगुप्त द्वितीय की राजसभा का जगमगाता रत्न अवश्य ही रहा होगा, लेकिन उसके लिए चंद्रगुप्त को उसका शकारि और विक्रमार्क होना आवश्यक है| पंडितों ने दिखाया है कि यह चंद्रगुप्त साहसांक नाम से भी विख्यात था| बाण ने गुप्तान्वय में साहसांक के शौर्य का कथन भी दिया है|

"अरिपुरे च परकलत्रकामुकं कामिनीवेशगुप्तश्च चंद्रगुप्त शकपतिमशातमदिति|"

इस ग्रंथ के टीकाकार "पतिः चन्द्रगुप्तम्रातृजायां ध्रुवदेवीं प्रार्थयमानश्र्चन्द्रेण ध्रुवदेवीवंश धारिणी स्त्रीवेपज नपारिवृतेन रहसि व्यापादित इति|"

इन उल्लेखों से चंद्रगुप्त का शकारि होना प्रमाणित होता है। यही साहसांक चंद्रगुप्त स्वयं काव्यकार और काव्यमर्मज्ञ भी है, और यही चंद्रगुप्त उज्जयिनी के अधीश्वर विक्रमादित्य भी है। चंद्रगुप्त द्वितीय शकों का पराभव करने वाला विक्रमादित्य होने के साथ - साथ उज्जयिनी का अधिपति भी थे और कालिदास के उनके साथ परंपरा ख्यात संबंध को इतिहास - वेत्ताओं का अनुमोदन मिला है।

रघुवंश के चतुर्थ सर्ग में रघु की दिग्विजय का जो वर्णन हुआ है, उसमें कालिदास द्वारा किया गया हूणों का उल्लेख महत्वपूर्ण है। विद्वानों ने गवेषणा के आधार पर यह स्थापना की है कि वंक्षु नदी के तटीय प्रदेश में हूण ईसा की चौथी शताब्दी के अंतिम दशक में ही शक्ति एवं महत्व प्राप्त कर सके थे। इस कारण कालिदास के हूण - विषयक उल्लेख का समय भी यही होना चाहिए। महरौली के लौहस्तंभ पर उत्कीर्ण लेख में बताया गया है कि चंद्र नामक नरेश ने बंगाल में शत्रुओं का नाश कर, पंजाब की सात नदियों को पार किया और वंक्षु - तीर पर स्थित बाह्यीको को परास्त किया। विद्वानों का बहुमत, इस चंद्र का गुप्तवंशीय नरेश चंद्रगुप्त द्वितीय, विक्रमादित्य के साथ समीकरण करता है। इस प्रकार महरौली स्तंभ लेख के चंद्रगुप्त द्वितीय ने शकों, कुषाणों तथा पारसीयों को समूल नष्ट करने के लिए बैक्ट्रियाना में शक्तिशाली अभियान चलाया था।

डॉ. बुद्ध प्रकाश ने कालिदास और हूणों का विस्तृत अध्ययन किया है तथा उनके अनुसार रघुवंश में वर्णित रघु की दिग्विजय के भौगोलिक एवं सांस्कृतिक पटलों की गहरी छानबीन ऐतिहासिक दृष्टिकोण से की गई तथा वे इस निष्कर्ष पर पहुंचे कि चंद्रगुप्त द्वितीय विक्रमादित्य के पश्चिमोत्तरी अभियान का वर्णन कालिदास ने रघु की पश्चिमोत्तरी विजय यात्रा के रूप में किया है। रघुवंश में वर्णित रघु की दिग्विजय - यात्रा का वर्णन विक्रमादित्य के उस अभियान से लगाया जा सकता है जो अभियान संभवतः ३९० ई. तथा ३९९ ई. के मध्य घटित हुआ होगा। अतएव बुद्ध प्रकाश का कथन है कि यह निश्चित आधार पर विश्वास - पूर्वक कहा जा सकता है कि कालिदास का आविर्भाव काल सन् ३९० - ९५ के आस - पास रहा होगा। इससे सिद्ध होता है कि कालिदास समुद्रगुप्त की विजयों से परिचित होने के साथ - साथ चंद्रगुप्त द्वितीय के संरक्षण में रहे और रघु के व्याज से उसी प्रतापी "राजर्षि" के शौर्य का व्याख्यान किया।

इस शब्द से स्पष्ट कहा जा सकता है कि कालिदास ने चंद्रगुप्त द्वितीय के राज्याश्रय में अपने ललित रसवर्षी काव्यों का प्रणयन किया। चूंकि चंद्रगुप्त का शासन काल ३७५ ई. से ४१३ ई. तक व्याप्त है, अतएव कालिदास का स्थिति काल भी ईसा की "चौथी शताब्दी के उत्तरार्ध और पाँचवी शताब्दी के पूर्वार्ध", बीच रहा होगा।

यहाँ विचारणीय तथ्य यह है कि कालिदास ने अपनी रचनाओं में विक्रम, कुमार स्कंदगुप्त आदि नामों का उल्लेख बारंबार किया है| इससे यह मान सकते हैं कि कालिदास के आश्रयदाता चंद्रगुप्त द्वितीय विक्रमादित्य अवश्य थे, लेकिन कालिदास कुमारगुप्त के समआयु रहे होंगे, और उन्होंने जीवन के अंतिम चरण में स्कंदगुप्त का पराक्रम भी जरूर देखा होगा; क्योंकि अगर हम यह नहीं मानेंगे तो उनके काव्यों में स्कंदगुप्त के संबंध में जो चर्चाएं हुई है वह निराधार ही नहीं, बल्कि एक प्रश्नचिन्ह भी खड़ा कर देंगी; कि क्या कालिदास भविष्यद्दृष्टा थे?

ऐसा मानने पर हमें उनका जन्मकाल ३५५ मानना होगा| स्कन्दगुप्त के शासनकाल का (जयशंकर प्रसाद के अनुसार) ४६७ में अंत हो गया| इससे यह प्रमाण मिलता है कि कालिदास ने स्कंदगुप्त का भी शौर्य और पराक्रम देखा था, और इसलिए उन्होंने ४ पीढ़ियों का प्रत्यक्ष एवं अप्रत्यक्ष गुणगान अपनी रचनाओं में किया होगा|

जैसा कि इतिहासकारों द्वारा माना गया है कि गुप्तकाल को स्वर्णयुग कहा जाता है, क्योंकि इस युग में सामाजिक, धार्मिक, आर्थिक तथा सांस्कृतिक क्षेत्रों में अत्यधिक उन्नति हुई| गुप्तकाल में देश में सुख - शांति व समृद्धि बढ़ी, तथा साहित्य, कला, विज्ञान आदि सभी क्षेत्रों में आश्चर्यजनक उन्नति हुई| इसकी तुलना पेरीक्विज़, आगस्तस एवं एलिजाबेथ के कालों से की गई है| प्रसिद्ध इतिहासकार बार्नेट ने इस युग की तुलना यूनान के पेरीक्विज़ युग से की है|

गुप्तयुग महान सम्राटों का युग माना गया है| किसी भी शासन की सफलता, उस युग की महानता व सामाजिक समृद्धि उसके शासकों की योग्यता पर अवलंबित होती है| गुप्तयुग में हमें एक नहीं, ऐसे अनेक सर्वतोमुखी प्रतिभासम्पन्न सम्राटों के दर्शन होते हैं, जो सैनिक या सामरिक दृष्टि से अत्यंत पराक्रमी, महान विजेता, शासन की दृष्टि से कुशल संगठनकर्ता, लोककल्याण की दृष्टि से अत्यंत प्रजावत्सल, बौद्धिक दृष्टि से साहित्य - संगीत में पारंगत तथा कला के योग्य पारखी व उनके उदार आश्रयदाता थे| विदेशी आक्रमणकारियों के रणक्षेत्र में छक्के छुड़ाकर तथा देश के अंदर की विघटनकारी शक्तियों का विनाश कर, भारतीय वसुंधरा को बाह्य सुरक्षा तथा आंतरिक शांति, सुख व समृद्धि प्रदान करने में जो सफलता गुप्त सम्राटों को मिली, संभवतः और किसी को नहीं|

उपरोक्त सारे गुण व सारी विशेषताएँ महाकवि कालिदास रचित 'रघुवंशम्' में पाई जाती है; इसलिए यह मानना उचित होगा कि वे गुप्त वंश काल में थे|

गुप्तकाल में ही सम्राट ने देश की स्वतंत्रता की रक्षा तथा राजनीतिक एकता को बनाए रखने के लिए विदेशी जातियों का उन्मूलन करने का निश्चय किया, और शकों, कुषाणों को पराजित करके उनके कुप्रभाव को

नष्ट किया| समुद्रगुप्त, चंद्रगुप्त द्वितीय तथा स्कंदगुप्त द्वारा किए गए अश्वमेघ यज्ञ उनकी इस दिग्विजय के प्रमाण है| गुप्त शासक दया एवं उदारता से ओत - प्रोत थे| गुप्त सम्राटों ने देश में आंतरिक शांति और सुव्यवस्था रखने के साथ जनता की सुख - सुविधा एवं समृद्धि के अनेक उपकरणों को संजोने में कोई कसर नहीं रख छोड़ी थी| कृषि की उन्नति के लिए जलकुंडों तथा सरोवरों का प्रचुर संख्या में निर्माण किया| अनेक सड़कों का निर्माण कर तथा स्वर्ण मुद्रा की व्यवस्था कर वाणिज्य व्यवसाय की उन्नति का मार्ग प्रशस्त किया| देश में पूर्ण शांति स्थापित की| विधि विधान कठोर नहीं था| प्रजा दिनों - दिन प्रगति की ओर अग्रसर थी| गुप्त सम्राट हिंदू धर्म के अनुयायी थे, किंतु शासको को धर्मान्धता या धार्मिक संकीर्णता छू तक न सकी थी| प्रत्येक व्यक्ति को धर्म, उपासना, पाठ - पूजा संबंधी स्वतंत्रता थी| इसी काल में साहित्यिक अभ्युदय हुआ|

भारतीय वास्तुकला, चित्रकला, मूर्तिकला, संगीतकला, मुद्रा - निर्माण आदि के क्षेत्र में गुप्तयुग में अभूतपूर्व उन्नति हुई| स्थापत्य कला के क्षेत्र में इस काल में अनेक मंदिरों, बौद्ध - विहारों, चैत्यों स्तूपों तथा राजमहलों का निर्माण हुआ| मंदिरों के अतिरिक्त गुप्तकालीन स्मारक भी अपने आकर्षण तथा भव्यता के लिए प्रशंसनीय हैं| मूर्तिकला के क्षेत्र में इस काल में हिंदू देवी - देवताओं तथा बुद्ध की मूर्तियों का निर्माण हुआ| भीतरगांव में ईटों का बना मंदिर अपनी मिट्टी की मूर्तियों की कलात्मकता के लिए प्रसिद्ध है| गुप्तकाल की मूर्तियों की सबसे बड़ी विशेषता यह है कि इन मूर्तियों में बाह्य सौन्दर्य के स्थान पर आंतरिक भावों की अभिव्यक्ति बड़ी कुशलता से की गई है| डॉ. वासुदेव शरण के मतानुसार "गुप्तकालीन कला को जो कुछ सम्मान प्राप्त है, वह उसे अधिकांश तत्कालीन मूर्तिकला से ही मिला है|" उसी प्रकार चित्रकला के क्षेत्र में भी गुप्तकाल का अद्वितीय योगदान है| अजंता, ग्वालियर तथा बाघ की गुफाओं में आकर्षक चित्र कलाकृति के निर्माण का श्रेय गुप्तकाल के चित्रकारों को ही है, और यह भी महाकवि कालिदास का युग गुप्तकाल का होना सिद्ध करता है| कारण उनकी रचनाओं में मूर्ति, चित्र आदि की प्रचुरता है| गुप्त युग की सारी विशेषताओं का वर्णन हमें किसी ना किसी रूप में महाकवि कालिदास की रचनाओं में मिलता है| इसलिए इसमें कोई संदेह नहीं कि महाकवि कालिदास गुप्तकाल में ही अवतीर्ण हुए होंगे|

महाकवि कालिदास का जन्मस्थान?

सरस्वती पुत्र महाकवि कालिदास के विषय में जिस तरह का मतान्तर उनके जन्म काल के समय में है, उससे भी अधिक मतान्तर उनके जन्मस्थान को लेकर है| मनुष्य की लालसा रहती है कि कोई प्रतिष्ठित व्यक्ति उसी क्षेत्र का हो| मनुष्य हमेशा अपना संबंध प्रतिष्ठित व्यक्ति से जोड़ना चाहता है, और यही कारण है कि एक छोटा सा तथ्य भी कहीं किसी लेखक को मिला, तो उसने महाकवि को अपने प्रांत का बताया| इस तरह देखा जाए तो कोई इन्हें कश्मीरी, कोई बंगाली, कोई गढ़वाली, कोई हिमालय की तराई का, तो कोई मिथिला निवासी बताता है| अब देखना है कि किसका तथ्य प्रमाणिकता के आधार पर खरा उतरता है| यह सही है कि कालिदास ने भारतवर्ष के अनेक भागों एवं प्रदेशों का अत्यंत सटीक वर्णन किया, और उनके भौगोलिक ज्ञान की सराहना की गई है| विदर्भ तथा विदिशा के उल्लेख उनके ग्रंथों में अधिकतर उपलब्ध होते हैं| इस कारण पाण्डेय जी कुछ साक्ष्य एवं काव्य तथ्य के द्वारा कालीदास को विदर्भ का निवासी बताते हैं|

इसी तरह बंगाल के भावुक साहित्यकार ने मेघदूत के 'आषाढ़स्य प्रथमदिवसे' को लेकर यह तथ्य दिया है कि बंगाल में सौर मास की गणना प्रचलित होने के कारण चंद्रमास के समान शुक्ल और कृष्ण द्विविध पक्षों की भिन्न - भिन्न तिथियाँ नहीं होती| दिनों की गणना एक से लेकर इक्कीस तक चलती है| कालिदास ने 'आषाढ़ कृष्ण पक्ष की प्रतिपदा न लिखकर जो आषाढ़ का प्रथम दिन लिखा है', इससे बंगाली पंडित उन्हें बंगाली सिद्ध करते हैं| साथ ही बंगाली 'काली' के भक्त होते हैं, वैसे कवि भी काली के भक्त थे, इसलिए वह बंगाली हुए होंगे|

अब देखिए श्री देवदत्त शास्त्री जी का तथ्य, वे उनकी रचनाओं के आधार पर उन्हें गढ़वाली सिद्ध करते हैं| मेघदूत में वर्णित अवंतिका के वर्णन से कही अधिक यथार्थता शाकुंतल में मालिनी और उसकी तटवर्ती

भूमि तथा उस प्रदेश के वर्णन में मिलती है। कवि ने जिस सुंदरता के साथ कण्ठ मुनि आश्रम का वर्णन किया है, उससे लेखक को ऐसा लगता है कि मातृभूमि का आस्था और आत्मीयता के साथ वर्णन किया गया है जो कि कवि की जन्म भूमि हो सकती है। वे कण्वाश्रम की स्थिति (पुरातन एवं वर्तमान) की तुलना से, एवं कालिदास की रचनाओं में कण्ठाश्रम की सुंदरता के वर्णन से कालिदास का जन्म स्थान बड़े ही रोचक ढंग से गढ़वाल सिद्ध करते हैं।

यहाँ यह विचार योग्य बात है कि महाकवि ने पूरे भारत का भ्रमण किया, साथ ही साथ वे प्रकृति प्रेमी कवि थे। उनका भौगोलिक ज्ञान अत्याधिक विस्तारित था, एवं लिखने की शक्ति दुर्लभ। इस वजह से वे किसी भी स्थान का मनोरम दृश्य चित्रण कर पढ़ने वालों के सामने जीती जागती तस्वीर खड़ी कर देते थे।

कुछ विद्वानों ने उन्हें उज्जैन निवासी सिद्ध करने का प्रयास उनके काव्यों में उल्लेखित सर्गों के माध्यम से बड़ी चतुरता एवं पक्षधर होकर किया है, जो कि उपरोक्त तथ्य से निस्सार ही समझा जाए।

इसी तरह प्रो. लक्ष्मीधर कल्ला ने अपने ग्रंथ कालिदास का जन्मस्थान में यह सिद्ध किया है कि कालिदास का जन्म कश्मीर में हुआ था। चूंकि कवि के ग्रंथों में हिमालय का अति सूक्ष्म वर्णन उपस्थित है, जिससे उनका हिमालय प्रेम झलकता है। मेघदूत में अलका कैलाश पर स्थित बताई गई है। कश्मीर के एक ग्राम, मयग्राम अथवा मणिग्राम की कल्पना लेखक ने कालिदास लिखित में मेघदूत के यक्ष ग्राम से कर दी है, जो कोरी कल्पना जैसी प्रतीत होती है। हाँ इतना तो अवश्य है कि कालिदास का जो प्रेम हिमालय से है इससे यह मानना उचित होगा कि उनका जन्म स्थान हिमालय से निकट निश्चित था।

अब हम उन विद्वानों का समर्थन करते हैं जिन्होंने कालिदास का जन्म स्थान हिमालय की तराई नेपाल या मिथिला सिद्ध किया है। महाकवि की रचनाओं में कुमारसंभव हो या मेघदूत या फिर अभिज्ञान शाकुंतल, सभी में बड़े ही मनोरम ढंग से हिमालय का सूक्ष्मता से चित्रण किया गया है। अतः यह निश्चित है कि कालिदास हिमालय की तराई में कहीं जन्म लिए होंगे।

हिमालय की तराई में सिर्फ कश्मीर ही नहीं बल्कि नेपाल भी आता है, तो हो सकता है कि उनका जन्म नेपाल में हुआ होगा। लेकिन कुछ विद्वानों ने कालिदास की जन्म भूमि मिथिला होने का संकेत दिया है। बिहार संस्कृत - समिति के स्नातकों के सम्मुख भाषण करते हुए संस्कृत विश्व - विद्यालय वाराणसी के तत्कालीन कुलपति श्री आदित्यनाथ झा ने

(मई १९५९) एक प्रारंभिक लेख के प्राप्त होने का उल्लेख किया है। उनके अनुसार दरभंगा जिला में बेनीपट्टी के अंतर्गत उच्चैठ (उच्चपीठ) गाँव में एक प्राचीन नदी के पश्चिम तट पर भगवती दुर्गा की प्राचीन मूर्ति है। उससे पूर्व - दक्षिण की ओर एक ऊँचा टीला (डीह) है, जो अत्यंत प्राचीन काल से कालिदास की विद्यापीठ के नाम से प्रसिद्ध है। आज भी विद्यार्थी इस दुर्गा मूर्ति की उपासना विद्या - वरदात्री के रूप में करते हैं। लेखपालों के कागज - पत्रों में यह भूमि "कालिदास की चौपड़ी" नाम से अंकित है। पुराने कागज - पत्रों में भी इस भूमि का अंकन कालिदास ही के नाम से उपलब्ध है। परम्परागत जनश्रुति के अनुसार कालिदास ने यहीं विद्या प्राप्त की थी। इससे यह अनुमान किया गया है कि कालिदास की जन्मभूमि भी कहीं इसी के आसपास होगी।

मैं इन विद्वानों का समर्थन ससम्मान करते हुए इसे कुछ अन्य पुस्तकों की सहायता एवं उनकी रचनाओं के आधार पर तथ्य देकर सिद्ध करना चाहती हूँ कि, महाकवि कालिदास की जन्मभूमि मिथिला थी। सर्वप्रथम तो मिथिला राज्य भी हिमालय की तराई में माना जाएगा, और हिमालय का वर्णन जिस तरह से उन्होंने किया है उससे आगे की लेखनी से स्पष्ट हो जाएगा कि वह मिथिला के ही थे। यहाँ यह बात विचारणीय ही नहीं बल्कि विश्वसनीय भी है कि पूरे भारतवर्ष में कहीं भी कालिदास के नाम से ना तो कोई स्थान है, और ना कोई मंदिर। जबकि मिथिला में उनके नाम से अब भी सरकारी खतियान है; आखिर क्यों? इसका एक और सिर्फ एक उत्तर है कि कालिदास का मिथिला से गहरा संबंध है, ऐसा संबंध जो एक जन्म भूमि से ही हो सकता है। मिथिला में डीह का साधारण अर्थ वह स्थान होता है जहाँ मनुष्य का आवास हो। जब सरकारी कागज - पत्र में भी "कालिदास के डीह" से वह जमीन का टुकड़ा है तो कोई कैसे इस बात को झुठला सकता है कि यह स्थान कालिदास से कोई संबंध नहीं रखता है।

दूसरी बात यह कि जिस तरह से विद्वानों ने मात्र एक - दो श्लोकों से यह सिद्ध करने का प्रयास किया है कि कालिदास उनके प्रान्त या उनके क्षेत्र के थे, तो प्रसिद्ध पुस्तक "मिथिला और कालिदास" के लेखक पूज्य पं. दिगंबर झा ने अपनी पुस्तक में सैकड़ों प्रमाणों, उनके काव्य एवं रचनाओं से सिद्ध कर दिखाया है कि महाकवि मिथिला के ही थे। हम उनकी पुस्तक का अनुसरण एवं स्वयं के अवलोकन श्रवण एवं उनकी रचनाओं के आधार पर विश्वनीय तथ्यों को रखना चाहते हैं।

मिथिला के विद्वान के अनुसार सर्वप्रथम उन्होंने "कुमारसंभव" महाकाव्य की रचना करी। किसी भी कवि या लेखक पर उसकी जन्मभूमि में होने वाली सभ्यता - संस्कृति, प्रथा, लोक कथा, उनके इष्ट देव का अत्यधिक प्रभाव पड़ता है, इस बात को शायद सारे विद्वान मानेंगे। चूंकि

यह उनकी पहली रचना थी, अतः उन्होंने अपने इष्ट देव शंकर (शिव) को मध्य रख इसकी रचना की| मिथिला का पुरुष वर्ग आज भी शैव होता हैं| कुमारसंभव में जिस तरह कालिदास ने शिव एवं पार्वती के श्लोकों के साथ मंगलाचरण किया है, उसी तरह मिथिला के ब्राह्मण परिवारों में बच्चों को बोलना आते ही अभिभावक उन्हें इसी तरह एक श्लोक:-

"सा ते भवतु सुप्रीता देवी शिखरवासिनी|
उग्रेण तपसा लब्धो यथा पशुपतिः पति:|"

अर्थात- हिमालय की चोटी पर निवास करने वाली वह विश्व प्रसिद्धा लोक सम्पूज्या हिमवत्पुत्री पार्वती देवी! तुम्हारे लिए सुप्रीता (अतीवप्रसन्नता) हो, जिन्होंने उग्र कठोर तथा, शिव - संबंधी तपस्या से पशु के समान अज्ञानी सकल जीवों का पालन करने वाली अपरिमित ज्ञान शक्ति एवं प्रभु शक्ति से समन्वित महेश्वर को अपना पति बनाया| इस श्लोक को बच्चों को रटाने का कारण उनकी आंतरिक कामना रहती है कि इस शिशु का जीवन मंगलमय हो ताकि यह शिशु प्रतिदिन जग जाने के बाद अपने दैनिक कार्य से पहले मंगलाचरण के रूप में इसका पाठ कर ले|

अब देखिए कालिदास की रचना कुमारसंभव का पहला पद:-

"अस्त्युत्तरस्यां दिशि देवतात्मा हिमालयोनाम नगाधिराजः|
पूर्वापरौ तोयनिधि वगाह्य स्थितः पृथित्या इव मानदण्डः||"
(कुमारसम्भव १/१")

अर्थात- भारतवर्ष के उत्तर में देवता के समान पूजनीय हिमालय नाम का पवित्र पर्वतराज है, जो पूर्व और पश्चिम के समुद्र तक फैला हुआ ऐसा लगता है मानो पृथ्वी को नापने - तोलने का मापदंड हो| जिस तरह भारतवर्ष की उत्तरी सीमा हिमालय है, उसी तरह आधुनिक नेपाल की भी यही उत्तरी सीमा है| इन दोनों देशों के मध्यवर्ती मिथिला क्षेत्र की भी उत्तरी सीमा के रूप में यही हिमालय है| जैसा वृद्ध विष्णु पुराण मिथिला खंड का प्राचीन प्रमाण है| पद्य संख्या ४२ ४३ ४४

"कौशिकीन्तू समारम्भ गण्डकीमधिगम्य वै|
योजनानि चतुविशंद व्यायामः परिकीर्त्तित|| ४२

गंगाप्रवाहमारम्भ यवाद हैमवंत वनम|
विस्तारः षोडशः प्रोक्तो देशस्य कुलनन्दन|| ४३

मिथिला नामनगरी तत्रास्ते लोकविश्रुता|
पञ्चमी: कारणे: पुण्या या विख्याता जगतत्रये||" ४४

हम यह मान सकते हैं कि हिमालय के साथ - साथ महाकवि ने मिथिला नगर का संकेत भी दिया है| कुमारसंभव में महाकवि कालिदास ने आम के प्रति अपना स्नेह दिखाकर यह व्यक्त किया है कि आम के पेड़, मंजरी, उसके बौरों से उन्हें कितना लगाव था| मिथिला के लोग आम के बड़े शौकीन होते हैं| पेड़ों में कुछ पेड़ों को श्रद्धा से पूजते हैं| वहीं आम का वृक्ष उनके जीवन में महत्वपूर्ण स्थान रखता है| जैसे कि महाकवि ने भी आम के वृक्षों से संबंधित अनेक श्लोक लिखे हैं| नीचे कुछ उदाहरण दिए जा रहे हैं:- १/२६

"महिभृतः पुत्रवतोऽपि दृष्टिस्तस्पिन्नपत्ये न जगाम तृप्रिम|
अनंतपुष्पस्य मधोहिं चूते द्विरेफमाला सविशेष सगां||" २७

अर्थात- जैसे भौरों का झुंड वसंत ऋतु में विकसित अन्य फूलों को छोड़कर आम मंजरी पर ही मंडराता है; वैसे ही अनेक संतानों के होते हुए भी हिमवान के नेत्र पार्वती को देखकर नहीं अघाते थे|

इसी प्रकार बहुत सारे श्लोकों में उन्होंने आम का उपमा के रूप में व्यवहार किया है, जैसे कुमारसंभव के तृतीय सर्ग का ३२ श्लोक

"चूताङ्कुरास्वादकषायकण्ठ पुंस्कोकिलो यंमधुरं चूकूज|"

अर्थात- आम की मंजरियाँ खा लेने से जिस कोयल का कंठस्वर मीठा हो गया था|

"सद्यः प्रवालोद्वमचारुपत्रे नीते समाप्तिं नवचूतबाणे|" ३/26 (27)

तभी बसंत ने नई कोपलों में पंख लगाकर आम की मंजरियों के बाण तैयार कर दिए|

"वद सम्प्रति कस्य बाणतां नवचूतेप्रसवो गमिष्यति||" ४/१४

अर्थात- मीठी कूक से गूँजता हुआ आम का नया बौरा अब किसका बाण बनेगा?

"परलोक विधौ च माधव! स्मरमुद्दिश्य विलोलपल्लवाः|
निवपेः सहकारमञ्जरीः प्रियचूतप्रसवो हि ते सखा||" ४/३८

बसंत! जब तुम अपने मित्र कामदेव का श्राद्ध करना, तब उसने उनके लिए चंचल पत्तों वाली आम की मंजरी अवश्य देना, क्योंकि तुम्हारे मित्र को आम की मंजरी बहुत प्रिय थी| इसी तरह १२ वें सर्ग के २३ वें श्लोक में भी आम का वर्णन इस प्रकार किया है |

"विकस्वराम्भोजवनाश्रिमा तं दृशां सहस्रेण निरिक्षमाणः|
रोमालिभिः स्वर्गपति 'बंभासे' पुष्पोत्कराकीर्ण इवाम्रशाखी||"
कु. सं. १२/23

अर्थात- विकसित कमरों के समान अपने सुंदर सहस्त्र नयनों से शंकर जी को देखकर इंद्र उस आम के पेड़ जैसे सुंदर लगने लगे, जो नीचे से ऊपर तक बौर से लदा हुआ हो| इसी प्रकार महाकवि ने ऋतुसंहार में ६/१, ६/४, ६/१६, ६/३६ में भी आम की उपमा दी है| ऋतुसंहार के कुछ श्लोक:-

"प्रफुल्लचूताड़.कुरतीक्ष्णसायको द्विरेफ मालाविलसद्धनुर्गुणः|" ६/२

अर्थात- हे प्रिय! प्रफुल्लित आम के वृक्षों के अंकुररूपी तेज बाणवाले भौरों की माला रूपी धनुष की डोरी वाले-

"वापी जलानां मणिमेखलानां शशाड.कभासां प्रभदाजनानाम|| ६/३
चूतद्रुमाणां कुसुमान्वितानां ददाति सौभाग्यममं वसंतः||" ६/४

अर्थात- यह बसंत बाबलियो के जलों को, मणियों की करधनियों को, चंद्रप्रभावली अँगनाओं को तथा फूलों से झुके हुए आम के वृक्षों को सुगमता प्रदान करता है|

"पुंस्कोकिलश्चूतरसासवेन मतः प्रियां चुंबति रागदृष्टः|" ६/१५

अर्थात- यह कोकिलपक्षी आम के रसावन से उन्मत्त होकर राग से हर्षित होकर अपनी प्रिया के मुखों को चूमता है| एक और उदाहरण देखिए:-

"चूतामोद सुगन्धिमंदपवनः शृड.णरदीक्षागुरुः|"

अर्थात- आनंदप्रद आम के बौरों की सुंगन्धि से युक्त मंद - मंद पवन से यह श्रृंगार की शिक्षा देने वाला| इस तरह महाकवि ने आम की उपमा जगह - जगह दे कर यह प्रमाण दिया है कि उन्होंने आम के वृक्षों की छाँह में बचपन बिताया था| उन्हें आम से बहुत ज्यादा स्नेह था; जैसा स्नेह मिथिला निवासी को अब तक होता है| यहाँ यह भी विचारणीय है कि अगर वे कश्मीर के होते तो आम के बदले जगह - जगह सेब या अंगूर की उपमा का प्रयोग करते|

हम तो आम के चक्कर में भूल गए कि हमें पहले कुमारसंभव के अन्य श्लोकों को देखना था| क्षमा प्रार्थी हूँ, क्या करूँ स्वभाव से लाचार हूँ| आगे कुमारसंभव के अन्य श्लोकों पर नज़र डालते हैं|

**"अनर्घ्यमर्घ्येण तमद्रिनाथः स्वर्गकिसमार्चितमर्चयित्वा|
आराधनायास्य सखिसमेतां समादिदंश प्रयतां तनूजाम||" १/५८**

अर्थात- स्वर्ग के देवता महादेव जी को पूजते हैं| उनकी पूजा करी और बाद में अपनी कन्या को आज्ञा दी कि सखियों के साथ जाकर नित्य शिवजी की पूजा करो| इस विषय पर डॉ. जयमंत मिश्र, पूर्व कुलपति संस्कृत विश्वविद्यालय दरभंगा के द्वारा "किं कालिदासो मिथिला - निवासी" शीर्षक पुस्तक में है कि मिथिला की बालिकाएँ अपने अभिभावक के निर्देश से जैसे पूजा - सामग्री, पुष्प - पत्रादि का चयन तथा पूजन स्थान परिमार्जन आदि करती आ रही हैं; उसी तरह कालिदास की यह गिरिजा जी भी पिता हिमालय के निर्देश से करती हुई देखी जा रही हैं |

**"अवचित बलिपुष्पा वेदीसम्मार्गदक्षा नियमविधिजलानां बर्हिषा चोपनेत्रे|
गिरीशयुपचचार प्रत्यहं सा सुकेशी नियमितपरिखेदा
तच्छिदश्चन्द्रपादेह||" १/६**

अर्थात- सुन्दर केशों वाली पार्वती जी वहाँ रहकर नियम से प्रतिदिन पूजा के लिए फूल चुनती, बड़े अच्छे ढंग से वेदी को धोती - पोछती और नित्यकर्म के लिए जल तथा कुश लाकर उनकी सेवा करती हुई तनिक भी नहीं थकती थी, क्योंकि महादेव जी के माथे पर विराजमान चन्द्रमा की ठंडी किरणें पार्वती जी की थकान बराबर मिटाती रहती थीं|

यहाँ यह ध्यान देने योग्य है कि वेदी शब्द का उच्चारण या उपयोग पूरे भारतवर्ष में अवश्य होता है लेकिन सबसे अधिक उपयोग मिथिला में होता है| कालिदास ने जिस तरह पिता की आज्ञा पाकर मिथिला(मैथिलि) विधि - विधान से प्रतिदिन पार्वती जी का पूजा करना दिखलाया है, वह उनका जन्म - भूमि के प्रति स्नेह दर्शाता है| उनके काव्यों में अधिक स्थान पर वेदी शब्द का उपयोग हुआ है, जो सिर्फ मिथिला निवासी ही कर सकता है|

"अथ विश्वात्मने गौरी सिंदिदेश मिथः सरवीन| दाता में भूभृतां नाथ प्रमाणीक्रियतामिति||" ६/१

अर्थात- इसके बाद पार्वती जी ने घट - घटवासी शंकर जी के प्रति अपनी सखी के मुँह से कहलाया कि "मेरा विवाह करने वाले मेरे पिता हिमालय हैं| अतएव यदि आप मुझसे विवाह करना चाहते हैं तो उन्ही से मिलिए|"

वैसे तो भारतीय संस्कृति में विवाह के लिए अभिभावक ही बातचीत करते हैं, किन्तु जिस तरह से पार्वती जी ने अपने तपोबल से शंकर जी को

प्राप्त किया और जब स्वयं महादेव ने दास होना स्वीकार किया; तब भी पार्वती जी ने अपने पिता का मान रखा, ऐसा सम्मान, ऐसा आदर मिथिला निवासी ही दे सकते हैं|

"तामस्मदर्थे युष्मियर्माचितद्यो हिमालयः||
विक्रिमायै न कल्पन्ते सम्बन्धा सदनुक्षिताः||"६/२९

अर्थात- अतः आप लोग मेरी ओर से जाकर हिमालय से पार्वती जी को मांगिये, क्योंकि भले लोग बीच में पड़कर जो संबंध करा देते हैं, उसमे फिर कभी, कोई बाधा नहीं आती|

जिस तरह से पार्वती जी ने शिवजी से हिमालय से विवाह की अनुमति मांगने के लिए कहा और शिवजी ने स्वयं न जाकर सप्तऋषि को वहाँ भेजने का आग्रह करते हुए उपरोक्त बातें कही हैं, यह कालिदास के मिथिला संस्कृति के ज्ञाता होने का बोध करा रही हैं| मिथिला संस्कृति में आज भी विवाह के सम्बन्ध में कुछ भले और बड़े लोग ही मध्यस्थता का कार्य करते हैं|

"तत्प्रयातौषधिप्रस्थं सिद्धये हिमवत्पुरम|
महाकोशी प्रप्रातेऽ स्मिन्सङ्गय पुनरेव नः||" ६/३३

अर्थात- सो आप लोग कार्यसिद्धि के लिए हिमालय के औषधिप्रस्थ नगर को जाइये और वहाँ से लौटने पर महाकोशी नदी के झरने पर आकर मुझसे मिलिएगा|

अब देखिये "कलिदास एवं मिथिला" पुस्तक से -

यह महाकोशी नदी पुराणकथित कौशकी नदी है, जो भिन्न - भिन्न नहीं है| वैसे देखा जाये तो इस महाकोशी(कौशिकी) नदी का यह प्रपात स्थल मिथिला का प्रसिद्ध तीर्थ स्थल वराह क्षेत्र है| यहाँ हिमालय से निकली हुई ये सात

(१. सुनकोशी २. भेटिआ कोशी ३. ताम्बा कोशी ४. लिखु कोशी ५. दूध कोशी ६. अरुण कोशी ७. ताम्बर कोशी) नदियाँ मिलकर महाकोशी (कौशिकी) का निर्माण करती है| इनमें इन ताम्बर, अरुण व सुनकोशी के संगमस्थल का जल त्रिवेणी स्वरुप में एक जगह मिल जाने के बाद प्रपात रूप में नीचे आ गिरता है| यह वही महाकोशी प्रपात - स्थल है, जहाँ महाकवि ने

"व्योमगंगाप्रवाहेषु दिङ्नागमदगंधिषु|" (६/५) सप्तऋषियों के आकाशगंगा स्नान का वर्णन किया है| यहीं विश्वामित्र का आश्रम भी है| जो वृहद विष्णुपुराण के अनुसार मिथिला के पूर्व भाग में स्थित है|

इसके साथ ही भगवान महावराह की द्रंष्ट्रा(जबड़ा) का किया गया वर्णन मिथिला के प्रसिद्ध तीर्थ स्थल "वराहक्षेत्र" का स्मरण करा देता है|

"आसक्तबाहुलतया सार्धमुद्धतया भुवा|
महावराहदष्ट्या विश्रान्ताः प्रलयापदि||" ६/८

वे प्रलयकाल में वराह भगवान के जबड़ों से उभारी हुई पृथ्वी के साथ - साथ फिर उन्ही जबड़ों में विश्राम करते हैं|

इस तरह हम देखते है कि भगवान शंकर द्वारा सप्तऋषि को महाकोशी के झरने के पास आकर मिलना, वराहक्षेत्र का वर्णन, आकाशगंगा (कौशिकी त्रिवेणी) को बतलाना, ऐसा लगता है जैसे औषधिप्रस्थ कहीं मिथिला का ही कोई स्थान है|

परिस्थिति वश पार्वती का तप स्थल यही वराहक्षेत्र था, जिसका वर्णन महाकवि ने किया है| इन सब से क्षेत्रीय स्थल का गूढ़ ज्ञाता होने के कारण विशेष वर्णन करना महाकवि का मैथिलत्व स्वतः स्पष्ट करता है|

वाल्मीकि रामायण से

"जीवन्मुक्त वेद्धश्च देववन्तो विकल्मषा:|
अनुष्ठितारो यज्ञाणा ब्राह्मणाः परिपूजकाः||६४

निभिवंश्या ऋषिप्रज्ञा एवं तत्र महामुने|
अन्यत्किं यत्र सावित्री गौरी श्री देवशक्तयाः||६६

निवसन्ति प्रयत्नेन सर्वसिद्धिप्रदायिकाः|
यत्र साक्षात्स्वयं भूमौ सीता सर्वेश्वरेश्वरी||"36

अर्थात- "मिथिला (तिरयुक्ति) देश में -"पाप से रहित देहधारी भी ब्राह्मण यज्ञ और पूजन करने से जीवन मुक्त हो जाते है|६४

निमि वंश के लोग बड़े ऋषि मुनि हुए| यहाँ तक कि श्री सावित्री, श्री गौरी और देवशक्तियाँ यही जन्मीं|६६

यहाँ यत्न पूर्वक वास करने से सर्वसिद्धि को देने वाली शक्तियाँ है, जहाँ पर स्वयं सर्वेश्वरी सीता जी ने जन्म लिया|| ६७

यहाँ ध्यान देने वाली बात यह है कि महाकवि कालिदास वाल्मीकि को अपना गुरु मानते हुए स्वयं स्वीकार करते हैं कि रघुवंश उन्होंने वाल्मीकि रामायण की प्रेरणा से लिखा है| ऐसे में महाकवि ने भी निश्चित पार्वती जी की जन्मभूमि मिथिला स्वीकार की है| महाकवि ने पार्वती जी

की जन्मभूमि मिथिला स्वीकारी और तपोभूमि मिथिला ही माना, तब हिमालय भी मिथिला के ही हुए। अब जानते हैं हिमालय की राजधानी औषधिप्रस्थ के बारे में:-

जिस तरह जनकपुर (हिमालय की तराई) मिथिला है। उसी प्रकार हिमालय की राजधानी औषधिप्रस्थ भी मिथिला का ही कोई स्थान होना निश्चित है। महाकवि ने उसका नाम औषधिप्रस्थ रखा, इसके पीछे वाल्मीकि रामायण भी प्रेरणा हो सकती है। जब लक्ष्मण मेघदूत के बाण से मूर्छित हो गए, तब हनुमान जी ने जो औषधि (बूटी) लाई वह हिमालय पर ही पाई जाती है। दूसरे स्व. पं. दिगंबर झा ने कालिदास एवं मिथिला पुस्तक में पूरे १७ प्रमाणों के साथ यह सिद्ध किया कि औषधिप्रस्थ नामक नगर नागधिराज हिमालय - हिमालय के हिमाच्छादित सर्वोच्च शिखर भाग अत्याधिक ऊँचा पथरीला भू - भाग या उपत्यका - तलहटी - तराई के समतल भू - भाग में था।

औषधि का अर्थ फल पकने के बाद नष्ट होने वाले अभ्दिद का नाम (जैसे धान, चना, गेहूँ आदि, जो समतल पर उपजते हैं।)

पढ़ें:- कालिदास एवं मिथिला (पृष्ठ संख्या १४५)

इस तरह हम कुमारसंभव के सर्ग ६ में ३७ से ४७ श्लोकों में जिस तरह से औषधिप्रस्थ नगर की सुंदरता का वर्णन है, वैसा वर्णन ना तो अभिज्ञानशाकुंतल के कण्ठ मुनि आश्रम का है और ना ही अलकापुरी का। वैसा हृदयस्पर्शी वर्णन ना तो महाकवि ने उज्जयिनी का किया है, और ना ही विदिशा का। औषधिप्रस्थ का वर्णन निम्न प्रकार है:-

"वह नगर ऐसा संपन्न था मानो उसने धन - संपत्ति से भरी हुई अलकापुरी को भी नीचे दिखा दिया हो। ऐसा लगता था मानो स्वर्ग का बहा हुआ सब धन लाकर उसमें ही भर दिया गया था। ६/३७

उस नगर के चारों ओर गंगा जी की धारा बहती थी, चमकीली जड़ी - बूटियाँ प्रकाश करती थी और मणियों के ऊँचे - ऊँचे परकोटों में छिपे रहने पर भी वह नगर बड़ा सुन्दर लग रहा था। ६/३८

वहाँ के हाथी सिंह को भी पछाड़ सकते थे। सभी घोड़े बिल जाति के थे। वहाँ के नागरिक यक्ष अथवा किन्नर थे और स्त्रियां वनदेवियाँ थी। ६/३९

उस नगर के घरों पर सदा बादल छाये रहते थे। अतएव जब उन घरों में मृदंग बजता था, तब लोगों को पहले यह भ्रम हो जाया करता था कि ये बादलों का गर्जन है, किन्तु उनकी ताल से वे समझ जाते थे कि ये बादल नहीं गरज रहे, बल्कि मृदंग बज रहे हैं। कल्पवृक्ष की चपल शाखाएँ ही उस नगर की पताकाएँ थी। यद्यपि उन्हें किसी नागरिक ने नहीं बनाया

था, फिर भी वे ऐसी दिखती थी मानो घरों पर डंडे खड़े करके वे उनमें बाँध दी गईं हो||६/ ४२

"स्फटिक के भवनों में सजे मदिरालय पर रात को जब तारों की छाया पड़ती थी तो ऐसा लगता था मानो किसी ने फूल बिखेर दिए हो|६/४२

बरसात के दिनों में रात को चमकने वाली जड़ी - बूटियाँ ऐसा प्रकाश करती थी कि वहाँ की अभिसारिकाओं को बरसात की अंधियारी में भी अँधेरा नहीं लगता था|६/४३

वहाँ के लोग सदा जवान रहते थे| कामदेव को छोड़कर और कोई किसी को मारता नहीं था| सम्भोग की थकावट के बाद लोगों को जो नींद आती थी, वही वहाँ की मूर्छा मानी जाती थी|६/४४

वहाँ कोई किसी को डाँटता - डपटता नहीं था, परन्तु वहाँ की स्त्रियां अलबत्ते भौहें चढ़ा - चढ़ा, ओंठ कँपा - कँपा और सुन्दर उंगलियाँ चमका - चमकाकर अपने प्रेमियों को तब तक अवश्य डाँटती थी, जब तक उनके प्रेमी उन्हें मना नहीं लेते थे|

वह गंधमादन नायक सुगन्धित पर्वत ही उस नगर का बाहरी उपवन था, जिसके कल्पवृक्षों की छाया में पथिक विद्याधर लोग चलते - चलते थक कर सो जाया करते थे|६/४६

हिमालय की राजधानी देखकर उन दिव्य मुनियों ने सोचा कि स्वर्ग के लिए इतनी तपस्या करके हम लोग व्यर्थ ठगा गए||६/ ४७

इस तरह हम पाते हैं कि जैसा सुन्दर चित्रण महाकवि ने औषधिप्रस्थ नगर का किया है वैसा अन्यत्र दुर्लभ है| उन्होंने प्राणों से प्रिय अलकापुरी को भी औषधिप्रस्थ के आगे तुच्छ बताया| यहाँ तक की मुनियों के माध्यम से यह भी व्यक्त किया है कि स्वर्ग की तपस्या भी व्यर्थ है| अतः हम कह सकते है कि मातृभूमि (जन्मभूमि) मनुष्य को सर्वश्रेष्ठ लगती है| और मानो औषधिप्रस्थ के वर्णन में उन्होंने अपनी जन्मभूमि (मिथिला भूमि) के प्रति स्नेह को प्रमाणित कर दिया है|

कुमारसम्भव के सप्तम सर्ग में माता पार्वती और शिव जी का जो वर्णन है, उसके लगभग प्रत्येक श्लोक में मिथिला रीति - रिवाज़ (लोक - रीति) की सुगंध आ रही है, और धीरे - धीरे ये सुगंध पूरे वातावरण (पढ़ने वाले के मस्तिष्क) पर ऐसी छा जाती है कि लोग दिल से यह स्वीकार करेंगे कि ऐसा वर्णन सिर्फ एक स्थानीय कवि या लेखक लिख सकता है, जो वहाँ की क्षेत्रीय परंपरा से, रीति - रिवाज़ से, विवाह - संस्कार से पूर्ण रूप से अवगत हो; क्योंकि किसी भी रचनाकार पर उसकी क्षेत्रीय भाषा, आचार - विचार, व्यवहार, संस्कार - संस्कृति, लोक रीति - रिवाज़, प्रथा का पूरा प्रभाव पड़ता है|

अब देखते है सप्तम सर्ग के कुछ श्लोक और उनके अनुवाद:-

"मैत्रे मुहूर्ते शशलाञ्छनैन योगं गतासुत्तरफाल्गुनीषु|
तस्मा: शरीरे प्रतिकर्म चक्रुर्वन्धुस्त्रियों या पतिपुत्रवल्य"|| ७/६

अर्थात- सूर्योदय के तीन मुहूर्त बाद उत्तरफाल्गुनी नक्षत्र में कुटुंब की सुहागन और पुत्रवती स्त्रियां पार्वती जी का श्रृंगार करने लगी|| ७/६

सा गौरसिद्धार्थनिवेशवृद्धिदूर्वाप्रबालै: प्रतिभिन्नशोमम|
निर्नामी कौशेममुपात्रवाणमम्मग्डानेपव्यमलच्चाकार|| ७/७

अर्थात- सर्वप्रथम उन्होंने दूब के अंकुरों और सरसों के दाने से उनका श्रृंगार किया| फिर नाभि तक ऊँची रेशमी साड़ी पहनाकर उसमें एक वाण खोस दिया गया| इस प्रकार तेल - उबटन लगाकर सजावट पूरी कर दी गई|

पयौ च सम्पर्कमुपेत्य बाला नवेव दीक्षाविधिसायकेन|
करणे मानोर्बाहुलावसाने सन्धुक्ष्यमाणेव शशाङ्करेखा ||६/८

अर्थात- विवाह का नया बाण खोसकर पार्वती जी ऐसी सुंदर लगने लगी, जैसे शुक्लपक्ष में सूर्य की किरणें पाकर चन्द्रमा चमक उठता है|

इसी तरह सप्तम सर्ग के आगे वाले श्लोकों का हिंदी अनुवाद इस प्रकार है:-

तब सुहागन स्त्रियों ने उनके शरीर पर लगे तेल को लोध की बुकनी(पाउडर) से सुखाया और कुछ गीले तथा सुगन्धित लेप से उनका शरीर रंगा| तदन्तर स्नान करने के बाद, कपड़े पहनाकर वे उन्हें स्नानघर के चबूतरे पर ले गयीं|७/९

स्नान घर में नीलमणि की एक सुंदर चौकी बिछी थी| चारों ओर रंग - बिरंगी मोतियों की मालाएं लटकी थीं| उन स्त्रियों ने उमा को चौकी पर बैठाकर गायन - वाद्‌य के साथ सोने के घड़े के जल से नहलाया| ६/१०

उस मंगलमय स्नान से पार्वती जी का शरीर अत्यंत निर्मल हो गया और उन्होंने विवाह के वस्त्र पहने| उस समय वे ऐसी लगने लगी जैसे गरजते हुए बादलों के जल से धुली हुए कांस्य के फूलों से भरी हुई धरती शोभित हो रही हो| ७/११

इस प्रकार नहलाकर वे सुहागिनियाँ पार्वती जी को सहारा देकर उन्हें कोहबर में ले गयीं, जहाँ मणिस्तम्भों पर चदवाँ तना था| बीच में मंगलवेदी बनी हुई थी और उस पर सुसज्ज आसन बिछा था||७/१२

वहाँ उन्होंने पार्वती जी को पूर्वाभिमुख करके बैठा दिया। श्रृंगार की सभी वस्तुएँ पास में होने पर भी वे सब पार्वतीजी की स्वाभाविक शोभा पर ही इतनी मुग्ध हो गयीं थी कि कुछ देर तक वे सुध - बुध खोकर एकटक उनकी ओर निहारती बैठी रहीं।।७/१३

फिर किसी ने अगरचंदन के धुँए से उनके बाल सुखाकर फूल गुंथे। दूब में गुंथी हुई पीले महुए के फूलों की माला जूड़े में बाँधी। ७/१४

किसी सुहागन ने उजले अगर में पिसा हुआ अंगराग उनके शरीर पर मला और अत्यंत लाल गोरोचन से उनके शरीर को चित्रित किया। उस समय पार्वती जी इतनी सुंदर दिख रहीं थी कि उनके रूप के आगे उज्जवल धारा वाली गंगाजी की शोभा भी मंद पड़ गयी, जिनके तट की बालू में चकवे बैठे हों।

"श्रृंगार करने वाली एक स्त्री ने पार्वती जी की नीलकमल जैसी बड़ी - बड़ी और काली - काली आँखों में जो काजल लगाया वो इसलिए नहीं कि अंजन से आँखों की कुछ शोभा बढ़ेगी, बल्कि इसलिए कि वो भी एक मंगलाचार था।"

"उसी समय पार्वती जी की माता मैना वहाँ आयी। उस रूप को देखकर वे आनंद - विभोर हो गयी; किन्तु किसी तरह उन्होंने दो उँगलियों से गीली हरताल और मंगलसूचक मैनसिल लेकर पुत्री के माथे पर विवाह का तिलक लगाया।" ७/२३, २४

आनंदतिरेक से मैना की आँखों में आँसू उमड़ आए। अतएव ठीक - ठीक न देख सकने के कारण उन्होंने पार्वती जी के हाथ में बाँधने वाला कंगन वहाँ ना बाँधकर कही अन्यत्र बाँध दिया। बाद में उनकी धाय ने अपनी उंगलियों से उस ऊन के कंगन को खिसकाकर ठीक स्थान पर कर दिया।। ७/२५

"विवाह के रीति - रिवाज़ से अभिज्ञ मैना ने अपने कुल का यश बढ़ाने वाली पार्वती जी से कुलदेवताओं को प्रणाम करवाकर सब सखियों के चरणस्पर्श कराए।

कुमारसम्भव के सप्तम सर्ग में पार्वती जी की श्रृंगार - विधि मिथिला देशीय क्षेत्रीय विधि अनुसार हुई है। मिथिला में आज भी पुत्रवती सुहागन स्त्रियाँ ही विवाह होने वाली नव - वधु को दूब के अंकुश और सरसों के दाने पीसकर उसका उबटन बनाकर कन्या को लगाते हुए रेशमी साड़ी पहनाती हैं। फिर उस उबटन को सुखाकर कुछ चन्दन, दूध, हल्दी आदि गीले एवं सुगन्धित (गुलाब जल) से कन्याओं का शरीर रंगा जाता है। उसके बाद महाकवि लिखते है कि स्नान के कपड़े पहनाकर (तात्पर्य यह है कि उस कपड़े को बदला जाता है जो पार्वती ने पहना था)।

यह पूर्ण रूपेण मिथिला की ही विधि है| मिथिला में स्नान करवाने का अलग वस्त्र होता है| स्नान के बाद ये वस्त्र धोबिन को दे दिया जाता है| ये अलग बात है कि महाकवि ने उस बात का संकेत नहीं किया, कारण उनका ध्यान सिर्फ माता - पार्वती और शंकर जी पर केंद्रित था| इसलिए उन्होंने सारी रस्मों का उल्लेख ना कर महत्वपूर्ण रस्मों का उल्लेख किया है| किन्तु जो भी उन्होंने लिखा है वो उनका मिथिला देशीय होना प्रमाणित करता है|

माता पार्वती को स्नान के कपड़े पहनाकर स्नानघर में नीलमणि की एक सुन्दर चौकी पर बैठाकर गायन- वाद्य के साथ सोने के घड़े के जल से स्नान कराया| मिथिला में चौकी पर बैठा, कलश के जल से स्नान करवाना आज भी विद्यमान है|

स्नानादि के बाद सुहागिनों द्वारा उन्हें कोहबर में ले जाया गया, जहाँ चदवाँ तना था, मंगलवेदी बनी थी; आसन पर पूर्वाभिमुख बैठाया गया |

ये कोहबर शब्द मिथिला का शब्द है जो अपभ्रंश होकर कोबर हो गया है| मिथिला में इसी तरह से सुहागिनों द्वारा कोहबर लाकर उनके बाल आदि सुखाकर कन्याओं को पूर्व की तरफ मुख करके बैठाकर उनका अनेक तरह से श्रृंगार किया जाता है|

पुरातन विधियों में महुए की माला पहनाई जाती थी| आजकल यह माला आसानी से नहीं मिलती इसलिए यह प्रथा कम (लगभग दूर) हो गयी है|

काजल लगाना यहाँ मंगलाचरण माना जाता है| यहाँ सिर्फ विवाह में ही नहीं बल्कि किसी भी मांगलिक उत्सव पर काजल लगाकर मंगलाचार का आज भी रिवाज़ है|

जैसे पार्वती की माता ने वैवाहिक रक्षा सूत्र (बाँधने वाला कंगन) बाँधा, जो बाद में उनकी धाय द्वारा ठीक किया गया| उसी प्रकार आज भी ऊन के कंगन को कन्याओं को बाँधा जाता है| आज भी नव - विवाहिता की गर्दन में गुआ माला पहनायी जाती है, कंगन बाँधा जाता है| इस तरह से महाकवि फिर से अपने में मैथिलित्व होने का समर्थन किया है|

मिथिला की कन्याएँ विवाह से पूर्व कोहबर घर में मातृका पूजा द्वारा अपने कुल देवता तथा कुल पूर्वजों की पूजा अर्चना करने के बाद ही विवाह की वेदी के पास बैठती है; ठीक उसी तरह मैना ने अपनी पुत्री पार्वती को कुलदेवताओं को प्रणाम करवाया है|

"इत्यौषधिप्रस्थविलासिनिनां श्रृण्वन कथा: श्रोत्रसूखास्त्रीनेत्र:|
केयूरचूर्णीकृनलाजमृष्टिं हिमालयस्यालयमास साढ||" ७/६९

अर्थात- औषधिप्रस्थ नगर की स्त्रियों की ऐसी मीठी - मीठी बातें सुनते हुए महादेव जी हिमालय के उस घर में पहुँचे, जहाँ इतनी भीड़ थी कि कुमारियों के मंगलाचार के लिए जो धान के लावे फेंके थे, वे वहाँ के लोगों के भुजबंधों की रगड़ से पिसकर चूर हो गए|

यहाँ विचारणीय है कि इतनी भीड़ वाली जगह निश्चित कोई समतल जगह होगी, जो औषधिप्रस्थ नगर का हिमालय की तराई में होना निश्चित करता है; और चूंकि पार्वती माता मिथिलानी थी, इसलिए हो ना हो यह राजधानी भी मिथिला में थी, क्योंकि जितने सारे रीति - रिवाज़, शिव - पार्वती के विवाह में महाकवि ने लिखे है; वे सारे रीति - रिवाज़ मिथिला के ही है| जैसे उपरोक्त श्लोक में धान के लावे फेंकना, यह प्रथा भी मिथिला की ही है| आगे के श्लोकों में उनका मिथिला - निवासी होने के और भी प्रमाण है|

"तत्रेश्वरी विषृर - भाग्यथावत सरत्नमर्ध्य मधुमच्च गव्यम|
नवे ठुकुले च नगोपनीतं प्रत्यग्रहीत सर्वममंत्रवर्जम||" ७/७२

अर्थात- वहाँ महादेवीजी को आसन पर बैठाकर हिमालय ने रत्न, अर्ध्य, मधु, दही और दो नए वस्त्र आदि जो कुछ लाकर दिया, उन सबको उन्होंने मंत्र के साथ ले लिया|

यहाँ ये नियम मिथिला का ही है कि जमाता को रत्न, मधु, अर्ध्य, दही के साथ दो वस्त्र दिए जाते है, और वर को उन्ही वस्त्रों को पहन कर वैवाहिक को पूरा करना होता है| जिसका स्पष्ट उल्लेख महाकवि का मैथिली होना स्वतः अभिव्यक्त करता है|

शंकर जी ने मित्रों के साथ उन्हें ग्रहण किया (यह मिथिला पद्धति है)| रघुवंश महाकाव्य में भी महाकवि ने बताया कि महाराजा भोज ने विवाह मंडप में बहुमूल्य सिंहासन पर बिठाये गए वर अज को रत्न, अर्ध्य, मधुपर्क, और दो रेशमी वस्त्र दिए| जिन्हें अज ने वनिताओं के कटाक्षों के साथ - साथ ग्रहण किया|

बड़ी ही चतुराई के साथ महाकवि ने मिथिला में प्रचलित प्रथा परीक्षण का संक्षेप में उल्लेख कर दिया है| मिथिला में वर के दरवाजे पर आने के बाद सुहागनें, कन्याएँ, कन्या की माता के साथ वर को द्वार पर लाकर उनका परीक्षण (परिछ्रण) करती है| तभी वर को कन्या के अभिभावक द्वारा रत्न, वस्त्र आदि दिए जाने का विधान है| इसी प्रकार कवि कुलगुरु महाकवि कालिदास ने अप्रत्यक्ष रूप से अज और इंदुमती के विवाह में इस परिछ्रण विधि का वर्णन किया है|

मिथिला विवाह संस्कार की एक और विधि यह है कि वर को कोहबर या भगवती (भगवान) घर, पूजा घर में ले जाकर नैना - जोगिनी की रस्म कराई जाती है| इस रस्म में नववधू के बगल में कुँवारी कन्या या उसकी बहन को बैठाकर, ऊपर से एक लाल कपडा ओढ़ाकर वर के हाथ के आम का पल्लव देकर पूछा जाता है|

"वामS छSS कवियाँ दहिन छड़S सारि| ह्रदय विचारी उठा लैहSनारि||
जौ तो उठै वह अनकर नारि, सब सखि मिलि कड़ पढ़तS गारि||"

अर्थात- " बाएँ भाग में तुम्हारी होने वाली पत्नी है और दाएँ भाग में तुम्हारी होने वाली साली है| अच्छी तरह पहचान कर अपनी नारी उठा लो| अगर तुमने दूसरी नारी को उठाया तो सब सखियाँ मिलकर तुम्हें गाली देंगी|"

इस रस्म में वर अपनी होने वाली पत्नी के माथे पर आम के पल्लव से छूता है| तब वहीं खड़ी विधकरी (रस्म कराने वाली सुहागिन औरतें) कन्या का घूंघट उठाकर वर को दिखलाती है, और दोनों एक दूसरे को देखते हैं; और वहाँ वर की सास या ससुर, पत्नी का हाथ पति के हाथों में देते हैं, और वहाँ से कन्या अपने होने वाले पति के साथ वेदी तक आती है| इस प्रथा का वर्णन कितने सुन्दर ढंग से महाकवि ने अपने सप्तम सर्ग की श्लोक संख्या ७५ - ७७ तक किया है| अब इसका हिंदी अनुवाद देखिये:-

"पार्वती जी और शंकर जी के नेत्र थोड़ी देर के लिए मिलते और फिर हट जाते थे| इस प्रकार से दोनों एक दूसरे को चाव भरी नज़रों से देखते थे| किन्तु उनके ह्रदय में फिर बड़ी लज्जा आ जाती थी कि हमें ऐसा करते देखकर दूसरे लोग क्या कहेंगे?" ७/७५

यहाँ "नयना- योगिनी" रस्म के बाद वर - कन्या के एक - दूसरे को दिखाया जाता है| उसका वर्णन बड़ी चतुरता से महाकवि ने किया है| पार्वती जी का लज्जित होना स्वाभाविक है, क्योंकि इस समय अनेक लोग उनके अगल - बगल में रहते हैं, तथा लोग भी वर - कन्या की प्रतिक्रिया देखने को उत्सुक रहते हैं|

"तभी हिमालय ने पार्वती जी का हाथ आगे बढ़ाकर शंकर जी के हाथ पर रख दिया| पार्वती जी का वह लाल - लाल अंगुलियों वाला हाथ ऐसा दिखा रहा था, जैसे महादेवी के डर से छिपे हुए कामदेव के अंकुर फिर से निकल रहे हो|"

यहाँ भी अभिभावक द्वारा (हिमालय द्वारा) पार्वती जी का हाथ पकड़ना मिथिला की प्रथा प्रमाणित करता है|

"पार्वती और शंकर जी आँख मूँदकर एक - दूसरे के स्पर्श का आंनद लेते हुए, अग्नि की प्रदक्षिणा कर रहे थे| जलती हुई अग्नि के तीन फेरे हो गए, तब पुरोहित ने अग्नि में धान के लावे का हवन करवाया|" ७/८०

यहाँ ध्यान देने वाली बात यह है कि मिथिला को छोड़कर पूरे भारत वर्ष में कहीं भी विवाह में अग्नि के तीन ही फेरे नहीं लिए जाते| दूसरी बात लावा का हवन सिर्फ मिथिला में ही होता है| स्व. पं. दिगम्बर झा ने इस प्रकार वर्णन (विश्लेषण) किया है| मिथिला परम्परानुसार

"दाई लावा छिडिआऊ, वाउ बिछी - बिछी खाउ"

अर्थात- हे देवी (दाई)! तुम अग्नि में लावा (लाजा) छिड़को और ये वर (वाउ) इधर - उधर बिखरे हुए को बीन - बीन कर खायें| इसके साथ ही कन्या को कुछ मंत्र पढ़ने के लिए भी कहा जाता है, जिसका अर्थ निम्न प्रकार है:-

१. "मैं अग्निस्वरूप इस सूर्यदेव का पूजन कर रही हूँ, क्योंकि सूर्यदेव इस पति से मुझे कभी अलग न करावें|"

अर्थात- "पति से अवियोग की सिद्धि के लिए सूर्य का पूजन कर रही हूँ| (पहली प्रदक्षिणा)|"

(दूसरी प्रदक्षिणा)- "मैं अग्नि में लाजाओं का क्रमश: हवन करती हुई, प्रार्थना कर रही हूँ कि मेरे पति निर्बाध पूर्णायु प्राप्त करें और मेरे बंधु - बान्धव वृद्धि प्राप्त करते रहें|"

(तीसरी)- "हे पति महोदय! इन लाजाओं को आपकी सदैव समृद्धि हेतु अग्नि में हवन कर रही हूँ|

अत: मेरे तथा मेरे पति में वशीकरण अर्थात परस्पर अनुराग चलता रहे| अतएव हे अग्निदेव इसका अनुमोदन करें|"

"बंधू द्विज प्राह तदैव वत्से|"

महाकवि भी कन्या द्वारा इन मन्त्रों से अग्नि प्रार्थना कराने के पक्षपाती थे| इस तरह शंकर जी द्वारा पार्वती जी की अंजलि पकड़ कर अग्नि की प्रदक्षिणा से ऐसा लगता है कि दोनों की अंजलि स्पर्श हो रही है और शंकर जी आनंदित हो रहे हैं|

ठीक ऐसी ही परम्परा मिथिला विवाह की भी है|

महाकवि द्वारा आगे की विधि निम्न प्रकार है:

पुरोहित के कथनानुसार पार्वती जी ने उस होम से उठे हुए सुंगंधित धुएँ को अपने हाथ की अंजलि से लेकर कपोलों पर लगाया| ७ /८०

मिथिला विवाह पद्धति में भी होम के धुएँ को लगाना शुभ माना जाता है और ऐसा कहा जाता है कि उस धुएँ का आँखों में लगना अत्यंत शुभ फलदायक होता है ||

"जब शंकर जी ने स्थायी ध्रुव की ओर पार्वती जी को देखने के लिए कहा कि- "हे पार्वती! ध्रुव तारे को देखो"

तब पार्वती जी ने ऊपर मुँह उठाकर बहुत लजाते हुए किसी प्रकार इतना भर कहा - "हाँ देख लिया|" ७/८५

मिथिला विवाह पद्धति में भी पुरोहित द्वारा मन्त्र जब वर पढ़ता है और कन्या ध्रुव तारे का दर्शन करती है, इसका अर्थ हैं कि एक तो ध्रुव तारा इस विवाह का साक्षी बनता है, और दूसरा उनका विवाह ध्रुव तारे की तरह ही अचल रहता है| महाकवि ने इस तरह अभिप्रमाणित किया है कि मिथिला निवासी होने के नाते ही उन्होंने यहाँ प्रचलित रस्मों से शिव पार्वती का विवाह कराया| "तब ब्रह्माजी ने बहू को आशीर्वाद देते हुए कहा, "हे कल्याणी! तुम वीर पुत्र की माता बनो| किन्तु वाणी के स्वामी होते हुए भी ब्रह्मा जी यह नहीं समझ सके कि सब इच्छाओं से ऊपर रहने वाले शंकर जी को हम कौन सा आशीर्वाद दें|" ६/८६

बड़ी ही चतुराई से महाकवि ने यह कह डाला है कि "अभी यह आशीर्वाद प्रभावी नहीं हो सकता क्योंकि मिथिला में चतुर्थी विवाह से पहले सुहागरात की प्रथा नहीं है बल्कि यह विवाह भी पूर्ण नहीं है|" शायद अधिक विस्तार हो जाने के कारण उन्होंने चतुर्थी विवाह का वर्णन नहीं किया है किन्तु ब्रह्मा जी को स्वयं अपने आशीर्वाद की शंका इस चतुर्थी विवाह की तरफ ही संकेत करती है|

"वहाँ की लौकिक विधि के अनुसार उन लोगों ने गीले और पीले अक्षत फेंके|" १७/८८

एक तो उन्होंने स्पष्ट लौकिक विधि लिखकर यह प्रमाणित किया है कि यह विधि किसी क्षेत्र विशेष की है| दूसरे उन लोगों ने अर्थात सप्त ऋषि, ब्रह्मा, विष्णु और हिमालय ने गीले पीले अक्षत फेंके|

मिथिला में सारी रस्मों के बाद दूर्वाक्षत फेंका जाता है| दूर्वाक्षत में दूब और चावल रहने की प्रथा है| यह मन्त्रों के द्वारा कम से कम पाँच ब्राह्मणों द्वारा फेंका जाता है| मिथिला में चुमाउन (दध्यादिलापन) प्रथा ठीक दूर्वाक्षत से पहले होता है| अब प्रश्न है कि महाकवि ने चुमाउन के बारे में क्यों नहीं लिखा है, जबकि दूर्वाक्षत के बारे में तो लिखा है? तो उत्तर यह है कि महाकवि ने तो सिंदूर दान के बारे में भी नहीं लिखा है| जबकि भारतीय हिन्दू संस्कृति में विवाह संस्कार बिना सिंदूर दान के पूरा हो ही

नहीं सकता| उन्होंने अपने मिथिला जन्म भूमि स्नेह के कारण कुछ ऐसी प्रथा जो सिर्फ मिथिला में ही प्रचलित है उनका वर्णन किया है, जिससे ऐसा लगता ही नहीं है कि वे मिथिला निवासी नहीं थे|

अपने मातृ स्थान के स्नेह का वर्णन तो उन्होंने अपनी प्रत्येक रचनाओं में कहीं - कहीं किया है, किन्तु कुमारसम्भव में शिव- पार्वती विवाह का ऐसा अनोखा वर्णन है कि गुंजाइश ही नहीं बचती कि वे मिथिला निवासी नहीं थे|

जैसा कि ऊपर वर्णित है कि मिथिला में चतुर्थी विवाह का विधान है जिसका इशारा स्वयं महाकवि ने भी किया है| उसी के अनुरूप जब चतुर्थी विवाह संपन्न हो जाता है तो उसी रात्रि सुहागिनों अथवा कुमारियों द्वारा नाटक खेला जाता है, जिससे वर वधु का मनोरंजन हो सके|

आज भी यहाँ की स्त्रियां दारोगा चोर आदि पात्र बनकर वर वधु का मनोरंजन करती हैं|

उसी तरह सप्तम सर्ग के ९१ श्लोकों में अप्सराओं द्वारा खेला गया नाटक देखा|

इससे इस बात की पुष्टि होती है कि महाकवि कालिदास ने मिथिला देशीय विवाह पद्धति के अनुसार ही शिव - पार्वती के विवाह का वर्णन लिखा है|

"अथ विबुधगणास्तानिन्दुमौलिर्विसृज्य क्षितिधरपतिकन्यामाददान: करेण|
कनक कलश युक्तं यक्तिशोभासनाथं क्षितिविरचितशय्यं कौतुकागारयागात||" ७/९४

अर्थात- तब शंकर जी ने इन्द्र आदि देवताओं को विदा किया और पार्वती जी का हाथ पकड़कर उस शयन गृह में पहुँचे, जहाँ सेज बिछी थी, फूलों की मालाएँ सजी थी और स्वर्ण कलश धरा था|

यहाँ महाकवि ने विवाह पद्धति अंत कर दी है| इस प्रकार मिथिला देशीय अनुसार ही वर - वधु का भूमि पर शयन करना तथा स्वर्ण कलश का होना दिखाया गया है|

"एवमिंद्रीयसुखस्य वर्त्यनः सेवनादनुमृहीतमन्मथ:|
शैलराजभवन सहोमया मसमात्रमवसदवृषध्वजः||" ८/२०

अर्थात- इस प्रकार इन्द्रिमसुख भोगकर महादेवी जी ने कामदेव पर बड़ी कृपा की, और उमा के साथ हिमालय के घर में रहते हुए उन्होंने एक महीना बिताया|

जैसा कि हम जानते है कि पूरे भारत वर्ष में विवाहोपरांत वर अपनी वधु के साथ अपने घर जाता है| मिथिला ही वह देश है, जहाँ जमाई (दामाद) को कुछ दिनों तक अपने ससुर के घर रहना पड़ता है| जैसा कि रामचंद्र जी भी सीता जी के साथ अपने ससुर के घर कुछ दिन रुके थे| इस प्रकार महाकवि ने भगवान शंकर का भी ससुराल में एक महीना रहने का वर्णन किया| इससे यह भी प्रमाणित होता है कि हिमालय स्वयं मैथिल है और जब वो मैथिल है तब स्वाभाविक ही उनकी राजधानी मिथिला में ही रही होगी| अर्थात औषधिप्रस्थ नगर का मिथिला में होना निश्चित है| इस तरह महाकवि ने कुमारसम्भव से ही प्रमाणित कर दिया है कि वे मिथिला निवासी थे| आगे मेघदूत में भी यह प्रमाणित किया जायेगा|

मेघदूत के तथ्य

कुमारसम्भव से जो तथ्य खोजे गए हैं, उसके बाद मैंने मेघदूत से तथ्यों की तलाश क्योंकि कालिदास की पत्नी द्वारा कहे गए वाक्य के तीन शब्द "अस्ति कश्चित् वाग्विशेष|" इन्हीं तीन शब्दों के पहले अक्षरों से शुभारम्भ करते हुए कुलगुरु महाकवि कालिदास ने तीन काव्य लिखे जिनमें पहला - कुमारसम्भव, दूसरा - मेघदूत और तीसरा रघुवंश है| अत: हमनें भी कुमारसम्भव के बाद मेघदूत को चुना है| ईश्वर से प्रार्थना करती हूँ कि मेरी कोशिश सफल रहे| अब देखिये महाकवि कालिदास रचित मेघदूत का पहला श्लोक:-

"कश्चित्कांताविरहगुरुणा स्वाधिकरत्प्रभत्ताः शापेनाडस्तग्दामितमहिमा वर्षमोग्येण भर्तु:|
यक्षश्चके जनकतनयास्नानापुण्योदकेषु स्निग्धच्छायातरषु वसतिं रामगिर्याश्रमेषु||" पुं-१

अर्थात- एक यक्ष कुबेर के यहाँ अलकापुरी में सेवा करता था| परन्तु उसका मन दिन - रात अपनी स्त्री में ही आसक्त था| इसी बेसुधी में एक बार उसने कुबेर को पूजा के लिए बासी फूल लाकर दे दिए| जिससे कुबेर ने कुपित होकर उसे यह कहकर देश निकला दे दिया कि "अब से एक वर्ष तक तू अपनी पत्नी से नहीं मिल पायेगा| इस श्राप से उसका सारा रंग - रूप जाता रहा और श्राप के दिन काटने के लिए उसने रामगिरि (चित्रकूट) के उन आश्रमों में जाकर डेरा डाला, जहाँ की बावड़ियों का जल श्री जानकी के स्नान करने से पवित्र हो गया था और जहाँ घनी छाया वाले बहुत से वृक्ष जहाँ - तहाँ लहलहाते दिख रहे थे|| पूर्वमेघ १

यहाँ विद्वानगण विचार करें कि मिथिला में प्रथम अवतरित उमा और शंकर जी के विवाह उपरान्त महाकवि ने अपनी अगली रचना मेघदूत में मिथिला में दूसरी अवतरित जानकी जी के प्रति अपनी श्रद्धा दिखाई है|

उन्होंने मेघदूत के प्रथम श्लोक में ही “जनकतनया” शब्द का प्रयोग कर जनक की पुत्री जानकी (सीता) माँ का आशीर्वाद मांगा है| वे शैव थे, उन्होंने अपनी रचनाओं में मंगलाचरण में शिव का गुणगान किया है|

लेकिन मिथिला में अवतरित उमा एवं जानकी को ध्यान में रख मंगलाचरण करना यह विश्वास दिलाता है कि उनका लगाव मिथिला से था| “जनकतनया” शब्द के बदले वह सीता जी के सम्बोधन में अन्य शब्द भी लिख सकते थे, किन्तु उन्होंने इसी शब्द का प्रयोग किया| आगे यह प्रमाण भी मिलेगा कि सिर्फ एक शब्द ही नहीं बल्कि पूरा मेघदूत (खंडकाव्य) ही उन्होंने राम सीता को समर्पित किया है|

पंडित दिगम्बर झा लिखते हैं कि कालिदास के द्वारा प्रस्तुत पद्य में जो “जनकतनया” स्नान पुण्योदकेषु” तथा “रामगिर्याश्रमेषु” पदों का प्रयोग किया गया है उनमें ब्रह्मशक्ति स्वरूपा जगतपुण्य पतित पावनी सीता और ब्रह्मस्वरूप राम का स्मरण तो किया ही गया है, जिनके नाम लेने मात्र से ही जीव भवसागर से पार हो जाता है फिर ग्रंथ की निर्विघ्न समाप्ति तो उसकी अपेक्षा अतीव शून्य है| “जनकतनया स्नान पुण्योदकेषु” (जनक पुत्री सीता के स्नान से पवित्र जल वाले)| अपने वनवास काल में भगवान राम सीता और लक्ष्मण के साथ कुछ समय रामगिरि पर भी रहे थे| जगद्वंदया सीता वहाँ जिन सरोवरों (झरनों) में स्नान करती थीं, उनका जल उनके संपर्क से पुण्यमय हो गया था| इस पद के प्रयोग से सीताजी की दिव्यता तथा कवि का उनके प्रति श्रद्धातिशय अभिव्यजिंत होता है|”

“आपृच्छस्व प्रियसखमंमु तुग्डमालिडय शैलं वन्द्ये: पुंसा रघुपति पदैरकड्किन्त मेखलासु|
काले - काले भवति भवतो यस्य सम्भोगमत्य स्नेह व्यक्तिश्चिरविरहंस मुञ्चतों वाष्पमुष्णम||” पू - १२

अर्थात- हे मेघ! जिस पहाड़ से तुम लिपटे हुए हो, इसकी ढ़ालों पर भगवान रामचंद्र जी के उन पैरों की छाप जहाँ - तहाँ पड़ी हुई है, जिन्हें सारा संसार पूजता है| प्रतिवर्ष जब तुम इससे मिलने आते हो, तब यह भी बहुत दिनों पर मिलने के कारण अपने गर्म आँसू बहाकर तुम्हारे साथ अपना प्रेम प्रकट करता है| इसलिए अपने प्यारे मित्र पहाड़ की चोटी से जी भर गले मिलकर विदा ले लो| (१२)

यहाँ रामचंद्र जी के प्रति महाकवि कालिदास कि श्रद्धा व्यक्त हुई है, और ऐसा प्रतीत होता है कि जिस तरह राम ने हनुमान को दूत बनाकर सीता जी को सन्देश भेजा था, उसी तरह यक्ष के द्वारा मेघ को दूत बनाकर सन्देश भेजना ऐसा लगता है मानो उन्होंने राम जानकी की विरह वेदना को यक्ष के माध्यम से कहलवाया है| भले ही उन्होंने श्रृंगार से ओत - प्रोत

श्लोक लिखें हैं किन्तु उनका मन ईश्वर में समर्पित रहा होगा| कुमारसम्भव लिखकर उन्होंने मिथिला में प्रथम अवतरित उमा और शिव के सम्भोग श्रृंगार का वर्णन किया तो मेघदूत में मिथिला में द्वितीय अवतरित जानकी राम का विछोह श्रृंगार अप्रत्यक्ष - प्रत्यक्ष रूप से दर्शाया है|

"हे मेघ! वहाँ जो दुबली पतली नन्हे - नन्हे दांतों, पके हुए बिंबफल के समान लाल होंठ, पतली कमर, डरी हुई हिरणी के समान आँखें, गहरी नाभि, नितम्बों के बोझ से धीरे - धीरे चलने वाली और स्तनों के भार से कुछ आगे को झुकी हुई जो युवती तुम्हें दिखलाई दे, वही मेरी पत्नी होगी| उसकी सुंदरता देखकर यही जान पड़ेगा कि मानो ब्रह्मा की सबसे बढ़िया कारीगरी वही है|" उ. २२

यहाँ पर महाकवि ने जो बिंबफल की तुलना यक्ष की प्रियतमा के होंठों से की है| यह बिंबफल मिथिला में होने वाला "तिलकोर" है| पंडित दिगम्बर झा की पुस्तक मिथिला एवं कालिदास के अंश से| "तिलकोर" मिथिला में बहुत प्रचलित है| इसके फल लाल - लाल होते हैं, तथा पत्ता एकदम पतला| इस बिंबफल की उपमा का प्रयोग उन्होंने अपनी रचनाओं में बारम्बार किया जो उनके मैथिलित्व को सूचित करता है| यक्ष की प्रियतमा की सुंदरता का वर्णन करते हुए उन्होंने लिखा कि "ब्रह्मा की सबसे बड़ी कारीगरी", इससे तात्पर्य है कि यह उपमा स्वयं लक्ष्मी रूपा जानकी (वैदेही, सीता, मैथिली) के लिए की गयी प्रतीत होती है| इससे उनकी सरंचना माता जानकी और श्री रामचंद्र जी को समर्पित ही जान पड़ती है| "डरी हुई हरिणी के समान आँखें" यक्ष की प्रियतमा की आँखें डरी हुई नहीं उदास लग रही होंगी| जबकि रावण के चंगुल में माता जानकी की आँखें डरी हुई होंगी|

"इत्याख्याते पवनतनयं मैथली वोनमुखी|"

हे मित्र! यह सुनते ही मेरी प्यारी तुम्हारी ओर मुँह करके बड़े चाव से खिले हुए मन से और बड़े आदर के साथ कान लगाकर तुम्हारा संदेश उसी प्रकार सुनेगी, जैसे सीता जी ने हनुमान जी की बातें सुनी थी |

यहाँ पर उन्होंने स्पष्ट कर दिया है कि आरम्भ श्लोक में "जनकतनया" लिखकर जिस प्रकार उन्होंने प्रत्यक्ष मंगलाचरण करते हुए राम - जानकी की बिछोह वेदना लिखी, उसी तरह यह मैथिली शब्द से यह सूचित होता है कि सीता जी के लिए मैथिली शब्द छोड़कर भी, अन्य शब्द का प्रयोग किया जा सकता था| किन्तु उन्होंने अपनी जन्म भूमि में अवतरित जनक नंदिनी को मैथिली शब्द से सूचित करना उनका मैथिल होना व्यक्त करता है| मैथिली शब्द का प्रयोग उन्होंने अपनी रचनाओं में कई बार किया| यहाँ तक कि रघुवंश में जनक के लिए भी मैथिल शब्द प्रयोग किया||

"दृष्टसारमथरूद्रकामुंके वीयेशुल्कमार्मनंदय मैथिलः|"

अन्य बहुत जगह उन्होंने मैथिल शब्द लिखकर स्वयं की मातृभूमि के प्रति अपने स्नेह को सादर व्यक्त कर दिया है| जिस प्रकार रामचंद्र एवं माता जानकी ने भी चित्रकूट में कुछ दिन वास किया उसी तरह यक्ष के लिए महाकवि ने रामगिरि अर्थात चित्रकूट आश्रम ही चुना| इस तरह इस रचना में भी महाकवि ने अपनी प्यारी मातृभूमि का स्थान - स्थान पर उल्लेख कर अपने आप को मिथिला निवासी होना प्रमाणित किया है| अंतिम श्लोक में उन्होंने महाकाली को प्रणाम कर इस रचना को पूर्ण किया है| यह महाकाली का मंदिर वही उच्च स्थान होगा, जहां कालिदास जी को वरदान मिला होगा और वहीं - कहीं आसपास उनका जन्म स्थान रहा होगा| आगे इसका विस्तृत वर्णन है|

मेघदूत में जिस प्रकार यक्ष और उसकी प्रेमिका (पत्नी) के विछोह का अद्भुत वर्णन है, उसी को प्रेरणा मान कर मिथिला निवासी पिछड़ी महिला समाज द्वारा पानी न बरसने के समय एक गीत गाया जाता है जिसमें जटा पदा से यक्ष का बोध होता है, और जटिनी पद से यक्षिणी का बोध होता है|

जैसे यक्षिणी का निवेदन:-

"भोर - भेलै रे जटा| कोयलिया बोललै रे|
छोड़ि दे रे| आँचर के खुरबा, आँगना बहारबै रे|| १

यक्षिणी यक्ष से प्रार्थना कर रही है कि सुबह हो गयी है, कोयल कुहक रही है, अब मेरा आँचल छोड़ दो क्योंकि अब मैं आँगन में झाड़ू लगाऊंगी| १

यक्ष- "मैया बहारतै गे जटनी| बहिनियां बहारतै गे|
ग्राम के मुखिया के बेटी से हो बहारतै गे||" २

अर्थात- माँ आँगन साफ़ करेगी या बहन करेगी या मुखिया की बेटी करेगी|

यक्षिणी- "मैया हसतौ रे जटा, बहिनियो हसतौ रे|
ग्राम के मुखिया के बेटी सेहो हसतौ रे||" ३

अर्थात- माँ, बहन, और मुखिया की बेटी हँसेगी|

यक्ष- "मैया बुसेबै गे जटिनी| बहनिया बुसेबै गे|
ग्राम के मुखिया की बेटी तेकरो बुसेबै गे||"

अर्थात- मैं माँ, बहन और मुखिया की बेटी सबको समझा दूँगा|

अब इस गीत का दूसरा पक्ष जो मेघदूत से संबंधित है|

यक्षिणी- "वर्षु - वर्षु हे मैघ रैया| आजु छै हे रोहनिया|
हमरो पिया जाइआ रे परदेशिया||" १

यक्ष- "मेधवा के दैबे गे धनिया| मेधाडामुर के छतबा|
छतबा तानि जैयबै हम परदेशिया||"२

यक्षिणी का सासु से निवेदन:

"एक मास बितलै हे सासु: दुई मास बीतलै|
बीति गेलै छवो त हे महिनमा||" ३
"अप नो नहि ऐलौ पियबा: चिठियों नहि देई है|
बीतल जाइया भारी तड़ हे वायसवा||
अहि बेर(वरष) नहि ऐतै पियबा त ज़हर|
खाई हे नैहरबा||"४

यक्षिणी इस वर्ष के आषाढ़ मास के प्रथम दिवस में प्रथम दृष्ट मेघराज से प्रार्थना करती है कि मेरा पति परदेस जाना चाहता है| अत: आज के इस रोहिणी नक्षत्र में खूब बरसो, जिससे उसकी यात्रा रुक जाए| उक्त गीत में रोहिणी नक्षत्र के कंपन से ही कालिदास कथित आषाढ़स्य प्रथम दिवस (पूर्व में २) का पूर्ण संकेत है| इस यक्ष सहित यक्षिणी को मेघदूत (पू. में ३) के इस निम्न कथन का भी पूर्ण अनुभव है 'मेघ का दर्शन होने पर प्रियजन से युक्त व्यक्ति का भी चित्र विकृत हो जाता है तो कंठ का आलिंगन करने के इच्छुक जन के दूर हो जाने पर क्या कहा जा सकता है?

"मेघालोके भवति सुखिनोऽव्यन्यथावृति चेत:|
कंठाश्लेष - प्रणयनि जनें कि पुनर्दूर - संस्थे||"

यक्ष ने मेघ से भी छाता ओढ़ने के लिए कहा, जिससे मार्ग में कष्ट न हो, "वप्रक्रीड़ा - परिणत-गज-प्रेक्षणीयम" से की जा सकती है| जिस तरह मेघदूत की यक्षिणी "दिपसगणनातत्पराय (पू.मेघ) दिवस गिन रही है उसी तरह लोकगीत की नायिका जटिनी भी सास से छह महीने बीत जाने की बात कहती है| जैसे यक्ष भी सांत्वना सन्देश में कहता है, "हे प्रिये! अब चार महीने बचे हैं इन्हें किसी तरह बिताओ|" उ. में ५३

"शापांतो में युजगशयनादुत्थिते शादर्शपाणौ।
शेषान यासान गमय चतुशे लोचन मिलयित्वा॥" उ. में ५३

इस प्रकार हम जान सकते हैं कि या तो महाकवि ने इस लोक गीत के प्रेरणा से खंडकाव्य मेघदूत की रचना की या तो उनके खंडकाव्य को प्रचारित प्रसारित करने के लिए मिथिला के लोगों ने प्रेरणा लेकर उसे लोक गीत का रूप दिया। जो भी हो लेकिन इतना तय है कि इस तरह मेघदूत से सम्बंधित लोक गीत भारत के किसी भी प्रांत में सुनना दुर्लभ है।

रघुवंश

माता के वरदान स्वरुप महाकवि कालिदास प्रखर विद्वान हुए और पीछे वर्णित पत्नी के वाक्य "अस्ति", "कश्चित्" और "वाक" शब्द से उन्होंने तीन महाकाव्य की रचना की; जिसमें पहले "कुमारसम्भव", दूसरा "खंडकाव्य मेघदूत" और तीसरा "रघुवंश" है| पहले महाकाव्य का आरम्भ 'आ' अक्षर से, दूसरे की शुरुआत 'क' से, और तीसरे महाकाव्य का आरम्भ 'वा' से हुआ है|

अब हम इस महाकाव्य के कुछ श्लोकों पर विचार करेंगे कि मिथिला की माटी की सुगंध उनकी रचनाओं में किस तरह समाई हुई है|

"वैवस्वतो मनूनमि माननीयो मनीषिणाम|
आसीन्महीक्षितामाध: प्रणवश्छन्दसामिव||" रघु १/११

अर्थात- जैसे वेदों में पहले प्रणव(ॐ) आता है, वैसे ही राजाओं में सबसे पहले सूर्य के पुत्र वैवस्वत मनु हुए| महाकवि ने मनु के साथ निमि शब्द का प्रयोग किया है| साथ - साथ सूर्यवंश के गुणगान करने के लिए कई स्थान पर बारम्बार इक्ष्वाकुवंश लिखा है| इक्ष्वाकुवंश के बारे में डॉ. उपेंद्रठाकुर ने अपनी पुस्तक 'मिथिलाक इतिहास' में विस्तार से लिखा है| उनकी लेखनी का कुछ अंश प्रस्तुत है:- "विष्णुपुराण" और "श्रीमद्भागवत" के अनुसार उन्होंने लिखा है, इक्ष्वाकु पुत्र निमि ने सहस्रवर्षव्यापी यज्ञ आरम्भ किया, तथा इस यज्ञ में "वशिष्ठ" को आचार्य बनाया| वशिष्ठ ने कहा:-

"इस समय मैं इंद्र के यज्ञ में आचार्य पदभार संभाले हुए हूँ, इसलिए आप पाँच सौ वर्ष रुकें|"

इस पर निमि ने कोई उत्तर नहीं दिया, जिसको वशिष्ट ने मौन स्वीकृति समझ लिया| इसी बीच निमि ने गौतम तथा अन्य ऋषियों के

माध्यम से यज्ञ आरम्भ कर दिया| वशिष्ठ शीघ्र यज्ञ समाप्त करके लौटे तो गौतम तथा अन्य ऋषियों को यज्ञ में नियोजित देख क्रोधवश श्राप दे दिया कि आप (निमि) भौतिक शरीर में नहीं रहेंगे| बदले में निमि ने भी उन्हें वही श्राप दे दिया| फलस्वरूप दोनों ने भौतिक शरीर त्यागा| उसके बाद गौतम, याज्ञवल्क्य, भृगु, वामदेव, उशित, कण्व, अगस्त्य, भारद्वाज, वाल्मीकि तथा अन्य ऋषियों ने मिथिला में स्थित गंगासागर (कुमारसम्भव में वर्णित) पर एकत्र होकर उसके पवित्र जल से मृत शरीर को स्नान कराकर मथा| उस शरीर से एक भास्वर बालक उत्पन्न हुआ, जिसका नाम मिथि रखा गया| इसी मिथि शब्द से मिथिला नगर नाम रखा गया| वास्तव में इक्ष्वाकुवंश के राजा निमि मिथिला निवासी थे| उसी कारण महाकवि ने इक्ष्वाकुवंश का गुणगान अपने महाकाव्य रघुवंश के माध्यम से किया है|

उन्ही की पुस्तक के अनुसार द्वितीय निमि अयोध्या सौर राजवंश के संस्थापक राजा इक्ष्वाकु पुत्र थे| निमि के एक भाई ने विशाला में रहकर वैशाली राज्य की स्थापना की और दूसरे भाई ने मिथिला की स्थापना कर अयोध्येसन विशाल राजधानी बनाई| समस्त आर्यावर्त्त को अपना नाम देने वाले महान भारतजन जैसे मैथिल लोग भी वीर थे, जिन्होंने अपनी कर्मभूमि को अपना नाम दिया| मिथिला के अलावा इस भूमि का नाम विदेह तीरभुक्ति, शाम्भवी, सुवर्णकांत, भिन्तिती, बैजयंति (जनकपुर) आदि है| मिथिला का नाम विदेह हमें शतपथ ब्राह्मण में भी मिलता है और महाकवि ने किस तरह मिथिला और विदेह का प्रयोग किया, यह आगे दिखाया जाएगा| उपेंद्र नाथ के अनुसार उन्होंने प्रमाण के आधार पर लिखा है कि प्राचीन काल में विदेह राज्य में चम्पारन, पूर्वी चम्पारन, वैशाली, मुज़फ़्फ़रपुर, सीतामढ़ी, दरभंगा, मधुबनी, समस्तीपुर, बेगूसराय, मुंगेर खगड़िया, अनुमंडल, भागलपुर, पूर्णिया तथा हिमालय उपत्किका के तराई क्षेत्र समविष्ट थे| वृहद् विष्णुपुराण से जानकारी मिलती है कि कौशिकी नदी से गण्डक तक मिथिला या विदेह की लम्बाई २४ योजन या ९६ कोस, तथा गंगा से हिमालय पर्यन्त इसकी चौड़ाई १६ योजन या ६४ कोस थी| इस कथनानुसार पीछे वर्णित औषधिप्रस्थ नगर निश्चित मिथिला में रहा होगा| सुरुचि जातक से ज्ञात होता है कि मिथिलापुरी २१ मील में व्याप्त थी, और पूरे विदेह राज्य का परिमाप नौ सौ (९००) मील था| गान्धार जातक के अनुसार "मिथिला" का विस्तार २१ मील था, तथा राज्य व्याप्ति ९०० मील में व्याप्त था| जिसमें सोलह हज़ार गांव, सोलह हज़ार नर्तकी, तथा अपार सम्पति से परिपूर्ण कोषागार थे|

इसके अतिरिक्त सीरध्वज, जनक का प्रासाद सभा भवन आदि का उल्लेख है| जनक विस्तार पूर्व में हरिहराल (जनकपुर में स्थित) पश्चिम जलेश्वर महादेव का मंदिर था| राजा के भवन के निकट कोषागार, नृत्यगृह,

सभाकक्ष तथा अन्यान्य सुंदर भवन था| यह भूमि अनेक वन, पर्वत, तपोवन, उद्यान तथा सरोवर से व्याप्त था|

ऐसी मिथिला की सुंदरता - भव्यता में जन्म लेने वाले महाकवि कालिदस मिथिला के इतिहास से निश्चित ही पूर्ण परिचित रहे होंगे, तथा उन्होंने प्रत्यक्ष - अप्रत्यक्ष इस की सुंदरता का वर्णन किया है|

या ऐसा भी हो सकता है कि उनके समय तक मिथिला का विस्तार इसी तरह का रहा हो| जनक वंश के समग्र वंशावली में निमि अथवा नेमि नाम है| ऐसा वैदिक ग्रंथ के राजा नमि (इसी शब्द का प्रयोग महाकवि ने किया है) साप्य तादात्म्य जैन उत्तराध्ययन सूत्र में नमि, विष्णुपुराण में नेमि तथा मखादेवसुत्त, कुम्भकार जातक में निमि जातक में निमि नाम से स्थापित है|

जैन तथा बौद्ध साहित्य से पता चलता है कि मिथिला राजा कैसे एक के बाद दूसरा राज्य तथा प्रजा की हित - चिंता छोड़ कर संसार त्याग कर विलासिता में डूबे रहने लगे| विदेह के उत्तरकालीन राजा लोग प्रजा के कल्याण को छोड़ विलासिता में डूबे रहने लगे| कराल एक ब्राह्मण कन्या का अपहरण किया, वही उनके विनाश का कारण बना| कौटिल्य ने भी कहा कि जैसे दाण्डक्य भोज ब्राह्मण कन्या के प्रति कामासक्ति के कारण बंधू बांधव तथा राष्ट्र सहित नष्ट हो गए| वही दुर्गति कराल वैदेह की हुई|

विदेह में बाद में राजतंत्र समाप्त हुआ और गणतंत्र का उत्थान हुआ| अब महाकवि की रचना रघुवंश पर आते हैं|

जिस तरह इक्ष्वाकुवंश का अंत हुआ, उसी प्रकार महाकवि ने सूर्यवंश(रघुवंश) महाकाव्य का भी अंत किया| कई लोग विद्वान उनके काल निर्धारण में इक्ष्वाकुवंश को हथियार स्वरुप अपनाते हुए उन्हें ई.पू. घोषित करते हैं| किन्तु वास्तव में रघुवंश के माध्यम से उन्होंने मिथिला में इक्ष्वाकुवंश का उदय, वीरता, सहजता, नम्रता, प्रतिष्ठा, शालीनता और विलासिता में डूबने के परिणामस्वरूप उसके पतन को दिखाया है| यह महाकवि का मिथिला निवासी होने का सबसे बड़ा प्रमाण है|

उपरोक्त विवरण स्वरुप एक प्रश्न उठता है कि जब मिथिला नरेश इक्ष्वाकुवंश के ही थे तो जानकी का राम (इक्ष्वाकुवंश) से विवाह कैसे संभव है? पं. दिगंबर झा के अनुसार:- मिथिलेश महाराज मिथि(मिथिल) महर्षि गौतम द्वारा ललित - पालित तथा शिक्षित - दीक्षित हुए| अतः उनका सूर्यवंशी गौत्र गुरु के नाम पर गौतम गौत्र में बदल गया| यहीं से सूर्यवंशी महाराज इक्ष्वाकु की दो शाखाएं पृथक - पृथक हो गयी| एक अयोध्याधिपति ककुत्स्थवंशीय वशिष्ठ गौत्र था| दूसरा गौतम गोत्री मिथिलाधिपति का

मिथिला वंश। यही विगोत्र होने के कारण भगवान राम - सीता तथा लक्ष्मण - उर्मिला आदि के विवाह में समान गोत्र - प्रवर का दोष नहीं उठा।

"तस्य दक्षिण्यरुढेंननाम्ना मगधवंशजा।
पन्नी सुदक्षिणेत्यासिदध्वरस्येण दक्षिणा।।" १/३१ रघुवंश

अर्थात- जैसे यज्ञ की पत्नी दक्षिणा है, वैसे ही मगधवंश में उत्पन्न सुदक्षिणा उनकी पत्नी थीं, जो संसार में अपनी चतुरता के लिए विख्यात थी।

"राजा राज्ञी च मागधी रघु। १/५७
राजा और मगध की राजकुमारी।।" १-५७

इस प्रकार महाकवि ने मगध की राजकुमारी का सम्बोधन सुदक्षिणा के लिए किया है जिसमें मगध के प्रति स्नेह झलकता है तथा ध्यातव्य है कि जनकवंश के शासन के अनन्तर मिथिला मगध साम्राज्य के अंतर्गत आ गयी। यह एक ऐतिहासिक तथ्य है। (कालिदास एवं मिथिला) दूसरी बात की महाकवि कालिदास गुप्त कालीन ने गुप्तवंश मगध में राज करते थे, जिनकी राजधानी पाटलिपुत्र थी इस कारण उन्होंने मगध की राजकुमारी शब्द का प्रयोग किया है। जो उनको मैथिल होने का प्रमाण देता है।

प्रसुनैराचारलजैरिव पौरकन्या। २/१० रघु

नगर की कन्याएं उनके ऊपर धान का लावा बरसाती थी। एक बार फिर उन्होंने मिथिला संस्कृति का संकेत किया है।

"अतोडयमश्वः कपिलानुकारिणा पितुस्त्वदीयस्य ममाऽपहारितः।
अंत प्रयत्नेन तवात्र या निधाः पढं पदत्या सगरस्य संततेः।।" ३/५०

अर्थात- अतएव जैसे कपिल मुनि ने तुम्हारे पूर्वज सगर के घोड़े को हर लिया था, वैसे ही मैंने भी तुम्हारे पिता के इस घोड़े को हर लिया है। तुम इसे छुड़ाने का प्रयत्न मत करो। नहीं तो जैसे कपिल मुनि के क्रोध से सगर के आठ सहस्त्र पुत्र भस्म हो गए थे, वैसे ही हमारे क्रोध से तुम भी जलकर भस्म हो जाओगे।

"गुरोयिर्यक्षो कपिलेन मेध्ये रसातलं सङ्क्रमिते तुरगें।
तदर्थभूर्विमवदारयदमीः पूर्वैः किलायं पारी वर्धितो न।।

अर्थात- तुम्हें मालूम है कि समुद्र कैसे बना है? जब हमारे पुरखे महाराज सगर अश्वमेध यज्ञ कर रहे थे, तब कपिल जी उनका घोड़ा लेकर

पाताल लोक में ले गए| उस समय महाराज सगर के पुत्रों ने घोड़े की खोज करने के लिए सम्पूर्ण पृथ्वी खोद डाली| उनकी खुदाई से यह इतना लम्बा - चौड़ा समुद्र बन गया| महाकवि ने कपिल मुनि का तेजस्व दो बार दिखाया है| यह कपिल मुनि का आश्रम मधुबनी जिला अंतर्गत उच्चैठ से कुछ ही दूरी पर था, जहाँ बाबा कपिलेश्वर का मंदिर अब भी विद्यमान है| उसी प्रकार एक बार फिर कुमारसम्भव के बाद उन्होंने वराह भगवन के लिए श्लोक रघुवंश में लिखा, जैसा की पीछे वर्णित वराह क्षेत्र भी मिथिला में है|

"रथी निषङ्गि कवची धनुएमान्दृपः स राजन्यकमेकवीरः|
निवारयमास महावराहः कल्पक्षयोदवृत्तमिवार्णवाम्भः||" ७/५६

अर्थात- प्रलगकाल में जैसे वराह भगवन समुद्र के बढ़े हुए जल को चीरते हुए आगे बढ़ रहे थे, वैसे ही घोड़े पर चढ़े और तूणीर बांधे स्वाभिमानी वीर आज शत्रु सेना को चीरते हुए चले जा रहे थे|७/५६

जिस प्रकार महाकवि ने कुमारसम्भव में 'महावराहदृष्टा' शब्द लिखकर मिथिला के प्रसिद्ध तीर्थ 'वराह क्षेत्र" को स्मारित किया है, और रघुवंश में वराह भगवान का गुणगान किया है; तथा कपिल मुनि के तेजस्व का वर्णन आदि लिखा; उससे ऐसा ही लगता है कि वह मिथिला के तीर्थस्थल से आत्मा से जुड़े थे| ऐसा आत्मीय सम्मान तो जन्मभूमि के लिए ही रहता है|

कालिदास एवं मिथिला पुस्तक से निम्न भाग:

(महाकवि ने बालक रघु का अक्षरारम्भ मैथिल परंपरानुसार भूमि पर ही कराकर

("न्यस्ताक्षरामक्षरभूमिकायां कत्सर्येन गृहणाति लिपिं न भावत|")

अपने मैथिलित्व की परिपुष्टि की है| रघुवंश में रघु की विजय यात्रा की तरफ थोड़ा ध्यान देते हैं| विभिन्न पूर्वी राज्यों को जीता -४-३४

सुहम देश के राजाओं ने अधीनता चुपचाप स्वीकार की = ४-३५

बंगीय राजाओं को हराया - गंगासागर के द्वीप में अपना विजयस्तम्भ गाड़ दिया|| - ४/३६

उड़ीसा के राजाओं ने अधीनता स्वीकार कर आगे का मार्ग भी बतलाया| तदनुसार रघु कलिंग देश जीतने के लिए बढ़े| ४/ ३२

पूर्व दिशा जीत कर रघु समुद्र के तट पर होते हुए दक्षिण दिशा को चले ४/४४

दक्षिण के पांड्य राजाओं ने ताम्रपर्णी और समुद्र के संगम में जितने मोती बटोरे थे, वे सब उन्होंने रघु को ऐसे सौंप दिए जैसे अपना बटोरा हुआ यश दे डाला| ४/५०| केरल देश की स्त्रियां साज सिंगार तथा घर छोड़कर रघु के भय से भाग खड़ी हुई थी| ४/५४

"पश्चिम के राजाओं ने रघु के आधीन होकर उन्हें 'कर' दिया|" ४/५८

"वैसे ही रघु ने भी पारसी राजाओं को जीतने के लिए स्थल मार्ग पकड़ा|"४/६०

"वहाँ पश्चिम देश के घुड़सवार राजाओं से रघु की भीषण लड़ाई हुई|" ४/६२

"अपने प्रचंड पराक्रम से वहाँ रघु ने हूण राजाओं को मार डाला था|" ४/६८

"कम्बोज के राजा लड़ाई में रघु के आगे नहीं टिक सके|" ४-६९

"वैसे ही प्रागज्योतिषपुर (असम में) का राजा रघु के भय से काँप उठा|" - ४-८१

यहाँ विचारणीय है कि इस विजय यात्रा में मिथिला का नाम नहीं है| कहने का तात्पर्य यह है कि कोई भी व्यक्ति अपनी जन्मभूमि पर आक्रमण नहीं चाहता है| जिस तरह महाकवि ने रघु की विजय यात्रा में विश्वविजयी का झंडा गाड़ा है किन्तु मिथिला का कहीं नामोनिशान नहीं दिया, इससे ऐसा प्रतीत होता है कि जन्मभूमि होने के कारण मिथिला प्रेम वश उन्होंने ऐसा किया (लिखा) होगा|१|

इंदुमती के स्वयंवर के समय विभिन्न राज्यों के राजा राजकुमार आये थे, जिनमें महाकवि ने मगध के राजा का वर्णन सर्वप्रथम एवं सविस्तार किया है| यहाँ तक कि इंदुमती ने उनकी वीरता सुंदरता का वर्णन विस्तार से किया और इंदुमती ने मगध नरेश को प्रणाम भी किया है| ऐसा उन्होंने अन्य राजाओं के साथ नहीं किया है|

"प्रतिहारी सुनंदा इंदुमती को सबसे पहले मगध नरेश के सामने ले गयी और उससे कहने लगी:- ६/२०

"ये महाराज बड़े पराकर्मी हैं और शरण में आने वालों की रक्षा करते हैं| अपनी प्रजा को सुख देकर इन्होंने बड़ा यश कमाया है| इनका नाम परंतप है और ये वास्तव में परंतप (शत्रुओं) को ताप देने वाले हैं| ६/२१ रघु.| जैसे अनगिनत तारों, ग्रहों और नक्षत्रों से भरी रहने पर भी रात तभी चांदनी रात कहलाती है जबकि चन्द्रमा खिला हुआ हो| वैसे ही यद्यपि संसार में सहस्त्रों राजा हैं, किन्तु इन्हीं के रहने से पृथ्वी राजयुक्त कहलाती है|

६/२२ इन्होंने क्रमशः अनेक यज्ञ करके बार इंद्र को अपने यहाँ बुलाया है। जिससे इन्द्राणी ने सिर की चोटी का कल्पवृक्ष के फूलों से श्रृंगार करना ही छोड़ दिया था। ६/२३

यदि इसके साथ तुम विवाह करना चाहो तो अवश्य करो, क्योंकि इनके साथ विवाह करके जब तुम इनकी राजधानी पाटलिपुत्र में पहुँचोगी, तब वहाँ की स्त्रियाँ झरोखों में बैठकर तुम्हें निहारेंगी। जिससे उनकी आँखों को सुख मिलेगा।" -६-२४। सुनंदा की बातें सुनी तो इंदुमती ने तनिक आँख उठाकर उसने राजा को देखा तो दूब में गुंथी हुई उसके हाथ की महुए की माला सरक गयी, और बिना कुछ कहे - सुने सीधा सा प्रणाम करके उसे अस्वीकार करती हुई वह चुपचाप आगे बढ़ गयी॥ ६-२५ रघु.।

यहाँ महाकवि ने मगध नरेश का परिचय सर्वप्रथम कराया है, उनकी प्रशंसा भी विस्तार पूर्वक की है। इंदुमती ने मगध नरेश को प्रणाम भी किया है जो अन्य किसी राजा को नहीं किया। इंदुमती के गले में दूब से गुंथी महुए की माला। इन सबसे महाकवि का मिथिला के प्रति अगाध स्नेह झलकता है। इंदुमती ने अंग देश के राजा से आँखें हटा ली और सुनंदा से कहा:- "आगे चलो।" - ६-३०।

अवन्ति नरेश का प्रतापी राजा इंदुमती को अच्छा नहीं लगा। - ६-३६।

अनूप देश के राजा को महाकवि ने दंडधारी राजा लिखा है, किन्तु इंदुमती को "जैसे बादल विहीन आकाशवासी शरदऋतु का पूर्ण चन्द्रमा भी कमलिनी को नहीं भाता, वैसे ही वह सुन्दर राजा इंदुमती को नहीं जंचा"। ६।।४४ रघु.

मथुरा के राजा सुषेण को इंदुमती छोड़कर वैसे ही आगे बढ़ गयी जैसे समुद्र की ओर जाने वाली नदी बीच में पड़ने वाले पहाड़ों को छोड़ देती है।६।।५२

कलिंग नरेश हेमाङ्गद को इंदुमती ऐसे छोड़ आगे बढ़ गयी, जैसे पुरुषार्थ से प्राप्त सम्पदा, भाग्य के फेर से छोड़कर चली जाती है ॥ ६/५८

"पांडव देश के राजा की प्रशंसा भी इंदुमती के मन में वैसे ही घर नहीं कर सकी जैसे सूर्य के अस्त हो जाने पर बंद कमल के भीतर चन्द्रमा की किरणें नहीं पहुँच पाती ॥६॥३६

इस तरह हम देखते हैं कि इंदुमती द्वारा सिर्फ मगध नरेश का सम्मान महाकवि ने दिखाया है, जिससे प्रतीत होता है कि मिथिला से महाकवि का आत्मीय संबंध था। अज और इंदुमती के विवाह की विधि भी कुमारसम्भव की तरह मिथिला विधि है। कुमारसम्भव में उमा और शिव का विवाह वर्णन विस्तारपूर्वक है जबकि अज इंदुमती का विवाह वर्णन संक्षिप्त, किन्तु मिथिला की एक परम्परा को महाकवि ने बढ़ा कर लिखा है।

"महार्हसिंहासनसंस्थितोऽसौ सरत्नमर्ध्यं मधुपर्कमिश्रम्|
योजोपतीनं च दुकूलयुग्म जगाह सार्ध वनिताकटाक्षैः||" ७||१८

अर्थात- वहाँ वे एक सुन्दर और बहुमूल्य सिंहासन पर जाकर बैठे| तब भोज ने उन्हें रेशमी वस्त्रों के एक जोड़े के साथ जो दही, मधु और घी मिला हुआ मधुपर्क भेंट किया, उसे उन्होंने वहाँ की स्त्रियों की बांकी चितवन के साथ - साथ ले लिया||७/१८

मिथिला में आज भी बारातियों के साथ - साथ वर का स्वागत होता है| वर को सिंहासन नुमा कुर्सी पर बैठाया जाता है| वहाँ स्त्रियां परिछन (परिक्षण) के लिए गाती हँसती हुई उपस्थित रहती हैं| वहीं पर ससुर या अन्य अभिभावक (ससुर नहीं रहने पर) के द्वारा एक जोड़े वस्त्र दिये जाते हैं, और उन्ही वस्त्रों को पहन कर वह विवाह वेदी के पास बैठता है| विवाह से पहले वस्त्र, दही, मधुपर्क आदि देने की प्रथा मिथिला छोड़ पूरे भारतीय समाज में दुर्लभ है|

वस्त्रादि भेंट करने के समय स्त्रियों का झुण्ड भी मिथिला की ही पुष्टि करता है

"नितंबगुर्वी गरुणा प्रभुक्ता वधुर्विधातृप्रतिमेन तेन|
चकार सा मत्तचकोरनेत्रा लज्जावती लाजविसर्गमग्नौ||"७/२५

अर्थात- तदन्तर बड़े - बड़े नितम्बों से युक्त एवं मत्त चकोर जैसी आँखों वाली लजीली इंदुमती ने ब्रह्मा के सद्दश पूज्य पुरोहित के कहने पर अग्नि में धान की खीलें डालीं ||७/२५

यहाँ पुन: धान के लावा(लाजा) का हवन मिथिला प्रथा की पुष्टि करता है|

"हविः शमीपल्लवलाजगन्धी पुण्य: कृशानोरूढियाय धूम:|
कपोलसंसर्पिशिख: स तस्या मुहूर्तकर्णोत्पलतां प्रपेदे||" ७/२६

अर्थात- घी, शमी के पत्तों तथा धान की खीलों की गंध से भरा पवित्र धुआं अग्नि से निकलकर जब इंदुमती के कपोल तक पहुंचा, तब ऐसा प्रतीत हुआ मानो इंदुमती ने नीलकमल का कर्णफूल पहन रखा हो|

"तदञ्चनक्लेदसमाकुलाक्षं प्रेम्लानबीजाड़.कुरकर्णपूरम्|
वधूमुखं पाटलगण्डलेखचारधूमग्रहणाद्यभूव||" ७/२७

अर्थात- जब विवाह की अग्नि का धुआं लगने से इंदुमती की आँखों से अंजन मिश्रित आँसू निकलने लगे, उनसे उनके कानों के कर्णफूल कुम्लाह गए और गाल लाल हो गए| - ७-२६

"तौ स्नातकैर्बंधुमता च राज्ञा पुरर्रान्ध्रमिञ्च क्रमश; प्रयुक्त्तम|
कन्याकुमारौ कनकासनस्थावारर्द्राक्षतारोपणमन्वभूताम||" ७/२८

अर्थात- फेरे हो चुकने के बाद सोने के सिंहासन पर बैठे हुए वर - वधु के ऊपर स्नातकों ने, कुटम्बियों ने, भोजराज और पुरोहित ने बारी - बारी से गीले अक्षत छोड़कर आशीर्वाद दिए|- ७ -२८

महाकवि ने लावा हवन के बाद पवित्र धुआं लगने से इंदुमती की आँखें लाल होने का वर्णन किया है| अंजन मिश्रित आँसू निकलना यह सारी विधि मिथिला की है| यहाँ हवन के धुंए से आँसू निकलना शुभ माना जाता है| दूर्वाक्षत की जो विधि कुमारसम्भव में है, यहाँ भी उसका वर्णन है| दूर्वाक्षत के द्वारा मिथिला में बड़ों का आशीर्वाद मिलना माना जाता है|

"भतीऽपी तावत्क्रथकैशिकानामनुष्ठितानन्तरजाविवाह:|
सत्वां नुरूपाहरणी कृतश्री: प्रास्थापयद्राघवमन्वगाञ्च||" ७-३२

"तिस्रस्त्रिलोकप्रथितेन सार्धमजेन मार्गे वसतीरुषित्वा|
तस्मा दपावर्तत कुण्डिनेशःपार्वत्यये सोम इवोष्णरश्मे:||" ७/३३

अर्थात- इधर छोटी बहन का विवाह करके विदर्भराज ने अपने सामर्थ्य के अनुसार धन देकर रघु के पुत्र अज को विदा किया और कुछ दूर तक पहुँचाने गए| ७ -३२

कुण्डिनपुर के राजा भोज ने त्रिलोक विख्यात अज के साथ मार्ग में तीन रातें बितायीं और उसके बाद वैसे ही लौटे, जैसे अमावस्या के सूर्य के पास चन्द्रमा लौट पड़ता है|| ७ /३३

मिथिला प्रथानुसार द्विरागमन में सामर्थ्य के अनुसार धन देकर वर वधु को विदा किया जाता है|

आज भी मिथिला के भाई, बहन के साथ कुछ दूर तक जाते हैं| महाकवि ने यह परम्परा भी लिख डाली|

रघुवंश के साथ - साथ मेघदूत में भी महाकवि ने राजा जनक, मिथिला नगरी एवं जानकी के लिए

(मैथिल: मिथिलां)- ११/३२

जनको जनेश्वर- ११/३५

विदेह नगरी निवासिनां- ११/३६, मैथिल:- ११/४२

मैथिल: - ११, ४६, मैथिल: - ११/४८, मिथिला: - ११/५२,

मैथिलि - १२, २९, मैथिलीम - १२/५५, वैदेहीमन्वेषु - १२,५९

जानकी - १२, ६१, वैदेहना - १२, ६४,

वैदेहि - १३, २ मैथिलसुतां - १३, ६६, विदेहाधिपते - १४,२४

वैदेहि - १४, ३३, वैदेहसुता - १४/३९, वैदेहसुता - १४/४६

वैदेहि - १४, ६२ वैदेहसुता - १४/८४, मैथिलयो १५/८३, थिलयाँ ----- १५/३९, मैथिलि १५-५६, , वैदेहना १५/६१ , मैथिलयाँ १५/६३ , मैथिलयाँ -१५/६९, मैथिली १५/६३, जानकी - १५/६४

 इस तरह हम महाकवि के बारे में निश्चित कह सकते हैं कि मातृभूमि के प्रति उनका अगाह प्रेम ही उन्हें स्वत: इन शब्दों को लिखवा डालता होगा| मिथिला, जनकपुर, विदेह शब्दों से रघुवंश भरा पड़ा है| क्या नाम के साथ - साथ औषधिप्रस्थ (जो मिथिला में थी) का वर्णन (जिसमें उन्होंने औषधिप्रस्थ को अलका से भी सुंदर माना है, स्वर्ग से बढ़कर माना है) और मिथिला परम्परा, प्रथा आदि का वर्णन उन्हें मिथिला निवासी ही प्रमाणित करता है

 बच्चों का खेल कूद और मिथिला की एकाध प्रथा का वर्णन उन्होंने अभिज्ञानशाकुन्तल में भी किया है||

 रघुवंश महाकाव्य में और भी रहस्य छिपे हुए हो सकते हैं जिसे भविष्य में निकाल कर निखारा जा सकता है, किन्तु प्रमाणिकता के लिए कोई कम प्रमाण नहीं हैं, जिससे ये प्रमाणित हो कि कालिदास मिथिला निवासी ही थे|

अभिज्ञान शाकुंतलम्

माता पार्वती और शिव जी के परम भक्त महाकवि कालिदास ने अभिज्ञानशाकुन्तल में कहाँ - कहाँ मिथिला की सुगंध छोड़ी है| आइये हम इन्हें खोजें और उस सुगंध से अपनी आत्मा को तृप्त करें|

आइये पहले अभिज्ञानशाकुन्तल के प्रथम अंक का कुछ अंश हिंदी अनुवाद में पढ़ते हैं:-

शकुंतला(सामने देखकर)- "यह केसर का वृक्ष की पवन के झोंकों से हिलती हुई पत्तियों की उँगलियों के संकेत से मुझे बुला रहीं हैं| जाऊँ, इसका भी मन रख लूँ? (उधर घूमती है)|"

प्रियंवदा- "अरी शकुंतला! क्षण भर वहाँ खड़ी तो रह| तेरे खड़े होने पर यह केसर का वृक्ष ऐसा दिखने लगता है कि जैसे उससे कोई लता लिपटी हुई हो|"

शकुंतला- "इन्हीं बातों से तेरा नाम प्रियंवदा पड़ गया है|"

अनुसूया- "शकुंतला! यही वह चमेली है ना जिसने आम के वृक्ष से स्वयंवर कर लिया है और जिसका नाम तूने वनज्योत्स्ना या वन की चांदनी रखा है? इसे तो तू भूली ही जा रही थी|"

शकुंतला- "वाह! यदि इसे भूलूंगी तो मैं अपने को भी भूल जाऊँगी (लता के पास जा और देखकर)| सखी! सचमुच इस लता और वृक्ष का मेल बड़े अच्छे दिनों में हुआ है| इधर यह वनज्योत्स्ना खिले हुए फूल को लेकर नवयौवना हुई है, उधर फल से लदी हुई शाखाओं वाला आम का वृक्ष भी निखार पर आया हुआ है (उसे देखती हुई खड़ी रह जाती है)|"

प्रियंवदा(मुस्कुराकर)- "अनुसूया! जानती हो कि शकुंतला इतनी मगन होकर वनज्योत्स्ना को क्यों देख रही है?"

अनुसूया- "नहीं, मैं तो नहीं जानती सखी| तू ही बता दे|"

प्रियंवदा- "देख, यह सोच रही है कि जैसे वनज्योत्स्ना को अपने योग्य वृक्ष मिल गया है, वैसे ही मुझे भी मेरे योग्य वर प्राप्त हो जाए|"

इस "केसर" के वृक्ष को अगर "महुए" का वृक्ष मान लें तो सारी बातें स्पष्ट हो जाती हैं, और जिस तरह अनुसूया के द्वारा महाकवि ने वनज्योत्स्ना और आम वृक्ष का स्वयंवर कहलवाया है और शकुंतला उस वनज्योत्स्ना के पास खड़ी आम वृक्ष और वनज्योत्स्ना को निहारते हुए कहती है कि:- "इन दोनों का मेल बड़े अच्छे दिनों में हुआ है|" इधर वनज्योत्स्ना खिले हुए फूल को लेकर नवयौवना हुई है, उधर फल से लदा आम का वृक्ष भी निखार पर आया हुआ है, और इसके साथ - साथ प्रियंवदा से महाकवि ने यह कहलवाया है कि जैसे इस वनज्योत्स्ना को अपने योग्य वृक्ष मिल गया है वैसे ही मुझे भी (शकुंतला) योग्य वर प्राप्त हो जिस तरह से केसर वृक्ष से सटे रहने पर सखियों द्वारा यह कहना कि क्षण भर वहाँ खड़ी रह, तेरे खड़े रहने पर यह केसर वृक्ष ऐसा दिखता है, मानो उससे कोई लता लिपटी हो| इन सबसे महाकवि का मैथिल होना स्वत: ही सिद्ध होता है| उन्होंने बड़ी चतुरता से मिथिला में प्रचलित (आम - महू) विवाह का संकेत दे दिया है|

मिथिला में विवाह से पहले कन्या आम - महु विवाह कराने जाती है| सखियों और घर के सदस्यों के साथ विवाह पूर्व ऐसे स्थान पर सज - धज कर जाती है, जहाँ आम - महु(सम्भवत: कालिदास) कथित केसर वृक्ष एक साथ (अगल - बगल) हों| दोनों वृक्षों पर पिठार (चावल का आटा पानी में घोला हुआ) सिंदूर लगाकर, दोनों वृक्षों पर आरतक पात (लाल - लाल कागज़ का गोल टुकड़ा) साटती है| उसके बाद लाल या पीले धागे से वृक्ष को तीन या पाँच बार बांध कर वृक्ष की जड़ में जल डालकर प्रार्थना करती है कि जिस तरह आप दोनों वृक्षों को मनभावन जीवन साथी मिला, उसी तरह मुझे भी योग्य वर मिले| आने से पहले धागा खोल लेती है जिसका काम उसके विवाह में हाथ में बाँधने वाले कंगन के काम आता है|

कुमारसम्भव में मैना ने पार्वती को कंगन बांधा था| सम्भवत: वह भी उसी धागे का बना हो| इस तरह कहा जा सकता है कि शकुंतला ने भी सखियों के साथ आम महु वृक्ष से अपना मनभावन पति माँगा| जैसे महाकवि ने प्रियंवदा के मुँह से कहलवाया है| यह घटना पूर्ण रूप से आम महु विवाह पद्धति (मिथिला देशीय प्रथा) की ओर संकेत करती है| अंतर सिर्फ महाकवि का केसर वृक्ष लिखना है |

चतुर्थ अंक का कुछ अंश देखिये:

शार्गव- "भगवन! मैंने सुना है कि प्रियजनों को विदा देते समय जलाशय तक पहुँचकर लौट जाना चाहिए| अब सरोवर तट आ गया है| अत: जो कुछ सन्देश कहलवाना हो, वह यहीं कहकर आप लोग आश्रम को लौट जाएँ|"

शकुंतला को विदा करते हुए सभी लोग सरोवर तट तक आये| उसी प्रकार मिथिला में कुछ दूरी तक वर - वधु को विदा देते समय या प्रियजनों को विदा करते समय कुछ दूर जाने की प्रथा अब भी विद्यमान है|

शकुंतला- "तात! क्या प्रियंवदा - अनुसूया यह दोनों सखियाँ यहीं से लौट जाएंगी?"

कंठ- "वत्से! अभी इनका भी तो विवाह करना है| इसलिए इनका वहां जाना उचित नहीं है| तेरे साथ गौतमी जा रही है|"

तात्पर्य यह है कि प्रियंवदा और अनुसूया कुमारी हैं इसलिए उनका वहाँ (हस्तिनापुर) जाना उचित नहीं है| मिथिला समाज में इसकी भी प्रथा थी जो कालांतर में कम होती जा रही है| पहले मिथिला में कुमारी कन्याओं को अपनी बहन के ससुराल में जाने की मनाही थी, किन्तु आज के फैशन के युग में अब यह प्रथा कम हो गयी है| किन्तु अब भी कन्या के साथ एक लोकनी (अवलोकिनी) को भेजने की प्रथा कायम है| मिथिला की प्रथानुसार कन्या जब तक अपने ससुराल में समायोजित न हो तब तक यह लोकनी उसके साथ रहती है| वैसे तो यह लोकनी अभिभावक नहीं होती हैं| लोकनी के रूप में नौकरानी आदि को भेजा जाता है, परन्तु कंठ मुनि ने गौतमी को शकुंतला के साथ भेजकर प्रमाणित किया है कि मिथिला देशीय प्राचीन व्यवहार को अपने नाटक में उन्होंने जिस चतुरता से चित्रत किया है उससे स्वत: प्रमाणित है कि महाकवि मैथिल पुरातन व्यवहारों के गूढ़ ज्ञाता तथा मिथिला के एक तेजस्वी रत्न थे|

अभिज्ञान शाकुंतलम् के पंचम अंक में जिस तरह कंठ मुनि द्वारा शकुंतला के साथ भेजे गए, दो ऋषि कुमार शार्गव और शारदुत ने राजा दुष्यंत से शकुंतला को अपनाने के लिए शार्गव से कहलवाया है:-

शार्गव- "हाँ - हाँ मत स्वीकार करो! तुम्हें ऋषि का अपमान करना ही चाहिए, क्योंकि उन्होंने तुम्हारे साथ यह भलमनसाहत की है कि उनकी जिस कन्या को तुमने छल से दूषित कर दिया है, उसे वे तुम्हें भोग्य पात्र समझकर उसी प्रकार सौंप रहे हैं, जैसे कोई अपनी चोरी गयी हुई वस्तु मिल जाने पर फिर चोर को ही लौटा दे||" २०||

मिथिला में बहन के साथ भाई के जाने की प्रथा है ताकि अगर उसे किसी प्रकार का कोई कष्ट हो तो भाई के माध्यम से वह अपने आप को सुरक्षित महसूस करें| उसी तरह महाकवि ने कंठ मुनि द्वारा दो ऋषिकुमार को शकुन्तला के साथ भेजकर अपने मैथिल होने का संकेत दिया है|

इस प्रकार उनकी रचनाओं में हम मिथिला माटी की सुगंध, उनके मनोभाव को जान सकते हैं| जिसके माध्यम से महाकवि की लेखनी के अनेकों रंग में मिथिला के रंग ऐसे घुल - मिल गए हैं, जैसे दूध में| मिथिला संस्कार, सभ्यता, संस्कृति, प्रथा से उनकी रचनाएं ओत - प्रोत हैं| यहाँ तक कि बाल्य जीवन में खेले जाने वाले खेल की विधियां भी मिथिला देशीय हैं, जिसके कुछ उदहारण निम्नलिखित हैं:-

कुमारसम्भवम श्लोक संख्या - १/२९ में लिखा है-

"मन्दाकिनीसैकतवेदिकामि: सा कन्दुकैः कृत्रिमपुत्रकैश्च|
रेमे मुहुर्महमगता सखीनां क्रीड़ारसं निर्विशतीव बाल्यै||" १/२९ कु. स.

अर्थात- "कुछ सयानी होकर पार्वती जी सखियों के साथ कभी गंगाजी के बलुए तट पर वेदियां बनाती, कभी गेंद खेलती और कभी गुड्डे - गुड़िया बनाकर उनसे खेलती थीं| इस प्रकार के बचपन में क्रीड़ा रस में डूबी सी रहती थी|"

आज भी मिथिला में बच्चे ऐसे ही खेलों को खेलते दिखाई देंगे| पार्वतीजी द्वारा वेदियां बनाना धूरामाटी खेल कहलाता है| जिसमें मिट्टी के द्वारा एक चबूतरा जैसा बनाया जाता है, किन्तु मिट्टी से पुरे पाँव को ढ़का जाता है, जो बाद में निकालने पर एक खोह जैसा घर बन जाता है और फिर गुड्डे - गुड़ियों आदि को उस घर में रखा जाता है| मिट्टी के बर्तन बनाकर अभिनय द्वारा भोज - भात भी किया जाता है| जिससे लड़कियों में घर - गृहस्ती चलाने की प्रवृति विकसित होती है| यह अधिकतर कन्याओं द्वारा ही खेला जाता है|

इसी तरह महाकवि ने मेघदूत के उत्तर मेघ के श्लोकों में भी मिथिला में खेले जाने वाले खेलों का वर्णन किया है जो निम्न प्रकार है:-

"मन्दाकिन्या: सलिलशिशिरै: सेण्यमाना मरुदधिर्मन्दाराणा-
मनुतटरुहां छायया वारितोष्णाः|
अन्वेष्ठत्यै: कनकसिकतामुष्टिनिक्षेपगुटै:
सड़क्रीडन्ते मणिभिरमरप्रार्थिता यत्र कन्या ||६|| उ. मे."

अर्थात- "हे मित्र! वहाँ की कन्याएं इतनी सुंदर होती हैं कि देवता भी उन्हें पाने को तरसते हैं| यह कन्याएं मन्दाकिनी के जल की फुआरों से

शीतल पवन में, तथा तट पर खड़े कल्पवृक्ष की छाया में तपन मिटाती हुई अपनी मुट्ठियों में रत्न ले तथा सुनहरे बालू में डालकर छिपाने और ढूँढ़ने का खेल खेलती रहती हैं||" ६||

यह खेल पुरातन से अब तक मिथिला में खेला जाता रहा है| मिथिला में सब जगह गंगा किनारे या बालू नहीं मिलने पर कन्याएं मिट्टी का ढेर करती हैं और एक दल की कन्या हाथ में कोई कंकड़ या छोटी सी लकड़ी का टुकड़ा या मिट्टी के बर्तन का टूटा टुकड़ा, मिट्टी में लेकर उस मिट्टी के ढेर कहीं भी छिपा देती हैं और दूसरे दल के लोग उसे चार भाग में चिन्हित कर अपने - अपने भाग में उस चीज़ को खोजते हैं| जिसे मिलता है वही फिर से खेल आरम्भ करता है|

इस खेल को देहाती भाषा में अलग - अलग क्षेत्र में अलग - अलग नामों से बच्चे सम्बोधित करते हैं| कहीं इसे "लाल गोटी" तो कहीं इसे "धुलिक्षेप या धूरछाप" तो कहीं "धुलिछादन" कहते हैं|

निश्चित ही मिथिला में पुरातन समय में खेले जाने वाले इस खेल को महाकवि ने भी खेला होगा या देखा होगा| इसलिए उनके द्वारा बाल्यकाल में खेले जाने वाले खेल भी मिथिला देशीय वर्णित हुए हैं|

कालिदास के जन्म स्थान को लेकर अनेक विद्वानों ने उनके द्वारा लिखी गयी रचनाओं को आधार बनाकर महाकवि कालिदास के जन्मस्थान का निर्धारण किया है| उन्ही विद्वानों का अनुसरण करते हुए मैंने भी एक प्रयास किया है| जहाँ तक उनकी रचनाओं से, विभिन्न विद्वानों से, जो प्रमाण या तथ्य प्राप्त हुए उन सबसे अधिक तथ्य उन्हें मिथिला देशीय होने का प्रमाण देते हैं| इसके अलावा मिथिला ही वह स्थान है जहाँ, कालिदास की कहानी को भगत लोग ने अपने सुर ताल में गा कर उन्हें अमर किया हुआ है|

यह गीत सोलह खंडों में है| ऐसा पंडित दिगम्बर झा लिखित कालिदास एवं मिथिला पुस्तक में है| इसमें कालिदास के जीवन का कुछ अंश शामिल किया गया है| मिथिला के जन मानस के पटल पर ज्ञान होते ही कालिदास के नाम का, उनकी मूर्खता का एवं उनकी विद्वानता का ज्ञान माँ अपने बच्चों को करा देती है| महाकवि कालिदास को जानने के लिए या समझने के लिए किसी पाठशाला या किसी मास्टर की आवश्यकता नहीं होती है| कालिदास से सम्बन्धित मुहावरे यहाँ प्रचलित हो गए हैं| अगर कोई बच्चा मूर्खता करता है तो अभिभावक डांटते हुए कहते हैं:- "कालिदास जैसा मूर्ख है|" अगर कोई बच्चा किताब पकड़े है लेकिन पढ़ नहीं रहा है तो अभिभावक कहते है:- "कालिदास की तरह छूने से विद्या आ जाएगी क्या?" अगर किसी का बच्चा अच्छी पढ़ाई कर, कोई नाम

करता है तो गाँव वाले या पडोसी कहते हैं कि:- "अरे! उसका बेटा तो कालिदास जैसा विद्वान हो गया है|"

मिथिला समाज की नस - नस में कालिदास विद्यमान हो गए हैं| उसका कारण पुरातन से अब तक चली आ रही इनकी कथाएं है, जो लोगों की जिव्हा पर विद्यमान है फिर चाहे वह पढ़ा लिखा पंडित हो, या परम मूर्ख|

जिन विद्वानों ने महाकवि कालिदास को मिथिला निवासी बताया है, उनका मैं समर्थन करते हुए यह अवश्य लिखना चाहूंगी कि मिथिला के मधुवनी जिले के बेनीपट्टी प्रखंड में ही उनका जन्म हुआ होगा| आज भी बेनीपट्टी के निकट "उच्चैठ" नाम का ग्राम विद्यमान है| इसी गाँव में भगवती का प्राचीन ऐतिहासिक मंदिर अत्यंत विख्यात है| इसी मंदिर के कुछ दूरी पर कालिदास डीह नामक स्थान है, और सबसे विचारणीय तथ्य यह है कि पुराने सरकारी कागज़ पत्रों में, खातों में भी यह ज़मीन कालिदास के नाम से ही अंकित है| किवदंती कथा यह है कि कालिदास उसी स्थान के थे और किशोर अवस्था में जब वे मूर्ख थे तो एक दिन उसके बगल में बहने वाली नदी (आज भी विद्यमान) में बाढ़ आयी थी, बहुत ज़ोर से आंधी तूफ़ान चल रहे थे| बाकी विद्यार्थियों ने कालिदास को बहला - फुसला कर नदी के उस पार माँ काली के मंदिर में संध्या का दिया जलाने को कहा| कालिदास कठिनाईओं को पार करते हुए माता के मंदिर पहुँचे| संध्या दीपक जलाने के बाद प्रमाण के लिए उसी दिए की निचली स्याही माता के मुख में लेपने का प्रयास किया, तभी माता प्रकट हुई और कहा कि:-

"मेरे मुँह में कालिख मत लेपो|"

कालीदास ने अपनी मजबूरी बतायी कि:-

"अगर उसने कालिख नहीं लगाईं तो उसके सहपाठी विश्वास नहीं करेंगे कि मैं यहाँ आया था|"

उनकी बातें सुन माता को उन पर दया आयी और उन्होंने वरदान मांगने को कहा| तो कालिदास ने विद्वान होने का वरदान मांगा| उसी रात जब वे वापस लौटे तो सारी किताबों को छू लिया| सुबह होते - होते वे बहुत बड़े विद्वान हो चुके थे|

यह एक ऐसी कथा है जिससे सारे विद्वान सहमत हैं| सभी का मानना है कि कालिदास को माँ काली का वरदान मिला, किन्तु वह काली मंदिर, उसके नज़दीक पाठशाला (गुरुकुल) भारत के किस कोने में है? यही वो स्थान है जो इस कथा के तथ्य को प्रमाणित करने के लिए आज भी विद्यमान है| फिर ऐसी सच्चाई से हम कैसे मुहं फेर सकते हैं| भारत के

किसी भी कोने में ऐसा स्थान है जो आज भी कालिदास के नाम से अंकित हो, फिर ऐसे तथ्य को हम दरकिनार कैसे कर सकते हैं? आज भी वहाँ माँ भगवती से अपने बच्चों के लिए कालिदास जैसा ज्ञान मांगते हैं। आज भी कालिदास डीह की मिट्टी मिथिलावासी यज्ञोपवीत के बाद अपने बच्चों के माथे में श्रद्धा के साथ लगाते हैं।

भारत की भूमि तो सर्वत्र पूजनीय है, किन्तु देश के किसी भी कोने में ऐसी भूमि जिस भूमि को लोग कालिदास के नाम से अपने मस्तक पर गौरव के साथ लगाते हैं। वह यही उच्चैठ स्थान (काली मंदिर) है, जहाँ कालिदास का डीह (ज़मीन) है।

एक किवदंती है कि जब विद्योत्तमा का विवाह छल प्रपंच से कराने की साजिश में विद्वान वर की खोज में गए तो महाकवि कालिदास उसी पेड़ की डाल को काट रहे थे जिसपर वह बैठे थे। इस तथ्य के अनुकूल कालिदास डीह से लगभग ३ किलोमीटर दूरी पर आज भी वनकट्टा नामक स्थान है। संभवतः कालिदास वहीं प्रत्येक दिन पाठशाला (गुरुकुल) के लिए लकड़ियां लाने जाते हों। 'महाकवि कालिदास' नामक पुस्तक के लेखक डॉ. रमाशंकर तिवारी लिखते हैं कि चन्द्रगुप्त विक्रमादित्य के नवरत्न वररुचि का अपमान उनकी पुत्री के हाथों हुआ, और इससे क्षुब्ध हो कर वररुचि ने एक महामूर्ख की खोज की। वहाँ ध्यान देने वाली बात है कि पंडित श्री राम तेज शास्त्री लिखित कालिदास ग्रंथावली में उन्होंने वररुचि को मैथिल माना है। स्वाभाविक है कि कोई विद्वान किसी की खोज में वैसे भी अपने जन्म स्थान आता - जाता रहता होगा। वररुचि भी अपनी जन्म भूमि मिथिला आये होंगे, जहाँ उन्हें उस समय के महामूर्ख कालिदास मिले होंगे। जिनका विवाह छल - प्रपंच से उन्होंने विक्रमादित्य की पुत्री से करवाया होगा।

आज का बेनीपट्टी पुरातन में वनपट्टी नाम से विख्यात होगा या जाना जाता होगा। जहाँ वन ही वन होंगे, और इसी वन में महाकवि वन को काटने (लकड़ियां लाने) जाते होंगे जो वनकट्टा के नाम से आज भी जाना जाता है।

मंदिर के (पूर्व) बगल से "थुमाने" नामक नदी बहती है। कहते है इसी नदी को पार कर महाकवि मंदिर गए थे और वरदान पाया था। मंदिर के पूर्व में एक कॉलेज है जिनका नाम कालिदास - विद्यापति साइंस कॉलेज है।

मंदिर की चौहदी इस प्रकार है।

पूर्व में: "थुमाने" नदी, कालिदास डीह, कालिदास विद्यापति कॉलेज, भट्टीशेर, सरिसव, धगजरी, बेनीपट्टी, बहटा, जोगेत, कटैया, बरहा, परसौना, मुरलिया।

पश्चिम में: समदा, सभरौ, हथियरबा, त्रिमुहाण, अबारी, पिहवाड़ा, सुभरौली, बसैठ, चानपुरा, शिवनगर|

उत्तर में: धनौजा, लौरिका, देऊरी, डुमरा, सलमपुर, पौखरौनी, पहिपुरा, लौभा, वसवरिया, शाहरघाट, सौनेल आदि|

दक्षिण में: बतौना, बनकट्टा, दमोदरपुर, गंगुली, बलिया, पाली, वरदाहा, जगबन, कमतौल|

इस प्रकार मंदिर की चौहदी है| मंदिर के विषय में एक धारणा यह भी है कि यहाँ रोज रात बारह बजे एक सुन्दर आदमी टहलता है| यह स्थानीय लोगों का कहना है|

इस प्रकार उनकी रचनाओं के आधार पर मिथिला देशीय रीति - रिवाज, यहाँ के तीर्थ स्थलों की चर्चा, मिथिला नाम का गुणगान, यहाँ के बिंबफल (तिलकौर), आम के पसंदीदा, यहाँ के खेलों के ज्ञाता, प्रथाओं के ज्ञाता, आदि जानने वाले महाकवि को कैसे हम मिथिला निवासी नहीं कह सकते?

उनकी रचनाओं के अलावा जो वास्तविक प्रमाण है उसे हम कैसे झुठला सकते हैं?

१६-१-१२ को माननीय मुख्यमंत्री नितीश कुमार एवं माननीय राज्यपाल देवानंद कुंवर भी यहाँ के स्थान देखकर मोहित होते हुए यहाँ पर्यटन स्थल बनाने के लिए १८ करोड़ रूपये की स्वीकृति दी है| यह माना कि अभी तक यह स्थान सरकार की नज़रों से उपेक्षित था, लेकिन कहते है "जब जागो, तभी सवेरा"| अब सवेरा हो चुका है और यह स्थान पूरे देश के लिए ही नहीं अंतर्राष्ट्रीय स्तर पर कालिदास के जन्म स्थान के नाम से ख्याति प्राप्त करेगा, ऐसा मेरा पूर्ण विश्वास है|

मिथिला देश के जन - जन की आवाज़ अंतर्राष्ट्रीय स्तर पर गुंजायमान होकर रहेगी| अब तक मैंने जो भी लिखा, उसमें अनेक विद्वानों का सहयोग रहा है जिसके लिए मैं उनका हार्दिक धन्यवाद देती हूँ, और आशा करती हूँ कि मेरे द्वारा लिखी उनकी जीवनी को लोग भाव से पढ़ेंगे, और उसे कालिदास की जीवनी मानकर अपनाएंगे| जीवनी से सम्बन्धित प्रमाण एकत्र करना सम्भव नहीं हो पाया इसलिए कल्पनाओं और किवदंतियों के सहारे मैं उनकी जीवनी लिखने की इच्छुक हूँ| मुझे विश्वास है कि विद्वानों का आशीर्वाद सदा मेरे साथ रहेगा|

महाकवि कालिदास की जीवनी

उच्चैठ मैया के आशीर्वाद से मैं महाकवि की जीवनी लिखना प्रारम्भ करती हूँ। महाकवि के जन्म काल को लेकर विद्वान एकमत नहीं है, फिर भी कुछ प्रमाणिकताओं में कल्पना के रंग भर उनकी जीवनी को एक अनुकूल दिशा देकर उनकी पूरी जीवनी लिखने का प्रयास कर रही हूँ।

जैसा कि मैंने आरम्भ में ही लिखा है कि मेरे पास शब्दों का खजाना नहीं और न ही शब्दों के अलंकार को ही मैं जानती हूँ। उसके बावजूद अपनी सरल भाषा में श्रद्धा और भाव के साथ जो कुछ लिखूंगी, उसके लिए विद्वान गण मेरा उपहास नहीं करेंगे। इसी आशा एवं विश्वास के साथ उनकी जीवनी लिख श्रद्धा और भाव के दो पुष्प कविकुलगुरु, महाकवि कालिदास को समर्पित (अर्पित) करना चाहती हूँ।

सात वर्ष का एक बालक जिसका शरीर बिना कपड़ों का है, सिर्फ एक लंगोट पहने उड़ते हुए बादलों को ऊपर मुँह उठाये देखकर मुस्कुरा रहा है। जिधर - जिधर काले बादल जाते हैं, उधर - उधर उसका चेहरा घूम रहा है। अचानक तभी जोरों की हवाएँ चलने लगती हैं। उस हवा में बादल जोर - जोर से भागने लगते हैं।

बच्चा भी बादलों के पीछे - पीछे दौड़ जाता है। अब ऊपर आसमान में बादल और नीचे अबोध बालक, मानो दौड़ में हिस्सा ले रहें हैं। दौड़ते - दौड़ते वह घने जंगल में पहुँच जाता है। मेघ और भी घना हो जाता है। उसे ऐसा लगता है जैसे वह अब उन घने मेघों को छू लेगा। मन आनंदित हो जाता है। उसे लगता है कि शायद यह मेघ उसी के लिए नीचे आ रहे

हैं| वह हँसता हुआ कूद - कूद कर उन काले बादलों को छूने का निरर्थक प्रयास करने लगता है| बार - बार के प्रयास के बाद भी जब वह सफल नहीं हो पता तो जंगल के एक पेड़ पर चढ़ने का प्रयास करने लगता है|

उधर मेघ भी ऐसा लगता है मानो उस अबोध बालक को छूने के लिए निरंतर नीचे आ रहा हो| तब तक लड़का पेड़ पर चढ़ हाथ ऊपर उठा - उठा कर बादलों को छूने का प्रयास करता है लेकिन जब वह बारम्बार की कोशिशों के बावज़ूद उन घने मेघों को छू नहीं पाता तो उदास हो जाता है| उदासी भरी नज़रों से बादलों को निहार रहा है| तेज हवा के कारण वह वृक्ष जोर - जोर से हिल रहा है किन्तु जंगली बच्चों की तरह लड़का ज़रा भी घबरा नहीं रहा है| उसे देख ऐसा लगता है कि उस बालक को प्रकृति ने ही जन्म दिया है| तभी बारिश की कुछ बूँदें उसकी आँखों एवं गालों पर पड़ती हैं| सहसा उसका मुरझाया चेहरा मुस्कान से खिल उठता है, धीरे - धीरे बारिश जोरों से होने लगती है| वह वृक्ष की डाल से कूदता है| वह दौड़ कर एक ऐसी जगह की तलाश करता है जहाँ वृक्ष नहीं है और बारिश की बूंदें सीधे उसके शरीर पर गिरें| वह दोनों हाथ दो दिशाओं में कर, ऊपर आसमान की तरफ मुँह उठाकर उस बारिश में अपने तन - मन को भिगोना चाहता है| शाम के समय में भी वह काले - काले बादल मानो रात का बोध करा रहे हैं| दूर - दूर तक घने जंगल में वह लड़का निर्भय हो मानो प्रकृति की गोद में समा जाने को उत्सुक हो| उस बारिश में लड़का वनों में इधर से उधर झूमते - कूदते भ्रमण कर रहा है| हाथियों का एक झुण्ड बारिश में इधर से उधर जा रहा है| लड़का उसे देख उसके पीछे - पीछे जाने लगता है| हाथियों के सूंड के साथ ऐसे छेड़खानी कर रहा है मानो हाथी उसे अच्छी तरह से जानते हैं| हाथियों से कुछ देर खेलने के बाद उसे एक वृक्ष पर एक साँप दिखाई देता है| वह वहाँ खड़ा रह मूर्खों की तरह उसे कुछ देर निहारता है, बारिश भी थम चुकी है|

साँप समझता है कि कोई आक्रामक है, इसलिए वह फन फैलाकर उस आने वाली समस्या के लिए अपने आप को तैयार करता है| बालक साँप को अपने हाथ का सर्प बना उसे डराने का प्रयास करने लगता है|

इधर बालक की माँ फटी पुरानी साड़ी पहने अपने बच्चे को ढूँढ़ने निकली है| घर में पूरी बारिश के समय परेशान थी| कभी आँगन में खड़ी अपने बच्चे की प्रतीक्षा कर रही थी, तो कभी बाहर निकल इधर - उधर देखती कि किधर से भी मेरा पुत्र आकर मेरी आँचल में छिप जायेगा| अंततः उसका मन पूरा आक्रांत हो जाता है| वह आने वाले राहगीरों से पूछती:-

"आपने मेरे बेटे को देखा है?"

राहगीर- "मैंने तो कहीं नहीं देखा|"

माँ- “अरे भैया! आपने कहीं मातृगुप्त -----”

राहगीर- “हाँ भाभी, अभी कुछ देर पहले उसे उस जंगल की ओर दौड़ते हुए देखा था|”

माँ माथे पर हाथ रख सोचने लगती है:-

“हे भगवान! उसे जन्म दिया, तो थोड़ी बुद्धि भी साथ में दे देता| कैसे - कैसे जानवर, साँप, बिच्छू, भूत प्रेत उस जंगल में रहते हैं, न जाने कहाँ चला गया है यह? हे महादेव! उसकी रक्षा करना|”

माँ अपने आँचल को संभालते हुए उसी लुक छिपी बारिश में घर से निकल कर जंगल की तरफ नंगे पाँव दौड़ती है| इधर - उधर आवाज़ भी लगाती जाती है|

“मातृगुप्त... मातृगुप्त! शरीर पर न तो गहरी रंगीन साड़ी है, न कलाइयों में चूड़ियां, न माथे पर बिंदियाँ, और न मांग में सिंदूर, तन पर आभूषण के नाम पर कुछ नहीं, मानो वह अत्यंत गरीब हो, सुंदरता ऐसी कि श्रृंगार की कोई भी वस्तु न होने पर भी ऐसा लगता है, मानो वन की देवी हो| झटपट दौड़ती हुई ऐसे लग रही थी, कि अपने बच्चे को वह काल के मुँह से भी निकाल कर ले आएगी| बीच वन में भी आवाज़:-

“मातृगुप्त.... मातृगुप्त!”

परेशान मन इधर - उधर अपने लाडले को खोजने में लगा हुआ था| मन चिंता से भयातुर हो गया कि इस जंगली वन में ना जाने कहाँ उसका लाडला किस हाल में होगा| इस चिंता से बादलों की उन बूंदों में आँखों के उन आंसुओं की बूंदें आसानी से पहचानी जा सकती थीं| आँखों में आंसुओं का समंदर उमड़ने लगता है| आंसुओं को हाथों से पोंछती हुई वह फिर से अपने मातृगुप्त को खोजने में लग जाती है| इधर लड़का उस साँप से कहता है:-

“नीचे आएगा, नहीं उतर पा रहा| आ - आजा मैं तुझे नीचे उतारता हूँ|”

मातृगुप्त हाथ से साँप को उठाना चाहते हैं| साँप फन उठाये उसे काटने को तैयार है| तब तक माँ इस दृश्य को देख मुँह पर हाथ रख अवाक| दौड़ कर साँप को हाथ से उठा कर दूर फेंकती है| मातृगुप्त को सीने से लगाते हुए अपनी आँखों की पलकें बंद कर धड़कते हुए सीने पर काबू कर ऊपर आसमान की तरफ देखते हुए कहती है:-

“हे महादेव! आपकी जय हो|”

इधर मातृगुप्त माँ के सीने में डरा सहमा हुआ है| माँ उसे बाहों से पकड़ अलग करते हुए कहती है:-

“क्यों रे, इस घने वन में क्या कर रहा है?”

मातृगुप्त- “माँ मैं तो बादलों को पकड़ने आया था किन्तु बादल ने मुझे पकड़ने ही नहीं दिया|”

माँ जानती थी कि वह भोला है, पति की मृत्यु के बाद यही तो एक सहारा था जिसके लिए माँ ज़िंदा थी| वह माँ की आँखों का तारा है| सारे गाँव वाले उसे मूर्ख समझते हैं लेकिन माँ के लिए वह मुर्ख नहीं बल्कि सबसे अच्छा, सबसे भोला और सबसे सुंदर बच्चा है| वैसे तो प्रत्येक माँ को अपना बच्चा सबसे ज्यादा प्यारा होता है| लेकिन वह एक ऐसी माँ है जिसके जीने का कारण ही उसका पुत्र है|

माँ ने उसे गुस्से भरी (बनावटी) नज़रों से निहारा और कान पकड़ते हुए बोली:-

“बदमाश हो गया है| तुझे ज़रा भी इस बात की चिंता नहीं है कि माँ मुझे ढूँढ रही होगी| इस घने वन में अकेला, अगर तुझे कुछ हो जाता तो? और वो साँप.....?”

मातृगुप्त- “साँप माँ उससे उतरा नहीं जा रहा था इसलिए मैं उसे उतारने में उसकी मदद कर रहा था|”

माँ आश्चर्यचकित हो उसे देखती रह जाती है|

माँ- “गाँव वाले सच कहते है कि तू मूर्ख है| अरे! साँप काट लेता तो क्या होता, पता है?”

मातृगुप्त- “क्या होता? मैं भी उसे काट लेता|”

माँ माथे पर हाथ रख उसकी उँगली पकड़ घर की तरफ चलते हुए कहती है:-

“अच्छा अब घर चल......तू नहीं समझेगा|”

मातृगुप्त- “चलो माँ.... मुझे भूख भी लगी है|”

दोनों चलते - चलते बात कर रहे हैं:-

माँ- “अच्छा यह बता, बादल को कोई कैसे छू सकता है?”

मातृगुप्त- “बादल नीचे आ रहा था| माँ, थोड़ा और नीचे आ जाता, तो मैं उसे पकड़ लेता....... किन्तु अचानक पानी बरसने लगा|”

माँ कुछ नहीं कहती है| थोड़ी देर बाद पुन: मातृगुप्त:-

"माँ आसमान में भी कोई तालाब है, आखिर इतना पानी कैसे आता है?"

माँ- "वही मेघ पानी बरसाता है, एक जगह से दूसरी जगह जा-जाकर|"

मातृगुप्त- "मैं भी मेघों की तरह उड़ना चाहता हूँ|"

माँ हँसती है| मातृगुप्त उदास मन से माँ का मुँह देखने लगता है|

मातृगुप्त अपने घर में इधर से उधर, उधर से इधर घूमते हैं| कभी बैठक में तो कभी रसोई घर के चक्कर काटते हैं| माँ उन्हें इस तरह से घूमते देख पूछती हैं:-

"क्या ढूँढ रहे हो मातृगुप्त?"

मातृगुप्त- "भोजन, मुझे भूख लगी है| भोजन दो|"

माँ प्यार से मातृगुप्त के गाल सहलाते हुए कहती है:-

"मेरे प्रिय पुत्र! मैंने भोजन तैयार कर दिया है| बस तुम्हारी पसंद के तिलकौर का तरुआ (पकौड़ी) बनाना बाकी है|"

मातृगुप्त (उत्साहित होकर)- "माँ क्या आज तिलकोड के तरुए बनेंगे?"

माँ- "हाँ पुत्र! बस तुम तिलकोड (बिंबफल) के पत्ते तोड़ लाओ, मैं अभी बनाती हूँ|"

मातृगुप्त दौड़ता भागता बोलते हुए निकलता है:-

"अभी लाया माँ", अभी लाया|"

पक्षियों की तरह हाथों के पंख बनाकर उड़ता हुआ वह झाड़ियों में जाता है| वहाँ हरे - हरे पत्ते (पान के पत्ते जैसे किन्तु पतले) मानो खिलखिलाकर उसी का इंतज़ार कर रहे हैं| वह पत्ते तोड़ने लगता है| तभी उसकी नज़र उसके लाल - लाल फल पर जाती है| बिंबफल को देख उसके मुँह में पानी आ जाता है| वह कंटीली झाड़ियों (दूसरी कोई झाडी) के बीच घुसकर लटके हुए बिंबफल को तोड़ने का प्रयास करता है| लेकिन उसकी पहुँच वहाँ तक नहीं जाती|

वह बगल की टूटी दीवार पर चढ़ कर उन बिंब फलों पर अपनी पहुँच बनाता है| एक के बाद दूसरा, दूसरे के बाद तीसरा| इसी तरह जितना उसकी

दोनों मुट्ठी में आता है तोड़कर दीवार पर से कूदता है। अब ललचाये नेत्रों से उसे टक - टक देख रहा है। तब तक कोइली उसे दूर से देख लेती है। मातृगुप्त जैसे ही उसे मुँह में लेने ही वाला है, तभी कोइली आवाज़ लगाती है:-

"मातृगुप्त"

मातृगुप्त कोइली की तरफ देखता है। तब तक कोइली दौड़ कर उसके नज़दीक आ जाती है। वह अब उन लाल फलों को उसे दिखाते हुए कहता है:-

"देखो कोइली यह फल कितने लाल हैं, बिल्कुल तुम्हारे होठों की तरह। आओ हम दोनों इसे खाएं।"

कोइली उसके हाथों से उन फलों को दूर फेंकते हुए गुस्से से कहती है।

"सही कहते हैं तुम्हारे मित्र, कि तुम महामूर्ख हो। अरे प्रत्येक सुंदर दिखने वाली वस्तु ग्रहणीय नहीं होती।"

मातृगुप्त रोने लगते हैं। रोते - रोते कहते हैं:- "तुमने मेरे फलों को फ़ेंक दिया।"

कोइली उसे चुप कराने का प्रयास करती हुई कहती है:-

"इसमें रोने वाली कौन सी बात है? तुम चुप हो जाओ, मैं तुम्हें बताती हूँ..."

मातृगुप्त- "मैं अभी जाकर माँ से कहता हूँ कि तुमने मेरे फलों को फ़ेंक दिया।"

कोइली- "सुनो, मेरी बात सुनो! मेरे बाबूजी कहते हैं इन फलों को नहीं खाया जाता है।"

मातृगुप्त- "तुम्हारे बाबूजी कहते हैं, लेकिन क्यों?"

तब तक माँ झाड़ियों के पास आती है, उन दोनों को देख:-

माँ- "क्या हुआ अभी तक पत्ते नहीं तोड़े हैं? और कोइली तुम यहाँ?"

कोइली, नज़दीक आकर उन फलों को इशारे से दिखा कर:-

कोइली- "चाची, इन फलों को नहीं खाना चाहिए ना? देखिये ना, मातृगुप्त खा रहा था, मैंने मना किया तो रोने लगा।"

माँ- "क्या मातृगुप्त, तुम इन फलों को खा रहे थे? ना पुत्र ना। इन फलों को नहीं खाना चाहिए। चलो... चलो तुम दोनों अंदर चलो, मैं खाना लगाती हूँ।"

दोनों बच्चे दौड़ कर अंदर भागते हैं। माँ सोचती है "कितनी समझदार है कोइली। भगवान् ने कितना अन्याय किया, जन्म लेते ही माँ का देहांत हो गया? गरीब घर, भगवान करे ससुराल में इसे सुख मिले।

गाँव के एक बड़े वृक्ष के नीचे गाँव के ही गुरूजी बच्चों को गाविस (खल्ली, चौक) से भूमि पर अक्षर ज्ञान करवा रहे हैं। कुछ बालक उनके इर्द-गिर्द बैठे खल्ली से भूमि पर लेखन कर उसे अपने हाथों से मिटा कर उसे अपने माथे पर लेपते हैं। गुरूजी के माथे पर एक बहुत बड़ा टेट्टर (ऊँचा फूला हुआ) है। गुरूजी बच्चों को जोर - जोर से ओ ना मा सी धं सिखा रहे हैं। गुरूजी एक शब्द को ज़ोर से पढ़ते है, बच्चे उसी शब्द को दुहरा कर पढ़ते हुए भूमि पर उस शब्द को लिखते है। कुछ दूरी पर खड़ी कोइली उनके शब्दों को ध्यान से सुन रही है। उसी में एक बालक गुलेटी से छेड़छाड़ कर रहा है। वह गुलेटी से गुरूजी के माथे पर जो ऊँचा स्थान है वहाँ निशाना बना रहा है। गुरूजी की नज़र अचानक उस बालक पर पड़ती है। वे छड़ी से उसे डराते हुए कहते हैं:-

"यह तुम क्या कर रहे हो?"

बालक थोड़ा सहमते हुए गुलैल को पीछे छुपा लेता हैं। गुरूजी उसे एक छड़ी मारते हुए कहते हैं:-

"नटखट बालक, अब बदमाशी तो छड़ी से पूरे शरीर को दाग दूँगा।"

बालक गुस्से से आँखें लाल किए उन्हें खा जाना चाहता है। वह उनकी नज़रें छुपाते हुए एक कंकड़ ले गुरूजी के माथे पर निशाना बना कर मारता है। "खटाक" की आवाज़ के साथ गुरूजी को बहुत ज़ोर से चोट लगती है। वे "आह" करते हुए अपनी हथेली से अपने माथे को ढँक कर उधर देखते है। जैसे ही छड़ी उठाकर उठते है बालक नौ दो ग्यारह हो जाता है। अब गुरूजी पीछे, बालक आगे। वृक्ष के चारों तरफ बालक गुरूजी को परिक्रमा करा रहा है। कभी इधर से, कभी उधर से। अंत में वो झटपट पेड़ पर चढ़ जाता है। इधर सारे बच्चे ठहाका लगाकर हँसते - हँसते लोट - पोट हो रहे हैं। गुरूजी वृक्ष के नीचे छड़ी लेकर खड़े उसे धमकाते हुए:-

गुरूजी- "आज बच्चा नीचे उतर, तुझे तेरी नानी से भेंट न करवा दूँ तो मेरा नाम ग..... ग....गुरूजी नहीं।"

सारे बच्चे हा... हा... कर हँस रहे है।

तभी मातृगुप्त को साथ लेकर उसकी माँ आती है। कोइली जो अभी तक हँस रही थी, मातृगुप्त के पीछे - पीछे आने लगती है। माँ को देख गुरूजी थोड़ा व्यवस्थित होकर उनके सामने प्रस्तुत होते हुए कहते है:-

"आप यहाँ?"

माँ (हाथ जोड़)- "गुरु के पास तो सारे विश्व को जाना पड़ता है। गुरूजी आपका यह शिष्य (चटिया)..........."

गुरूजी मातृगुप्त पर एक नज़र डालते है। वह अपनी ही दुनिया में खोये, वृक्ष के ऊपर बैठे उस नटखट बालक को देख रहें हैं। वह बालक ऊपर से उसे चिढ़ा रहा है। किन्तु इनके समझ में कुछ नहीं आ रहा है। कोइली भी ऊपर देखती है। मातृगुप्त को चिढ़ाने का बदला वह मुँह चमका कर ले रही है। यह सारी बात गुरूजी देखते है। फिर अचानक गुस्से में छड़ी ऊपर की ओर उठाकर कहते है:-

"बालक तुम आज नीचे तो उतरो, आज मैं तुम्हें बताता हूँ।"

मातृगुप्त का हाथ पकड़कर एक ओर बैठाकर हाथ में खल्ली देकर श्री गणेश का नाम लिख हाथ पकड़ भूमि पर कुछ लिखवाते हैं। कोइली उत्साहित हो देखकर माँ का आँचल खींच चुपके से कहती है:-

"चाची मुझे भी लिखना है।"

माँ गुरूजी से आग्रह करते हुए कहती है-

"गुरूजी इस बालिका को भी........"

गुरूजी- "अरे यह बालिका है, पढ़ - लिख कर क्या करेगी?"

माँ- "उत्साहित है, अगर थोड़ा बहुत जान जाएगी तो इसमें बुराई ही क्या है।"

गुरूजी मान जाते है, उससे भी भूमि पर अक्षर लिखवाते हैं। सारे बच्चे मज़ाक उड़ाते हुए कहते हैं, ऊपर से बच्चा कहता है:-

"बालिका पढ़ेगी, हा-हा-हा-हा।"

मातृगुप्त गुस्से से हाथ की खल्ली से ऊपर बैठे बालक को मारता है।

ऊपर बैठा बालक गुलैल से निशाना बनाकर मातृगुप्त को मारना चाहता है किन्तु उसका निशाना पुनः गुरूजी का माथा (सिर) बनता है। वह अवाक् हो अचानक वृक्ष से कूदकर भागता है। गुरूजी छड़ी लेकर उसके पीछे - पीछे भागते है। सारे बच्चे हँस रहे है। उसी क्रम में गुरूजी की धोती पीछे

से खुल जाती है| वे उसे संभालने में लग जाते हैं, तब तक बालक आँखों से ओझल हो जाता है| इधर मातृगुप्त के टिक (बालों की चुटिया) को एक बालक खींच रहा है| गुरूजी की नज़र उस बालक पर जाती है| वे नज़दीक आकर उसे एक छड़ी मारते है| तब मातृगुप्त की माँ से कहते है:-

गुरूजी- "आज शुभ दिन में हमने मातृगुप्त का अक्षरारम्भ कर दिया है| आज से प्रत्येक दिन समय से इसे भेज दीजियेगा|"

कोइली वापस आँचल खींच इशारा करती है|

माँ- "गुरूजी मेरी इच्छा है कि आप इस कोइली को भी कुछ शिक्षा दे देते|"

गुरूजी (मुस्कुराकर)- "अच्छा ठीक है, जब आपकी ऐसी इच्छा है तो, आपकी इच्छा के विरूद्ध मैं कैसे जा सकता हूँ?"

माँ (हाथ जोड़कर)- "आपका बहुत - बहुत धन्यवाद, अब मैं चलती हूँ|"

तीनों वहाँ से विदा होते है| दूर से गुरूजी देख रहे है| उनकी आँखों में नमी आ जाती है|

गुरूजी- "शारदानंद बाबू निर्धन होते हुए भी कितने ज्ञानी और विद्वान थे| आज वो होते तो इस बेचारी को दुःख नहीं झेलना पड़ता|"

तब तक बच्चे हल्ला करने लगते हैं| वे सबको हाथ के इशारे से शांत कर कहते है:-

"अब तुम लोग घर जाओ|"

इतना सुनते ही सारे बच्चे ज़ोर से चिल्लाये:-

सारे बच्चे- "छुट्टी, छुट्टी|"

गुरूजी को अपने दोनों कानो पर हाथ रखना पड़ा|

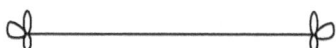

बालू का एक चौकोर ढेर है, जिसके चारों तरफ कुछ बच्चे बैठे खेल रहे हैं| खेल ऐसा है कि एक बच्चा पैर पसारकर उस बालू के ढेर में देता है और इस प्रकार पैर निकालता है कि उस बालू के ढेर में एक सुरंग जैसी बन जाती है| बगल में खड़ा मातृगुप्त उत्साहित नेत्रों से देख रहा है| वह अन्य बच्चों से कहते हैं:-

"हमको भी खेलने दो|"

बालकों का नेता उसकी तरफ मुँह चमकाते हुए:-

बालक- "जा जा, तू मूर्ख है, तुझे हम अपने साथ नहीं खेलने देंगे|"

मातृगुप्त उदास हो जाता है| वह फिर भी खेल देख रहा है| बच्चे बालू के ढेर से तीन वेदियाँ बनाते हुए उसे रहने का घर (सोने का घर), भंडार घर और रसोई घर आदि नाम देकर खेलने लगते है| मातृगुप्त भी उसमे शामिल होना चाहते हैं; लेकिन बच्चे उन्हें धक्का देकर हटा देते हैं| वह वहाँ से उदास होकर दूसरे मित्रों के पास जाता है| वहाँ कुछ बच्चे दो- दो के समूह में हाथ में हाथ डाले चारों तरफ घूम रहे हैं| मातृगुप्त की आँखों में ख़ुशी की चमक दिखाई पड़ती है| वे एक समूह के रुकने पर कहते है:-

"हमें भी खेलना है, हमारे साथ खेलो|"

बालक मुँह चमका कर जवाब देता है:-

बालक- "मुझे तुम्हारे साथ नहीं खेलना है|"

मातृगुप्त- "लेकिन क्यों?"

बालक- "तुम मूर्ख हो, तुम्हारे साथ खेलने से मेरी भी बुद्धि भ्रष्ट हो जाएगी|"

तभी वहाँ कोइली आ जाती है उसके हाथों में गुड्डा - गुड़ियाँ रहते हैं| वह उदास खड़े मातृगुप्त के पास आकर खड़ी होकर कहती है:-

"तुम इतने उदास क्यों हो?"

मातृगुप्त- "देखो ना, हमारे मित्र हमें मूर्ख कहकर हमारे साथ खेलना नहीं चाहते हैं|"

कोइली- "इसमें उदास होने की कोई बात नहीं, आओ हम तुम साथ - साथ गुड्डे-गुड़ियों का खेल खेलेंगे|"

मातृगुप्त के होठों पर मुस्कान छा जाती है| वह कोइली के साथ थोड़ी दूरी पर वटवृक्ष के नीचे एकांत में जाते हैं| जहाँ दोनों बैठते हैं, बालू की वेदियाँ बनाकर गुड्डे- गुड़ियों का घर तैयार करते हैं|

मातृगुप्त- "कोइली, आज हम कौन सा खेल खेलेंगे?"

कोइली- "आज हम गुड्डे - गुड़ियों का ब्याह करवाएंगे|"

मातृगुप्त- "ब्याह करवाएंगे, कैसे? (भोलेपन से)"

कोइली(गुड्डा देते हुए)- "देखो तुम लड़के वाले और मैं लड़की वाली ...... तुम लड़के के साथ बाराती बनकर आना और मैं रस्मों के साथ यहाँ ब्याह करवाऊंगी ..... समझे....?"

मातृगुप्त गुड्डा हाथ में लेकर अकबकाता हुआ उसकी बातों को सुन रहा था| उसने कोई जवाब नहीं दिया| कोइली उसके हाथों से गुड्डा लेकर कहती है:-

"अच्छा, एक काम करो, गुड्डे को यहाँ रख देते हैं, और पहले गुड़िया की रस्म शुरू कर देते हैं|"

इतना कह कर उसने इधर - उधर देखा तो बगल में आम और महुए का पेड़ था| उसने गुड़िया को लिया और मातृगुप्त से बोली:-

"आओ हम पहले गुड़िया का आम महुए ब्याह करवाते हैं|"

मातृगुप्त उसके पीछे - पीछे गया, जहाँ कोइली ने आम और महुए के पेड़ में गुड़िया के हाथ पकड़ कर अभिनय माध्यम से सारी रस्में कराई| मातृगुप्त मुस्कुराते हुए आश्चर्य - चकित हो देख रहे थे|

दोनों वापिस खेलने वाली जगह पर आये| कोइली उसे दो कपड़े देकर बोली:-

"ब्याह से पहले वर को यहाँ के कपड़े पहनने होंगे, इसलिए तुम उसे यहाँ के कपड़े पहना दो|"

मातृगुप्त कहे अनुसार गुड्डे को कपड़े पहनाकर ले आया| हँसते - हँसते दोनों ने अभिनय माध्यम से क्षेत्रीय प्रथानुसार मातृका पूजा, तीन फेरे, लावा छींटना, आदि रस्मों को करा कर गुड्डे - गुड़ियों को कुछ मीठा खिलाया| फिर दोनों उसे घर (कोहबर) में सुला कर खुद भोजन करने लगे| सारा अभिनय समाप्त हो जाने पर दोनों प्रसन्नचित हो वापस घर की तरफ निकल पड़े|

मातृगुप्त आँगन में खड़े कोयल की आवाज़ सुन रहे थे| आँगन के एक कोने पर आम का एक छोटा सा वृक्ष है| बसंत के महीने में उस पर कोयल आती है, और अपनी मीठी आवाज़ में मातृगुप्त का मन मोह रही है| कोयल "कू - कू" की ध्वनि दे रही है| मातृगुप्त उत्साहित उस पेड़ के नीचे उस कोयल को देखना चाहते हैं| कोयल "कू - कू" करती है| मातृगुप्त भी उसके जवाब में "कू - कू" करते हैं| कुछ देर तक यह खेल चलता है, तभी कोयल फुर्र से उड़ जाती है| मातृगुप्त कोयल के पीछे दौड़ते हैं| जहाँ - जहाँ कोयल, वहाँ - वहाँ मातृगुप्त| अंत में वह दूर उसी जंगल में पहुँच जाते हैं| वहाँ जंगल में अनेक पेड़ पर कोयल है| मातृगुप्त का मन प्रसन्न हो जाता है| वे प्रकृति के इस मनोरम दृश्य में खो जाते हैं| आम के वृक्ष मंजरियों से लदे हुए हैं| थोड़ी - थोड़ी देर पर कोयल की मीठी सी आवाज़ कानों में मिश्री

घोल रहीं है| मंजरी से भरा आम का वृक्ष, मानो किसी दुल्हन ने सोलह श्रृंगार कर लिया हो, ऐसा जान पड़ता है| मातृगुप्त उन आम के वृक्षों को आँख ऊपर उठाए मुस्कुराते हुए देख रहे हैं| तभी उन्हें एक दूसरे वृक्ष से कोयल की आवाज़ सुनाई देती है| वे भाग कर वहाँ जाकर उसका उत्तर "कू" के साथ देते हैं| कोयल भी "कू" कहती है| मातृगुप्त दो बार कहते हैं, कोयल भी दो बार कहती है| मातृगुप्त तीन बार, कोयल भी तीन बार "कू - कू - कू" की आवाज़ लगाती है| ऐसा लगता है जैसे उन्हें प्रकृति के पशु - पक्षियों की आवाज़ का मतलब मालूम हो|

इधर माँ उन्हें आँगन में, सड़कों पर ढूँढ़ रही हैं| सड़कों पर इधर - उधर घूमने के बाद, कुछ सोच वह जंगल की तरफ बढ़ती हैं| मातृगुप्त एक पेड़ पर चढ़ कोयल से आमने - सामने साक्षात्कार करना चाहते हैं; लेकिन कोयल उड़ कर दूसरी डाली पर जा बैठती है| मातृगुप्त दूसरी डाली पर जाते हैं| साथ ही साथ "कू - कू" का उत्तर - प्रतिउत्तर निरंतर चल रहा है| उसी समय माँ खोजती हुई आती है| माँ इधर - उधर खोज मातृगुप्त - मातृगुप्त चिल्लाती हुई अपने लाडले को खोज रही हैं| माँ की आवाज़ सुन मातृगुप्त ऊपर से ही जवाब देते हैं:-

"हम यहाँ हैं|"

माँ- "पुत्र नीचे आ जाओ, पाठशाला जाना है|"

मातृगुप्त- "माँ, हमें पाठशाला नहीं जाना| हमें वहाँ सभी मूर्ख कहते हैं|

माँ- "किसी के कहने से तुम मूर्ख थोड़े - ही हो जाओगे| नीचे आओ, चलो मैं तुम्हें पाठशाला लेकर चलती हूँ|"

माँ की बात मानते हुए मातृगुप्त नीचे आ जाते हैं| माँ मातृगुप्त को हाथ पकड़कर पाठशाला लाती हैं, जहाँ कोइली बैठी भूमि पर अक्षर लिख कर अभ्यास कर रही है, और बच्चे भी अभ्यास में मग्न है| सारे बच्चे मातृगुप्त को देख हँसते हैं| एक कहता है:-

"लो आ गए महामूर्ख मातृगुप्त|"

इस पर सारे बच्चे हँसते हैं| माँ बच्चों की बात को नज़रअंदाज़ करते हुए उन्हें के पास बैठाती है| मातृगुप्त गाबिस (चौक, खल्ली) लेकर लिखने की कोशिश करते हैं, परंतु उनसे एक भी शब्द नहीं लिखा जा रहा| गुरुजी मातृगुप्त को देखकर निराशा से कहते हैं:-

"इतने दिनों से तुमने एक शब्द भी नहीं सीखा, तुम्हारा ध्यान कहाँ रहता है?"

कोइली उसका हाथ पकड़कर लिखवाने का प्रयास करती है| सारे बालक इन्हीं दोनों को देख रहे हैं| उनमें से एक बालक हँसते हुए कहता है:-

बालक- "माँ ठीक ही कहती है कि मातृगुप्त के साथ मत रहना वह तो मूर्ख है, और उसके साथ रहने पर तुम्हारी मति भी मूर्खों जैसी हो जाएगी|"

सभी पुन: ठहाके लगा कर हँसते हैं|

माँ की आँखों में आँसू भर आते हैं| वे अपने अतीत में खो जाती हैं|

आँगन में दो लकड़ियों की सहायता से कपड़े का झूला बना है, जिस पर नन्हें विद्यानंद झूला झूल रहे हैं| उनके पिता शारदानंद उन्हें निहार कर पुचकारते हुए कहते हैं:-

शारदानंद- "क्यों रे! हमारा सुंदर पुत्र हमारे साथ घूमने चलेगा? अहा! इसकी आँखें कितनी सुंदर हैं| ऐसा लगता है मानो विश्व की सारी सुंदरता समेट लेना चाहती हैं|"

तभी माँ (मातृगुप्त की) भोजन की थाली रखते हुए पति से कहती है:-

"भोजन कर लीजिए, सुंदरता बाद में देखिएगा| आपका मन नहीं भरता इसे दुलार करने से|"

शारदानंद- "तुमने हमें अनमोल रत्न दिया है| सच कहूँ तो हमारे प्राण इसमें समाए हैं|"

तभी बाहर से आवाज़ आती है:-

"अलख निरंजन........ अलख निरंजन........"

दोनों बाहर की तरफ देखते हैं| शारदानंद बाहर आकर उन्हें सादर पूर्वक अंदर ले जाकर आसन पर बैठने का आग्रह करते हुए कहते हैं:

"बैठिए महाराज, हम आपकी क्या सेवा कर सकते हैं?"

बाबा- "बच्चा, हमें ऐसा लगता है कि तुम गरीब अवश्य हो किंतु विद्वान हो| यह बालक तुम्हारा पुत्र है?"

शारदानंद (हाथ जोड़ते हुए)- "हाँ महाराज, हमारा ही पुत्र है|"

बाबा हँसने लगते हैं| ऊपर आसमान की तरफ देखते हैं फिर बच्चे को देख मुस्कुराते हैं| पति - पत्नी उत्सुक नज़रों से उन्हें देख रहे हैं|

बाबा- "बच्चा, तेरा पुत्र तो अत्यंत भाग्यशाली है..... हमें ऐसा दिखाई दे रहा है कि तेरा पुत्र राजभोगी होगा....।"

माँ- "क्या बाबा सच कह रहे हैं?"

बाबा- "अज्ञानी...... तुम्हें शंका है.... हमारे वचन कभी संदेह के घेरे में नहीं आते.... हम जो कह रहे हैं वह सत्य है। तेरा यह पुत्र सिर्फ राजभोग ही नहीं करेगा बल्कि बहुत बड़ा विद्वान भी बनेगा........कोई साधारण विद्वान नहीं, ऐसा विद्वान जिसके सामने पूरा विश्व नतमस्तक होगा। क्या नाम रखा है इसका?"

शारदानंद- "बाबा इसका नाम विद्यानंद है।"

बाबा- "चल, अब हम चलेंगे।"

शारदानंद एवं उनकी पत्नी बाबा के सामने हाथ जोड़कर खड़े हो जाते हैं। आँखों में नमी:

शारदानंद- "बाबा, आपने हमारे पुत्र के विषय में इतनी बड़ी भविष्यवाणी की हैं....... क्या ऐसे अवसर पर आप हमारे यहाँ से भूखे लौट जाएंगे?"

माँ- "बाबा, आप तो जानते हैं कि हम गरीब हैं, किन्तु, जो भी रुखा - सूखा हैं, उसे ग्रहण कर हमें कृतार्थ करें।"

बाबा आसान पर बैठ जाते हैं और कहते हैं:-

"तुम दोनों की श्रद्धा एवं स्नेह से हमारा मन भर गया...... अगर फिर भी तुम हमारी सेवा करना चाहते हो तो हमें एक लोटा जल पिलाओ।"

माँ दौड़कर एक लोटा पानी लेकर प्रस्तुत होती हैं। बाबा उसके हाथों से जल पीकर प्रसन्न होते हैं। फिर उनके माथे पर चिंता की रेखाएं।

मन में सोचते हैं- "इस स्त्री का सुहाग अल्प है, किन्तु.......नहीं........ये दोनों अति प्रसन्न हैं, ऐसे अवसर पर यह बात कहना उचित नहीं।"

माँ- "महाराज, आप कुछ चिंतित हैं।"

बाबा- "नहीं, कुछ नहीं, समय आएगा और तुम्हें पता चल जाएगा कि हम क्या देख चिंतित हो गए.......अभी हमें प्रस्थान करने दो।"

दोनों ने बाबा को सादर प्रणाम कर विदा किया। शारदानंद अपने पुत्र को गोद में उठाकर प्यार करते हुए कहते हैं- "हमारा पुत्र राजभोगी और विद्वान बनेगा....... सुना तुमने राजभोगी।"

"एक बात कहूँ! अभी तो गुप्त वंशीय राजा राज करते है।"

शारदानन्द- "हाँ प्रिय! अभी तो चन्द्रगुप्त द्वितीय विक्रमादित्य का राज़ है, जिन्होंने पूरे भारत पर अपना अधिकार जमा रखा है| इनके पिता समुद्रगुप्त थे, जिन्होंने अश्वमेध यज्ञ कर पूरे भारत ही नहीं बल्कि दूसरे देशों पर भी अपनी विजय - पताका लहराई|"

"क्यों ना हम अपने पुत्र का नाम इन्हीं राजाओं के नामानुसार रखें?"

शारदानन्द मुस्कुरा कर कहते हैं:-

"चन्द्रगुप्त के पुत्र का नाम कुमारगुप्त है और तुम्हारे पुत्र का नाम मातृगुप्त.......क्यों कैसा रहेगा?"

"सुन्दर अति सुन्दर.......हमारा पुत्र राजा और विद्वान बनेगा..... राजा....... विद्वान...... राजा......विद्वान......|"

स्वपन टूटता है, माँ अतीत से बाहर निकलती है|

आँखों में आँसू देख गुरूजी सांत्वना दे कहते है:-

"आप चिंता ना करें! अभी यह अबोध है, समय परिवर्तनशील है| समय के साथ - साथ इसे भी बुद्धि आ जाएगी |"

माँ- "किन्तु गुरूजी, सारे बालक सीख रहे है| मेरा बालक मंद बुद्धि......."

गुरूजी- "कुछ बालक अल्प बुद्धि या मंद बुद्धि के होते है| कुछ बड़ा होने पर इसे गुरुकुल भेज दीजिएगा| वहाँ चौबीस घंटे अनुशासन एवं सहपाठी के संग में रह निश्चित ही कुछ सीख लेगा|"

माँ मन में सोचने लगती है- "बाबा मुझे देख चिंतित थे, इसका कारण तो समझ में आया कि मैं कुछ दिनों बाद सुहाग से वंचित हो गई| किन्तु उनके द्वारा जो मातृगुप्त के विषय में भविष्यवाणी हुई, उसका ....? हे भोलेनाथ! दया कीजिए....मेरे पुत्र को सुबुद्धि दीजिए| अब तो आपका ही सहारा है|"

कोइली धान के लावा अपनी दोनों मुठियों में भरकर भागती हांफती हुई मातृगुप्त के पास आती है| मातृगुप्त बालू से वेदियां बना रहा है| कोइली पास आकर कहती हैं:-

"क्या कर रहे हो?"

मातृगुप्त- "वेदियां बना रहा हूँ, हम दोनों गुड्डे गुड़िया का खेल खेलेंगे|"

कोइली मातृगुप्त को धान के लावा देकर कहती है:-

"पहले लावा खाओ| इसके बाद खेलेंगे|"

दोनों मजे से लावा खाने लगते हैं|

मातृगुप्त- "आज गुड्डा गुड़ियाँ नहीं लायी?"

कोइली- "आज हम तुम्हें अक्षर लिखना सिखाएंगे, तुम सीख जाओगे तब कोई तुम्हें मूर्ख नहीं कहेगा|"

मातृगुप्त- "हम नहीं सीखेंगे|"

कोइली- "तुमको सीखना पड़ेगा|"

कोइली लावा खत्म कर बालू से अक्षर बनाती है|

मातृगुप्त भी उसके जैसा बनाना चाहता है मगर उससे नहीं हो पता| कोइली देखकर हँसते हुए कहती है:-

"यह क्या बनाया तुमने?"

मातृगुप्त- "हमने कहा ना, हमसे नहीं होगा| चलो हम कुछ और बनाते हैं|"

दोनों बालुओं से कुछ आकृति बनाने लगते हैं|

कोइली अक्षरों की आकृति बनाती है और मातृगुप्त महादेव बनाते हैं| फिर दोनों एक दूसरे को दिखाते हैं|

कोइली- "अरे! तुमने तो बहुत सुन्दर भोले बाबा बनाये|"

मातृगुप्त मुस्कुराते हुए कहते हैं:-

"माँ रोज इनकी पूजा करती है, मंदिर में| कहती है, भोले बाबा बहुत अच्छे भगवान हैं|"

कोइली- "तुम्हारी माँ ठीक कहती हैं, क्या तुम्हें पता है कि भोले बाबा कहाँ रहते हैं?"

मातृगुप्त (मासूमियत से)- "नहीं|"

कोइली- "भोले बाबा हिमालय के कैलाश पर्वत पर रहते हैं| ऐसा बाबूजी कहते हैं| आओ हम हिमालय बनाएं|"

कोइली बालुओं के ढेर को पर्वताकार बनाने में जुट जाती है| मातृगुप्त उसे गौर से देखता है| कुछ समय बाद हिमालय का ढांचा तैयार हो जाता है|

कोइली- "देखो यह हिमालय है| यहीं पर भोले बाबा अपनी पार्वती (उमा) के साथ रहते हैं|"

मातृगुप्त- "तो हम अपने भोले बाबा को यहाँ लाकर रख दें|"

वह दौड़कर भोले बाबा को उठाने का प्रयास करता है, किन्तु बालुओं से बनी आकृति टूट जाती है| कोइली खिलखिला कर हँस पड़ती है|

मातृगुप्त उदासी से उसे देखने लगता है|

कोइली- "अच्छा, इधर आओ| हम इस हिमालय पर ही भोले बाबा और पार्वती की मूर्ति मिट्टी से बनाकर रखेंगे|"

दोनों मिल मिट्टी से मूर्ति बनाकर उस पर्वत पर रखते हैं:

मातृगुप्त- "तुमने भोले बाबा ऐसे क्यों बनाये?"

कोइली- "भोले बाबा के हाथों में त्रिशूल, गले में साँप, मस्तक पर चंदा रहता ही है,

और यह देखो इनके बगल में उमा| जानते हैं बाबूजी रोज सुबह में मुझे पढ़ाते हैं|"

मातृगुप्त- "क्या?"

कोइली-

"सा ते भवतु सुप्रीता देवी शिखरवासिनी|

उग्रेण तपसा लब्धो यया पशुपतिः पतिः||"

जानते हो इससे भगवान प्रसन्न होते हैं|"

मातृगुप्त- "हमें हिमालय देखना है, चलो ना|"

कोइली- "हिमालय यहाँ से कुछ दूर है, बहुत चलना पड़ेगा और मुझे रास्ता भी नहीं मालूम........बड़े होने पर देख लेना हिमालय......"

मातृगुप्त- "हिमालय पर और क्या है?"

कोइली- "मुझे नहीं पता............अच्छा बाबूजी से पूछकर बताऊँगी.........."

फिर कोइली साते भवतु आगे - आगे हाथ जोड़कर पढ़ती है| पीछे - पीछे मातृगुप्त पढ़ता है|

माँ कमरे के अंदर फूलों की माला बना रही है|

माला बन जाने के बाद उसे डाली में रखती है| फिर अक्षत, चन्दन, अगरबत्ती (धूप) आदि सामग्री को रख डाली लेकर कमरे से निकलती है|

तभी मातृगुप्त पर नज़र पढ़ती है| वह आँगन में मिट्टी का शिवलिंग बनाये हुए है|

माँ- "पुत्र यह क्या कर रहे हो?"

मातृगुप्त के हाथ - पैर माथे में गीली मिट्टी लगी है|

मातृगुप्त- "माँ हमने तुम्हारे लिए यह बनाया है, अब तुम्हें मंदिर जाना नहीं पड़ेगा तुम यहीं पूजा कर लो|"

माँ मुस्कुराते हुए उस शिवलिंग को गौर से देखकर:-

माँ- "पुत्र तुमने तो अद्भुत शिवलिंग बनाया है किन्तु मैं यहाँ पूजा नहीं करूँगी .....तुम हाथ मुँह धो लो....और मेरे साथ मंदिर चलो| हम वहीं पूजा करेंगे|"

मातृगुप्त- "और इसका.....? (शिवलिंग दिखाकर)"

माँ शिवलिंग को डाली में उठाकर कहती है:-

"तुम्हारे द्वारा बनाये इस शिवलिंग को भी हम अपने साथ ले चलेंगे..... और वहीं इनका भी पूजन करेंगे|"

मातृगुप्त प्रसन्न हो जाते हैं| वह हाथ - पैर - मुँह धोकर माँ के साथ मंदिर जाने के लिए तैयार हो जाता है| माँ और मातृगुप्त दोनों रास्ते में बात करते जाते हैं:-

मातृगुप्त- "माँ भोले बाबा हिमालय पर रहते हैं|"

माँ- "हाँ पुत्र भगवान शंकर हिमालय के कैलाश पर्वत पर रहते हैं| उन्होंने हिमालय की पुत्री उमा की तपस्या से प्रसन्न होकर उनसे विवाह किया| जिस तरह तुम मेरे पुत्र हो, उसी तरह उमा के भी दो पुत्र हैं| एक गणेश और दूसरे कार्तिक|"

बातें करते - करते मंदिर आ गया|

पुत्र को साथ लेकर माँ मंदिर के अंदर गयी| वहाँ भगवान शिव पर पहले जल चढ़ाया और मातृगुप्त से भी चढ़वाया| फिर उनका श्रृंगार चन्दन अक्षत और विभिन्न प्रकार के फूलों से किया| मातृगुप्त उत्सुकता से माँ को पूजा - अर्चना करते देख रहा था| मातृगुप्त ने डाली से अपना बनाया शिवलिंग निकाला, और उसी तरह पूजा अर्चना की, जैसे माँ को देखा| माँ

उसे देख मुस्कुराई| फिर उन्होंने भी मातृगुप्त के बनाये शिवलिंग पर जल, अक्षत, फूल माला, बेलपत्र आदि चढ़ाकर पूजा की|

जब माँ कुछ मन्त्रों का उच्चारण करने लगी तब मातृगुप्त उसे चमत्कार की तरह देख रहा था| माँ ने मन्त्र समाप्त कर आँखें खोलीं और भोलेनाथ को प्रणाम कर पुत्र के साथ बाहर आयी| मातृगुप्त अपनी मस्ती में माँ से बोला:

"माँ तुमने आँख बंद कर भोलेबाबा से क्या - क्या कहा? हमारी समझ में कुछ नहीं आया|"

माँ मुस्कुराते हुए उसके गालों को सहला कर बोली:-

"पुत्र भोलेबाबा बहुत भोले हैं, उन्हें मन्त्रों से प्रसन्न करना चाहती हूँ किन्तु वे तो ऐसे हैं कि बिना भावना के लाखों मंत्रो को ठुकरा सकते हैं और भाव से एक लोटा जल से भी प्रसन्न हो सकते हैं|"

मातृगुप्त- "माँ हमें तो मन्त्र नहीं आता तो क्या सिर्फ जल चढ़ाने से भोले बाबा प्रसन्न हो जाएंगे?"

माँ- "हाँ पुत्र, उन्हें सिर्फ आत्मा की शुद्धता एवं श्रद्धा के एक लोटा जल से प्रसन्न किया जा सकता है|"

मातृगुप्त- "तब हम प्रत्येक दिन जल चढ़ाएंगे|"

माँ- "अवश्य पुत्र! तुम प्रत्येक दिन उनकी आराधना करना| देखना कि वे एक दिन तुम्हें विद्वान बनाएंगे|"

दोनों बातें करते हुए दूर चले जाते हैं|

कोइली आम के बगीचे में वृक्षों की डाली पर रस्सी डाल झूला झूल रही है| तभी मातृगुप्त आते हैं और कोइली से कहते हैं:-

"तुम यहाँ झूला झूल रही हो और हम तुम्हें पूरे गाँव में खोज रहे हैं|"

कोइली- "मुझे कहाँ - कहाँ ढूँढ़ा?"

मातृगुप्त- "जानती हो तुम्हें ढूँढ़ते - ढूँढ़ते हम गाँव के अंतिम छोर तक चले गए, जहाँ बहुत सारे बड़े - बड़े बालकों को गुरूजी मोटे - मोटे ग्रंथ से शिक्षा दे रहे थे|"

कोइली- "तुम वहाँ चले गए! तुम असत्य बोल रहे हो..... बताओ तो उस गुरुकुल के पास और क्या है?"

मातृगुप्त कुछ याद करने लगे और पुन: बोले:-

"वहाँ एक नदी है और नदी के पार एक मंदिर ....."

कोइली- "हाँ हाँ मुझे विश्वास हो गया कि तुम वहाँ गए थे...... तुम्हें तो घूमने की आदत है| कभी यहाँ तो कभी वहाँ|"

मातृगुप्त- "हम तुम्हें ढूँढ़ते वहाँ पहुंचे| दूर से देखा कि सभी पढ़ रहे हैं तो हम वहाँ से भाग आये|"

कोइली- "अभी भाग आये, किन्तु तुम भी जब बड़े हो जाओगे तो तुम्हें भी माँ उसी गुरुकुल में भेज देगी|"

मातृगुप्त- "हम वहाँ नहीं जाएंगे|"

कोइली- "चाची और गुरूजी दोनों बातें कर रहे थे कि तुम बड़े हो जाओगे तो तुम्हें भी वहीं भेज दिया जाएगा|"

मातृगुप्त- "हमें बड़ा होना ही नहीं है| हम हमेशा तुम्हारे साथ खेलना चाहते है....चलो नदी किनारे चल कर खेलें|"

दोनों वहाँ से चलते - चलते नदी किनारे आते हैं| वहाँ बालू से वेदियां बना कर खेलते हैं|

मातृगुप्त- "अच्छा कोइली..... हम मूर्ख हैं तो तुम हमारे साथ क्यों खेलती हो?"

कोइली- "क्योंकि मैं भी मूर्ख हूँ|"

मातृगुप्त- "तुम्हें तो सब कुछ आता है, फिर तुम भी मूर्ख कैसे हो?"

कोइली- "क्योंकि मैं तुम्हारी साथी हूँ|"

मातृगुप्त- "तुम मेरी साथी क्यों हो?"

कोइली- "आओ हम नदी में कंकड़ फेंकते हैं| जिसका कंकड़ ज्यादा दूर जाएगा, वह जीत जाएगा ....समझे|"

पहले कोइली कंकड़ फेंकती है, फिर मातृगुप्त

मातृगुप्त का कंकड़ कोइली के कंकड़ से दूर जाता है| वह कूदते हुए कहते हैं:-

"देखो हम जीत गए, हम जीत गए|"

कोइली मुँह चमकाकर दूसरा कंकड़ उठा कर फेंकती हुई, उछलती हुई कहती है:-

"देखो यह कंकड़ तुमसे भी अधिक दूर गया| अब मैं जीत गयी|"

मातृगुप्त एक और पत्थर उछालते हुए जोर से कहते हैं:

"देखा ना, इस बार फिर हम जीत गए|"

इसी प्रकार वे लोग बहुत देर तक नदी में कंकड़ों को फेंकते हुए जीत - हार का निर्णय कर रहे हैं|

जिस तरह नदी की धारा निरंतर आगे की ओर बढ़ती है उसी तरह मनुष्य की आयु भी निरंतर आगे बढ़ती जाती है| इसी प्रकार जल की धाराओं के साथ मातृगुप्त और कोइली भी किशोरावस्था में पहुंचे; जहाँ एक बार पुन: पानी में कंकड़ की आवाज़ के साथ मातृगुप्त उछलते हुए कहते हैं:-

"देखो हमारा कंकड़ तुम्हारे कंकड़ से आगे गया है|"

कोइली- "तुम पुरुष हो, तुम सर्वदा आगे ही रहोगे|"

मातृगुप्त- "तुम्हारी बातों का मतलब हमारी समझ में क्यों नहीं आता?"

कोइली- "क्योंकि तुम बुद्धू हो|"

मातृगुप्त- "तुम हम जैसे बुद्धू के साथ क्यों खेलती हो?"

कोइली (आँखें मिलाते हुए)- "क्योंकि मैं भी बुद्धू हूँ|"

मातृगुप्त- "तुम बुद्धू नहीं हो, यह हम जानते हैं|"

कोइली- "तुमसे किसने कहा?"

मातृगुप्त- "माँ ने, माँ हमेशा कहती है कि कोइली बहुत ही अच्छी और चतुर है|"

कोइली खिलखिला कर हँसते हुए कहती है:-

"तुम माँ की बातों में आ गए| आओ चले कुछ और खेलते है|"

कोइली मिट्टी का गीला - गोला तुम्हारे लिए कहती है

"वो देखो, मैं तुम्हारे लिए मिट्टी का गोला लाया हूँ, तुम्हें मूर्ति बनाना पसंद हैं ना|"

मातृगुप्त मिट्टी को हाथ में लेकर मुस्कुराते हुए:-

“अच्छा किया तुमने, आओ हम मिलकर मूर्तियां बनाएं|”

दोनों मिट्टी लेकर कुछ - कुछ आकृति बनाने लगते हैं| बीच - बीच में कोइली मातृगुप्त को देख प्यार से मुस्कुरा देती है| मातृगुप्त मूर्ति बनाने में लगा है| मूर्ति में आँख, नाक, होंठ ज्यों - ज्यों विकसित होते जा रहे हैं, त्यों - त्यों मातृगुप्त की आँखों में चमक आ रही है| कुछ समय बाद मूर्ति तैयार देख:-

मातृगुप्त- “देखो कोइली, हमने मूर्ति बना ली|”

कोइली मूर्ति को गौर से देखती है फिर कहती है:-

“मूर्ति तो बहुत ही सुन्दर है|”

मातृगुप्त- “जानती हो यह कौन है?”

कोइली- “कौन?”

मातृगुप्त- “ये कोइली है|”

कोइली- “क्या? मैं?

मातृगुप्त- “हाँ कोइली, यह मूर्ति तुम्हारे जैसे ही सुंदर है|”

कोइली खिलखिला कर हँसते हुए भागती हुई कहती है:-

“सच में तुम मूर्ख हो मातृगुप्त|”

मातृगुप्त उसके पीछे - पीछे भागते हैं|

कोइली नदी के किनारे - किनारे भाग रही है| मातृगुप्त उसे पुकारते हुए उसके पीछे - पीछे भाग रहें हैं|

मातृगुप्त छोटे बालकों के बीच बैठे हैं| वे कभी इधर कभी उधर देख रहे हैं| तभी एक बालक आकर पीछे से उनकी शिखा पकड़कर खींचता है| वे पीछे मुड़कर देखते हैं तब तक बालक अपनी पहली मुद्रा में भूमि पर लिखने लगता| मातृगुप्त भी भूमि पर लिखने का प्रयास करते हैं किन्तु उनसे नहीं हो पाता है| तभी गुरूजी की नज़र उन पर जाती है| वे समझाते हुए कहते हैं:-

“मातृगुप्त, तुम्हें कितने वर्षों से मैं अक्षर बोध कराने का प्रयास कर रहा हूँ, किन्तु अब मैं निराश हो चुका हूँ, मुझे लगता है कि तुम्हारे भाग्य में विद्या है ही नहीं|”

मातृगुप्त चुपचाप गुरूजी की बातें सुनते हैं:-

गुरूजी- "तुम्हारे साथी सब यहाँ से चले गए, परन्तु तुम अब भी अपने नन्हें सहपाठियों के संग यहीं हो।"

तभी मातृगुप्त की माता मंदिर से लौटते समय आती है। वे गुरूजी को हाथ जोड़ प्रणाम करते हुए:-

माँ- "प्रणाम गुरु जी!"

गुरूजी- "आइए - आइए! मैं आपसे भेंट करने ही वाला था।"

माँ- "क्यों....क्या बात है गुरूजी? मेरे बालक से कोई अपराध हो गया क्या?"

गुरूजी- "नहीं, ऐसी बात नहीं... आपका बालक तो बहुत ही सीधा और भोला है, इससे अपराध तो हो ही नहीं सकता।"

तब तक अन्य बालक अपने - अपने अक्षरों को हाथ से मिटाकर मातृगुप्त के माथे पर लेपते हैं।

मातृगुप्त कुछ क्रोधित हो चिल्लाते हैं:-

"माँ...माँ..."

माँ और गुरूजी दोनों उधर देखते हैं। गुरूजी बालकों पर क्रोधित होते हुए कहते हैं:-"क्या कर रहे हो तुम लोग...... अरे! अपने अक्षर मिटा कर अपने मस्तक पर लगाने से विद्या आती है, और तुम लोगों ने सारा मातृगुप्त के मस्तक पर लगा दिया।"

उनमें से एक बालक कहता है:-

प्रथम बालक- "गुरूजी हमने सोचा कि सारी विद्या मातृगुप्त को लगाने से वह विद्वान बन जाएगा।"

दूसरा बालक- "कितने भी प्रयास कर लो किन्तु यह तो महामूर्ख ही रहेगा।"

गुरूजी छड़ी दिखाते हैं, तो सारे बच्चे शांत हो पुनः अक्षर अभ्यास में लग जाते हैं।

माँ की आँखों में नमी आ जाती है।

माँ- "गुरूजी क्या मेरा पुत्र मूर्ख ही रह जाएगा?"

गुरूजी निराशा भरे भाव से कहते हैं:-

गुरूजी- "मैंने अपनी ओर से पूरा प्रयत्न किया किन्तु मातृगुप्त की पढ़ाई में किसी प्रकार की कोई उन्नति नहीं दिखाई दे रही है| परन्तु आप निराश न हो क्योंकि विद्या और धन कब किसके पास आएगी, इसका कोई अनुमान नहीं|"

माँ- परन्तु गुरूजी, अब मैं क्या करूँ?"

गुरूजी- "ऐसा कीजिये, आप इसे गुरुकुल में भेज दीजिये.... हो सकता है कि वहाँ के विद्या माहौल में इसकी बुद्धि में परिवर्तन हो, और यह कुछ सीख सके|"

मातृगुप्त दोनों की बातें सुन रहे थे, बीच में बोल पड़े:-

"हमें नहीं जाना गुरु आश्रम... हम वहाँ नहीं जाएंगे|"

गुरूजी (समझाते हुए)- "मातृगुप्त वहाँ तुम जैसे बहुत से और बालक हैं| तुम्हें वहाँ गुरूजी शिक्षा देकर विद्वान बनाएंगे, फिर तुम देश विदेश में घूम सकोगे|"

मातृगुप्त- "हम नहीं जाएंगे माँ, हमें डर लगता है| वहाँ मोटी - मोटी पोथियों से शिक्षा दी जाती है, हम नहीं जाएंगे|"

"अच्छा, पहले अभी घर तो चलो|"

माँ उन्हें लेकर घर जा रही है| गुरूजी चिंतामग्न हैं|

मातृगुप्त की थाली में खाना लगा हुआ है| मातृगुप्त खाना खाने को तैयार नहीं है|

माँ- "पुत्र, मुझे समझने की कोशिश करो| मैं तुम्हारी माँ हूँ| कभी तुम्हारा अनिष्ट नहीं चाहूंगी| भोजन कर लो|"

मातृगुप्त- "हम जानते हैं कि तुम हमें आज गुरु आश्रम भेज दोगी.... हम भोजन नहीं करेंगे और ना ही गुरु आश्रम जाएंगे|"

माँ- "वहाँ और बहुत से तुम जैसे बालक रहते हैं| उन लोगों के साथ रहकर तुम भी विद्वान बन जाओगे..... और गुरु आश्रम दूर तो नहीं|"

मातृगुप्त- "हम जानते हैं, गए थे वहाँ...... बहुत बड़ी - बड़ी पोथी पढ़ाई जाती है वहाँ| हम नहीं पढ पाएंगे..... सारे सहपाठी हमें मूर्ख कहेंगे| हमको नहीं जाना वहाँ..... नहीं जाना.....|"

तभी कोइली आती है| दोनों की बातें सुनती है|

माँ- "तुम मेरी बात नहीं मानोगे तो मैं रूठ जाऊँगी।"

मातृगुप्त माँ से लिपट कर रोते हुए कहते हैं:-

"तुम मत रूठना माँ..... हम तुम्हारी सब बात मानेंगे किन्तु गुरुकुल नहीं जायेंगे।"

माँ की आँखों में भी ममता के आँसू ज्वार भाटा के समान उफनने लगते हैं, किन्तु उन आसुंओं को छिपाकर मातृगुप्त को समझाते हुए कहती है:-

"तुम मेरी बात मानो...... जानते हो माँ की बात मानने से भोलेनाथ प्रसन्न होते हैं। वहाँ जाओगे...... शिक्षा ग्रहण कर विद्वान बनोगे, तब मेरा मस्तक गर्व से ऊँचा हो जाएगा। अब चलो भोजन कर लो।"

मातृगुप्त भोजन की तरफ देखने लगते हैं। कोइली नेत्रों से आये अश्रु को संभालते हुए कहती है:-

"तुम तो नन्हे बालकों की तरह हठ करने लगे...... माँ सही ही तो कहती हैं, वहाँ गुरुकुल में पढ़ शिक्षा प्राप्त कर विद्वान बनोगे, तब कोई तुम्हें मूर्ख भी नहीं कहेगा"

मातृगुप्त- "हमें नहीं बनना विद्वान। हम अपनी माँ को छोड़ कहीं नहीं जाएंगे।"

कोइली- "माँ को प्रसन्न करने के लिए तो जाना ही पड़ेगा। तुम नहीं जाओगे तो माँ को कष्ट होगा।"

मातृगुप्त माँ की ओर देख मासूमियत से कहते हैं:-

"माँ, हम नहीं जाएंगे तो तुम्हें कष्ट होगा?"

माँ की आँखों के आँसू अपने बांध को तोड़ कर निकल जाते हैं। वह भरे मन से कहती है:-

"हाँ पुत्र! मुझे कष्ट होगा।"

मातृगुप्त- "ठीक है। तुम जैसा कहोगी, हम वैसा ही करेंगे।"

माँ अपने अश्रु को आँचल से पोंछती हुई भोजन का निवाला बना मातृगुप्त के मुख तक ले जाकर:-

माँ- "आओ, आज मैं तुम्हे अपने हाथों से खिला दूँ। भगवान जाने कि भविष्य में ऐसा अवसर मिले न मिले।"

मातृगुप्त अनमने मन से माँ के हाथों से खाना खाने लगते हैं। माँ का हृदय तो ऐसा द्रवित हो रहा है मानो मोम के ऊपर किसी ने जलती हुई

चिंगारी रख दी हो| वह अपने पुत्र को अपलक नेत्रों से देख रही है| पुत्र के लिए तो माता का वचन श्राप जैसा, सजा जैसा लगता है; किन्तु माता तो अपने कलेजे के टुकड़े को अलग करने में ऐसे सजा पाती है जिसका वर्णन शब्दों के माध्यम से असम्भव प्रतीत होता है|

माता और पुत्र की ऐसी स्थिति देख कोइली अपने अश्रु को संभाल ना सकी और दौड़ कर आँगन में आकर फूट - फूट कर रोने लगी|

गुरु आश्रम को नज़दीक से देखकर मातृगुप्त चकित है| हरे भरे पेड़ - पौधे, चारों ओर हरियाली, उसके बीच गुरु की बड़ी सी कुटिया, एक तरफ गायें, बछड़े बछियों का तबेला, दूसरे तरफ भण्डार गृह, उसके बगल में रसोईघर इत्यादि| मातृगुप्त चकित नेत्रों से वहाँ के वातावरण को निहार रहें हैं|

एक वृक्ष के नीचे गुरु विद्यार्थियों के सामने बैठे हैं| विद्यार्थियों के सामने ग्रंथ रखे हैं| विद्यार्थीगण उस ग्रंथ के श्लोकों को ज़ोर - ज़ोर से पढ़ रहे हैं| उनकी माता गुरु से कुछ बात कर रही हैं:-

गुरूजी- "आप मातृगुप्त की माता होकर मेरे पास आयी हैं और मैं आपको निराश लौटा दूँ, ऐसा कदाचित नहीं होगा| आप निश्चिंत रहें, माना कि मातृगुप्त मंद बुद्धि बालक है, फिर भी मुझे आशा ही नहीं पूर्ण विश्वास है कि मातृगुप्त यहाँ के परिवेश में ज्ञान अवश्य अर्जित कर लेगा|"

माँ- "मुझे आप पर पूर्ण विश्वास है महात्मन! निवेदन बस इतना है कि मेरा पुत्र अभी तक अज्ञानी है और बालक इतना कुछ जानते हैं| कहीं ऐसा न हो कि बालकों के अपमान एवं उपेक्षा से भयभीत होकर यह पुन: घर लौटने का हठ करे....|"

गुरूजी- "आप निश्चिन्त होकर लौटे, ऐसा नहीं होगा| मातृगुप्त के पिता ज्ञानी प्राणी थे| इससे मैं अनभिज्ञ नहीं हूँ, और एक विद्वान ज्ञानी ब्राह्मण के पुत्र के संग किसी भी तरह का अत्याचार मैं कैसे होने दूंगा|"

माँ- "ठीक हैं महात्मन! अब मैं अपने पुत्र को आपको सौंप कर जाती हूँ|"

मातृगुप्त माँ से लिपट कर रोने लगते हैं|

विद्यार्थी उसे रोता देख पढ़ना बंद कर मुस्कुराने लगते हैं| गुरूजी फटकारते हुए कहते हैं:-

"तुम लोग अपने अभ्यास छोड़ परिहास में क्यों उलझ गए हो?"

सारे विद्यार्थी पुन: गीता पाठ पढ़ने लगते हैं|

सारे विद्यार्थी एक स्वर में:-

वेदाहं समतीतानि वर्तमानानि चार्जुन|
भविष्याणि च भूतानि मां तू वेद च कश्चन||
इच्छाद्वेषसमुत्थेन द्वंद्वमोहेन भारत|
सर्वभूतानि संमोहं सर्गे यान्ति परंतप||
येषां त्वन्तगतं पापं जनानां पुण्यकर्मणाम|
ते द्वंद्वमोहनिर्मुक्ता भजन्ते मां दृढ़व्रताः||
जरामरणमोक्षाय मामाश्रिव्या यतन्ति ये|
ते ब्रह्म तद्विदुः कृत्स्ननमध्यात्मं कर्म चाखिलम||
साधिभूताधिदैवं मां साधियज्ञं च ये विन्दुः|
प्रयाणकालेऽपि च मां ते विदुर्युक्तचेतसः||

एक विद्यार्थी- “गुरुवर, श्रीमद्भगवद्गीता का सप्तम अध्याय समाप्त हो गया|”

गुरु- “अच्छा.....अब तुम लोग भोजन करने जाओ और (मातृगुप्त को दिखाते हुए) यह मातृगुप्त है, इसे भी अपने साथ ले जाओ|”

मातृगुप्त माँ का आँचल पकडे रोये जा रहा है|

माँ उसे समझाते हुई कहती है:-

“देखो पुत्र, कैसा सुंदर वातावरण है| ऐसा लगता है मानो संसार का स्वर्ग इसी स्थान पर है| दूसरे भी बालक हैं जो तुम्हारा साथ देंगे| तुम भी शिक्षा ग्रहण कर विद्वान बनोगे| मुझे विलम्ब हो रहा है, मुझे जाने दो....|”

मातृगुप्त माँ का आँचल छोड़ देते हैं| माँ के पाँव वहाँ से आगे बढ़ ही नहीं रहे| किसी तरह अश्रुपूर्ण नेत्रों से वह पुत्र को देखती दूर जा रही है| मातृगुप्त की आँखों से आसुंओं की धारा बह रही है| वह दूर तक माँ को जाते देख रहे हैं| बाकी विद्यार्थी हँसते हुए उनका मज़ाक उड़ा रहे हैं| तभी एक बालक मातृगुप्त का हाथ पकड़ भोजनगृह की ओर ले जाता है|

माँ अकेले तिलमिलाते हुए चल रही है| उनकी आँखों से अश्रु की धारा बहती जा रही है| उसे अपने पति की याद आती है| वह पुराने ख्यालों में खो जाती है:-

मातृगुप्त के पिता शारदानंद मातृगुप्त को चलना सिखा रहे हैं| मातृगुप्त ठुमक - ठुमक चल रहे हैं| कभी गिरने लगते हैं तो पिता उन्हें संभालते हैं| माँ ओखली में धान कूट रही है| पति के वात्सल्य प्रेम को देख पति और पुत्र को निहारने लगती है| शारदानंद कभी गोद में उठा कर प्यार करते हैं, तो कभी उन्हें चलने का अभ्यास करा रहे हैं|

तभी मातृगुप्त पेशाब कर देते हैं| शारदानंद पत्नी की तरफ मासूमियत से देखते हुए अपने गीले कपड़े को इशारे से दिखाते हैं| पत्नी खिलखिलाकर हँसती हुई नज़दीक आकर कहती है:-

“आज आप पूर्ण रूप से पिता बन गए हैं|”

शारदानंद मुस्कुराते हुए मज़ाकिया लहजे में कहते हैं:-

“क्यों अभी तक पूर्ण नहीं था| सौ फीसदी में कितना फीसदी मिलावट है?”

पत्नी उनके मज़ाक को सुन असहज होते हुए कहती है:-

“आप..... आप भी कहाँ की बात कहाँ करते हैं?”

तब तक मातृगुप्त रोने लगते हैं| माँ उन्हें कपडे बदलवा रही है| शारदानंद उन्हें गौर से देखते हुए मन ही मन सोच रहे हैं:-

शारदानंद- “महादेव! आपकी मुझ पर बड़ी दया है जो आपने ऐसी रूपवती, गुणवती सुंदरी को मुझे पत्नी के रूप में दिया| आह! क्या सौंदर्य है|”

वह ऊपर से नीचे तक पत्नी को निहारने लगते हैं:-

“नेत्र ऐसे जैसे कमल खिले हों| लम्बी नाक, बिम्ब फल जैसे लाल होंठ, सुराही जैसे गर्दन, रंग ऐसा जैसे दूध में सिंदूर मिला दिया गया हो| पतली कमर आह, क्या सौंदर्य है, अद्भुत! ऐसी माँ से ऐसा ही पुत्र उत्पन्न हो सकता है|”

तभी पत्नी की नज़र पति पर पड़ती है| वह उन्हें टोकती हुई कहती है:-

“ऐसे क्या निहार रहे हैं?”

शारदानंद (मुस्कुराते हुए)- “तुम्हारी सुंदरता देख रहा हूँ| मैंने तुम्हें न कीमती वस्त्र दिए, न सोने चांदी के आभूषण| सीधी - सादी वेशभूषा में जब तुम इतनी आकर्षक दिखती हो तब.......”

"बस....... बस...... अब ज्यादा मुझे ऊपर मत उठाइये, कि वहाँ से गिरने पर इतनी चोटिल हो जाऊं कि उठने का होश ना रहे।"

शारदानंद- "मैंने तो तुम्हें कुछ नहीं दिया, किन्तु तुमने मुझे ऐसा पुत्र देकर मुझे अपना ऋणी बना दिया है।"

"कैसी बातें करते हैं आप...... यह सिर्फ मेरा या आपका पुत्र नहीं...... (बच्चे को प्यार करते हुए) यह हमारा पुत्र है।"

शारदानंद- "बाबा ने जैसा मातृगुप्त के बारे में कहा, क्या वह सत्य होगा प्रिये?"

"क्या आपको बाबा पर संदेह है?"

शारदानंद- "संदेह तो नहीं परन्तु आश्चर्य निश्चित है कि मुझ जैसे निर्धन ब्राह्मण का पुत्र विद्वान ही नहीं राजभोगी भी बनेगा। क्या यह सब होते मैं देख सकूंगा....?"

पत्नी उनके मुँह पर हाथ रखते हुए कहती है:-

"कैसी बात कर रहे हैं आप? आप पुत्र की सफलता को निश्चित देख पाएंगे....."

शारदानंद- "परन्तु मेरा मन शंकित है, मेरा मन कहता है कि मैं शायद यह सब नहीं देख सकूंगा।"

"ऐसी अशुभ बातें क्यों सोच रहे हैं?"

शारदानंद- "जाने दो (पुत्र को स्नेह करते हुए)। मेरी आत्मा तो निश्चित गौरवान्वित होगी जब मेरा पुत्र विद्वान बन राजभोग करेगा।"

दोनों पुत्र को प्यार करने लगते हैं।

गुरु आश्रम में सारे विद्यार्थी वृक्ष के नीचे बैठे एक स्वर में वेद पढ़ रहे हैं। मातृगुप्त भी अपने सामने वेद के ग्रंथ लेकर बैठे हैं किन्तु उसे एक शब्द भी समझ नहीं आ रहा है। वह कभी पुस्तक को तो कभी सहपाठियों को आश्चर्य चकित नेत्रों से निहार रहे हैं। गुरु भी बीच - बीच में समझाते हुए कुछ श्लोक पढ़ते है जिसे विद्यार्थी उनके बाद पढ़ते हैं। मातृगुप्त भी पढ़ना चाहते हैं किन्तु पढ़ नहीं पाते। कक्षा संचालन समाप्त होते ही गुरु जी उठकर चले जाते हैं। हेमचन्द्र नामक एक विद्यार्थी मातृगुप्त को पुस्तक में उलझे देख मुस्कुराता हुआ कहता है:-

हेमचन्द्र- "लोग सही कहते हैं, काला अक्षर भैंस बराबर"

अन्य विद्यार्थी हँसने लगते हैं। सभी मातृगुप्त का मज़ाक उड़ाते हैं। हेमचन्द्र पुन: कहता है:-

"मातृगुप्त, यह पढ़ना - लिखना तुम्हारे बस की बात नहीं। तुम पशुपालक बनोगे तो अच्छा होगा।"

सारे विद्यार्थी पुन: हँसते हैं। दूसरा सहपाठी आनंद कहता है:-

"नहीं अगर तुम्हें पशुपालक बनना पसंद नहीं तो रसोइया बन सकते हो। खाना भी पकाना और चखना भी।"

मातृगुप्त सबको कौतुहल भरे नेत्रों से देख रहे हैं।

तभी तीसरा सहपाठी नित्यानंद उनकी शिखा को खींचते हुए कहता है।

"मातृगुप्त की शिखा तो देखो, ऐसा लगता है जैसे चाणक्य की शिखा हो। जिसने नंद वंश के नाश के लिए अपनी शिखा खोल कर रखी है।"

आनंद- "नहीं, यह शिखा चाणक्य की नहीं गौतम बुद्ध जैसी लगती है।"

सारे बच्चे एक साथ कहते हैं:-

"बुद्धं शरणम गच्छामि।।"

सभी ठहाके लगाकर हँसने लगते हैं। तभी हेमचन्द्र कहता है:-

"परन्तु मातृगुप्त दीक्षा क्या देगा? ये तो स्वयं महामूर्ख है।"

सारे विद्यार्थी उनके चारों तरफ घूमकर कहने लगते हैं:-

सारे विद्यार्थी- "मूर्खों का राजा मातृगुप्त... महामूर्ख..... मूर्खों का राजा मातृगुप्त... महामूर्ख।"

मातृगुप्त के नेत्रों में अब तक आँसू तैर रहे थे, परन्तु जिस तरह बाढ़ आने पर नदियाँ अपनी सीमा तोड़ उफनने लगती हैं, उसी प्रकार आँसू बहने लगे। तभी गुरूजी ने दूर से देखा तो वे झटपट दौड़ते हुए नज़दीक आये। गुरूजी दहाड़ते हुए बोले:-

"ये क्या कर रहे हो तुम लोग?"

सारे विद्यार्थी स्तब्ध हो कर जस - तस खड़े हो गए। गुरूजी और नज़दीक आकर गुस्से से सभी को घूरते हुए:-

"क्या यही संस्कार दिए हैं मैंने तुम्हें....... (मातृगुप्त की तरफ देखकर)

यह अभी नया है, देखना एक दिन यह तुम लोगों से भी अच्छा ज्ञानी बनेगा| सहपाठी होकर तुम लोग इसका अपमान कर रहे हो|"

सारे विद्यार्थियों की आँखें ज़मीन में गड़ी थी| गुरूजी मातृगुप्त के पास आकर उसके आसुंओं को अपने हाथों से पोंछते हुए बोले:-

"आओ चलो..... भोजन का समय हो गया है|"

राजा चन्द्रगुप्त विक्रमादित्य अपने रथ पर सवार प्रसन्नचित मुद्रा में राजभवन लौट रहे हैं| उनके माथे का मुकुट इस बात का प्रमाण दे रहा है कि वे निश्चित किसी बहुत बड़े साम्राज्य के सम्राट हैं| मुकुट की कारीगरी इतनी महीन है कि आँखें चौंधियाँ जाएँ| उनकी आँखें बड़ी - बड़ी साथ ही यह कह रही हैं कि उन्होंने ज़िंदगी से बहुत सारे अनुभव लिए हैं और वह अनुभवी हो गए हैं| मस्तक गर्व से ऊँचा, नाक लम्बी, रंग गौरा, गठीला बदन, राजकीय वेश - भूषा में अत्यंत रूपवान, साहसी, प्रतापी, बुद्धिमान इत्यादि का परिचय दे रहें है|

वे आनंदित भाव से रथ पर सवार हो राजभवन की ओर जा रहे हैं| जैसा राजा उसी अनुरूप सारथी| रथ अपने चक्के की गड़गड़ाहट से दूरी तय कर रहा है| विक्रमादित्य चारों तरफ की प्राकृतिक हरियाली का अवलोकन कर रहे हैं| तभी उन्हें राजभवन दिखाई दिया| धीरे - धीरे रथ के चक्के राजभवन की दूरी को कम कर रहे थे| ज्यों - ज्यों राजभवन नज़दीक आ रहा था, उसकी सुंदरता बढ़ती ही जा रही थी|

उत्कृष्ट कारीगरी का उत्तम नमूना| राजभवन के बाहर बहुत दूर तक फूलों का बगीचा, किनारे - किनारे लम्बे - लम्बे पेड़ों से घिरा राजभवन ऐसा दिखाई दे रहा था मानो वे पेड़ उसके अंगरक्षक बन कर उसे चारों तरफ से सुरक्षा प्रदान कर रहे हैं| रथ राजभवन के मुख्य द्वार पर प्रवेश कर चुका है| वहाँ मीठे श्लोकों को गीतों के लय के साथ गाने की आवाज़ सुनाई दे रही थी| सारथी रथ को रोकता है| चन्द्रगुप्त आवाज़ सुन मन्त्र - मुग्ध होते हुए रथ से उतरते हैं| उनके होठों की मुस्कराहट फैल जाती है| वे आवाज़ की दिशा में आगे बढ़ने लगते हैं| धीरे - धीरे आवाज़ ऊँची सुनाई देने लगती है| चन्द्रगुप्त की आँखें भी प्रसन्नता वश मुस्कुराने लगती हैं|

राजभवन के एक महलनुमा कमरे में राजकुमारी प्रियंग्मंजुरी गीतों की लय के साथ श्लोक पढ़ रही है| सुंदरता की मूर्ति लग रही है राजकुमारी| अत्यंत रूपमती, जिसके नख से शिख तक अद्भुत सौंदर्य छाया हुआ है| उस पर रंगीन आकर्षक कपड़ों में उनके शरीर का शारीरिक गठन छलकता है|

उनके सामने में बैठे उनके आचार्य वररुचि भी रूपवान - गुणवान दिखाई दे रहे हैं। वे एक टक उन्हें निहार रहें हैं। राजकुमारी श्लोक पढ़ कर उन्हें सुना रही है जिससे उनका मस्तक गौरव से ऊँचा होता जा रहा है।

इधर चन्द्रगुप्त को देख द्वारपाल सिर झुकाये उनका रास्ता छोड़ देते हैं। चन्द्रगुप्त आगे बढ़ते हैं। रास्ते भी दोनों ओर फूलों से सुगंधित एवं सजे हुए दिखाई दे रहें हैं। प्रत्येक द्वार पर द्वारपाल खड़े हैं जो महाराज के आने से उनका रास्ता छोड़ते हुए नतमस्तक हो जाते हैं। धीरे - धीरे वे आवाज़ की दिशा में आगे बढ़ रहे हैं। अंत में वे राजकुमारी के कमरे के नज़दीक पहुँच चुके हैं। पर्दा हटा वह धीरे से अंदर प्रवेश करते हैं। वहाँ कुछ देर तक वे अपनी पुत्री के श्लोकों को सुन रहे हैं। कुछ पलों बाद राजकुमारी की नज़र पिता पर पड़ती है। राजकुमारी चुप हो जाती है।

उनके चुप होते ही वररुचि भी महाराज की तरफ देखते हैं। उन्हें देख दोनों खड़े हो जाते हैं।

वररुचि- "महाराज की जय हो! आश्चर्य है महाराज, आप अचानक यहाँ?" चन्द्रगुप्त- "राजकुमारी के श्लोक सुन अपने आप को रोक नहीं सका।"

राजकुमारी- "पिताजी आप ऐसे... यहाँ पधारे, हमें बुला लिया होता।"

चन्द्रगुप्त- "तुम्हारी अद्भुत प्रतिभा देख हम अपने आप को रोक नहीं सके।"

प्रियंग्मंजुरी।

(आचार्य की तरफ देख रही है).... "हम आपके गुणों से अत्यंत प्रभावित हैं। आपने हमारी पुत्री को इतनी उत्तम शिक्षा दी है कि हम आपके आभारी हैं आचार्य।"

वररुचि- "महाराज आभार तो हम आपका प्रकट करते हैं कि आपके ही उत्तम संस्कार हमारी शिष्या राजकुमारी में भी हैं, इसलिए हमारी शिक्षा को इन्होंने में ही ग्रहण कर लिया।"

चन्द्रगुप्त- "आप तो कुम्हार की तरह मिट्टी के रूप गढ़ सकते हैं।"

वररुचि- "मिट्टी में भी नरमता होनी चाहिए। बालू वाली मिट्टी से कोई कितना भी गुणवान हो, मूर्ति बनाना क्या सम्भव है महाराज?"

चन्द्रगुप्त (हँसते हुए)- "हम राजक्षेत्र में भले ही वीरों के छक्के छुड़ाएं, परन्तु विद्वानों की हम श्रद्धा करते हैं, उसका कारण यही है कि विद्वानों द्वारा ऐसे तर्क दिए जाते हैं कि हम निरुत्तर हो जाते हैं।"

तीनों हँसने लगते हैं।

वररुचि- "यह तो आपका बड़प्पन है महाराज!"

गुरुआश्रम में सारे विद्यार्थी अपने-अपने ग्रंथों को लेकर पढ़ते रहते हैं। मातृगुप्त के सामने भी एक पुस्तक है, किन्तु पुस्तक उल्टा है। उसी उल्टे ग्रंथ के श्लोक पर मातृगुप्त अंगुली रखे हैं। उनके बगल में हेमचन्द्र अपनी पुस्तक के श्लोकों को धारा-प्रवाह पढ़ रहें हैं। मातृगुप्त की नज़र ऊपर आम की मंजरियों पर जाती है। वे उन आम की मंजरी में खो जाते हैं। उन्हें बचपन में आम के बगीचे में कोइली के साथ झूला झूलना याद आता है। आम के पेड़ों पर चंद उन मंजरियों को तोड़-तोड़ कर कोइली के माथे पर गिराना याद आ रहा है। उन यादों से उनके चेहरे पर मुस्कान खिल जाती है। हेमचन्द्र उन्हें ऐसे ऊपर की ओर मुस्कुराते देख हँसते हुए दूसरे सहपाठियों को उधर देखने को कहते हैं। सारे विद्यार्थी मातृगुप्त को देखकर खिलखिला कर हँस पड़ते हैं।

उनकी हँसी सुन मातृगुप्त का सपना टूटता है। वे अचानक से उन्हें अपने पर हँसता देख असहज जो जाते हैं। किसी तरह अपने-आप को सहज कर अपनी पुस्तक की तरफ देखते हैं। उल्टी पुस्तक पर अंगुली रखते हैं, यह देख सारे सहपाठी ठहाके लगाकर हँसते हैं।

हेमचन्द्र- "सच में तुम महामूर्ख हो मातृगुप्त।"

आनंद- "घोर अन्याय..... घोर अन्याय....."

हेमचन्द्र- "तुम इन्हें महामूर्ख कह रहे हो (मुस्कुरा कर)। अरे! ये तो परमज्ञानी एवं विद्वान हैं। जो बातें हम सीधी पुस्तक से भी ठीक-ठाक नहीं पढ़ पाते, वह बातें मातृगुप्त उल्टी पुस्तक में भी पढ़ लेते हैं।"

सारे विद्यार्थी ठहाके लगाकर हँसने लगते हैं।

नित्यानंद- "मुझे तो लगता है, इससे पृथ्वी पर जन्म भी उल्टा लिया होगा।"

हेमचन्द्र- "नहीं नहीं कैसी बातें कर रहे हो। भगवान ने मस्तिष्क ही उल्टा लगा दिया।"

सभी पुनः हँसते हैं। इधर मातृगुप्त अवाक हो उनकी बातें सुन रहें हैं। ऐसा लगता है मानो वे उनकी बातों को समझने का प्रयास कर रहे हैं। वे कभी पुस्तक को और कभी सहपाठियों के चेहरों को देखते हैं मानो वे चेहरे के भावों को पढ़ने का प्रयास कर रहे हैं।

हेमचन्द्र- "ऐसे क्या अवाक हो मेरी तरफ देख रहे हो, क्या माँ ने तुम्हें उल्टा जन्म दिया था?"

नित्यानंद- "अरे! इस महामूर्ख की समझ में कोई बात नहीं आती|"

महामूर्ख शब्द सुन मातृगुप्त रोने लगते हैं|

उनके रोने की आवाज़ सुन गुरूजी जो अब तक किसी पुस्तक में उलझे थे, उनकी नज़र मातृगुप्त पर जाती है| सारे विद्यार्थी उनके पास से हट अपनी - अपनी पुस्तकों को पढ़ने लगते हैं| गुरु उनके नज़दीक आकर खड़े होते हुए प्रश्न करते हैं:-

"क्या हुआ मातृगुप्त?"

मातृगुप्त- "गुरूजी सारे बालक हमें महामूर्ख कह हमारा उपहास करते हैं|"

गुरु की नज़र चारों तरफ घूमती है| तभी मातृगुप्त के सामने उल्टी पुस्तक देख उसे ठीक करते हुए उसे समझाते हैं:-

"तुमने अपनी पुस्तक उल्टी रखी है| हो सकता है यह देख किसी ने कुछ कह दिया हो....ऐसा करो तुम्हें कठिन परिश्रम की आवश्यकता है| मैं देख रहा हूँ कि तुम्हारा ध्यान पठन - पाठन में नहीं लगता| किन्तु तुम्हें भी तो विद्वान बनना है ना| तुम उपहासों की तरफ ध्यान न देकर अपना ध्यान पठन - पाठन में लगाओ|"

मातृगुप्त ने हाँ की मुद्रा में सिर हिलाया| गुरु सारे विद्यार्थियों से बोले:-

"मैं तुम्हें बारम्बार चेतावनी देता हूँ कि किसी का उपहास करना बहुत बड़ी भूल है| फिर भी तुम लोग मेरी बात नहीं मानते| ये मेरी अंतिम चेतावनी है, फिर ऐसा नहीं होना चाहिए|"

वररुचि आसन पर बैठ राजकुमारी को शिक्षा दे रहे हैं| वे कुछ श्लोक पढ़ रहे हैं, जिसे राजकुमारी ध्यान से सुन रहीं हैं:-

वररुचि- "हाँ तो राजकुमारी....... क्या हमारी बातें आपने समझ लीं?"

राजकुमारी- "जी आचार्य! क्या हम ये पाठ आप को सुनाएँ?"

वररुचि- "अवश्य राजकुमारी!"

राजकुमारी कंठस्थ भाव से श्लोक सुनाने लगती हैं:-

इसी बीच महाराज चन्द्रगुप्त बगल में खड़ी अपनी पुत्री के श्लोकों को सुन रहे हैं| जब श्लोक समाप्त होता है तब वररुचि प्रसन्नचित कहते हैं:-

"राजकुमारी ऐसा लगता है जैसे आप को माँ सरस्वती का वरदान है| इतना कठिन पाठ आपने हमारे द्वारा सुना और क्षण भर में आपको कंठस्थ हो गया|"

राजकुमारी गर्व भरी आँखों के साथ मुस्कुराती है|

तभी महाराज चन्द्रगुप्त ताली बजाते हुए उन दोनों के सामने प्रकट होते हैं| राजकुमारी अपने पिता को प्रणाम करती है|

चन्द्रगुप्त हाथ उठा आशीर्वाद देते हैं|

चन्द्रगुप्त- "यशस्वी भव:! हम आज अपने आपको गौरवान्वित महसूस कर रहे हैं कि आपके आचार्य ने भी मुक्त कंठ से आपके गुणों की प्रशंसा की है| वैसे आप प्रशंसनीय हैं भी, इतने कम समय में आपने अपनी विद्या को विस्तारित किया है|"

राजकुमारी गर्व से खिल उठती है|

आचार्य का मस्तक भी गर्व से ऊँचा हो जाता है|

चन्द्रगुप्त- "आपने सही कहा आचार्य....... हमें भी लगता है माँ सरस्वती की अद्भुत कृपा है हमारी पुत्री पर, इसलिए इन्होंने इतनी अल्प अवधि में विद्या में उत्तम स्थान पा लिया है| (कुछ सोचकर) हमें लगता है कि हम प्रियंग्मंजुरी की इस उपलब्धि पर इनका नया नामकरण करें| हमने भी तो कई विरुद धारण किये हैं|"

वररुचि (प्रसन्न हो)- "जी महाराज! आपका विचार सर्वोत्तम है, किन्तु नव नाम क्या होगा? हमें सोचना पड़ेगा, हमारी पुत्री ने उत्तम विद्या अर्जित की है, इसलिए इनका नाम विद्योत्तमा होगा|"

राजकुमारी प्रसन्नता से फूली नहीं समाती है|

वररुचि भी अत्यंत प्रसन्न है|

चन्द्रगुप्त- "आज ही हम राज दरबार में राजकुमारी के नए नाम की घोषणा करेंगे|"

वररुचि- "अति उत्तम महाराज, अति उत्तम|"

राजकुमारी पिता के सीने से लिपट जाती हैं| वररुचि और महाराज प्रस्थान करते हैं|

राजकुमारी चारों तरफ नाचते हुए अपनी प्रसन्नता व्यक्त करती हैं| फिर किसी तरह अपने को संयमित कर आँखें कल्पना में डुबोते हुए कहती है:-

"विद्या में उत्तम..... विद्योत्तमा.... विद्योत्तमा.... विद्योत्तमा|"

पूरे महल में उसे "विद्योत्तमा" की आवाज़ सुनाई पड़ने का आभास होता है|

माँ सरस्वती की पूजा का दिन वसंत पंचमी| सारे गुरु आश्रम को विद्यार्थियों ने सजाया है| एक स्थान पर फूलों की झालरों से सजाया गया| बीच में वेदी बनाकर माँ की प्रतिमा स्थापित की गयी है| सारे विद्यार्थी बहुत ही प्रसन्न हैं| मातृगुप्त भी प्रतिमा देख अत्यंत उत्साहित हैं| गुरु की आज्ञा है कि पूजा समापन के उपरान्त ही कोई भोजन करेगा|

विद्यार्थीगण पूजा के विधि विधान की पूर्ति में लगे हैं| कोई फूल तोड़ रहा है, कोई फूलों की माला बना रहा है, कोई बिल्वपत्र तीन पतियों वाला धो रहा है, कोई वेदी को सही करने में लगा है| किसी के हाथ में खुरपी है, वह उससे स्थान साफ़ करने में लगा है| कोई कलश (आम का पल्लव) तोड़ने के लिए वृक्ष पर चढ़ा है|

मातृगुप्त एक - एक कर सभी को देख रहें हैं|

जिससे भी कहता कि "लाओ हम भी यह काम करेंगे" वे उसे दुत्कार देता|

कोई कहता- "हट यहाँ से तुमसे यह काम नहीं होगा|"

कोई कहता- "तुम्हें माता की पूजा की आवश्यकता नहीं, तुम्हें तो माता ने पहले ही महामूर्ख की उपाधि दे दी है|"

कोई कहता- "तेरे साथ कार्य करने से मैं भी महामूर्ख हो जाऊँगा|"

इस तरह मातृगुप्त सारे स्थानों से दुत्कार खाता हुआ वहाँ पहुंचा जहाँ नैवेद्य की तैयारी हो रही थी| विभिन्न प्रकार के फल काटे जा रहे थे|

कैशोर, सेब, बेर आदि नैवेद्य देख उसके मुँह में पानी आ गया| नैवेद्य बनाने में हेमचन्द्र जुटा था| हेमचन्द्र से मातृगुप्त ने कहा:-

"हेमचन्द्र क्या हम भी फल काटें?"

हेमचन्द्र- "कोई आवश्यकता नहीं|"

तभी गुरूजी ने पूजा स्थल से हेमचन्द्र को बुलाया| हेमचन्द्र ने मातृगुप्त से कहा:-

"देखो तुम यहाँ खड़े रहो, देखना कोई इस नैवेद्य को हाथ न लगाए|"

इतना कह हेमचन्द्र वहाँ से चला गया| मातृगुप्त कुछ क्षण तक उन फलों को देखते रहे| मुँह में आये पानी को बर्दाश्त करते रहे...... किन्तु अंत में वह मन को मना नहीं सके, और उनमें से कुछ फल के टुकड़े मुँह में जैसे ही रखे, तब तक हेमचन्द्र लौट आया| उन्होंने मातृगुप्त के मुँह में फल देखा तो सिर पर हाथ रख दौड़े - दौड़े गुरूजी के पास गए| पीछे - पीछे मातृगुप्त भी गए| गुरूजी के पास पहुँच कर हेमचन्द्र ने कहा:-

"अनर्थ हो गया गुरूजी, घोर अनर्थ|"

गुरु- "हुआ क्या?"

हेमचन्द्र- "गुरूजी, गुरूजी मैंने माँ सरस्वती के नैवेद्य के लिए जो फल काटे, उसे मातृगुप्त ने जूठा कर दिया|"

गुरूजी का शरीर गुस्से से कांपने लगा, वे खड़े हो गए| मातृगुप्त को घूरते हुए बोले:-

"ये क्या किया तुमने मातृगुप्त...... माता के नैवेद्य को जूठा कर दिया| क्या इतना भी ज्ञान तुम्हें नहीं कि भगवान के प्रसाद को जूठा नहीं करते|"

मातृगुप्त मस्तक झुकाये खड़े थे| बाकी सहपाठी कुछ मुस्कुरा रहे थे, कुछ अवाक थे और कुछ चिंतित| गुरु मातृगुप्त के पास आकर कहने लगे:-

गुरु- "मैंने सोचा था कि समय के साथ तुममें परिवर्तन होगा, किन्तु नहीं... अब मुझे ऐसा प्रतीत होता है कि जिस तरह सूरज पश्चिम से नहीं उदय हो सकता, जिस तरह गंगा उत्तर की ओर नहीं बह सकती, जिस तरह अटल हिमालय कभी महासमुद्र नहीं बन सकता, उसी तरह तुम्हें विद्वान बनाना मेरी भूल ही नहीं मूर्खता है|"

मातृगुप्त नतमस्तक पृथ्वी को निहार रहे हैं|

गुरूजी- "इतने दिनों से सहपाठी तुम्हें महामूर्ख कहते हैं, किन्तु आज मैं स्वयं कहता हूँ कि तुम महामूर्ख हो.......... महामूर्ख.....|"

मातृगुप्त की आँखों में आँसू भर आये, उसने अपनी नज़र उठायी और गुरु की ओर देखा| उसे ऐसा लगा जैसे पृथ्वी हिल रही हो, भूकंप आ गया है| सारा गुरु आश्रम घूमता हुआ दिखाई देने लगा| सामने माता की मूर्ति उल्टी दिखाई देने लगी| गुरु पुन: बोले:-

"मैं तुमसे थक चुका हूँ| ये शिक्षा तुम्हारे बस की बात नहीं| आज से तुम पशुओं की देखरेख करोगे, रसोई में मदद करोगे, जलावन लाओगे, अगर यह करोगे तो ठीक हैं अन्यथा तुम अपनी माँ के पास लौटने के लिए स्वतंत्र हो|"

मातृगुप्त गुरु के पैरों में पड़ता है|

मातृगुप्त- "हमें लौटने के लिए बाध्य न करें गुरूजी....... मेरी माँ को मुझसे बहुत आशाएं हैं गुरूजी|"

गुरूजी की आँखें भी नम हो जाती हैं| वे कंधे से पकड़कर मातृगुप्त को उठाकर कहते हैं:-

"वत्स! मैं तुम्हें आश्रम से नहीं निकाल रहा हूँ, किन्तु शिक्षा तो तुम्हारे वश में नहीं| जीवन जीने के लिए कोई कार्य तो आना चाहिए, इसलिए तुम उन्ही कार्यों को सीखो जो तुम सीख सकते हो| जिसमें तुम्हारा मन लगे|"

गुरु हेमचन्द्र से कहते है:-

"हेमचन्द्र माता के लिए दूसरा नैवेद्य तैयार करो|"

इतना कह गुरु वहाँ से प्रस्थान करते हैं|

सहपाठी मुस्कुराते हैं| मातृगुप्त उसी जगह खड़े हैं| दोनों नेत्रों से अश्रु की धारा गंगा - की तरह बहती जा रही है|

महाराज चन्द्रगुप्त की सभा का आलीशान महल, उसके अंदर राज दरबार जहाँ सारे राज दरबारी उपस्थित हैं| दरबार में धन्वंतरि, क्षपणक, अमरसिंह, शंकु, बेतालभट्ट, घटखर्पर, वाराहमिहिर, और वररुचि उपस्थित थे| महाराज विक्रमादित्य ने खड़े होकर सबको सम्बोधित करते हुए कहा:-

"हमारे इस विशाल साम्राज्य को गुप्त युग की संज्ञा दी जा सकती है| कारण इस युग में अनेक महान सम्राट हुए हैं, जिनमें लोक कल्याण की दृष्टि से अत्यंत प्रजावत्सल, अत्यंत पराकर्मी महान विजेता, शासन की दृष्टि से कुशल संगठनकर्ता, कला के योग्य पारखी व उनके उदार आश्रयदाता रहते आये हैं, परन्तु इन सबका श्रेय किसी एक सम्राट को देना अनुचित होगा| कारण इसमें हमारी प्रजा ने हमारा पूरा सहयोग दिया है| हम हिन्दू धर्म के अनुयायी अवश्य हैं, किन्तु धर्मान्धता का हम घोर विरोध करते हैं| मनुष्य एक सामाजिक प्राणी है और प्रत्येक मनुष्य को अपना - अपना धर्म इच्छानुकूल वरण करने का पूर्ण अधिकार है| हमारे सैनिकों ने हमें प्रत्येक युद्ध में सहयोग प्रदान कर विजेता बनाया है, जिसमें बहुत से सैनिकों ने

वीरगति को प्राप्त किया| जिनके प्रति हमारा आभार जीवन पर्यन्त रहेगा|

हम चाहते हैं कि हमारे साम्राज्य में किसी भी प्रजा को अभाव ग्रस्त होकर न जीना पड़े, क्योंकि अगर अभाव नहीं रहेगा तभी चोरी, लूटपाट, डकैती, दुराचार आदि समस्याएं दूर होंगीं| इस युग में विज्ञान, कला, साहित्य आदि का पूर्ण विकास हुआ| जिसका श्रेय किसी सम्राट ही को क्यों दिया जाए? कारण ईश्वर की कृपा से हमारे ही युग में ऐसे गुणों से भरपूर लोग हमें मिले, तब ही हमें उनकी सेवा करने का अवसर प्राप्त हुआ| वास्तुकला, चित्रकला, मूर्तिकला, संगीत कला, मुद्रा निर्माण कला आदि के क्षेत्र में भी अभूतपूर्व उन्नति हुई| हमारे राजदरबार के रत्न में से धन्वंतरि को ही लीजिये|"

धन्वंतरि मुस्कुराते हुए सुनने लगते हैं| बाकी लोग भी सुन रहे होते हैं:-

"धन्वंतरि आयुर्वेद की शल्य - शाकाव्य आदि शाखाओं के प्रवर्तक हैं| ये आयुर्वेद की सरिता हैं| इसकी रचना "धन्वन्तरिनिधिनतु" ने हमारे दरबार में चार चाँद लगाएँ है|"

धन्वंतरि का चेहरा खिल उठा| विक्रमादित्य पुन: बोले:-

विक्रमादित्य- "क्षपणक, इनके रहने से हमें बौद्ध भिक्षुओं के वेश में महात्मा गौतम की सर्वदा याद आती रहती है, साथ ही गौतम बुद्ध के उपदेशों को हमेशा सामने खड़े पाते हैं|"

क्षपणक का चेहरा खिल उठता है|

विक्रमादित्य- "एक है अमर सिंह, इनकी अमरकृति "अमरकोश" को संस्कृतशास्त्र का विद्वान कभी भुला नहीं सकता|"

अमरसिंह के चेहरे पर गर्व की रेखा छलकती है|

विक्रमादित्य- "शंकु, यह भी अमरसिंह के समान ही साहित्य के बहुत बड़े विद्वान हैं|"

शंकु फूले नहीं समाते|

विक्रमादित्य- "बेतालभट्ट, ये मेरे अभिन्न मित्र एवं विद्वान हैं| तो आप सब लोग जानते ही हैं|"

बेतालभट्ट का सीना गर्व से चौड़ा हो जाता है|

विक्रमादित्य- "घटखर्पर ने यमककाव्य की रचना की है और हमारे दरबार की शोभा बढ़ायी है|"

घटखर्पर भी गर्व से मुस्कुराते हैं|

विक्रमादित्य- "वाराहमिहिर खगोल विद्या के विद्वान हैं| इन्हीं के

कारण ज्योतिषशास्त्र चिरकाल तक गौरव का अनुभव करता रहेगा|"

वाराहमिहिर का सीना चौड़ा होता दिखाई पड़ता है|

अब विक्रमादित्य ने अपनी नज़र वररुचि की तरफ डाली ओर मुस्कुराते हुए बोले:-

"वररुचि तो सुप्रसिध विद्वान एवं कवि है| ये किसी परिचय के मोहताज नहीं है| ये विद्वान ही नहीं बल्कि हमारी पुत्री प्रियंग्मंजुरी के आचार्य भी हैं| इन्होंने हमारी पुत्री (विद्योत्तमा की तरफ देखते हुए) को इतनी शिक्षा, इतने कम समय में दी कि हमने प्रसन्न होकर विद्योत्तमा नामकरण किया|

सभासदों हम आप सभी को देख आपकी प्रशंसा किये बिना रह नहीं पाए| इसलिए हम विषयांतर भी हो गए हैं| असल में हमने आज की सभा में एक घोषणा करने की सोची है|:

सारे सभासदआश्चर्य चकित हो एक दूसरे का मुँह देखने लगते हैं| सभासदों में कानाफूसी....

विक्रमादित्य मुस्कुराते हुए कहते हैं:-

"हम ये घोषणा करना चाहते हैं कि हमारी पुत्री विद्योत्तमा की इच्छा है कि जो भी उन्हें शास्त्रार्थ में पराजित करेगा, उन्ही के साथ वे विवाह करेंगी|"

एक बार पुन सभासदों में हलचल| सभी एक दूसरे से कानाफूसी करने लगते हैं| विद्योत्तमा गर्व भरी नज़रों से सभी को देखने लगती है| वररुचि का सीना गर्व से फूल जाता है| वह एकटक विद्योत्तमा को देख रहे हैं|

विक्रमादित्य- "अपनी पुत्री की इच्छानुकूल हम यह घोषणा करते हैं कि जो कोई भी इन्हें (विद्योत्तमा की ओर देखते हुए) शास्त्रार्थ में पराजित करेगा, वही हमारा जमाता एवं विद्योत्तमा का पति बनेगा| इसी घोषणा के साथ आज की राजसभा का समापन करना उचित होगा|"

राजसभा के सारे लोग खड़े हो गए| महाराज विक्रमादित्य अपने सिंहासन से कर जाने लगे| उनके पीछे विद्योत्तमा भी जा रही है| सभी उनकी जय - जयकार करते हुए बोले:-

"महाराज विक्रमादित्य की जय"

"महाराज विक्रमादित्य की जय"

मगध की पूरी प्रजा में कौतुहल| स्थान - स्थान पर विद्योत्तमा की प्रतिज्ञा एवं विक्रमादित्य की घोषणा की चर्चा| एक स्थान पर चार - पाँच आदमी बात कर रहे हैं:-

पहला- "महाराज की घोषणा सुनी के बारे में?"

दूसरा- "हाँ उचित ही तो है, राजकुमारी अब विद्योत्तमा बन चुकी हैं, उन्हें तो उन जैसा ही विद्वान वर मिलना चाहिए|"

तीसरा- "वरदपुत्र कहो, वरदपुत्र| मेरी नज़र में तो उन्हें पराजित करने वाला मगध में कोई नहीं|"

पहला- "ऐसा क्यों सोचते हो? आचार्य वररुचि क्या उनसे कम है? आखिर, वे राजकुमारी के आचार्य भी हैं|"

दूसरा- "किन्तु क्या आचार्य अपनी ही शिष्या के साथ विवाह बंधन में बंधना चाहेंगे?"

तीसरा- "क्यों नहीं? राजकुमारी जैसी सुंदर विद्वान विदुषी उन्हें कहाँ मिलेगी|"

पाँचवां, जो अभी तक उन सब की बातें सुन रहा था:-

पाँचवां - "मुझे तो लगता है कि राजकुमारी ने ऐसा प्रण भी कुछ सोच कर ही लिया है, वे जानती हैं कि उनके आचार्य के अलावा उन्हें कोई पराजित नहीं कर सकता.....|"

चौथा- "हाँ भैया, इन राजभवनों के पीछे तो अनेक राज छिपे रहते हैं, और आचार्य हैं भी सुंदर, जवान, विद्वान, ब्राह्मण| सुना है वे मैथिल ब्राह्मण हैं|"

तीसरा- "सुना नहीं, यह सत्य भी है| मैंने तो यहाँ तक सुना है कि मैथिल ब्राह्मणों के दांवपेच बड़े रहस्यमयी होते हैं|"

पहला- हाँ चक्रव्यूह समान| जिसमें जाना तो आसान है, किन्तु लौटना कठिन|"

पाँचवां- "हो सकता है राजकुमारी विद्योत्तमा ने जो प्रण लिया हो, उसके लिए आचार्य वररुचि ने ही उकसाया हो|"

पहला- "होने को तो कुछ भी हो सकता है, किन्तु पूरे भारतवर्ष में विद्वानों का अकाल नहीं पड़ा है, जो सबसे पहले आचार्य ही उनसे शास्त्रार्थ कर पराजित करें|"

तीसरा- "जो हो, हम लोग तो प्रार्थना करते हैं कि राजकुमारी को उनके योग्य वर मिल जाए|"

दूसरा- "कल दरबार में अवश्य चलेंगे। आखिर देखना भी तो है कि किस तरह राजकुमारी शास्त्रार्थ में सबको पराजित करती हैं?"

सभी- "अवश्य.... अवश्य..., हम सभी अवश्य चलेंगे।"

कुँए पर पानी भरने आ रही तीन स्त्रियां बातें कर रहीं हैं:-

पहली- "अरी सखी! तुमने सुना राजकुमारी का प्रण?"

दूसरी- "हाँ सखी सुना तो है, किन्तु समझ में नहीं आता कि यह कैसा प्रण है?"

तीसरी- "मुझे तो लगता है राजकुमारी घमंडी हो गयी हैं। उन्हें अपनी विद्या पर गर्व हो गया है। सुना है महाराज ने भी उनका नाम विद्योत्तमा रख दिया है।"

पहली- "यह तो सत्य है कि राजकुमारी अब प्रियंग्मंजुरी से विद्योत्तमा बन गयी हैं, किन्तु तुमने जो यह घमंड वाली बात कही वह असत्य है। वह महाराज विक्रमादित्य की पुत्री है, उस महाराज की जिन्होंने प्रजा को अपनी संतान माना। शकों, हूणों को हराकर अपने साम्राज्य का विस्तार किया फिर भी सारा श्रेय स्वयं न लेकर अपने सैनिकों की बहादुरी एवं अपनी प्रजा की शुभकामनाओं को दिया है।"

दूसरी- "तुम ठीक कहती हो सखी, तभी वे चन्द्रगुप्त विक्रमादित्य, शकारि, साहसांक आदि नामों से सुशोभित हुए हैं, तथा उनकी संतान विद्योत्तमा को घमंड हो गया हो, ऐसा उनके संस्कारों के पूर्णत: विपरीत है।"

तीसरी- "कदाचित तुम दोनों ठीक कह रही हो, राजकुमारी महाराज चन्द्रगुप्त की पुत्री ही नहीं बल्कि स्वर्गीय महाराज समुद्रगुप्त की पौत्री भी है, जिनके बारे में मेरे पिताजी कहते थे कि उन्होंने अश्वमेध यज्ञ कर पूरे भारत वर्ष पर विजय की पताका फहराई थी तो ऐसे वंश की राजकुमारी घमंडी तो नहीं हो सकती। मुझसे भूल हो गयी।"

पहली- "चलो कोई बात नहीं, तुमने अपनी भूल स्वीकार कर ली। अब राजकुमारी के लिए प्रार्थना करो कि उन्हें उनके योग्य मिल जाए।"

दूसरी- "इसमें कोई कहने की बात है, वे तो परीक्षा लेकर ही वर चुनेंगी। तब वर तो उनके अनुकूल ही होगा।"

तीसरी- "कोई कितनी ही बड़ी परीक्षा क्यों न ले ले, भाग्य से अधिक कभी किसी को नहीं मिलता सखी, जो उनके भाग्य में होगा उतना ही उन्हें मिलेगा।"

पहली- "सखी, तुम हमेंशा उल्टा क्यों सोचती हो? सब कुछ भाग्य ही नहीं होता| अगर होता तो मनुष्य कर्म क्यों करता?"

दूसरी- "अभी हम लोग पानी भर कर नहीं ले जाएंगे, तो क्या कुआँ स्वयं उठ कर हमारे दरवाज़े तक जाएगा? नहीं कर्म करना ही पड़ता है, और उसी के अनुकूल

भाग्य होता है|"

पहली- "मैं तो भाग्य और कर्म को रथ के पहियों के समान मानती हूँ, अगले के बिना पिछला अधूरा और पिछले के बिना अगला अधूरा|"

दूसरी- "हाँ सखी तुमने सत्य ही कहा, कर्म और भाग्य एक दूसरे के पूरक हैं| अब देखो हमारी कर्मशील राजकुमारी का भाग्य कितना साथ देता है?"

तीसरी- "जो भी हो.. किन्तु इतना तो तय है कि जो भी राजकुमारी विद्योत्तमा का वर बनेगा, वह अत्यंत भाग्यशाली होगा|"

पहली- "कोई ना कोई परम विद्वान ही होगा जो उन्हें शास्त्रार्थ में पराजित कर पायेगा| राजकुमारी भी तो भाग्यशाली ही होगी, जो अत्यंत विद्वान वर का वरण करेगी|"

मातृगुप्त गुरु आश्रम के एक ओर बने पशुओं के रहने के स्थान पर गायों की सेवा में व्यस्त हैं| वो गायों को स्नान करवा रहे हैं, उनकी आँखों में अपने काम के प्रति प्रसन्नता के भाव झलक रहे हैं| एक ओर हरी - हरी घास रखी है| मातृगुप्त उन घासों को प्रसन्नता से काटते हैं| सभी नादों में - हरी घास मिलाकर गायों को इशारों से खाने के लिए कहते हैं| सभी गायें उनके नियंत्रण में हैं| उनकी आँखें और मातृगुप्त की आँखें जब - जब मिलती हैं, तो ऐसा लगता कि दोनों ने आपस में कोई बहुत बड़ी रहस्य की बातें कर ली हों| वे बारी - बारी से सभी गायों को दुलार - प्यार कर खाने के लिए कहते हैं| फिर आश्रम में लगे पेड़ पौधों को निहार कर अपना अतीत याद करने लगते हैं| उन्हें सबसे पहले अपनी माँ की याद आती है कि किस प्रकार वे उन्हें प्यार से खिलाती थी, सुलाती थी| फिर याद आती है नदी, वृक्ष, तालाब, आम का वृक्ष| उस वृक्ष पर वसंत में कोयल की मधुर ध्वनि| अचानक उन्हें आम के वृक्ष में लगे झूले की याद आती है, जिस पर बैठी कोइली| यादों के समंदर की एकाध लहर आँखों में झलक जाती है| वे बगल से गीली मिट्टी उठाकर ले आते हैं और उस मिट्टी से

एक मूर्ति बनाने लगते हैं| तभी उनके साथी हेमचन्द्र और नित्यानंद वहाँ आ पहुँचते हैं| उन्हें मिट्टी से छेड़छाड़ करते देख हेमचन्द्र पूछते हैं:-

"क्या कर रहे हो मातृगुप्त?"

नित्यानंद- "देख नहीं रहे हो, ये मूर्तिकार मूर्ति बना रहा है|"

मातृगुप्त अपने में मस्त मूर्ति बनाने में व्यस्त है| दोनों साथी गौर से उन्हें देख रहे हैं| मातृगुप्त पूरी मूर्ति बनाने के बाद उस पर आँखें लगाते हुए कहते हैं:-

"अब हुई मूर्ति पूरी|"

दोनों ज़ोर - ज़ोर से लगाकर हँसने लगते हैं| मातृगुप्त मायूस होकर उनकी तरफ देखते हुए कहता है:-

"तुम दोनों हमारी मूर्ति देख हँसते क्यों हो?"

हेमचन्द्र- "यह तुमने क्या बनाया है? यही हमारी समझ में नहीं आता|"

मातृगुप्त- "तुम इसे नहीं जानते, ये कोइली है कोइली| मेरी बचपन की साथी|"

दोनों एक साथ ही ज़ोर - ज़ोर से हँसने लगते हैं|

नित्यानंद- "तो तुम्हारे जैसे मूर्ख का कोई साथी भी था?"

हेमचन्द्र- "साथी, वो भी एक कन्या| निश्चित वो भी इसी की तरह परम मूर्ख होगी|"

मातृगुप्त हेमचन्द्र को घूरने लगते हैं|

मातृगुप्त- "देखो हम कहे देते हैं, हमें चाहे जो कहो किन्तु कोइली के बारे में हम कुछ भी नहीं सुनना चाहते|"

नित्यानंद और हेमचन्द्र एक दूसरे को प्रश्नवाचक नज़रों से देखते हुए फिर मूर्ति को देख:-

हेमचन्द्र- "अरे वाह! हमें तो पता ही नहीं था कि इस तरह की कोई मूर्ति (मूर्ति उठाते हुए) के बारे में कहने पर तुम इतना क्रोधित हो जाओगे|"

हेमचन्द्र मूर्ति को उछालते हुए नित्यानंद के हाथों में देता है| मातृगुप्त नित्यानंद के पास जाते हैं| नित्यानंद पुन: हेमचन्द्र की ओर उछालता है| मातृगुप्त हेमचन्द्र की तरफ बढ़ते हैं| इस प्रकार इधर से उधर और उधर से इधर करते हुए मातृगुप्त चिढ़ कर बैठ जाते हैं| तब तक कच्ची मिट्टी

से बनी मूर्ति भी टूट चुकी होती है| वे टूटी मूर्ति को मातृगुप्त के सामने फ़ेंक ज़ोर - ज़ोर से हँसते हुए चले जा रहे हैं| मातृगुप्त उस मिट्टी को गौर से निहार रहा है| उसे देख उसकी आँखें लाल हो जाती हैं| आँखों के कोरों से आँसू की बूंदें निकल पड़ती हैं|

राजकुमारी विद्योत्तमा की माँ महारानी ध्रुवदेवी आलीशान पलंग पर बैठी हैं तथा दो दासियां उनके पैरों में महावर लगा रही हैं| तभी राजकुमारी विद्योत्तमा का प्रवेश होता है| राजकुमारी अति प्रसन्न है| वह अपनी माँ को बाहों से पकड़ कर गोल - गोल घुमाने लगती है जिससे महावर भी खराब हो जाता है| जब दोनों कुछ देर तक घूम लेतीं हैं, तब राजकुमारी स्थिर होती हैं| दासियां आश्चर्य से उन्ही दोनों को देख रहीं हैं|

ध्रुवदेवी- "पुत्री! इस अत्यधिक प्रसन्नता का कारण तो बताओ?"

विद्योत्तमा- "माँ! क्या बताएं? आज तो हमने राजदरबार में हड़कंप मचा दी है|"

ध्रुवदेवी- "ऐसा क्या हुआ दरबार में?"

विद्योत्तमा- "पिताजी की घोषणा के उपरान्त पूरे भारतवर्ष से अनेक वीर ज्ञानी, राजकुमार, राजा, ब्राह्मण ,विद्वानगण आये किन्तु हमारे सामने कोई भी शास्त्रार्थ में ठहर नहीं पाया|"

ध्रुवदेवी- "तो क्या तुमने सबको पराजित कर दिया?"

राजकुमारी हँसते हुए ऊपर छत की तरफ देखती हुई अहंकार सहित स्वर में कहती है:-

"माँ! हमने उन्हें सिर्फ पराजित ही नहीं किया बल्कि ऐसा निरुत्तर किया है कि सभी की गर्दन पृथ्वी की ओर ऐसी झुकी जैसे आम से लदे पौधे नीचे की ओर झुक जाते हैं|"

ध्रुवदेवी कुछ सोच चिंतामग्न हो बोली:-

"पुत्री! मुझे ऐसा लग रहा है जैसे तुझे भी अपनी विद्या पर अहंकार हो गया है| अहंकार वश तू किसी मुसीबत में ना पड़ जाये....| पुत्री! सोच आम के वृक्ष में फल लगने पर वह सदा नीचे की ओर ही झुकता है और तू......."

बात काटते हुए राजकुमारी कहती हैं:-

"आप भी माँ कैसी बातें करती हैं? महाराजा विक्रमादित्य की पुत्री विद्या में उत्तम, विद्योत्तमा भला क्यों किसी परेशानी या उलझन का शिकार बनेगी?"

ध्रुवदेवी- "किन्तु मनुष्य को निरंतर अपने आगे और पीछे निश्चय ही देखना चाहिए क्योंकि वही हमें संतुलन बनाने में मददगार होता है| माना कि तुम विद्या की धनी हो तो आगे देखो| कोई ऐसा निश्चित होगा जो तुमसे भी अधिक विद्यावान हो और यदि ऐसा लगे कि मैं अज्ञानी हूँ तो सोचो कि कोई ऐसा निश्चित है जो तुमसे भी अधिक अज्ञानी है|"

विद्योत्तमा- "माँ! आप कहती वही हैं जो हम सोचते हैं. बस अंदाज़ बदल जाता है| हम भी तो अपने से अधिक विद्यावान को खोजने निकले हैं|"

विद्योत्तमा माँ को पलंग पर बैठाते हुए समझाती है:-

विद्योत्तमा- "देखिये, हम विद्या के धनी हैं तो क्या आप चाहेंगी कि हमारा पति हमसे कम हो?"

ध्रुवदेवी- "नहीं"

विद्योत्तमा- "बस, इसलिए तो हमने शास्त्रार्थ का सहारा लिया है, जो हमारे प्रश्नों का उत्तर दे देगा, वही हमारा वर होगा|"

ध्रुवदेवी- "सो ठीक है पुत्री! किन्तु हम चाहते हैं कि तुम्हारे द्वारा किसी का अपमान ना हो, तुम घमंड में अंधी ना बन जाओ|"

राजकुमारी नाटकीय मुद्रा में सिर झुका कर

विद्योत्तमा: "महारानी की आज्ञा का पालन होगा|"

दोनों हँसने लगते हैं|

मगध साम्राज्य में चारों ओर विद्योत्तमा ही चर्चा का विषय हैं| क्या स्त्री, क्या पुरुष, क्या बच्चे, क्या जवान सभी के होठों पर एक ही बात कि राजकुमारी ने किस तरह विद्वानों को अपने शास्त्रार्थ से निरुत्तर कर दिया| चौक - चौराहा हो या तालाब का किनारा, घर हो या पंचायत, चारों तरफ विद्योत्तमा की विद्वानता के चर्चे छाए हुए थे| विक्रमादित्य के रत्नों में भी इसी बात का घमासान चल रहा था कि किस तरह विद्योत्तमा ने सारे विद्वानों के मुँह बंद करा दिए|

अमर सिंह- "मानना पड़ेगा राजकुमारी विद्योत्तमा की तार्किक शक्ति को| इस तरह का शास्त्रार्थ एक युवती कर सकती है| जिसका कोई उत्तर न दे पाए| आश्चर्य की बात है!"

घटखर्पर- "ये सब आचार्य वररुचि का किया धरा है| राजकुमारी के प्रश्नों का उत्तर उन्ही के पास होगा|"

वररुचि मुस्कुराते हुए कहते हैं:-

"आप लोगों का सम्मान बहुत बड़ी वस्तु है हमारे लिए, किन्तु हमारे द्वारा समझाये गए उत्तर को भी उसने अपने तर्कों से विघ्न कर दिया है।"

अमरसिंह- "किन्तु हमें आशा ही नहीं विश्वास है कि अगर आप चाहें तो उन्हें निरुत्तर कर उनका वरण कर सकते हैं।"

वररुचि का सीना गर्व से चौड़ा हो गया। वे मुस्कुराकर:-

वररुचि- "पहले पूरे भारतवर्ष को तो पराजित होने दीजिये। तब हमसे वे पराजित होंगी तो ऐसा लगेगा कि हम विश्व विजेता हैं।"

अमरसिंह- "प्रयास तो अन्य भी कर सकते हैं किन्तु उम्र भी देखनी पड़ती है।"

वररुचि- "किन्तु राजकुमारी ने तो ना जाति बंधन रखा है, और ना (अमर सिंह को देख) उम्र बंधन।"

सभी हँसने लगते हैं। अमरसिंह सकुचा जाते हैं।

मातृगुप्त कंधे पर कुल्हाड़ी लिए मस्ती भरी चाल में वन की तरफ बढ़ रहे हैं। धीरे - धीरे वे वनपट्टी में प्रवेश करते हैं। वे वन में इधर - उधर देख कर आनंदित हो रहे हैं। तभी उनकी नज़र एक गिरे हुए वृक्ष पर पड़ती है। वे वहीं कुल्हाड़ी कंधे से उतार कर लकड़ी चीरने लगते हैं। बार - बार शरीर पर आये पसीने को पोंछ - पोंछ लकड़ी चीरने में व्यस्त हैं। तभी उनके कानों में शहनाई की आवाज़ सुनाई देती है। वे लकड़ी चीरना छोड़ आवाज़ की दिशा में आगे बढ़ते हैं।

थोड़ी दूर जाने पर उन्हें बाजे के साथ कुछ लोग अच्छे - अच्छे कपड़े पहने दिखाई देते हैं। वे उत्साहित हो कुछ और नज़दीक जाते हैं। नज़दीक जाने पर देखते हैं कि एक डोली में एक दूल्हा है। जिसे चार लोगों ने उठाया हुआ है। गाजे - बाजे की धुन में मातृगुप्त भी उनके पीछे - पीछे अपनी धुन में सबको भूल आगे बढ़ने लगे। धीरे - धीरे वे ना जाने कैसे अपने गाँव की सीमा में प्रवेश कर गए, उन्हें पता भी नहीं चला। अपने गाँव के वातावरण में आकर वे ऐसे मन्त्र - मुग्ध हो गए जैसे स्वाति को वर्षा का जल प्राप्त हो जाता है। उन्हें अपने बचपन में खेले गए खेलों के साथ - साथ कोइली की भी याद आ गयी। गाँव के एक दरवाज़े पर सजावट है। पहले तो मातृगुप्त समझ ही नहीं पाए कि यह कोइली का दरवाज़ा है किन्तु थोड़ी

देर बाद उन्हें आभास हो जाता है कि यह दरवाज़ा तो कोइली का है| वे उन्ही लोगों में शामिल हो जाते हैं| डोली को रखा जाता है| कोइली के बूढ़े पिता उन्हें सम्मान के साथ नीचे उतारते हैं| मातृगुप्त देखते हैं कि एक अधेड़ आदमी उस डोली से उतरा| जो नए - नए वस्त्र पहने हुए है| कोइली के पिता उन्हें सिंहासन नुमा कुर्सी पर बैठाकर आँगन में जाते हैं| मातृगुप्त भी उन्ही के साथ आँगन में प्रवेश करते हैं| आँगन के पूजा घर में कोइली नए - नए वस्त्र पहने मातृका पूजा के लिए बैठी है| जहाँ पंडित उन्हें मन्त्रों के साथ कुलदेवता, कुलदेवी, पूर्वजों की पूजा करवा रहे हैं| कोइली के पिता बगल में रखे बांस का डाला उठाकर बाहर की ओर चलते हैं| मातृगुप्त भी उत्साहित हो उनके साथ बाहर आते हैं| कोइली के पिता ने अपने होने वाले जमाता को रत्न, अर्घ्य, मधु, दही और दो नए वस्त्र दिए, जिसे उन्होंने सहर्ष स्वीकार कर, अपने वस्त्रों को बदल नए वस्त्र (ससुर के द्वारा दिए गए) को धारण किया| वर पक्ष वालों ने भी बांस के डाला (बर्तन) में वस्त्र, आभूषण दिया जिसे वहीं खड़े मातृगुप्त ने लेकर आँगन में कोइली तक पहुंचाया| कोइली ने भी मायके के वस्त्र बदल ससुराल के वस्त्र पहने| वर के परिछिन्न के लिए कोइली की चाची के साथ अन्य सखियां दरवाज़े तक पहुंची, जहाँ पहुँच वर का परीक्षण किया गया| सखियों ने वर का मन बहलाने के लिए उनका उपहास भी किया, जो मिथिला की रीति है| यहाँ जब श्रीराम चंद्र जी एवं महादेव जी को भी गालियां मिली जिन्हें उन्होंने सहर्ष स्वीकार भी किया तो यह तो साधारण वर था|

वर को सखियों ने स्वागत के साथ आँगन में प्रवेश करा, पूजा घर तक ले गई| जहाँ पर कोइली और उसकी चचेरी बहन एक ही चुनरी में घूँघट किये बैठी थीं| वर को अपनी होने वाली पत्नी को पहचानने के लिए कहा गया| वर ने आम के पल्लव से कोइली के मस्तक पर हल्का झटका दिया (इसे नैना योगिनी के नाम से जाना जाता है)| यहीं ईश्वर (भगवती) को साक्षी मान वर - वधु एक दूसरे का चेहरा देख एक - दूसरे को जयमाला पहनाते हैं| दोनों ने सकुचाते लजाते हुए एक दूसरे को देख जयमाला पहनाई| कोने में खड़ा मातृगुप्त कोइली की तरफ मन्त्र - मुग्ध देख रहा था| वर - वधु का गठजोड़ करने के बाद वर के हाथ में कन्या का हाथ पकड़ा कर, उसे आँगन तक सखी ले गयीं, जहाँ वेदी बनी हुई थी| वेदी पर बायीं तरफ कोइली को एवं दायीं तरफ वर को बैठाया गया| मंत्रोचारण के साथ विवाह की प्रक्रिया आरम्भ हुई| कन्यादान करने के लिए उनके पिता वहाँ उपस्थित थे| वर - वधु ने अग्नि के तीन फेरे लेने के साथ - साथ धान के लावा फेंके| वर ने पीछे से वधु के दोनों हाथ पकड़े थे| वधु का भाई उसमें लावा देता और फेरे लेते - लेते कन्या लावा फेंकती| तीन फेरे होने के उपरान्त कोइली ने पुरोहित के कथानुसार होम से उठे सुगन्धित धुंए को अपने हाथ की अंजलि से लेकर कपोलों पर लगाया| जिससे कोइली की आँखें

लाल हो गयीं| वर - वधु ने ध्रुव तारे के दर्शन किये| वर ने पत्थर छू स्थायी ध्रुव - तारे को देख साक्षी बना कोइली को अपनी पत्नी स्वीकार किया|

इस प्रकार मातृगुप्त ने कोइली के विवाह के सारे रस्मों, रीति, रिवाजों को देखा| बारातियों के जाने के पश्चात भोजन भी किया| सुबह में वर ने एवं कोइली के पिता ने बारातियों को सादर विदा कर, गौना कर देने के लिए आश्वस्त किया कि वे प्रयास करेंगे कि अतिशीघ्र वर और वधु को शुभ मुहूर्त में विदा करें|

अचानक से मातृगुप्त को गुरु की याद आयी| वह मन ही मन सोचने लगे कि "गुरु तो पूरी रात चिंतामग्न होंगे| हम तो उन्हें बता कर भी नहीं आये| मन होता है माँ से भेंट करूँ किन्तु नहीं, माँ नाराज़ होंगीं और हमसे अगर विद्या के बारे में पूछ बैठी तो हम उत्तर नहीं दे पाएंगे, इससे अच्छा कि गुरु और गौ की ही सेवा की जाए|"

मातृगुप्त उन्ही बारातियों के झुण्ड में शामिल हो गाँव के बाहर निकल पड़े| वनपट्टी से गुजरते समय उन्हें अपनी कुल्हाड़ी का ध्यान आया किन्तु उन्होंने सोचा कि पहले गुरु के सामने उपस्थित होना अनिवार्य है|" ऐसा सोच, वे गुरु आश्रम की ओर चल पड़े|

इधर जैसे ही सहपाठियों ने मातृगुप्त के शाम ढलने पर भी नहीं लौटने का समाचार सुनाया, गुरु परेशान हो गए| कुछ समय तक तो उन्होंने सोचा कि इधर -उधर चला गया होगा, आ ही जाएगा| किन्तु जब रात हो गयी तो गुरूजी ने चिंतामग्न होते हुए सभी दिशाओं में अपने विद्यार्थियों से खोज करवाई| जहाँ - तक मातृगुप्त जा सकते थे| ज्यों - ज्यों विद्यार्थियों से सूचना मिलती कि वे नहीं मिले, त्यों - त्यों गुरूजी की चिंता जेठ महीने की गर्मी की तरह हो गयी, जो प्रात: काल से बढ़ती ही चली जाती है| वह सारी रात पूरे आश्रम में घुमते हुए मातृगुप्त का इंतज़ार करते हुए व्यतीत करते हैं| उषा वेला आ चुकी है किन्तु अब तक मातृगुप्त का कहीं कोई अता पता नहीं|

इतने में एक विद्यार्थी दौड़ कर गुरूजी के पास खड़ा होकर बोला:-

नित्यानंद- "गुरूजी, मातृगुप्त आ रहा है|"

गुरूजी के माथे पर चिंता की रेखा हल्की हो गयी किन्तु क्रोध की रेखा झलकने लगी| वे कुछ नहीं बोले| तब तक मातृगुप्त ने गुरूजी की कुटिया में प्रवेश किया| वे हाथ बांधे गुरूजी के सामने खड़े हो गए| गुरूजी क्रोधित होते हुए कहने लगे:-

"रात भर कहाँ रहे?"

मातृगुप्त चुप्पी साधे खड़े रहे|

गुरूजी- "हम पूछते हैं, रात भर कहाँ रहे?"

मातृगुप्त- "वो.....वो....हम वनपट्टी में लकड़ियां काट रहे थे. तभी एक बरात जा रही थी और हम भी बारातियों के साथ निकल गए|"

सहपाठी हँसते हैं (मुँह दबाकर)| गुरूजी सबकी ओर क्रोध से देखते हैं| सभी सहम जाते हैं| मातृगुप्त के नज़दीक आकर उसके चारों तरफ घूमते हैं| फिर आँखों में आँखें डालकर कहते हैं:-

"हमें लगता है ब्रह्मा ने जब बुद्धि बांटी उस समय तुम अनुपस्थित थे| हम पूछते हैं कि तुमने ये नहीं सोचा कि हमारा क्या हाल होगा? हम पूरी रात तुम्हारी चिंता में सो नहीं पाए हैं, और तुम बरात के संग चल दिए|"

कुछ देर चुप रहने के बाद गुरूजी पुन: कहते हैं:-

"अच्छा, ये बताओ, पूरी रात वहाँ क्या कर रहे थे?"

मातृगुप्त कुछ उत्साहित होते हुए बोले:-

"असल में हम वहाँ पूरी रात नहीं रुकते गुरूजी...... किन्तु हमने देखा कि बरात हमारे ही गाँव में कोइली के दरवाज़े पर गयी है, और गुरूजी दुल्हन भी कोई और नहीं कोइली है तो ...."

गुरूजी- "ये कोइली कौन है?"

मातृगुप्त- "हमारे बचपन की साथी है गुरूजी... कोइली को आप नहीं जानते| बहुत शिक्षा है उस के पास, वो तो हमें भी शिक्षा देने का प्रयास करती रहती थी|"

एक बार पुन: सारे सहपाठी ज़ोर - ज़ोर से हँसने लगते हैं| गुरूजी सबको शांत रहने का इशारा देते हुए:-

गुरुजी- "और क्या देखा तुमने?"

मातृगुप्त के सामने मानो पूरी घटना एक के बाद दूसरी आ जाती है|

मातृगुप्त- "विवाह देखा गुरूजी| वर को नए वस्त्र पहनाये गए, कोइली ने पूजा की फिर वर का परिछन, जय माला और फिर तीन बार अग्नि के फेरे साथ में धान के लावा छिडकाये गए| पत्थर और ध्रुव तारे का दर्शन, चुमाओन और अंत में दूर्वाक्षित दिया गया|"

गुरूजी- "अच्छा बस करो। हम स्नान के लिए जा रहे हैं, किन्तु ध्यान रहे पुनः ऐसी गलती ना हो।"

गुरूजी के जाने के बाद सारे सहपाठी मातृगुप्त को घेर कहते हैं:-

नित्यानंद- "विवाह की रीति देख आये हैं। परिछन, जयमाला, लावां, फेरे....."

हेमचन्द्र- "चुमाओन, दूर्वाक्षत.....वाह....अच्छा किया इसने, कम से कम कोइली का विवाह तो देखा क्योंकि इस महामूर्ख से कौन विवाह करेगा?"

नित्यानंद- "इससे....... जब कोइली ने नहीं किया तो दूसरा कौन करेगा?"

सभी हँसने लगते हैं। मातृगुप्त उदास हो जाता है।

विक्रमादित्य की राजसभा में रत्नों के साथ - साथ देश के कोने - कोने के राजा -राजकुमार उपस्थित हैं। महाराज विक्रमादित्य की बगल में महारानी ध्रुवदेवी और उनकी बगल में राजकुमारी विद्योत्तमा सजी - संवरी आसमान से परी के समान सुशोभित दिखाई दे रही है। सभा के बीचों - बीच आचार्य वररुचि मस्तक नीचे किये हुए पृथ्वी को घूर रहें हैं। राजकुमारी के होठों पर मुस्कान है। सभी सभा रत्न एक दूसरे की तरफ प्रश्नात्मक नज़रों से देख रहे हैं। पूरा दरबार स्तब्ध है। प्रजा भी शान्ति एवं कौतुहल भरे नेत्रों से किसी प्रतिक्रिया का इंतज़ार कर रही है।

तभी राजकुमारी विद्योत्तमा ताली बजाते हुए मुस्कुराते हुए अपने ही स्थान पर खड़ी हो जाती है। अब सब की निगाहें राजकुमारी पर जाकर टिक जाती हैं। ऊपर मंच पर सिंहासन के सामने विद्योत्तमा खड़ी है तथा ठीक उनके सामने आचार्य वररुचि सर झुकाये खड़े हैं। राजकुमारी मुस्कुराते हुए कहती है:-

"आचार्य, आपको क्या लगा कि आप मेरे गुरु इसलिए हम आपसे शास्त्रार्थ में पराजित हो जाएंगे। अब तो आपका भ्रम टूट गया होगा........"

सारे लोग ध्यान मग्न हो विद्योत्तमा की बातें सुन रहे हैं।

विद्योत्तमा- "किंचित आपको विश्वास था कि आप तो हमारे आचार्य हैं तो आप से हम निश्चित पराजित होंगे, और आप को हम अपना परमेश्वर मानेंगे।"

राजकुमारी ऊपर की ओर मुँह उठा कर देखती है, फिर मुँह बनाते हुए कहती है:-

“दुर्भाग्य की बात है आचार्य कि आप अपनी ही शिष्या से शास्त्रार्थ में पराजित हो चुके हैं| आपका सपना कांच के महल के समान टूट कर बिखर चुका है| यथार्थ को पहचानने का प्रयास कीजिए आचार्य|”

प्रजा में एक क्षण के लिए कोलाहल हो जाता है.

ध्रुवदेवी चिंतामग्न| सभा रत्न प्रसन्न..... राजाओं का चेहरा सपाट नज़र आने लगता है|

विद्योत्तमा- “हमसे शास्त्रार्थ करने से पहले आपको चिंतन करना चाहिए कि हमने पूरे भारत वर्ष के राजाओं - विद्वानों को पराजित किया, किन्तु आपने तो सोचा होगा कि एक ही गन्ने से हम दोनों बने हैं (घूरते हुए), किन्तु आप ये क्यों भूल गए कि गन्ने से गुड़ भी बनता है और चीनी भी.......”

वररूचि का क्रोध बढ़ता जा रहा था| आँखों से मानो अंगारे बरसने लगे थे|

विद्योत्तमा(कड़क आवाज़ में)- “सुनिए मैथिल ब्राह्मण आचार्य वररुचि! ना तो आप हमसे शास्त्रार्थ में विजयी हुए हैं कि हम आपका वरण करें ओर ना ही आपके रंग रूप ज्ञान विद्वानता पर मन्त्र - मुग्ध हुए हैं कि स्वयं अपनी घोषणा को निरस्त कर दें| अगर हमारे भाग्य में विवाह नहीं होगा तो हम आजीवन अविवाहित रह लेंगे किन्तु आपसे विवाह......”

क्रोध से आचार्य का शरीर कांपने लगता है|

विद्योत्तमा- “हमें तो ऐसा लगता है कि भारतवर्ष में विद्वानों का अकाल पड़ गया है|”

सभी सभा रत्न ये बातें सुनकर क्रोधित हो जाते हैं|

अमरसिंह- “राजकुमारी, ये विद्वानों का अपमान है|”

विद्योत्तमा- “अपमान? हम किसी का अपमान नहीं कर रहे किन्तु इतना अवश्य कहना चाहते हैं कि हो सके तो अपने सम्मान की सुरक्षा कीजिए.... नहीं तो आने वाले इतिहास में आप सभी विद्वान गौण होकर रह जाएंगे|”

विद्योत्तमा इतना कहते हुए सभा से निकल जाती है| सारे लोग हतप्रभ उसे जाते हुए देखने लगते हैं|

सारे सभा रत्न एक साथ बैठे मदिरा पी रहें हैं| वररुचि की आँखें लाल हैं| वे बार मदिरा हैं और एक ही सांस में गटक जाते हैं| सभा रत्न में सभी क्रोधित हैं:-

अमरसिंह- "राजकुमारी को अपनी विद्या पर घमंड हो चुका है|"

वराहमिहिर- "मैंने आज तक ऐसी कन्या नहीं देखी|"

शंड्कु- "आज तक विक्रमादित्य जैसा महाराज देखा है, ना तो पराजित हुए हैं और ना उनकी कन्या पराजित होने को तैयार है|"

धन्वंतरि- "कुछ भी कहें किन्तु उस कन्या ने हम सारे विद्वानों को ललकारा है कुछ तो करना ही पड़ेगा|"

वररुचि का क्रोध बढ़ता ही जा रहा है| वे धातु से बने गिलास को हाथों से दबाकर तोड़ डालते हैं और चिल्लाते हुए खड़े होकर कहते हैं:-

"आज तक हमारा अपमान किसी ने नहीं किया, और एक राजकुमारी, नारी जाति ने ना सिर्फ हमें पराजित किया बल्कि हमें ऐसा अपमानित किया है, जिसे हम आजीवन नहीं भूल सकते|"

घटखर्पर- "तो क्या आप इतना ही सोचते हैं?"

क्षपणक- "मेरा तो विचार है कि हमें बदला लेना चाहिए|"

बेतालभट्ट- "किन्तु कैसे"?

वररुचि- "बदल......, हम ऐसा बदला लेंगें उसके उपहास का कि वह भी आजीवन याद रखेगी| जिस तरह वे किसी विद्वान से विवाह करना चाहती, उसी तरह हम भी उसका विवाह महामूर्ख से कराकर उसे उसकी ज़िंदगी को उपहास बना कर छोड़ेंगे|"

वररुचि के आँखों में अंगारे दिखाई देते हैं|

गुरूजी के आश्रम में हेमचन्द्र हाथों में दीया लेकर जा रहा है| हेमचन्द्र के सहपाठी भी उसके साथ हैं| वे लोग मातृगुप्त के पास आते हैं| मातृगुप्त गाय को अंदर बाँध रहे हैं|

नित्यानंद- "अरे मातृगुप्त! तुम्हारी गायों का क्या हाल - चाल है? आजकल तो तुम गायों की बहुत सेवा करते हो|"

हेमचन्द्र- "गायों की सेवा से ही मातृगुप्त इतना बड़ा विद्वान बनेगा कि पूरा विश्व इसे जानने लगेगा - मानने लगेगा|"

मातृगुप्त- "तुम लोग दीया लेकर कहाँ जा रहे हो?"

हेमचन्द्र- "हम लोग नदी के उस पार काली मंदिर में सांयकाल का दीया जलाने जा रहे हैं।"

मातृगुप्त- "हमें भी साथ ले चलो ना।"

नित्यानंद- "तुम वहाँ जाकर क्या करोगे। मैया को प्रसन्न करने के लिए स्तुति आनी चाहिए किन्तु तुम्हें तो कुछ भी नहीं आता।"

हेमचन्द्र- "माय और गाय को यह एक ही समझता है। अरे! गाय को तो हरी घास दो गाय प्रसन्न, किन्तु माय को प्रसन्न करने के लिए बहुत विधि - विधान होता है, तब जाकर माता प्रसन्न होती है और बुद्धि ज्ञान देती है।"

नित्यानंद- "तुम भी कैसे महामूर्ख को समझाने लगे। चलो हमें विलम्ब हो रहा है।" दोनों हँसते हैं और आगे बढ़ते - बढ़ते कहते हैं:-

हेमचन्द्र- "तुम तो बस पशुपालन करो। विधाता ने तुम्हारे भाग्य में यही लिखा है।"

मातृगुप्त की आँखों के कोरों से आँसू बह निकलते हैं।

विद्योत्तमा अपने शीश - महल में झूले पर लेटी हुई आभूषणों से सज्जित लाल रंग के कपड़ों में परम सुंदरी लग रही है। वे मुस्कुराते हुए अपने भविष्य के सपने देख रही है। तभी क़दमों कि आहट सुन उठ कर खड़ी हो जाती है। महाराज विक्रमादित्य राजकुमारी के सामने आते हैं। राजकुमारी सिर झुकाते हुए कहती है:-

"प्रणाम पिताजी!"

विक्रमादित्य- "आयुष्मति भव:!"

विद्योत्तमा- "आपने आने का कष्ट क्यों किया? हमें बुला लिया होता।"

विक्रमादित्य- "हम तो वैसे प्रजा का भी सम्मान करते हैं जिनमें साहस -हिम्मत होती है, आज जब अपनी ही पुत्री की हिम्मत देखी तो प्रसन्नता से हृदय गदगद हो उठा। तुमने आज जो राजदरबार में चुनौती दी है ऐसा सिर्फ चन्द्रगुप्त विक्रमादित्य की पुत्री ही कर सकती है।"

राजकुमारी के चेहरे पर मुस्कान खिल उठी। उसी क्षण कुमारगुप्त भी आये।

विक्रमादित्य ने दोनों के सिर पर हाथ रख कहा:-

"तुम दोनों हमारी आँखों के तारे हो| पुत्री तो हमारी अन्य भी हैं किन्तु तुमने हमारा नाम, हमारा मान बढ़ा दिया है| हमारे पिता महाराज समुद्रगुप्त जिन्होंने अश्वमेध यज्ञ किया और पूरे भारतवर्ष पर अपनी विजयी पताका लहराई, हमने उनके नाम को गौरवान्वित करने के उदेश्य से शकों - हूणों को पराजित कर साम्राज्य का विस्तार कर अपनी प्रजा में सुख शांति समृद्धि लाने का प्रयास किया|"

कुमारगुप्त- "तभी तो पिताश्री आप विक्रमादित्य, शकारि, साहसांक नाम से विख्यात हैं|"

विक्रमादित्य- "हमने जो किया उसे तुम्हें निरंतर आगे बढ़ाते जाना है और हमारा विश्वास है कि तुम भी अपनी प्रजा को अपने पुत्र के समान स्नेह दोगे| जिस राज्य में प्रजा अपने राजा से प्रसन्न नहीं, वह राजा अधिक समय तक नहीं टिकता, उसका नाश सम्भव है| हम चाहते हैं कि हमारा गुप्तवंश इतिहास के पन्नों पर गुप्त युग/वंश के साथ - साथ स्वर्ण युग से भी सम्बोधित हो|"

कुमारगुप्त- "ऐसा ही होगा पिताश्री|"

विक्रमादित्य- "मगध और लिच्छवि में हमेंशा से मित्रता का सम्बन्ध है, जिस कारण हमारा उनका वैवाहिक संबंध भी होता रहा है| तुम्हारा विवाह तो लिच्छवि नरेश की पुत्री से हो गया किन्तु विद्योत्तमा ने जो प्रण लिया है....."

विद्योत्तमा- "पिताजी आप उसकी चिंता ना करें|"

विक्रमादित्य- "महाराज के साथ एक पिता भी तो हूँ, चिंता कैसे ना करूँ? किन्तु कहाँ से खोज कर लाऊँ ऐसा विद्वान जो इसे पराजित कर दे?"

कुमारगुप्त- "विद्वान भी मिल जाएगा पिताजी|"

विद्योत्तमा- "कुछ क्षण पहले आप हमारी हिम्मत की प्रशंसा कर रहे थे और अब ...."

विक्रमादित्य- ".......पिता हूँ ना.......प्रशंसा तो मगध का महाराज कर रहा था|"

कुमारगुप्त- "तो महाराज आपने मगध नरेश महाराज विक्रमादित्य की पुत्री राजकुमारी विद्योत्तमा की घोषणा नहीं सुनी कि अगर पराजित नहीं हुई तो आजीवन अविवाहित रहेंगी|"

सभी हँसने लगते हैं|

वररुचि विद्योत्तमा के वर की खोज में अपने जन्म - स्थान मिथिला आते हैं| वह अनेक स्थानों में खोज करते हैं, किन्तु उन्हें वैसा मूर्ख नहीं मिला, जैसा वे खोज रहे थे| घूमते - फिरते वे उच्च - स्थान या उच्च - पीठ उच्चैठ आए, जहाँ दूर - दूर से वरदायनी देवी के दर्शन करने भक्त - गण पहुँचते हैं| वहाँ आकर उन्होंने विधि - विधान के अनुसार माता की पूजा - अर्चना की| माँ के दर्शन करने के उपरांत उनके मन को एक अद्भुत शांति मिली| नदी के उस पार गुरु - आश्रम था| संयोगवश उनकी भी शिक्षा इसी गुरु - आश्रम में हुई थी, सो उन्होंने गुरु के दर्शन को अनिवार्य माना| नदी में घुटने भर जल था| नदी पार कर वे आश्रम पहुँचे| आश्रम में विद्यार्थियों ने उनके वस्त्र, आभूषण, उनके व्यक्तित्व को देख आभास लगा लिया कि निश्चय ही ये कोई बड़े व्यक्ति हैं| वे सादर उनके पीछे - पीछे चलते हुए गुरु की कुटिया के समीप पहुँच वहीं रुक गए| वररुचि अंदर गए| गुरु उस समय अपने अंगों पर (बाँह पर) चन्दन लगा रहे थे| सामने वररुचि को देख प्रसन्न हुए| वररुचि ने उनके चरणों में अपना सिर नवाया| गुरु प्रसन्न भाव से कहते हैं:-

"यशस्वी भव!"

वररुचि आशीर्वाद पाकर खड़े हो गए|

गुरु- "आओ वत्स हमारे समीप आकर बैठो|"

वररुचि उनके समीप बैठ जाते हैं|

गुरु- "आज, इधर कैसे आना हुआ?"

तुम तो राज - दरबार में रत्नों में चयनित हुए..... बहुत दिनों बाद गुरु की याद आयी|"

वररुचि- "सब आपके आशीर्वाद का फल है महात्मन! आपका स्मरण तो हर क्षण रहता है किन्तु सुमिरन करके ही आत्म - तृप्ति करनी पड़ती है| कारण पद मिलने से अधिक महत्त्व पद की गरिमा बनाये रखने का होता है, और उन सब के लिए बुद्धि के साथ - साथ समय भी देना पड़ता है, सो चाहकर भी आपके दर्शन करने में हम असमर्थ ही रह जाते हैं|"

गुरु मुस्कुराते हुए कहते हैं:-

"जो समय का सदुपयोग जानता है वह ज़िन्दगी में निरंतर नदी की भांति अग्रसर बना रहता है, और हम प्रसन्न हुए कि तुमने वाकपटुता से हमारे प्रश्नों का उचित उत्तर दिया| जब किसी गुरु का शिष्य कोई अनुपम उपलब्धि प्राप्त करता है, तो माता - पिता से भी अधिक प्रसन्नता एवं गर्व गुरु को ही होता है|"

वररुचि- “आज कल के आपके शिष्यों के बारे में कुछ जानकारी दीजिए”|

गुरु थोड़ा उदास होते हुए कहते हैं|

गुरु- “क्या बताएं वत्स! सारे शिष्य तो औसत हैं किन्तु एक शिष्य मातृगुप्त है, बहुत बड़े विद्वान का बालक....... हमने बहुत प्रयास किया कि वो भी थोड़ा बहुत ज्ञान अर्जन कर ले, किन्तु हमें भी लगता है कि ईश्वर ने उसके भाग्य में ज्ञान लिखा ही नहीं है|”

वररुचि (उत्साह से)- “कहाँ है, वह विद्यार्थी?”

गुरु- “कहाँ रहेगा, गया होगा, बगल के वनपट्टी में वनकट्टा बनकर लकड़ी काटने...... अब तो वह लकड़ी काटता है, पशुओं की देखरेख करता है, पाक - गृह में कुछ मदद करता है, या कभी - पुस्तकों को ओर से अंत तक कौतुहल भरी नज़रों से देख लेता है|”

वररुचि- “हम वनपट्टी जाना चाहते हैं....... महात्मन अगर आज्ञा दे तो?”

गुरु- “जाओ घूम आओ|”

वररूचि वनपट्टी के जंगलों में प्रवेश करते हैं| चारों और प्राकृतिक सुंदरता से उनका मन प्रसन्न हो जाता है| वह इधर - उधर घूमते हुए मनोरम दृश्यों को देखते हुए जंगल के बीचो - बीच पहुँच जाते हैं| अचानक उनकी नज़र एक वृक्ष पर जाती है| जहाँ मातृगुप्त डाल पर बैठे हैं, और उसी डाल को कुल्हाड़ी से काटे जा रहे हैं| वररुचि उसकी मूर्खता पर मन ही मन हँसते हैं और मन ही मन कहते हैं:

वररुचि- “हे भगवान! ऐसा मूर्ख तो हमने आज तक नहीं देखा| अब राजकुमारी विद्योत्तमा का अहं निश्चित टूटेगा........ यही हमारा अस्त्र है, जिसके माध्यम से हम राजकुमारी विद्योत्तमा के विद्या के अहं को चकनाचूर कर सकेंगे|”

वररुचि फिर मातृगुप्त को संबोधित करते हुए कहते हैं:-

“हे ब्राह्मण! तुम तो उसी डाल को काट रहे हो जिस पर तुम स्वयं बैठे हो| डाल के साथ - साथ तो तुम स्वयं भी गिर जाओगे...... और तुम्हारी हड्डी टूट जाएगी|”

मातृगुप्त हँसते हुए पुनः कुल्हाड़ी से डाल पर वार करता है|

वररुचि- "तुमने हमारी बात अनसुनी कर दी...... हमारी बात मानो और नीचे उतर जाओ अथवा दूसरे डाल पर पांव जमा डाल काटो|"

मातृगुप्त हँसने लगते हैं, और वे हँसते हुए कहते हैं:-

"हमारे सहपाठी हमें मूर्ख कहते हैं, किंतु हम इतने बड़े मूर्ख भी नहीं कि इस डाल से उतर जाए|"

वररुचि- "परंतु तुम्हारे सहपाठी तुम्हें मूर्ख क्यों कहते हैं, और तुम इस डाल से उतरना क्यों नहीं चाहते?"

मातृगुप्त- "सहपाठी तो मूर्ख इसलिए कहते हैं क्योंकि हमें पुस्तकों की कोई बात समझ में नहीं आती, और आप जो हमें इस डाली से हटने को कहते हैं, उसका तात्पर्य हम भली - भांति जानते हैं|"

वररूचि (मुस्कुरा कर)- "क्या तात्पर्य है हमारा?"

मातृगुप्त- "आप यह चाहते हैं कि हम दूसरी डाली पर जाकर डाल काटे और जैसे ही डाल गिरे आप उसे लेकर भाग जाए..... किंतु हम आपकी कामना को पूरा नहीं होने देंगे, डाल के साथ - साथ हम भी गिरेंगे और डाल आपके हाथ नहीं लगेगी|"

वररूचि उसकी मूर्खता पर हँसने लगते हैं| वे मन में सोचते हैं:-

वररूचि- "इतना अद्भुत सौंदर्यवान मूर्ख, निश्चय ही इसके माध्यम से हम विद्योत्तमा को कपट से पराजित करवा सकते हैं|"

तब तक मातृगुप्त अपनी डाल के साथ गिरते हैं| थोड़ी चोट आती है उन्हें| वररूचि समीप जाकर:-

वररूचि- "अधिक चोट तो नहीं आई| आपसे हमें एक बात करनी है, सो आप अपना बहुमूल्य समय हमें देने की कृपा करेंगे| हम कुछ दिनों के लिए आपको अपने साथ रखना चाहते हैं|"

मातृगुप्त- "हमारा समय तो गुरुजी के नाम है, हमें उनसे आज्ञा लेनी पड़ेगी|"

वररूचि- "ठीक है, हमारा नाम वररूचि है| हम आश्रम के समीप ही एक कुटिया में ठहरे हैं| हमें विश्वास है कि गुरु जी आपको हमारे लिए अनुमति दे देंगे| सो कल हम आपकी प्रतीक्षा करेंगे|"

मातृगुप्त प्रातः स्नानादि कर गुरूजी को सारी बातें बता उनसे अनुमति प्राप्त कर वररुचि द्वारा बताए गए स्थान पर पहुँचते है| वररुचि का एक - एक क्षण युगों समान बीत रहा है| वे मन ही मन सोच रहे हैं:

वररुचि- "क्या गुरु मातृगुप्त को यहाँ आने की अनुमति प्रदान करेंगे? क्या मातृगुप्त को लेकर हमने जो योजना बनाई है, वह सफल होगी? कहीं महाराज या राजकुमारी को हमारे षड़यंत्र का अनुमान तो नहीं हो जाएगा?"

तभी मातृगुप्त अल्हड़ बने उनके गुप्तचरों से उलझते हैं|

गुप्तचर- "आप कौन हैं, और किनसे मिलना है?"

मातृगुप्त- "ये हम आपसे क्यों कहे कि हम कौन हैं? हमें वररुचि से मिलना है|"

वररुचि कोलाहल सुन कुटिया से निकलते हैं|

वररुचि- "इन्हें अंदर आने दो|"

वररुचि सम्मान के साथ मातृगुप्त को अपने साथ अंदर ले जाते हैं| उन्हें बैठाते हैं|

उनके सामने फल रख कर हुए कहना चाहते हैं| इधर मातृगुप्त तो फल देख कर जीभ लपलपा रहे हैं|

मुस्कुराते हुए वररुचि कहते हैं:-

"मातृगुप्त, आप मात्र इन फलों को देख इतने प्रसन्न है, जबकि हम चाहते हैं कि आप वे सारी सुख एवं सुविधा भोगें जो एक राजा को मिलती हैं|"

मातृगुप्त की जीभ में पानी आ जाता है |

वे जीभ लपलपाते हुए कहते हैं:-

"क्या हम इन्हें खा सकते हैं?"

वररुचि थाली उठा हाथ में देते हैं| (मुस्कुराकर):-

वररुचि- "ये आपके लिए ही तो हैं| खाइये........खाइये........|"

मातृगुप्त खाने लगते हैं और वररुचि अपने षड़यंत्र को सोच कुटिल मुस्कान बिखेरते हैं|

वररुचि- "हम ये चाहते है कि आप नित्य नए - नए व्यंजनों का स्वाद ले..... नित्य नए - नए परिधानों को पहने..... महल में रहें.....क्या आप ये सब चाहते हैं?"

मातृगुप्त (कौतुहल से)- "किन्तु ऐसा क्या संभव है?"

वररुचि- "मनुष्य चाहे तो कुछ भी असंभव नहीं हैं।"

मातृगुप्त- "परन्तु किस प्रकार संभव हैं?"

वररुचि- "बस उसके लिए आपको एक छोटी सी मदद करनी पड़ेगी।"

मातृगुप्त प्रश्नात्मक नज़रों से देखते हैं।

वररुचि- "मगध की राजकुमारी के प्रश्नों का उत्तर मूक बन इशारे से देना है।"

मातृगुप्त- "इतना ही, यह तो हम कर लेंगे।"

वररुचि के मुख पर कुटिल मुस्कान छा गई।

वररुचि- "तो फिर ठीक है, कल हम राजकुमारी विद्योत्तमा के शास्त्रार्थ में प्रतिभागी बन भाग लेंगे।"

वररुचि ताली की आवाज़ से गुप्तचर को बुलाते हैं।

गुप्तचर सामने आकर खड़ा होता है।

वररुचि- "हमारा आदेश है कि तुम इसी क्षण यहाँ से प्रस्थान कर महाराजा विक्रमादित्य को जाकर यह सूचना दो कि कल राजदरबार में मातृगुप्त नामक ब्राह्मण विद्वान मिथिला निवासी आचार्य वररुचि के संग राजकुमारी विद्योत्तमा से शास्त्रार्थ करने पधार रहें हैं। किन्तु उन्होंने अभी मौन व्रत धारण कर रखा है, तथा वे चाहते हैं कि राजकुमारी उनसे मूक प्रश्न (शास्त्रार्थ) करें। गुप्तचर सिर झुकाकर आज्ञा ले वहाँ से प्रस्थान करता है। वररुचि के मुख पर षड्यंत्र की रेखाएं, आँखें लाल हैं। मातृगुप्त मासूमियत ने उन्हें देख रहें हैं।

विक्रमादित्य अपनी पुत्री और भार्या के साथ बैठे हैं। सामने गुप्तचर खड़ा उन्हें सारी सूचना देता है। विक्रमादित्य कुछ उधेड़ - बुन में लग जाते हैं। गुप्तचर आदेश हेतु खड़ा है।

विक्रमादित्य- "सेवक तुम जा सकते हो।"

सेवक सिर झुकाते हुए प्रस्थान करता है। विक्रमादित्य पुत्री और पत्नी की ओर प्रश्नात्मक नज़रों से देखते हैं।

विद्योत्तमा- "पिताजी आप चिंतित क्यों है?"

विक्रमादित्य- "हमारी चिंता का कारण मूक शास्त्रार्थ है।"

विद्योत्तमा हँसने लगती हैं। ध्रुवदेवी उन्हें देखती हैं।

विद्योत्तमा- "इसमें चिंता का प्रश्न ही नहीं अगर वे विद्वान मूक - शास्त्रार्थ करना चाहते हैं तो हम इसके लिए तैयार हैं। हमें तो कौतुहल हो रहा है कि इस तरह का शास्त्रार्थ पहली बार हमारे सामने होगा और उसके प्रतिभागी (प्रतियोगी) हम स्वयं होंगे।"

ध्रुवदेवी- "मुझे तो बस इसके विवाह की चिंता सता रही है कि इसका प्रण कब पूरा होगा और मैं इसे दुल्हन के वेश में निहार सकूंगी।"

पिता और पुत्री दोनों हँसते हैं।

विक्रमादित्य- "देखिये कल राजदरबार में क्या चमत्कार होता है, एक मूक शास्त्रार्थ.... अब हम चलते हैं।"

विद्योत्तमा- "प्रणाम पिताजी।"

विक्रमादित्य- "आयुष्मती भव:।"

विद्योत्तमा- "आप कभी विजयी भव: का आशीर्वाद क्यों नहीं देते?"

विक्रमादित्य (मुस्कुराकर)- "बिना आशीर्वाद के हमेशा आप विजयी बनती आई हैं। दूसरा कि जब तक आप पराजित नहीं होंगी, आपका प्रण कैसे पूरा होगा।"

सभी हँसते हैं।

वररुचि और मातृगुप्त दोनों गुरूजी का आशीर्वाद लेकर रथ से मगध के लिए निकलते हैं। रास्ते में मातृगुप्त प्रकृति की सुंदरता को निहारते हुए जाते हैं। आसमान के बादल कहीं दूर जाकर धरती से गले मिल रहे हैं। दूर - दूर तक हरियाली, चारों ओर कोयल की कूं - कूं। बसंत भी समाप्त होने वाला था, किन्तु कोयल कूं - कूं कह कर मानो उसे प्रियतमा की तरह मना रही हो कि- "हे प्रिय! कुछ दिनों के लिए अपने परदेश जाने का समय टाल दो।" नदी, तालाब, वृक्ष, पौधे, पशु - पक्षी, ऐसा लगता था कि मातृगुप्त इन सब का सम्राट हो, और सारी प्रजा अपने प्रजा - वत्सल सम्राट को देखने के लिए व्यग्र। रास्ते में लिच्छवी राज्य की शोभा देखते ही बनती थी। आलीशान भव्य महल को देख मातृगुप्त चकित रह जाते हैं। सुन्दर वस्त्र - परिधानों, आभूषणों से सुसज्जित युवतियों को देख मातृगुप्त का मन आनंदित हो जाता है। वन, उपवन, तालाब, सरोवर को निहार मन

पुलकित हो जाता है| धीरे - धीरे लिच्छवी नगर की सीमा समाप्त होती है| प्राकृतिक सौंदर्य को निहारते हुए मातृगुप्त पाटलिपुत्र की सीमा में प्रवेश करते हैं| वहाँ की शोभा का क्या वर्णन? मातृगुप्त तो चकित रह जाते हैं; उस नगरी की शोभा देख| रंग - बिरंगी शोभा बिखेरते भवन| सड़क पर चलते धन - धान्य से परिपूर्ण स्त्री - पुरुष, बच्चे - बूढ़े, युवक - युवतियां| उनके परिधानों और व्यक्तित्व से ऐसा जान पड़ता है कि ये सभी धन - धान्य से परिपूर्ण हैं| लहराते वृक्ष जो अपनी स्वत्रंता के बारे में मातृगुप्त को बता रहे हैं कि देखो तुम अपने नाम के अनुकूल गुप्त थे और मैं यहाँ राजधानी में स्वत्रंत लहलहा रहा हूँ| देखो मुझे यहाँ कितनी रक्षा मिलती है| मैं स्वतंत्र हूँ, स्वछन्द हूँ| मातृगुप्त वहाँ के सौंदर्य को देखते हुए राजमहल के समीप पहुँचते हैं| राजमहल के - बगल, तरह - तरह के सुदर आकर्षक शीश महल देखकर उनका मन मंत्र - मुग्ध हो जाता है|

महाराजा विक्रमादित्य की विराट सभा, जिसमें बड़े - बड़े वीर योद्धा, विद्वान, साहित्यकार, कलाकार, खगोल - वैज्ञानिक के साथ - साथ राज्य की - मान्य प्रजा भी उपस्थित है| राजसिंहासन पर महाराज चन्द्रगुप्त विक्रमादित्य आदित्य के प्रकाश के समान विराजमान हैं| उनके समीप उनकी पत्नी ध्रुवदेवी, पुत्र कुमारगुप्त एवं पुत्री राजकुमारी विद्योत्तमा विराजमान हैं| पूरी सभा है| सभा - रत्न से वररुचि एवं मूक विद्वान की स्तब्ध होकर प्रतीक्षा कर रहे हैं| मुख्य द्वार पर रथ के रुकने की आवाज़| द्वारपाल आकर सूचना देता है:-

द्वारपाल- "महाराज! आचार्य वररुचि विद्वान के साथ द्वार पर आ पहुँचे हैं| दरबार में आने की अनुमति मांग रहे हैं|"

महाराज- "अनुमति प्रदान की जाती है| उन्हें सादर लिवा लाओ|"

द्वारपाल चला जाता है| कुछ क्षणों बाद मातृगुप्त वररुचि के साथ प्रवेश करते हैं|

राजकुमारी विद्योत्तमा की नज़र जैसे ही मातृगुप्त पर जाती है, वह उन्हें देख इस तरह वशीभूत हो जाती है कि उनके सम्मान में उठ खड़ी हो जाती है| कुछ क्षणों बाद उन्हें राजकुमारी होने का आभास होता है, और बैठते हुए उन सपनों के बारे में सोचने लगती है, जो वह प्रत्येक दिन देखा करती हैं| मन में जो सपना दिखता था वह आँखों में तैरने लगता है|

(मन में) राजकुमारी विद्योत्तमा- "अरे! ये तो वहीं हैं जिन्हें हम प्रत्येक दिन स्वप्न में देखा करते हैं| आज हमारे सामने प्रत्यक्ष खड़े हैं|

कैसा चेहरा है, कितनी अदभुत सुंदरता समाई है| ऐसा लगता है कि साक्षात् कामदेव आकर खड़े हो गए हों| यह हमें क्या हो रहा है? हमारे सारे संस्कार लगता है इनमें लीन हो रहे हैं| हमनें तो इन्हें शास्त्रार्थ करने के लिए बुलाया था, किन्तु हमें तो ऐसा प्रतीत हो रहा है जैसे इनकी सरलता, सुबोधता, संस्कार, शालीनता के सामने हम स्वयं पराजित हो गए हैं|

नहीं..... नहीं..... हम राजकुमारी विद्योत्तमा हैं| हमें स्वयं पर नियंत्रण करना ही होगा.... स्वयं पर नियंत्रण.... परन्तु ईश्वर से प्रार्थना है कि अगर ये इतिहास के पन्नों पर स्वर्णिम रहें, तो हम ही इनकी भार्या बनें|"

मन ही मन प्रार्थना करती हैं|

विद्योत्तमा- "हमारी मनोकामना पूरा करें भगवन|"

ये तो राजकुमारी की मनोदशा थी| महाराजा विक्रमादित्य और ध्रुवदेवी भी राजकुमारों वाले परिधान में सुशोभित मातृगुप्त को देख प्रसन्नचित थे, और ईश्वर से प्रार्थना कर रहे थे कि कदाचित ये हमारा जमाता बनता तो हमारी विद्योत्तमा एवं इसकी जोड़ी अपूर्व लगती| किन्तु बाधा थी तो दो प्रश्नों की| राजकुमारी के द्वारा किए गए शास्त्रार्थ की, जिसमें बड़े - बड़े विद्वान नहीं टिक पाए, तो भला इस आयु के विद्वान किशोर से उस चक्रव्यूह रूपी शास्त्रार्थ का भेदन कैसे हो पाएगा? सभा में उपस्थित वीरों की मनोदशा के क्या कहने? वे तो सोच रहे थे कि जब पूरे भारत वर्ष के विद्वान राजकुमारी के प्रश्नों का उत्तर नहीं दे पाए तो भला इसकी क्या औकात? और आज के शास्त्रार्थ के लिए राजकुमारी ने कौन से दो मूक प्रश्नों को चुना है, ये तो वही जानें| प्रजा कौतुहल भरे नेत्रों से शास्त्रार्थ आरम्भ होने की प्रतीक्षा कर रही थी| महाराज ने सम्बोधित किया:

महाराज विक्रमादित्य- "आचार्य वररुचि! क्या ये विद्वान शास्त्रार्थ आरम्भ करना चाहते हैं?"

वररुचि ने प्रश्नात्मक नज़रों से मातृगुप्त की ओर देखा| मातृगुप्त को जैसा सिखाया गया था, उन्होंने उसी अनुरूप हाँ की मुद्रा में सिर हिलाया|

वररुचि- "महाराजा आपकी आज्ञा हो तो ये (मातृगुप्त की ओर देख) मिथिला देशीय ब्राह्मण पुत्र मातृगुप्त राजकुमारी विद्योत्तमा (राजकुमारी विद्योत्तमा की तरफ देख) से मूक शास्त्रार्थ करने के लिए तैयार हैं|"

महाराजा विक्रमादित्य- "राजकुमारी विद्योत्तमा तुम शास्त्रार्थ के प्रथम प्रश्न करने हेतु विलंब ना करो|"

राजकुमारी मुस्कुराते हुए खड़ी हो जाती हैं| मातृगुप्त फटीं आँखों से उन्हें निहारते ही रहते हैं|

राजकुमारी विद्योत्तमा- "आचार्य वररुचि! जैसा कि आपने सन्देश भिजवाया कि ये विद्वान ब्राह्मण मूक शास्त्रार्थ करना चाहते हैं, तो उसी के अनुरूप हम अपना प्रथम मूक प्रश्न रखते हैं।"

इसके साथ - साथ राजकुमारी ने मातृगुप्त की ओर देखते हुए इशारे से उन्हें एक अंगुली दिखाई। मातृगुप्त जो अब तक जिज्ञासा भरे नेत्रों से राजकुमारी को देख रहे थे, अब उनके चेहरे पर क्रोध के कुछ भाव आए और उन्होंने सोचा कि यह देवी तो मेरी एक आँख फोड़ना चाहती हैं। उन्होंने दो अँगुलियाँ राजकुमारी विद्योत्तमा को दिखाई। राजकुमारी असहज हो गई। उनके पहले प्रश्न का अभिप्राय जो था उसके अनुरूप मातृगुप्त का उत्तर उन्हें निरुत्तर कर गया। वररुचि ने राजकुमारी की प्रतिक्रिया देख अनुमान लगा लिया कि राजकुमारी को उत्तर मिल गया है। राजकुमारी ने स्वयं को नियंत्रित करते हुए अपना दूसरा मूक प्रश्न किया। राजकुमारी ने पाँचों अँगुली अथवा हथेली दिखाई। मातृगुप्त ने सोचा कि यह हमें थप्पड़ मारना चाहती हैं, तो उसने मुक्का दिखाया। राजकुमारी पुनः असहज हो गई। राजकुमारी के शरीर पर पसीने कुछ बूँदें झलकने लग। वररुचि और उनके सभी साथी सभा - रत्नों में प्रसन्नता की झलक नज़र आने लगी।

वररुचि- "राजकुमारी हम अब आपके मुख से इस मूक शास्त्रार्थ के प्रश्न और उत्तर का विश्लेषण जानना चाहते हैं।"

राजकुमारी विद्योत्तमा- "हमारा प्रथम प्रश्न, एक अंगुली दिखाने का अभिप्राय था कि ईश्वर एक हैं। जबकि उन्होंने दो अंगुली दिखाई।"

अमरसिंह- "अगर अभी इनका मौनव्रत टूटता को यह स्वयं इसका अभिप्राय आपको समझा सकते थे, किंतु वर्तमान में शब्दों के माध्यम से हम इनका अभिप्राय बताने का प्रयास करते हैं। इनका अभिप्राय यह है कि ईश्वर तो एक है किंतु ब्रह्म और प्रकृति दो वस्तुएं हैं।"

राजकुमारी सोचने (चिंतन) पर विवश हो गई। कुछ क्षण पश्चात उन्होंने कहा:-

राजकुमारी विद्योत्तमा- "अच्छा, चलिए हमनें मान लिया, किंतु हमनें जब हथेली इस अभिप्राय से दिखाई कि प्रकृति तो पाँच तत्वों से निर्मित है। पृथ्वी, जल, पवन, ज्योति और आकाश। तब इन्होंने मुट्ठी दिखाइए, इनका अभिप्राय....?"

वररुचि (बात काटते हुए)- "इनका अभिप्राय था कि पाँचों में कोई भी एक तत्व अकेले सृष्टि रचने में असमर्थ है। फलतः जो पाँच तत्व हैं, एक साथ मिलकर ही सृष्टि का निर्माण कर सकते हैं। इसलिए उन्होंने मुट्ठी दिखाई।"

राजकुमारी कुछ क्षणों तक सोचती रहीं| इधर प्रजा में कोलाहल मच गया था| सभा में कानाफूसी होने लगी| राजकुमारी अपने स्थान पर बैठ गई| थोड़ी देर बाद राजकुमारी के चेहरे पर मुस्कान छा गई| वररुचि आश्चर्यचकित हो गए|

वररुचि- “राजकुमारी, क्या हमारे तर्कों से आप संतुष्ट हैं?”

विक्रमादित्य ने प्रश्नात्मक नज़रों से देखा|

राजकुमारी विद्योत्तमा- “आज राजकुमारी विद्योत्तमा स्वयं को मिथिला देशीय विप्र ब्राह्मण मातृगुप्त से पराजित होना स्वीकार करती हैं|”

सारी राज्यसभा में उत्सवों सा माहौल हो गया| सभी “महाराज विक्रमादित्य की जय”, “राजकुमारी विद्योत्तमा की जय”, “मातृगुप्त की जय” का नारा लगाने लगे| इधर सभा - रत्न एक दूसरे को रहस्य भरे नेत्रों से देख अपने षड्यंत्र के लिए आँखों में प्रसन्नता लाए हुए थे| तब तक विद्योत्तमा की सखियां जयमाला का थाल ले आई| जिस राजकुमारी ने आज तक आँखों में आँखें डाल शास्त्रार्थ किया था, वही अभी लाजवंती के पौधे के समान स्वयं में सिकुड़ती हुई नज़र आ रही थी| धीरे - धीरे सखियों के साथ वह आगे बढ़ रही थी| सखियों रूपी रंग - बिरंगे फूलों में वह कमल के फूल के समान मध्य में दिखाई दे रही थी| धीरे - धीरे वे मातृगुप्त के समीप आई और थाल में से एक माला उठा कर मातृगुप्त को जयमाला पहनाने के लिए हाथ ऊपर उठाया, फिर लज्जावश हाथ नीचे कर लिया| एक सखी ने उपहास किया:

“क्यों अब भी स्वयं को पराजित नहीं मानती|”

विद्योत्तमा कृत्रिम क्रोध से उसकी तरफ देखा और माला मातृगुप्त के गले में पहना दी| मातृगुप्त के हाथों में भी एक माला दी गई| वररुचि ने इशारों से उसे पहनाने को कहा तो, उन्होंने स्वयं माला पहन ली| सखियां हँसने लगीं| उनकी मूर्खता पर ध्यान नहीं गया| एक सखी उपहास कर बोली:-

सखी- “हम मानते हैं कि आप विजयी हुए हैं, किंतु विजयी बनने का कारण तो विद्योत्तमा ही है|”

वररुचि के इशारे से उन्हें पुनः माला निकाल विद्योत्तमा को पहनाई| चारों ओर जय - जयकार होने लगी| ध्रुवदेवी इन सब घटनाओं को देख खुशी से रो पड़ी| कुमारगुप्त अति प्रसन्न हो गए| महाराज विक्रमादित्य का गर्व एवं प्रसन्नता से सीना चौड़ा हो गया|

राजमहल में जोर - शोर से विवाह की तैयारियां होने लगीं| सभी महलों को सजाने - सँवारने का काम युद्ध स्तर पर होने लगा, और हो भी क्यों नहीं? यह विवाह महाराज विक्रमादित्य की सर्वप्रिय पुत्री राजकुमारी विद्योत्तमा का जो था| पूरे भारतवर्ष में उनके विवाह पर बहुत दिनों से जो प्रश्नचिन्ह लगा था, अथवा उनके शास्त्रार्थ रूपी प्रश्नों का जो चंद्र ग्रहण लगा था, वह दूर हो गया| चारों ओर सुख और ख़ुशी के बादल मंडरा रहे थे| दूर - दूर के राजाओं एवं संबंधियों को आमंत्रण दिया जा रहा था| पूरे पाटलिपुत्र में खुशी की बयार बह रही थी| प्रजा में खुशी की लहर के साथ - साथ मातृगुप्त के रूप एवं गुणों की चर्चा चहुँ ओर फैली हुई थी| राजकुमारी विद्योत्तमा के अनुरूप उसके वर मिल जाने के कारण चारों ओर प्रजा उन्हें मन से आशीर्वाद दे रही थी| तैयारियों के बाद आज वह दिन भी आ गया, जब राजकुमारी विद्योत्तमा मातृगुप्त के साथ परिणय - सूत्र में बंधने जा रहीं थी| सखियों ने राजकुमारी को उबटन लगा कर खूब मला और दूध - चंदन आदि से मंगल स्नान करवाया| मंगल स्नान के समय पर सखियों एवं माताओं ने मंगल गान| मंगल स्नान के बाद विद्योत्तमा का शरीर अत्यंत निर्मल हो गया और उन्होंने विवाह के वस्त्र पहने| सुहागिनें उन्हें पूजा - ले गयीं, जहाँ पर पुरोहित ने उनसे कुल देवता की पूजा - अर्चना करवाई| फिर सखियों ने रंग - बिरंगे फूलों की माला से उनके केशों को सजाया| सुहागिनों ने अगर में पिसा हुआ अंगराग उनके शरीर पर मला| अत्यंत लाल गोरोचन से उनके शरीर को चित्रित किया| विद्योत्तमा उस समय ऐसी सुंदर लग रहीं थी जैसे स्वर्ग की कोई अप्सरा पृथ्वी पर उतर आई हो| फिर उन्हें तरह - तरह के आभूषणों आदि से सजाया गया| सुडौल अंग वाली विद्योत्तमा के होंठ - आँख - भौं - गाल इतने सुंदर लग रहे थे, जैसे पृथ्वी की सुंदरता चंद्रमा है| एक सखी ने महावर लगा दिया, दूसरी ने मंगलाचार के लिए उनकी आँखों में काजल लगा दिया| सारे वस्त्रों - आभूषणों, श्रृंगारों को करने के बाद विद्योत्तमा नदी में खिले कमल के समान खिल उठीं| तभी ध्रुवदेवी की आँखों में उसे निहारते हुए हाथ में कंगन बांधने के साथ आँसू भर आए|

इधर मातृगुप्त को भी वररुचि और अन्य ने राजकुमारों वाले वस्त्र - आभूषण से सुशोभित कर दिया| मातृगुप्त को महाराज विक्रमादित्य ने कुछ दूरी पर एक अत्यंत सुंदर मनोरम महल में ठहराया था| वहाँ से वे बारातियों के साथ महाराज विक्रमादित्य के राजभवन तक पहुँचे| अत्यंत सम्मान के साथ महाराज ने उन्हें रथ से उतारा| पाटलिपुत्र की सारी प्रजा वर रूप में सजे मातृगुप्त की एक झलक देखने को उतावली थी| महाराज विक्रमादित्य आगे - आगे चलकर उस संपन्न नगर में अपने जमाता को उस मार्ग से ले गए, जहाँ पथ में टखने तक फूल बिछे थे| नगर की स्त्रियां अपनी सुध - बुध भूलकर इस तरह टकटकी लगाकर मातृगुप्त को देख रही थी, जैसे वे सभी नेत्रों के माध्यम से उन्हें पी जाना चाहती हों| पाटलीपुत्र में

मंगलाचार के लिए जो धान के लावे फेंके थे, वे इस भीड़ में पिसकर चूर - चूर हो गए|

महाराज विक्रमादित्य ने मातृगुप्त को आसन पर बैठा रत्न, अर्ध्य, मधु, दही के साथ दो नए वस्त्र दिए| मातृगुप्त ने तत्क्षण अपने ससुर के हाथों दिए वस्त्रों को वररुचि के इशारे से पहना| फिर वर को वेदी के पास ले गया, जहाँ विधि - विधान अनुसार दोनों का विवाह पुरोहित ने करवाया| लावा फेंकने के साथ - साथ अग्नि के तीन फेरे लेते समय विद्योत्तमा का पूरा शरीर कंपायमान हो गया| ध्रुव तारा दर्शन, पत्थर साक्षी मानकर मातृगुप्त ने विद्योत्तमा को पत्नी रूप में वरण किया| होम के उठे धुएँ से विद्योत्तमा की आँख लाल हो गई| विवाह संपन्न होने के बाद कुलदेवता को प्रणाम कर, बड़ों का आशीर्वाद ले, वर - वधू को कोहबर ले जाया गया| कोहबर घर में वर - वधु को मीठा एक दूसरे के हाथों खिलाया गया| सारी रस्मों के समाप्त होने के बाद सखियां विद्योत्तमा को छोड़ हँसते हुए चली गई| इधर मातृगुप्त उस शीश महल की सजावट को देख आश्चर्यचकित रह गए| सुंदर - सुंदर चित्रकारी बहुमूल्य - मूर्तियां आलीशान पलंग, जिसपर पर चंनवा टंगा था| उसमें रंग - बिरंगी सुगंधित पुष्पों की लड़ियां सजाई हुई ऐसी जान पड़ती थी, जैसे आसमान से तारों की झड़ी लगातार झड़ रही हो| मातृगुप्त कभी इधर तो, कभी उधर घूमकर अंदर की सुंदरता को देख रहे हैं| वहीं विद्योत्तमा एक टक मातृगुप्त को ही निहार रहीं है| सर्वश्रेष्ठ विद्या की मालकिन विद्योत्तमा इस समय इतनी मासूम और भोली लग रही हैं, मानो ईश्वर ने एक अबोध बालिका की सारी मासूमियत उसी में भर दी हो| वह तो यह समझ रही है कि जिसने भारतवर्ष के विद्वानों को पराजित कर दिया; सामने वाले प्रखर विद्वान से वह स्वयं पराजित हुई, हम तो उनके सामने एक दम तुच्छ हैं| काफी समय प्रतीक्षा करने के उपरांत जब मातृगुप्त ने सुंदरता की प्रतिमा विद्योत्तमा की ओर तिरछी निगाहों से भी नहीं देखा तो, विद्योत्तमा स्वयं उनके पीछे - पीछे, किंतु यह क्या मातृगुप्त को तो अवसर ही नहीं इधर देखने के लिए| अवसर पाते ही विद्योत्तमा उनके चरणों को प्रणाम करने के लिए झुकीं| किंतु यह क्या मातृगुप्त भी उनके चरणों में नतमस्तक होने का प्रयास करने लगे| विद्योत्तमा ने उन्हें समझाते हुए कहा:-

"आप ये क्या कर रहे हैं?"

मातृगुप्त- "आप इतनी बड़ी राजकुमारी होकर हमें क्यों प्रणाम कर रहीं हैं?"

विद्योत्तमा- "क्योंकि अब तो आप ही हमारे पति परमेश्वर है| अच्छा, यह बताइए कि आपने हमारे प्रश्नों का इतना गूढ़ उत्तर कैसे दिया स्वामी?"

मातृगुप्त- "गूढ़ प्रश्न? आपका प्रश्न तो अत्याधिक सरल था देवी! हमें अत्यंत क्रोध आया, जब आपने एक अंगुली उठाकर हमारी एक आँख फोड़ने का संकेत दिया.... इसलिए हमने दो अंगुली दिखाई कि हम आपकी दोनों आँखें फोड़ डालेंगे।"

विद्योत्तमा विस्मित हो मातृगुप्त की ओर देख रही थी। मन को मना रही थी कि कहीं ये स्वामी का व्यंग हो।

विद्योत्तमा- "और जब हमने पाँचों अंगुलियां दिखाई।"

मातृगुप्त दोनों आँखें बड़ी करते हुए बोले:-

"आपने हमें थप्पड़ दिखाया तो हमने मुक्के से मारने की चेतावनी दी आपको।"

विद्योत्तमा विस्मय भरे नेत्रों से मातृगुप्त की तरफ देख रही थी। मन ही मन सोच रही थी:-

विद्योत्तमा- "क्या ये स्वामी के द्वारा किया गया व्यंग है या फिर? अर्थात......"

वह कुछ निर्णय कर सके इसके पहले ही मातृगुप्त हँसते हुए पलंग के समीप रखे पान - पीक - दानी में जो गंदा जल था उसे उठाकर पी जाते हैं।

विद्योत्तमा देखकर पूछती हैं:-

"यह क्या किया आपने?"

मातृगुप्त- "अत्यधिक प्यास लगी थी, सो जल पी लिया।"

विद्योत्तमा- "परंतु यह जल तो झूठा एवं गंदा था।"

मातृगुप्त- "हमें क्या आभास? हमें तो जल....."

तभी विद्योत्तमा को जानवरों के बोलने की आवाज़ सुनाई पड़ी। वे संस्कृत में कहती हैं कि- "उष्ट्र बोलता है।"

किंतु मातृगुप्त संस्कृत नहीं जानते थे। कुछ समझने के बाद उन्होंने कहा:-

"आप क्यों व्यर्थ की चिंता करती हैं? मौन धारण करके क्यों नहीं सो जाती?"

अचानक विद्योत्तमा को आभास होता है कि मेरे रूप गुणों का बखान ना करना और वो भी विवाह की पहली रात, महल को निहारना, पीक -

दानी का जल ग्रहण करना, संस्कृत ना समझ पाना यह तो महामूर्ख है| तत्क्षण वह मातृगुप्त को दिखाकर बोली:-

"अरे महामूर्ख! तूने छल से हमसे विवाह किया| तू तो महामूर्ख है| बता, तूने हमारे साथ ऐसा छल क्यों किया?"

मातृगुप्त रोने लगते हैं| रोते - रोते कहते हैं:-

"हमने कोई छल नहीं किया| हमसे जैसा कहा गया, वैसा हमने किया|"

विद्योत्तमा- "परंतु कौन, किसने कहा?"

मातृगुप्त नाम याद करने का प्रयास करते हैं किंतु उन्हें नाम नहीं याद आता|

विद्योत्तमा क्रोधित हो मातृगुप्त को महामूर्ख समझकर "भ्रष्टपद" से संबोधित कर, दरवाज़ा खोलकर रास्ता दिखाते हुए कहती हैं:-

"अरे भ्रष्ट! दरमितो गच्छ|"

अर्थात- "अरे मूर्ख, ज्ञान भ्रष्ट! यहाँ से दूर चले जाओ|"

विद्योत्तमा- "ओ छली महामूर्ख! इसी क्षण हमारी नज़रों से दूर चला जा, अन्यथा हम क्या कर बैठेंगे इसका अनुमान हमें भी नहीं|"

मातृगुप्त रोते - बिलखते दरवाज़े से निकल जाते हैं| कुछ दासियां उन्हें देखती हैं तो आश्चर्यचकित हो जाती हैं| विद्योत्तमा पलंग पर गिर फूट - फूट कर रोने लगती हैं| ऐसा लगता है जैसे शीशे का बना महल एक झटके में चूर -चूर हो गया हो|

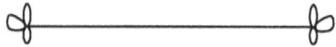

विद्योत्तमा पलंग पर लेटी - लेटी, फूट - फूट कर रोती हैं| साथ ही एक - एक कर अपने सारे आभूषणों को नोंच - नोंच कर फेंकती जा रही हैं| ऊपर देख - देख कर रो रही हैं| किंचित ईश्वर से अपने जीवन के इस व्यंग अध्याय का कारण पूछ रहीं हों कि:-

"हे ईश्वर! ऐसा कौन - सा अपराध हमने कर दिया जिसकी सजा तुमने ये दी कि ज़िन्दगी का उपहास ही बनाकर रख दिया| जिन व्यक्तियों के सामने सिर उठाकर खड़ी रहती थी, क्या अब उन्ही के सामने इस उपहास भरे सिर के साथ उपस्थित हो पाएंगे|"

इतने में वे चिल्लाती हुई उठ कर बैठ गईं| बाल बिखरे हुए थे| अभी कुछ देर पहले सजा - सजाया मासूमियत भरा मुख न जाने कहाँ खो गया| उसके स्थान पर क्रोध से भरी उनकी आँखें अंगारे बरसा रहीं थी| हृदय में

शूल सा जा रहा था| साक्षात् दुर्गा स्वरुप नज़र आ रहीं थी विद्योत्तमा| उनका विकट अट्हास सुन दासियां उनके सामने कांपती हुई उपस्थित हुईं| उन्होंने आदेश दिया:-

"हमारे लिए मदिरा लाओ|"

दासी- "क्या? मदिरा!"

दासियां जानती थी कि विद्योत्तमा कभी मदिरा पान नहीं करती, सो वे समझ नहीं पा रहीं थी कि इस परिस्थिति में क्या किया जाए| आदेश का पालन भी होना अनिवार्य था, परन्तु कुछ क्षण वें सोचने लगीं| विद्योत्तमा ने क्रोध भरी नज़रों से देखते हुए कहा:-

"हमने क्या कहा, सुनाई नहीं दिया क्या? आदेश का पालन करो|"

दोनों दासियां नतमस्तक हो वहाँ से बाहर निकल गयीं| विद्योत्तमा इधर - उधर घूमने लगीं| सारी भोग की वस्तुओं से आज नफ़रत सी होने लगी थी| कुछ क्षण के बाद ही दासियां मदिरा - पात्र लेकर उपस्थित हुईं| उसने तुरंत ही धातु से बने पात्र में मदिरा डाला और एक ही घूँट में पी गयी| फिर दूसरा, फिर तीसरा| उसने सबसे पहले पलंग पर लगी सजावट तोड़ मरोड़ डाली, पुष्पों की लड़ियों को तहस - नहस कर डाला फिर सामने आदम कद शीशा लगा था, उसमें अपना रूप देखने के बाद उसे ऐसा आभास हुआ कि आज विश्व की सबसे अभागिन स्त्री वही है| उसने मदिरा पात्र इतनी ज़ोर से शीशे पर मारा कि शीशा चकना - चूर हो गया| अब उसे बहुत सारी विद्योत्तमा एक साथ दिखाई देने लगी| वह अपनी दोनों हथेलियों से सिर पकड़ कर उठी और विकट गर्जना के साथ सारे शीशों को अपने पैरों तले रोंदने लगी, जिससे उनके पैर लहूलुहान हो गए| दासियां हतप्रभ| दोनों दासियां आपस में इशारा करती हुई वहाँ से भागीं ध्रुवदेवी को इसकी जानकारी के देने के लिए| विद्योत्तमा ने सारी मूर्तियां तोड़ डाली और उन सब के बीच बैठ कर रोने लगी|

मातृगुप्त पैदल चलते हुए रोते जा रहे थे| उन्हें जीवन में कभी इतना अपमान सहन नहीं करना पड़ा था| इतना ज्ञान था उन्हें कि पत्नी अपने पति को क्या सम्मान देती है, किन्तु आज जब विद्योत्तमा के द्वारा उन्हें ऐसा अपमान मिला तो उस असहनीय पीड़ा को किसके समक्ष प्रकट करें, उन्हें कुछ समझ नहीं आ रहा था| जाते समय जो प्रकृति की सुंदरता का नैन - स्वाद लेते वो गए थे, वही आते समय तुच्छ लग रहा था| सामने सिर्फ विद्योत्तमा का चेहरा राजभवन में शास्त्रार्थ के समय उनका वह सुन्दर मुख, जयमाला के समय उनका चेहरा, विवाह के समय की अपूर्व

सुंदरता, एवं अंतिम में कोहबर घर का वह अद्भुत सौंदर्य और उसका रौद्र रूप, उनका यूँ अपमानित करना, सारी बातें एक साथ दिमाग में आती और आँखें सावन - भादों की तरह बरसने लगतीं| मातृगुप्त ने सोचा कि माँ के पास चले जाएँ, किन्तु कौन सा मुख लेकर जाएँ? विद्वानता से कोसों दूर, वह तो अपनी भार्या से अपमानित होकर आये हैं| इस प्रकार मातृगुप्त रोते - बिलखते, नदी - वन पार करते हुए चले जा रहे हैं| मन में अपने प्रति घृणा का भाव है कि आखिर वे ही क्यों इतने बड़े मूर्ख हैं?

विद्योत्तमा के गृह में ध्रुवदेवी और कुमार गुप्त घबराये हुए प्रवेश करते हैं| शयन गृह की स्थिति देख चिंतित हो जाते हैं| सारे आभूषण इधर - उधर बिखरे पड़े हैं| आदमकद शीशा चकनाचूर| बहुमूल्य मूर्तियां चहुँ ओर बिखरी, और उन सबके बीच रक्त - रंजीत विद्योत्तमा| ध्रुवदेवी दौड़ कर उनके पास जाती है| वे लगभग मूर्छित अवस्था में पलंग से सट कर भूमि पर हताश बैठी है| ध्रुवदेवी उसके गालों को सहलाते हुए पूछती है:-

"क्या हुआ पुत्री, क्या हुआ?"

कुमारगुप्त उसके बगल में खड़ा आश्चर्य से देख रहा है| अचानक से विद्योत्तमा रोते हुए माँ के गले लग कहती है:-

"माँ, आपने ठीक कहा था कि अहंकार वश तू किसी परेशानी में ना पड़ जाए| माँ..... माँ...... हमसे छल हुआ है माँ...... मातृगुप्त महामूर्ख है माँ...... हमसे छल हुआ है|"

ध्रुवदेवी- "सम्भालो अपने आपको पुत्री...... किन्तु वह है कहाँ?"

विद्योत्तमा (रोते हुए)- "माँ, वह विद्वान तो दूर की बात है, उन्हें तो संस्कृत भी नहीं आती..... पान, पीक - दानी में जो जल था वो उसे पी गए..... हमने उन्हें निकाल दिया माँ..... हमने उन्हें निकाल दिया|"

कुमारगुप्त- "किन्तु तुमने उन्हें निकल क्यों दिया? उन्हें तो हम दण्डित करते|"

विद्योत्तमा- "कैसा दंड भ्राता, कैसा दंड, दंडनीय तो हम स्वयं हैं..... आज हमारे अहंकार के कारण ही ईश्वर ने हमें दण्डित कर दिया है भ्राता|"

ध्रुवदेवी उसे उठाती हैं, पलंग पर बैठाती हैं| दासियों को इशारा देती हैं| दासियां उनके पैरों के रक्त को साफ़ कर उसमें औषधि लगाती हैं|

सारे पाटलिपुत्र में रातों - रात यह बात फ़ैल जाती है कि विद्योत्तमा का पति महामूर्ख निकला और विद्योत्तमा उन्हें भगा दिया| उषा बेला होते - होते चहुँ ओर कानाफूसी होने लगी| कहीं पुरुष वर्ग में तो कहीं स्त्री वर्ग में, अलग - अलग तरह की बातें होने लगीं| सारे व्यक्ति अपने - अपने विचार व्यक्त करने की होड़ में अपने व्यक्तव्य को स्थापित करने का प्रयास कर रहे थे|

कोई कहता कि- "विद्योत्तमा का अहं भगवान से देखा नहीं गया", तो कोई कहता- "बेचारी के साथ बहुत बुरा हुआ", कोई कहता- "उसने जिस तरह अच्छे - अच्छे विद्वानों को अपमानित किया, उसी का यह फल है", तो कोई कहता- "सुना है कि उसने अपने वर को मार कर भगा दिया|" कोई कहता- "अरे उसका वर तो महामूर्ख निकला, कोई कहता है- "शोक से विद्योत्तमा की हालत ख़राब है|" उसी में कोई कहता है- "पता है दासियों के माध्यम से ये खबर मिली है कि राजकुमारी को जब पता चला कि वर महामूर्ख है, तो उसने धक्के मार कर उन्हें दरवाज़े से बाहर दिया, और स्वयं को भी क्षतिग्रस्त कर लिया, साथ ही सारी बहुमूल्य वस्तुओं को तोड़ - फोड़ दिया|"

कोई कहता है कि- "इसमें निश्चित किसी की राजनीति है| उसका वर जब मूक शास्त्रार्थ के लिए लाया गया, तभी मेरे मस्तिष्क में आया कि निश्चय ही यहाँ कुछ अनहोनी होने वाली है|"

इसी तरह पूरे पाटलीपुत्र में तरह - तरह की बातें हो रहीं थीं| एक दिन पहले जहाँ उत्सवी माहौल था, वहीं आज मातमी सन्नाटा पसरा हुआ है| पूरे नगरवासी इस शौक में व्याकुल, जिज्ञासु, भयभीत, चिंतामग्न दिखाई दे रहे थे| ख़ुशी की लहर छायी थी तो, वो भवन था जहाँ सभा - रत्न इकट्ठे थे| उन सबके बीच षड़यंत्र की सफलता मनाई जा रहीं थी| उनमें भी सबसे अधिक ख़ुशी वररुचि को थी जो के माध्यम से विद्योत्तमा की मनोदशा जान था| उसकी आँखों में कुटिल मुस्कान फैली हुई थी|

महाराज चन्द्रगुप्त विक्रमादित्य अत्यधिक क्रोध सहित विद्योत्तमा के महल की ओर बढ़ रहे हैं| उनके क्रोध को देख स्थान - स्थान पर तैनात द्वारपाल समय से पहले ही द्वार छोड़ देते| एक के बाद एक द्वार पार करते हुए वे विद्योत्तमा के विश्राम गृह में पहुँचे| जहाँ विद्योत्तमा पलंग पर लेटी हैं| उनके पैरों में वैद्य जी औषधि लगा रहे हैं| महारानी ध्रुवदेवी उनके सिरहाने बैठी हुई हैं| विद्योत्तमा की आँखे बंद हैं| महाराज की आँखें अश्रु सहित महारानी ध्रुवदेवी से जैसे ही मिलती हैं, वे भी स्वयं आसुंओं से

रोक नहीं पाते| एक ऐसा वीर जिसने दर्जनों युद्धों में रक्त की नदियां देखीं, विरोधियों को अपने अस्त्रों - शास्त्रों से पराजित ही नहीं किया, बल्कि कई बार उनका वध भी कर डाला| अपने सैनिकों को तड़प - तड़प कर वीर - गति को प्राप्त होते देखा, किन्तु ऐसी मनोदशा तो पहले कभी नहीं थी जो आज अपनी पुत्री को देख हो रही थी| आँसू को ज्वार - भाटे के सामने नैन - कटोरी में समेटने का असफल प्रयास किया, किन्तु अश्रु की बूँदें गिरीं और वो भी विद्योत्तमा के गालों पर| जिससे उनकी आँखें खुल गयी| उन्होंने अपने अपराजित पिता को इस प्रकार आसुंओं से पराजित होते देखा वो स्वयं पर नियंत्रण रख बोली:-

"पिता जी, आपकी आँखों में अश्रु की बूंदें शोभा नहीं देती|"

आसुंओं को तत्क्षण पोंछते हुए महाराज विक्रमादित्य कड़कते स्वर में बोले:-

"पुत्री, हम उसे कभी क्षमा नहीं करेंगें, जिसने तुम्हारा ये हश्र किया है|"

विद्योत्तमा आसुंओं को रोकते हुए कहती हैं:-

"पिताजी, इसमें किसी का कोई दोष नहीं, यह हमारे कर्मो का फल है|"

विक्रमादित्य- "तो पुत्री, तुम भी इस विवाह को भूल जाओ.... समझो कि यह एक भयानक स्वप्न था|"

विद्योत्तमा की आँखों में संकल्प की भावना|

विद्योत्तमा- "नहीं पिताजी, हम आजीवन इस विवाह को नहीं भूलेंगे... ये विवाह हमें याद दिलाता रहेगा कि अहं का अंत किस तरह होता है|"

ध्रुवदेवी- "पुत्री, अब भी तुम हमारी बात मानो और इस विवाह को भूल पुनर्विवाह कर अपने जीवन को सफल बनाओ|"

विद्योत्तमा- "नहीं माँ, हम ऐसा नहीं कर पाएंगे| हम आजीवन इसी प्रकार अपना जीवन व्यतीत कर लेंगे, किन्तु पुनर्विवाह करना तो दूर हम उस पर सोचेंगे भी नहीं|"

इतना कहते हुए विद्योत्तमा ने अपनी आँखें बंद कर लीं| पलकें द्वार की तरह बंद तो हुईं, किन्तु अपना बहुमूल्य सामान बाहर निकालते हुए| आसुंओं की बूँदें दोनों आँखों से बह निकलीं| ध्रुवदेवी और महाराज विक्रमादित्य उसकी असहनीय पीड़ा को समझ गए, परन्तु उन्हें अभी ऐसा लगता था जैसे एक बहुत बड़े साम्राज्य का सम्राट होने के बाद भी, वे एक भिक्षु से भी तुच्छ हैं, जो अपनी पुत्री की झोली में खुशियों के कुछ क्षण भी नहीं

डाल सकते| महारानी ध्रुवदेवी पुत्री की इस दशा से कोने में जाकर मुँह बंद कर बिलख - बिलख कर रोने लगी| महाराज उनके कंधे पर हाथ रख कर उन्हें सांत्वना देते हैं| ध्रुवदेवी अपने पति परमेश्वर महाराज विक्रमादित्य के कंधो पर सिर रख रोने लगी| महाराज भी अश्रु को नहीं रोक सके|

मातृगुप्त बच्चों की तरह रोते - बिलखते हुए रास्ता भूलते - भटकते हुए किसी तरह पूछते - पूछते गुरुआश्रम पहुँच जाते हैं| आश्रम में गुरूजी विद्यार्थियों को वृक्ष के नीचे पढ़ा रहे हैं| वे रोते हुए दौड़ कर गुरूजी के चरणों को पकड़ लिपट जाते हैं| गुरु आश्चर्य - चकित हो उन्हें अपने चरणों से उठाते हुए, पहले उन्हें चुप करते हुए समझाते हैं:-

"क्या हुआ वत्स... पहले तुम रोना बंद करो और हमें बताओ कि क्या हुआ?"

गुरु के बार - बार प्रयास करने पर मातृगुप्त ने हिचकते हुए कहा- "गुरूजी... हम जिनके साथ गए थे, पहले तो उन्होंने हमें अच्छा भोजन, अच्छा वस्त्र दिया| फिर हमें एक बहुत बड़े आलीशान महल में ले गए, जहाँ एक सुन्दर राजकुमारी ने हमें इशारों से कुछ कहा| हमनें भी उसका उत्तर दिया... फिर हमारा विवाह हुआ|"

इतना कहते - कहते मातृगुप्त पुनः बिलखने लगते हैं| गुरु भी आश्चर्य चकित हो जाते हैं| मन ही मन सोचने लगते हैं:-

"महल..? सुन्दर कन्या..? प्रश्न-उत्तर..? विवाह...? कहीं राजकुमारी विद्योत्तमा से तो इसका विवाह नहीं हुआ?"

गुरु (व्यक्त)- " वत्स, फिर क्या हुआ हमें बताओ...?"

मातृगुप्त- "विवाह की रात में उस सुन्दर राजकुमारी ने हमें अपने महल से निकाल दिया|"

गुरु के मस्तक पर चिंता की लकीर खिंच जाती है| सारे विद्यार्थी भी आश्चर्य से मातृगुप्त का चेहरा देखने लगते हैं| गुरु अपने स्थान से दो कदम पीछे चले जाते हैं| हेमचन्द्र उनकी चिंता देख कहता है:-

"गुरूजी, आप व्यर्थ ही इसकी बातों में उलझ रहें हैं| जल में भी कभी आग लग सकती है? कहाँ राजकुमारी और कहाँ ये महामूर्ख.... इनका विवाह असंभव है|"

नित्यानन्द- "हाँ गुरूजी, हेमचन्द्र सत्य कह रहा है| ये सब मिथ्या कह रहा है आप व्यर्थ की चिंता ना करें|"

सारे विद्यार्थियों में कोलाहल की स्थिति हो जाती है| गुरु हाथ उठा कर सभी को शांत रहने का इशारा देते हैं| मातृगुप्त डर जाते हैं | डरते हुए:-

मातृगुप्त- "हम सत्य कह रहें हैं गुरूजी|"

गुरु- "हम जानते हैं वत्स कि तुम कभी असत्य नहीं कहते..... हमारी चिंता भी यही है, किन्तु राजकुमारी का विवाह तुमसे? इसमें निश्चित ही कोई अंदरूनी राजनीति छिपी है..... और हमारी चिंता का कारण भी वही है|"

मातृगुप्त- "गुरूजी, अब हम कहाँ जाएं? क्या करें?"

गुरु- "यहीं रहो वत्स और हम ईश्वर से प्रार्थना करेंगे कि तुम स्वयं को अपनी अर्धांगिनी के अनुकूल बना सको|"

सारे विद्यार्थी मुँह दबा कर गुरु से नज़रे चुरा कर हँसते हैं| गुरु वहाँ से चिंतित मुद्रा में प्रस्थान करते हैं| गुरु के जाने के बाद हेमचन्द्र मातृगुप्त से कहता है:-

"अब तो तुम मूर्ख के साथ मिथ्याभाषी भी हो गए|"

नित्यानद- "लगता है भगवान ने सारे अवगुण इसी को दिए हैं|"

तीसरा- "किन्तु आज तो इसने गुरु को अपनी बातों पर विश्वास दिला दिया|"

हेमचन्द्र- "एक तो इसका विवाह होगा नहीं, दूसरा इसने तो राजकुमारी को ही पत्नी बना लिया|"

मातृगुप्त- "हम असत्य नहीं कह रहे हैं|"

हेमचन्द्र- "हूं(मुँह बना कर), तो हो सकता है कि स्वप्न में देखा होगा|"

सारे विद्यार्थी हँसने लगते हैं| मातृगुप्त रोने लगते हैं|

विद्योत्तमा के बदन पर नाममात्र आभूषण रहने पर भी वह किसी वन-देवी से कम नहीं लग रहीं थी| अपने निजी उद्यान के सरोवर के समीप बने वृक्षों एवं पुष्पों के बगीचे में घूम रहीं है| नैनों में उदासी के भाव हैं| तभी सामने से एक रूपवती युवती आती दिखाई देती है| दोनों एक दूसरे को देखते हैं| अचानक से दोनों के पैर में मानो पंख लग गए हो| दोनों दौड़ते हुए एक दूसरे के गले लगते हैं| दूसरी युवती विद्योत्तमा की बड़ी बहिन

प्रभावती गुप्ता है| प्रभावती का रंग - रूप आदि विद्योत्तमा के जैसा ही है| उनको देखने से ऐसा प्रतीत होता है जैसे वो विधवा हैं| दोनों की आँखें एक दूसरे से मिल रहीं हैं| धीरे - धीरे समुद्र रूपी नेत्रों में तूफ़ान आता है| आँसू रुपी तूफ़ान को रोकने का पूरा प्रयास करने के बाद भी वह अपनी सीमाओं को तोड़ते हुए नयन - कटोरे से बाहर निकल पड़ते हैं| किसी तरह प्रभावती स्वयं पर नियंत्रण रख विद्योत्तमा से पूछती हैं :-

"कैसी हो बहिन?"

विद्योत्तमा- "हम तो अच्छे हैं| आप बताएं कि आप हमारे विवाह में क्यों नहीं आयीं दीदी?"

प्रभावती- "हम तो यह सोच नहीं आये कि हम ठहरे अभागिन| पिता जी ने हमारा विवाह रुद्रसेन से किया किन्तु तुम तो जानती ही हो कि अल्पाविधि में ही हम विधवा हो गए| सो हमने सोचा कि हमारी परछाई भी तुम्हारे विवाह से दूर रहे ताकि तुम्हारा अमंगल ना हो परन्तु....."

विद्योत्तमा- "परन्तु विधाता को यह रास ना आया दीदी...... अच्छा हुआ कि तुम नहीं आयी...... नहीं तो हमारे दुर्भाग्य के कारण तुम स्वयं को दोष देती| कम से कम इससे तो बच गयीं|"

प्रभावती- "तुम हमें उलाहना दे रही हो बहिन?"

विद्योत्तमा- "नहीं दीदी! उलाहना नहीं, बल्कि ये बता रही हूँ कि किसी दूसरे का भाग्य कोई दूसरा नहीं बदलता बल्कि भाग्य तो उसके कर्मो का फल होता है|"

प्रभावती- "किन्तु तुमने तो ऐसा कोई कर्म नहीं किया?"

विद्योत्तमा- "हमारा अहंकार हमें इस परिस्थिति में डाल गया दीदी|"

प्रभावती- "स्वयं को दोष क्यों देती हो? हमारा विवाह तो बाल्यकाल में ही हुआ| हमें नहीं लगता हमने कोई अपराध किया हो, किन्तु पृथ्वीषेण की पुत्र - वधु बाल्यकाल में विधवा ही नहीं हुई बल्कि कुन्तलेश द्वारा पराजित भी हुई| ये सब विधि का विधान है| हमारे साथ जो हुआ सो हुआ किन्तु हम तो तुम्हें यही परामर्श देते हैं कि तुम इस विवाह को भूल दूसरा विवाह कर लो|"

कुटिल मुस्कान के साथ विद्योत्तमा कहती है:-

विद्योत्तमा- "क्या हमें समझाने के लिए ही पिता जी द्वारा तुम्हें यहाँ बुलाया गया है? दीदी एक बात बताओ कि तुमने दूसरा विवाह क्यों नहीं किया?"

प्रभावती के चेहरे पर प्रश्नचिन्ह लग जाता है। विद्योत्तमा उस चेहरे में उत्तर ढूँढ़ने का प्रयास कर रही हैं।

मातृगुप्त जब से पाटलिपुत्र से लौटे हैं, तब से हर समय उनके मस्तिष्क में विद्योत्तमा का चेहरा ही घूमता दिखाई देता है। किसी काम में मन नहीं लगता। गुरूजी के कहने पर वे वनपट्टी से लड़कियां लेने के लिए कंधे पर कुल्हाड़ी लिए जा रहे हैं। आज उन्हें प्रकृति का अनुपम सौंदर्य भी सुहावना नहीं लग रहा है। घुमावदार पगडंडी पर चलते हुए उन्हें दूर से आती एक डोली दिखाई देती है। वह कुछ उत्साहित होते हुए आगे बढ़ते हैं। तब तक डोली कुछ और समीप आती है। चार कंहार डोली उठा के जा रहें हैं। तभी उनके सामने से डोली निकलते ही ज़ोर की हवा चलती है और डोली का पर्दा हट जाता है। मातृगुप्त डोली में बैठी कोइली को पहचान लेता है। तब तक डोली कुछ आगे निकल जाती है। मातृगुप्त चिल्लाते हुए दौड़ते हैं:-

"कोइली.....कोइली......कोइली....."

कहर डोली स्थिर करता है। मातृगुप्त समीप आकर प्रश्नात्मक नज़रों से देखते हैं। कोइली भी जानी - पहचानी आवाज़ सुन, आवाज़ की दिशा में देखती है।

मातृगुप्त- "कोइली.....कोइली.....तुम कहाँ जा रही हो?"

कोइली अश्रु भरे नेत्रों से कहती है:-

"मातृगुप्त, हम ससुराल जा रहे हैं।"

मातृगुप्त- "क्या अब कभी नहीं आओगी?"

कोइली- "हमारा गौणा हुआ है, अब तो हम ससुराल में ही रहेंगे ना।"

मातृगुप्त विचलित हो जाते हैं। शरीर में न जाने एक प्रकार की हलचल सी होने लगती है, किन्तु समझ नहीं पाते। कोइली प्यार भरी नज़रों से मातृगुप्त को देख रही है। मातृगुप्त की आँखों में आँसू बादलों की भांति छा जाते हैं। कंहार डोली आगे बढ़ाते हैं। कोइली दूर तक उन्हें देखती जाती है।

सारे विद्यार्थी गुरु आश्रम में पंक्तिबद्ध हो भोजन कर रहे हैं। गुरू जी तभी आते हैं। सारे विद्यार्थी खड़े हो जाते हैं। गुरु आज्ञा देते हैं।

गुरु- "आप लोग भोजन त्याग हमारे सम्मान के लिए खड़े हुए, किंतु इससे अन्नपूर्णा देवी का अपमान होता है, सो आप लोग भोजन करें|"

सारे विद्यार्थी पुनः बैठ जाते हैं|

गुरु- "हम ये कहना चाहते हैं कि भोजन के उपरांत आप सभी हमसे भेंट करें|"

इतना कह गुरु प्रस्थान करते हैं| उनके जाने के उपरांत सारे विद्यार्थियों में कौतुहल| सब शीघ्र ही भोजन कर गुरु जी की कुटियाँ में जाकर उपस्थित होते हैं| मातृगुप्त भी उनके पीछे - पीछे जाते हैं| सारे विद्यार्थियों की उपस्तिथि देख गुरु कहते हैं|

"कल प्रातः कालीन तुम सभी को हमारे संग हिमालय के लिए प्रस्थान करना है| वहाँ जाकर तुम्हें समीप से हिमालय स्थिति का ज्ञान करवाना है कि किस तरह उत्तर में हिमालय हमारे रक्षार्थ मुकुट बन भारत का गौरव बन खड़ा है| संग ही हिमालय के आध्यात्मिक महत्व को समझाते हुए शंकर - पार्वती का विवाह किस प्रकार हुआ इसका ज्ञान कराना है|"

मातृगुप्त - "गुरु जी, हम भी जाएंगे|"

एकाएक कुटिया में हलचल| सारे विद्यार्थी उसका विरोध कर कानाफूसी करते हैं|

हेमचंद्र- "गुरुजी मातृगुप्त वहाँ जाकर क्या करेगा, इसको किसी ज्ञान की क्या आवश्यकता?"

नित्यानंद- "हाँ गुरु जी, सुना है वहाँ काफी ठंडी पड़ती है, तो फिर ये बेचारा उस ठंडी में जाकर क्यों सिकुड़े?"

हेमचंद्र- "और गुरुजी... ना ही मातृगुप्त को अपने गांव की भौगोलिक स्थिति का ज्ञान है, ना ही भारतवर्ष का|"

नित्यानंद- "शिव - पार्वती के विवाह का प्रसंग जानकार यह क्या करेगा?"

हेमचंद्र- "इसे कोई काव्य रचना तो करनी नहीं|"

अचानक गुरु जी कड़ी आँखों से देखते हैं|

गुरुजी- "हमें लगता है कि तुम दोनों को अपनी विद्या पर अभिमान हो गया है| एक बात जान लो, यहाँ भविष्य - द्रष्टा कोई नहीं| भविष्य में कौन क्या करेगा, यह तो आने वाले काल के मुख में है परंतु इतना तय है कि यदि रात भर हम सभी सुरक्षित रहे तो मातृगुप्त भी हम लोग के साथ जाएगा|"

मातृगुप्त का चेहरा खिल उठा| उसने बाहें फड़का कर विद्यार्थियों के सामने अपनी जीत का प्रदर्शन किया| विद्यार्थियों का मुँह लटक गया|

गुरूजी- "तुम सभी प्रातः काल अतिशीघ्र उठकर अपनी नित्य क्रिया से निवृत हो आवश्यकता अनुकूल परिधानों के साथ तैयार होना| अब विश्राम करने जाओ|"

सारे विद्यार्थी प्रस्थान करते हैं| अंत में मातृगुप्त जा रहें है| गुरु उसके कंधे पर हाथ रख कर कहते हैं:-

"वत्स... तुम अपने सहपाठियों की बातों को मन से मत लगाना| ये सभी अभिमानी हो गए हैं|"

मातृगुप्त- "जैसी आज्ञा गुरुजी|"

गुरुजी- "अब जाओ तुम भी कुछ देर विश्राम कर लो, कल प्रातः काल प्रस्थान भी करना है|"

मिथिला एवं कालिदास

पुस्तक के आधार पर

सामने खड़ा हिमालय| दूर - दूर तक पसरी उसकी चोटियां| गुरूजी स्थान - स्थान पर चलते - चलते अपने शिष्यों को हिमालय की महिमा के बारे में समझा रहे हैं|

गुरु- "शिष्यों ये दूर - दूर तक फैली हिमालय की चोटियां हैं| हिमालय की महिमा का बखान जितना किया जाए, कम ही है| सबसे पहले तो हिमालय के कैलाश शिखर पर स्वयं महादेव ने अपना बसेरा बनाया है, और हिमालय की पुत्री पार्वती से विवाह कर इनके मस्तक को और गौरवान्वित किया है|"

सारे शिष्य उनकी बातों को ध्यान से सुन रहे हैं| मातृगुप्त भी ध्यानमग्न हो सुन रहे हैं|

गुरु- "ये वही हिमालय हैं जिनकी गोद में नाना प्रकार के रत्न एवं औषधि समाई हुई हैं| इनकी गोद से निकली अनेक नदियों से आर्यावर्त जीवित है| चर और अचर प्राणी सब इनकी गोद में ही आश्रय पाते हैं| यहाँ से निकलकर सदा बहती हुई और समुद्र की लहरों से टक्कर लेने वाली निर्मल नदियां जैसे अपनी पवित्रता से सारे संसार को पवित्र करती हैं| हिमालय ऐसे महान है कि यज्ञ का भाग पाकर सुमेरु पर्वत की सुनहरी और ऊँची चोटी को भी नीचा दिखा दिया है|"

सारे शिष्यों के साथ गुरु हिमालय की सैर करते हुए हिमालय की तराई में वापिस आए और कौशिकी नदी जो सात नदियों का संगम स्थान है, वहाँ आकर सभी ने स्नान किया| गुरु ने समझाया:-

गुरु- "ये नदी सात नदियों के संगम का तीर्थ स्थान है| यह सप्त कौशिकी अथवा नारायणी नाम से पहचानी जाती है|

जिनमें १. सुन कोशी २. भेटिया कोशी ३. तांबा कोशी ४. लिखु कोशी ५. दूध कोशी ६. अरुण कोशी ७. ताम्बर कोशी|

ये मिथिला में प्रसिद्ध तीर्थ स्थल है।"

अधिक समय तक घूमने फिरने के पश्चात सारे शिष्य थक चुके थे, सो कुछ देर वहाँ विश्राम करना उचित समझा। गुरुजी भी बैठ गए।

गुरु- "हिमालय ने अपनी पुत्री पार्वती जी को जन्म दिया। जिनसे उनका मस्तक और ऊँचा हो गया। पार्वती जी ने ऐसी घोर तपस्या कि भगवान शंकर ने स्वयं ब्रह्मऋषियों को हिमालय के पास जाकर शंकर - पार्वती के विवाह की बात करने को कहा। शंकर - पार्वती जी के विवाहोत्सव पर पूरा हिमालय एवं तराई प्रदेश इस प्रकार सजा दिया गया कि स्वर्ग से बढ़कर हिमालय की राजधानी लगने लगी।"

मातृगुप्त विद्योत्तमा की यादों में खो गए। उनके सामने गुरु ने जिस प्रकार पार्वती जी की सुंदरता का वर्णन किया, वैसा ही उन्हें विद्योत्तमा का सौंदर्य नज़र के सामने दिखाई देने लगा। विद्योत्तमा की बड़ी - बड़ी, काली - काली आँखें, वो लंबी नाक, दूध में सिंदूर मिला रंग तिलकोड़ के पत्ते के समान पतले होंठ एवं उसी के फल के समान लाल। हंस सी लंबी गर्दन। सुमेरु पहाड़ की तरह उच्च कठोर स्तन। पतली कमर। नितंबों के भार से आगे की झुक कर चलने वाली के पेट पर पड़ी रेखाएं। सारा शरीर - सुडौल। उन्हें शब्दों का ज्ञान तो नहीं था किन्तु उनके सामने ऊपर से नीचे के अंगो की प्रत्येक सौंदर्य आँखों से सामने नाचने लगी। मन विचलित हो रहा था। सर्वप्रथम उस सभा में विद्योत्तमा को देखना फिर विवाह और फिर वह अंतिम काली रात जिसमें विद्योत्तमा ने उन्हें महामूर्ख कह कर भवन से निकाल दिया था। गुरुजी के साथ पुनः सारे शिष्य हिमालय देखने निकल पड़े।

विद्योत्तमा अपने महल में पलंग पर लेटी कोई पुस्तक पढ़ रहीं हैं। हाथ में पुस्तक आँखों के सामने अक्षर से बने शब्द और शब्दों से बने वाक्य हैं किन्तु उन वाक्यों को आँखें पढ़ तो लेती हैं, परंतु मस्तिष्क तक या तो पहुँचती नहीं या फिर मस्तिष्क उसे समझने में असमर्थ है। कारण आँखों के सामने वह मातृगुप्त का चेहरा नाच रहा है। ना चाहते हुए भी नज़र के सामने मातृगुप्त का चेहरा चक्र की भांति घूम रहा है। जब उनका मन पुस्तक में नहीं लगता तो वे महल से बाहर निकल सामने के बगीचे में मन बहलाने का प्रयास करती हैं। जो विद्योत्तमा आसमान में उड़ते पक्षियों को देख आनंद विभोर हो जाती थी, वहीं आज पक्षियों का उड़ना मन को नहीं भा रहा है। जिन्हें आज तक पक्षियों के प्रकृति का संगीत सुनाई देता था, आज उन्ही पक्षियों का स्वर कान में कोलाहल की तरह जान पड़ रहा है। बगीचे में बने सरोवर के समीप पहुँच अपने दोनों पैरों को जल में डाल

कर बैठ जाती हैं| तभी वहाँ वररुचि आते हुए दिखाई देते हैं| वररुचि को देख वह अपने पांव सरोवर से खींच ऊपर लाती है| दोनों एक दूसरे के समीप आते हैं| वररुचि तो विद्योत्तमा की मनोदशा देखने आए हैं, किंतु मनोदशा का तो बाह्य रूप देखने से भी अनुमान लगाया जा सकता है| समीप आकर विद्योत्तमा ने कहा:-

"प्रणाम आचार्य!"

वररुचि- "सौभाग्यवती भव!"

विद्योत्तमा उदास मुस्कान से मुस्कुराते हुए:-

"क्या आप हमारी परिस्थिति पर व्यंग करते हुए हमें यह आशीर्वाद दे रहे हैं?"

वररुचि- "ऐसा क्यों कहती हो?"

विद्योत्तमा- "क्योंकि आप जानते हैं कि हमारे पास भाग्य नाम की कोई वस्तु है ही नहीं, तो हम सौभाग्यवती कैसे होंगे?"

वररुचि- "परिस्थिति सर्वदा एक जैसी नहीं होती विद्योत्तमा, और मनुष्य अपने कर्मो के द्वारा अपने भाग्य का उदय कर सकता है|"

विद्योत्तमा- "परंतु आचार्य, हमने तो अपने ही कर्मो द्वारा अपने भाग्य का सूर्यास्त कर लिया है|"

वररुचि- "सूर्यास्त के बाद पुनः सूर्योदय होता है|"

विद्योत्तमा- "किन्तु समय लौटकर नहीं आता|"

वररुचि- "इसलिए मनुष्य को समय के साथ चलना चाहिए|"

विद्योत्तमा- "किन्तु अतीत पीछा तो नहीं छोड़ता|"

वररुचि- "गिर कर उठने की हिम्मत करनी चाहिए|"

विद्योत्तमा- "अब हममें वह हिम्मत नहीं आचार्य.... और आपका इशारा हम समझ रहे हैं| पिताजी हमें स्वतंत्र क्यों नहीं छोड़ देना चाहते हैं? हम जानते हैं कि आप भी पिताजी के कहने से आए हैं|"

वररुचि- "नहीं विद्योत्तमा, ऐसा नहीं है| हम तो बस तुम्हें...."

विद्योत्तमा- "हमें समझाने आ गए या फिर हमारी मनोदशा देख मन को प्रसन्न करने......?"

वररुचि- "नहीं विद्योत्तमा, अब हम तुम्हें कैसे समझाएं?"

(मन में सोचते हैं) वररुचि- “हमने तो इसके साथ अन्याय कर दिया| एक खिलते हुए फूल को कुचल डाला| हमें ऐसा नहीं करना चाहिए|”

वररुचि वापस लौट रहे हैं| विद्योत्तमा उन्हें देख रही हैं|

गुरु आश्रम में सारे शिष्य और गुरु वापिस आते हैं| मातृगुप्त आते ही सर्वप्रथम गायों के पास जाकर उन्हें दुलार - प्यार करते हैं| आते - आते शाम हो गई है, सो हेमचंद्र पहले दीया जलाने नदी पार कर माँ के मंदिर जाता है| मातृगुप्त के पास गुरु आते हुए कहते हैं:-

“मातृगुप्त आते ही गौ सेवा में लग गए| काफी थके हो आज, विश्राम कर लो| कल से गौ सेवा करना|”

मातृगुप्त- “किंतु गुरु जी देखिए ना! आज तो गौंओं ने कुछ खाया ही नहीं; हम नहीं थे सो उन्हें चिंता होने लगी|”

ठीक उसी समय एक दो शिष्य वहाँ खड़े रहते हैं| सो वे यह बात सुन कहते|

पहला- “गौ को तुम्हारे आने की चिंता हो रही थी| हा... हा...”

गुरु- “तुम क्या जानो पशुओं को अपने वश में करना| एक बार मनुष्य तो धोखा दे सकता है किंतु पशु कभी धोखा नहीं देता| मातृगुप्त सौभाग्यशाली है कि उसकी चिंता पशु भी करते हैं|”

दूसरा- “है भी तो यह पशु की श्रेणी का|”

गुरु- “तुम लोग अत्यधिक उदंड हो गए हो| कब कहाँ किन शब्दों का प्रयोग करना चाहिए, ये औपचारिकता भी भूल गए हो....| चलो जाओ विश्राम करो|”

दोनों अपना सा मुँह लेकर चले जाते हैं| गुरु मातृगुप्त के सिर पर स्नेह भरा हाथ फेरते हैं| मातृगुप्त मुस्कुरा पड़ते हैं| गुरु गौ के शरीर को सहलाते हैं| गौ भी उनके सम्मान में आवाज़ निकालते हुए खाने लगती हैं|

भादौ का मौसम| मातृगुप्त वनपट्टी में लड़कियां लेने गए हैं| आजकल दिन - रात बादल घिरे रहते हैं| बारिश होती रहती है| गुरु - आश्रम में जलावन के लिए लकड़ियां नहीं है, सो मातृगुप्त किसी तरह लकड़ी काट रहे हैं| उन्हें तो बादलों से भरा आसमान, काले - काले मेघ पूरे आसमान की सैर करते हुए बचपन से ही पसंद है| मेघो को छूने, उन तक पहुँचने का सपना अब

तक अधूरा है| अब सोचते है कि लम्बाई में कुछ बड़े हो गए हैं, तो अब निश्चित ही मेघ को हम छू पाएंगे| किंतु आश्चर्यचकित तो तब रह जाते हैं जब लंबे से लंबे वृक्ष पर चढ़ने के बाद भी बादलों का एक टुकड़ा तक उनकी मुट्ठी में नहीं आता| एक के बाद दूसरे वृक्ष और दूसरे के बाद तीसरे वृक्ष पर चढ़ते हुए मातृगुप्त उन काले मेघा को अपने हाथों से छूना चाहते हैं, किंतु सफलता हाथ नहीं लगती| पराजित हो कटी हुई डाल को कंधे पर लेकर कुल्हाड़ी हाथ में थामते हुए आसमान की ओर टकटकी लगाए हुए जा रहे हैं| अचानक ठोकर लगती है, गिरते हैं, घुटना फूट जाता है| दर्द होता है, फिर उठते हैं कष्टदायक पीड़ा के साथ आगे बढ़ते हैं| स्थान - स्थान पर नालियां भर गई हैं| नदी में उफान आ गया है| जंगली पशु भी विचलित हो चिंघाड़ते हुए, इधर - उधर विचरते हुए, सुरक्षित स्थान में चले जाना चाहते हैं| किसी तरह गुरु - आश्रम पहुँचते हैं| गुरु उन्ही की प्रतीक्षा में खड़े हैं| गुरु उन्हें देख क्रोधित हो कहते हैं:-

गुरु- "तुम्हें ऐसे रूद्र मौसम में किसने लकड़ियां लाने को कहा था|"

मातृगुप्त मासूमियत से उत्तर देते हैं:-

"परंतु गुरु जी, यह काम तो हम प्रत्येक दिन करते हैं| आज नहीं जाने के लिए आपने आदेश तो नहीं दिया था|"

गुरु विचलित हो जाते हैं| पुनः फटकारते हुए:-

"समय, परिस्थितियों को देखते हुए तुम्हें अनुमति मांगनी चाहिए थी|" मातृगुप्त- "हमें लगा यदि हम जलवान का प्रबंध नहीं करेंगे, तो भोजन कैसे पकेगा|"

गुरुजी- "अच्छा ठीक है| शीघ्र ही अपने वस्त्र बदल लो|"

मातृगुप्त अपनी कुटिया में आकर वस्त्र बदलने लगते हैं, तभी उनकी नज़र दीये पर पड़ती है, जो प्रत्येक दिन काली मंदिर में जलाया जाता है| वे चिंता से कहते हैं:-

"आज ये दीया मंदिर में क्यों नहीं गया है?"

हेमचंद्र नित्यानंद आदि हँसते हैं|

हेमचंद्र- "आज इस भयानक सायं काल तूफान में किसे मृत्यु के मुँह में जाना है, जो इस दीये को ले जाए|"

मातृगुप्त उसका मुँह देखने लगते हैं|

नित्यानंद- "गुरुजी से कह देंगे कि हम गए थे, मंदिर में दीया जलाकर आ गए|" मातृगुप्त- "क्या गुरुजी का आदेश है कि इस दीये को मंदिर में जलाया जाए?" सारे शिष्य एक - दूसरे को इशारे से कुछ कहते हैं| तब

आनंद उसे मुस्कुराते हुए समझाता है:-

"देखो मातृगुप्त! माँ काली के मंदिर में तो हम प्रत्येक दिन दीया जलाते हैं| गुरु का आदेश तो है ही, किंतु नदी पार कर कौन जाएगा दीया जलाने?"

सारे विद्यार्थी मातृगुप्त की ओर देखने लगते हैं|

हेमचंद्र- "एक बात तो है, जो बात, जो हिम्मत हमारे मातृगुप्त में है, वह और किसी में नहीं| ये चाहे तो दीया जला सकता है|"

मातृगुप्त- "किंतु ह...म.......?"

आनंद- "हाँ मातृगुप्त तुम! तुम चाहो तो दीया जला सकते हो|"

मातृगुप्त जोश में आते हैं| दीया उठाते हैं|

मातृगुप्त- "ठीक है, हम जाकर दीया जला आते हैं|"

सभी एक दूसरे का मुँह देखने लगते हैं|

हेमचन्द्र- "किन्तु हमें प्रमाण कैसे मिलेगा कि तुमने वहाँ दीया जलाया|"

आनंद- "अपना कोई प्रमाण छोड़ आना| हम कल जाकर देख लेंगे|"

मातृगुप्त- "अच्छा ठीक है| हम जाते हैं|"

मातृगुप्त वहाँ से है| सारे विद्यार्थी हँसने लगते हैं| अब सभी उसकी मूर्खता की बातें करते हैं:-

हेमचन्द्र- "मातृगुप्त है महामूर्ख| ऐसी भीषण भयानक तूफानी आंधी में कौन मृत्यु के मुँह में जाना चाहेगा?"

नित्यानंद- "तो तुम्हें क्या लगता है कि वह मंदिर तक पहुँच जाएगा और दीया जला लेगा..... असम्भव.... कहीं रास्ते में ही फ़ेंक देगा दीये को|"

आनंद- "ठीक कहते हो...... वह नहीं पहुँच पायेगा मंदिर.... रास्ते में ही फ़ेंक देगा दीया|"

हेमचन्द्र- "देखो पहले भी उसने मुझसे मंदिर ले चलने के लिए कहा था, सो आज इस तूफ़ान ने मुझे मौका दिया और मैंने उसे| अब वह अगर दीया फेंकता है तो वह गुरूजी के क्रोध से नहीं बच पायेगा क्योंकि वह दीया गुरूजी के गुरूजी की निशानी है|"

आनंद- "देखो क्या करता है यह महामूर्ख?"

मातृगुप्त ने किसी तरह जलते हुए दिए को एक लोटे में हाथ डाल अंदर किया। लोटे का मुँह छोटा था और उसका हाथ फँसा हुआ, जो हवा के झोंके से दिया बुझने से बच रहा था। मातृगुप्त गुरु आश्रम से बाहर निकले। आंधी ऐसी थी कि वो जिस दिशा में आगे बढ़ना चाह रहे थे, आंधी उससे विपरीत दिशा में धकेल रही थी। धीरे-धीरे लोटे में हाथ रखे वह नदी के तट पर पहुंचे। बारिश के कारण उनका पाँव फिसल गया और वे लुढ़क गए किन्तु उन्होंने लोटे को गिरने नहीं दिया। कमर के पास काफी चोटें आयीं किन्तु गुरु की आज्ञा का पालन करने हेतु उन्होंने अपनी शारीरिक पीड़ा की ओर ध्यान नहीं दिया और धीरे-धीरे नदी के तट पर उतरने लगे। नदी के दूसरी ओर बिजली की चमक से मंदिर दिखाई दे जाता तो उनकी आँखों में भी विजय की चमक दिखाई देने लगती। एक बार उफनती हुई नदी को देख मन में भय हुआ। नदी का ऐसा रूप उन्होंने पहले कभी नहीं देखा था। साथ ही बारिश के साथ आंधी, ऐसा लगता था मानो आज ही प्रलय हो जायेगी और सारी पृथ्वी जलमग्न। उन्होंने हिम्मत कर अपना पहला पाँव नदी में रखा फिर दूसरा। किनारे में भी पानी घुटने से कुछ ही नीचे था। रह-रहकर वह दीये की ओर भी देख लेते कि कहीं दीया बुझ तो नहीं गया। आंधी उसकी लौ की दिशा इधर-उधर कर दे रही थी। किन्तु अभी तक दीया जल रहा था।

धीरे-धीरे वे नदी को पार करने लगे। बीच तक आते-आते पानी कंठ तक आ गया। अगला कदम बढ़ाया तो वे डूबने लगे, ना जाने तब उन्हें कहाँ से बुद्धि आयी और उन्होंने हाथ ऊपर कर लिया। मस्तक तक पानी में डूब जाने की स्थिति में भी वे अपने कदम आगे बढ़ा रहे थे किन्तु कुछ ही क्षण बाद पानी कम हुआ और उनका मस्तक पानी के ऊपर। एक क्षण सांस लेते हुए उन्होंने फिर दीये को देखा। दीये से अब भी ज्योति की किरणें दिखाई दे रहीं थी। मन प्रफुल्लित हो उठा। अब धीरे-धीरे पानी कम होता जा रहा था। वे एक-एक कदम सावधानी से उठाते जा रहे थे। अब तक जीवन का कोई काम उन्होंने इतनी सावधानी से नहीं किया जितना अब दीये की लौ को प्रकाशित करने के लिए कर रहे थे। जल घुटने तक आ गया। बिजली की चमक से माँ काली का मंदिर भी दिखाई देने लगा। वे नदी के दूसरे तट पर पहुँच चुके थे। अब तट से ऊपर दलदली मिट्टी से होकर जाना था। एक-एक कदम सावधानी से उठा रहे थे फिर भी एक स्थान पर पाँव फिसल गया। पूरे शरीर पर दलदली मिट्टी लग गयी, किन्तु दीया अब भी लोटे के अंदर सुरक्षित अपनी ज्योति बिखरा रहा था। वे अपने आप को संभालते हुए उठे और शारीरिक पीड़ा भूल ऊपर आ गए। मंदिर अब अत्यधिक समीप था। शीघ्रता से मंदिर के अंदर प्रविष्ट हुए।

सामने माँ काली की भव्य प्रतिमा थी, जिसे कुछ जलते दीये मध्य वे देख रहे थे। अब उन्होंने दीये को से बाहर निकालने के लिए अपना हाथ

खींचा किन्तु यह क्या लोटे का मुँह छोटा होने के कारण हाथ खिंच ही नहीं पा रहा था| वे चिंतित हो गए| काफी परिश्रम के बाद भी हाथ नहीं निकल पाया| तभी उनके दिमाग में एक विचार आया:-

मातृगुप्त- "अब क्या करे लोटे से हाथ निकालना कठिन है और जब तक हाथ नहीं निकलता दीया भी नहीं निकलेगा| एक उपाय है, यदि हमें कोई औज़ार यहाँ मिल जाता तो इस हाथ को ही काट डालते.... तब गुरु जी की आज्ञा का पालन हो जाता|"

उन्होंने इधर - उधर देखा किन्तु उन्हें कोई औज़ार नहीं मिला| अचानक उनकी नज़र काली माँ की प्रतिमा पर गयी| उनके कई हाथों में एक हाथ जिसमें तलवार थी| मातृगुप्त उस तलवार को जैसे ही लेने हेतु आगे बढ़े कि दायां हाथ जिसमें लोटा था, वह माँ काली के सिंहासन से टकरा और लोटे में से हाथ दीये के साथ निकल गया|

मातृगुप्त का चेहरा तो आनंद विभोर हो गया| उन्होंने दीये को वहीं रखा और मंदिर से वापिस आने के लिए विपरीत दिशा की ओर मुड़े| तभी उन्हें स्मरण हुआ कि सहपाठियों ने कहा था कि अपनी कोई निशानी छोड़ देना सो उन्होंने दीये की बाती और तेल को दूसरे दीये में डाल दिया| हाथ में दीये के तले वाला कालिख लग चुका था, उन्होंने थोड़ी और कालिख लगाई| इधर - उधर देखा कि कहाँ पर कालिख लगाए| तभी ध्यान में आया कि इधर - उधर लगाने से उन लोगों को विश्वास होगा कि नहीं? सामने माँ काली की प्रतिमा थी, क्यों ना इन्हीं के मुख पर कालिख लगा दी जाये|

ऐसा सोच वे सिंहासन पर चढ़ गए और जैसे ही माँ काली के मुख पर कालिख लगाने के लिए उन्होंने हाथ उठाये, कि एक हाथ ने उनका हाथ थाम लिया|

एक जबरदस्त गर्जना हुई, आलौकिक प्रकाश पूरे मंदिर में फैल गया| मातृगुप्त ने देखा कि साक्षात माँ काली उनके सामने प्रतिमा के स्थान पर खड़ी हैं| मातृगुप्त घबरा गए| इतना भय उन्हें पहले कभी नहीं हुआ था| माँ काली ने प्रश्न किया:-

"वत्स, तुम हमारे मुँह पर कालिख क्यों लगा रहे हो?"

मातृगुप्त सहमते हुए, बोलने का प्रयास करते हुए:-

मातृगुप्त- "हमारे सहपाठियों ने हमसे कहा कि मंदिर में अपने जाने का प्रमाण छोड़ कर आना| इसलिए हम आपके मुख पर कालिख लगाना चाहते हैं|"

माँ काली- "किन्तु प्रमाण छोड़ने के लिए तुमने हमारे मुख को ही क्यों चुना?"

मातृगुप्त- “दूसरे स्थान पर लगाने से वे लोग सम्भवत: विश्वास ना करें|”

माँ काली प्रसन्न हो हँसने लगी| मातृगुप्त का भय कम हुआ|

माँ काली- “देखो हम तुम्हारी भक्ति से प्रसन्न हुए..... तुम जो चाहो वरदान मांग लो किन्तु हमारे मुख पर कालिख न पोतो|”

मातृगुप्त का चेहरा गया| उन्होंने मासूमियत से कहा:-

“माँ, यदि आप प्रसन्न हैं तो वरदान के स्वरूप हमें कालिख लगाने की अनुमति दें| कारण इसी से हमारा सम्मान बचेगा और गुरु आज्ञा पालन भी|”

माँ काली- “हम तुम्हारी निश्छलता और सुबोधता पर अति प्रसन्न हुए| तुम कालिख भी लगा दो और वरदान भी मांगो|”

मातृगुप्त शीघ्रता से कालिख माँ काली के मुँह पर लगाता है| माँ अपने इस अबोध बालक पर अति प्रसन्न है| वह जाने लगते हैं|

माँ काली- “वत्स वरदान तो मांगते जाओ|”

मातृगुप्त सोच में पड़ जाते हैं| उन्हें माँ की बातें स्मरण आती हैं कि माँ का सपना था कि वह विद्वान बनें; सहपाठियों का उपहास एवं विद्योत्तमा का अपमान; वे माँ के सामने हाथ जोड़ कर कहते हैं:-

“यदि आप हमें वरदान देना ही चाहती हैं तो हमें विद्वान बना दीजिये| हमारे सहपाठी हमें महामूर्ख कहते हैं| हमारी पत्नी ने हमें अपमानित किया एवं हमारी माँ का सपना है कि हम विद्वान बनें|”

माँ काली मुस्कुराते हुए एक ओर देखने लगती हैं| तभी वहाँ माँ सरस्वती प्रकट होती हैं|

मातृगुप्त आश्चर्यचकित नेत्रों से देवियों को देखने लगते हैं| माँ सरस्वती कहती हैं:-

“तथास्तु पुत्र! तुम्हारी मनोकामना पूरी होगी| तुम आश्रम जाओ और गुरु पुस्तकालय में जितनी भी पुस्तकें हैं सबको स्पर्श कर देना....... तुम विद्वान ही नहीं वरदपुत्र भी कहलाओगे|”

दोनों माँ मुस्कुराने लगती हैं| मातृगुप्त दोनों का चरण - स्पर्श कर आशीर्वाद लेते हैं| तभी सारा प्रकाश, देवियाँ अंतर्ध्यान हो जाती हैं| मातृगुप्त उत्साहित हो वहाँ से चलते हैं| लौटते समय आंधी तूफ़ान भी कम हो जाता है| नदी भी शांत दिखाई देती है| मातृगुप्त उत्साहित हो नदी पार कर गुरु आश्रम पहुँचते हैं|

वे रात के अँधेरे में पुस्तकालय की सारी पुस्तकों को स्पर्श करते चले जा रहे हैं| ज्यों - ज्यों पुस्तकों को स्पर्श करते हैं उस पुस्तक में लिखी सारी बातें उन्हें कंठस्थ हो जाती हैं| सारा ज्ञान अर्जित हो जाता है| पूरी रात वे पुस्तकालय की सारी पुस्तकों को स्पर्श करने में व्यतीत कर देते हैं| आत्म - संतुष्टि के लिए बार - बार देखते हैं कि कोई पुस्तक छूट तो नहीं गयी| अंतिम पहर रात्रि में विश्राम के लिए अपने बिस्तर पर आते हैं| किन्तु मातृगुप्त अब महामूर्ख तो रहे नहीं| उन्हें माँ काली, माँ सरस्वती का रूप, वरदान सब कुछ ध्यान में आता रहता है| बचपन से लेकर अब तक की सारी बातें एक के बाद एक आती हैं चली जाती हैं| कभी आँखों में ख़ुशी का नशा तो कभी दुःख के अश्रु| सोचते - सोचते न जाने कब उनकी आँख लग जाती है और वे एक स्वपन की दुनिया में खो जाते हैं|

सुबह सारे विद्यार्थी उठ कर नित्य क्रिया से निवृत होकर अपने - अपने स्थान पर पहले बैठते हैं|

मातृगुप्त भी शोरगुल सुनकर उठते हैं और अन्य विद्यार्थियों की भाँति नित्य क्रिया से निवृत होकर अपने स्थान पर आकर बैठ एक पुस्तक हाथ में ले कर मन ही मन उसका अध्ययन करने लगते हैं| उन्हें इस प्रकार अध्ययन करते देख सारे विद्यार्थी एक दूसरे को देख मुस्कुराते हुए बात कर रहे हैं:-

नित्यानंद- "हेमचन्द्र ज़रा मातृगुप्त को तो देखो, लगता है जैसे बहुत बड़ा ज्ञानी पुस्तकों में लिखे गूढ़ रहस्यों को खोज रहा हो|"

हेमचन्द्र- "मुझे तो लगता है जैसे कल हम लोगों ने उसे मंदिर भेजा इसलिए हम लोगों से नाराज़ है|"

आनंद- "वैसे तो मातृगुप्त की यह आदत नहीं.... यदि नाराज़ भी है तो होने दो.... हम लोगों का क्या लेगा यह मूर्ख? चलो हम लोग अध्ययन करते है|"

सभी विद्यार्थी अपनी - अपनी पुस्तकों का अध्ययन करते हैं|

मातृगुप्त हेमचन्द्र की अशुद्धि को पकड़ते हुए शुद्ध करते हैं|

हेमचन्द्र चकित हो घबराकर पुनः उस श्लोक को पढ़ता है| मातृगुप्त के द्वारा जो पढ़ा गया, वह शुद्ध पाकर उसकी ओर देखने लगता है| बाकी विद्यार्थी भी कुछ क्षण देखते हैं| फिर आनंद दूसरा श्लोक पढ़ते हैं|

मातृगुप्त उनके श्लोक को भी शुद्ध कर पढ़ते हैं|

आनंद का दिमाग चकरा जाता है| वह भी पुन: देखता है| उसे भी आभास होता है कि मातृगुप्त ने जो पढ़ा वही शुद्ध है| नित्यानंद छाती चौड़ी कर मातृगुप्त की ओर मुँह कर पढ़ता है|

मातृगुप्त नित्यानंद की भी एक गलती पकड़ शुद्ध करते हैं|

एक साथ सारे विद्‌यार्थी उसके समीप जाकर आँखों की पलकें गिरा उठा कर कौतुहल भरी नज़रों से देखने लगते हैं| मातृगुप्त के ललाट पर एक अजीब अनोखा प्रकाश चमक रहा है जैसा आज तक किसी ने नहीं देखा था|

हेमचन्द्र- "मातृगुप्त..... मातृगुप्त...... यह तुम्हीं हो जिसने हमारी अशुद्धि को शुद्ध किया?"

मातृगुप्त के होठों पर हल्की मुस्कान बिखरी हुए है| वे मंद - मंद मुस्कुरा रहे हैं|

नित्यानंद- "मातृगुप्त क्या तुम्हें रातों रात विद्‌वान बनने का कोई मंत्र आ गया है?"

आनंद- "मातृगुप्त, तुम्हें सारी पुस्तकें एक ही रात में याद हो गयीं?"

एक अन्य- "नहीं मुझे तो ऐसा प्रतीत होता है जैसे ये मूर्ख बनकर हम सभी को महामूर्ख बना रहा था|"

मातृगुप्त- "नहीं हमारे सहपाठियों हम किसी को मूर्ख नहीं बना रहे थे, वास्तव में हम स्वयं ही महामूर्ख थे|"

गुरु को जाकर एक शिष्य मातृगुप्त के विषय में सारी बातें बताता है| गुरु भी आश्चर्य चकित होते हुए कहते हैं:-

"अच्छा ठीक है! हम भी जानेंगे कि कैसे ये सब सम्भव हुआ?"

सारे विद्‌यार्थी वृक्ष के नीचे बैठे हैं| गुरु सबको श्रीमद्भगवद्‌गीता पढ़ा रहे हैं| सारे शिष्य अपनी - अपनी पुस्तकों को हाथ में लिए हुए हैं|

गुरु- "ये शास्त्रीविधिमुत्सृज्य यजन्ते श्रद्धा यान्विताः|
तेषां निष्ठा तु का कृष्ण सत्तमाहो राजस्तयः||

त्रिविधा भवति श्रद्धा देहिनां सा स्वभावजा|
सात्विकी राजसी चैव तामसी चेती तां शृणु||

सत्वानुरूपा सर्वस्य श्रद्धा भवति भारत|
श्रद्धामेयोयं पुरुषो यो यच्छ्रद्धः स एव सः||"

गुरु अचानक मातृगुप्त को अपनी ओर देखते रुक जाते हैं, और मातृगुप्त को सम्बोधित करते हुए कहते हैं:-

"मातृगुप्त, हम चाहते हैं कि अगला श्लोक तुम पुस्तक देख कर पढ़ने का प्रयास करो|"

मातृगुप्त बिना पुस्तक लिए खड़े होते हुए गुरु के समीप जाते हैं| गुरु कहते हैं:-

"वत्स पुस्तक तो ले लो|"

मातृगुप्त उनके पैरों में झुक कर प्रणाम करते हुए कहते हैं:-

"आपके आशीर्वाद से अब पुस्तकों की आवश्यकता नहीं रही गुरूजी|"

गुरु आश्चर्यचकित हो चुप रह जाते हैं|

मातृगुप्त- "यजन्ते सात्त्विका देवान्यक्षरक्षांसि राजसाः|
प्रेतान्भूतगणांश्चान्ये यजन्ते तामसा जनाः||

अशास्त्रविहितं घोरं तत्यंते ये तपो जनाः|
दम्भान्हकारसंयुक्तः कामराग बलान्विताः|
कर्शयन्तः शरीरस्थः भूतग्राममचेतस:||

मां चैवान्तः शरीरस्थं तांबीधदुयासुर निश्चयान||

आहारस्त्वपि सर्वस्य त्रिविधो भवति प्रिय:|
यज्ञस्तपस्तथा दानं तेषां येदयिमं शृणु||

आयुः सत्त्वाबलारोग्य ---
सुख प्रीति विवर्धना:
रस्याः स्त्रिग्धाः स्थिरा हृद्या|
आहाराः सात्त्विकाप्रया:||

गुरु के नेत्रों से प्रसन्नता के आँसू झलक जाते हैं|

वे मातृगुप्त की बाहें पकड़ कर कहते हैं:-

"बस करो वत्स, बस करो| हम आज इतने प्रसन्न हैं जितने आजीवन नहीं हुए.....|"

मातृगुप्त- " ये सब आपकी कृपा एवं आशीर्वाद का फ़ल है|"

गुरु- "परन्तु हमें आश्चर्य हो रहा है कि रातों - रात ऐसा कौनसा चमत्कार हो गया जिससे तुम इतने बड़े विद्वान एवं ज्ञानी हो गए?"

मातृगुप्त मुस्कुराते हुए सबको सम्बोधित करते हुए कहते हैं:-

“हमारे सहपाठियों को भी आश्चर्य है और आपको भी...... ये सब देवी कृपा है गुरुवर! माँ काली का वरदान! माँ सरस्वती का आशीर्वाद एवं भोलेनाथ की असीम कृपा|”

इस तरह मातृगुप्त ने रात की सारी कहानी गुरुवर एवं अपने सहपाठियों को सुनाई|

गुरु तो देवी की श्रद्धा में रोने लगे| हेमचन्द्र मातृगुप्त के चरणों में गिर कर रोने लगा| मातृगुप्त ने उसकी बाँह पकड़ उसे उठाया और गले से लगाते हुए बोले:-

“ये तुम क्या कर रहे हो, सहपाठियों का स्थान चरणों में नहीं ह्रदय में होता है|”

हेमचन्द्र- “मुझे क्षमा कर दीजिये! मैंने आपसे सदैव बैर रखा है, इसके लिए मैं स्वयं को क्षमा नहीं कर सकता, किन्तु आशा है कि आप मेरे कुकृत्यों को क्षमा करते हुए मुझे अपने चरणों में थोड़ा स्थान देंगें|”

मातृगुप्त- “तुम अपने स्थान पर सही थे हेमचन्द्र| हम तो थे भी महामूर्ख ही| तुम ही नहीं सभी कहते थे; फिर इसमें आत्मग्लानि कैसी?” आओ हमारे ह्रदय से लग जाओ|”

मातृगुप्त हेमचन्द्र को आलिंगन करते हैं| सारे शिष्य एवं गुरु इस चमत्कारिक घटना को देख सुन श्रद्धा के अश्रु बहा रहे हैं| गुरु मातृगुप्त से कहते हैं:-

“मातृगुप्त आज हम तुम्हारा नया नामकरण करेंगे, जिस काली माँ की कृपा से तुम विद्वान बने हो आज से उन्ही देवी के नाम से तुम्हारा नाम होगा - “कालिदास”| आज से तुम मातृगुप्त नहीं कालिदास हो, सारी मिथिला ही नहीं सारा विश्व तुम्हें कालिदास के नाम से जानेगा|”

हेमचन्द्र, आनंद, नित्यानंद सभी मातृगुप्त को कंधे पर उठा कर जय - जयकार करते हुए:-

सभी- “कालिदास की जय!”

सभी- “कालिदास की जय!”

कालिदास- “माँ काली की जय!”

सभी- “माँ काली की जय!”

कालिदास- “माँ सरस्वती की जय!”

सभी- "माँ सरस्वती की जय!"

कालिदास- "भगवान भोलेनाथ की जय!"

सभी- "भगवान भोलेनाथ की जय!"

कालिदास- "जन्मभूमि मिथिला की जय!"

सभी- "जन्मभूमि मिथिला की जय!"

"गुरुवर की जय!"

सभी- "गुरुवर की जय!"

हेमचन्द्र- "कालिदास की जय!"

सभी- "कालिदास की जय!"

सारे शिष्य उन्हें उतारते हैं| कालिदास अपने गुरु से कहते हैं:-

कालिदास- "गुरुवर आपकी आज्ञा हो तो हम अपनी माँ से मिलना चाहते हैं|"

गुरु- "आज्ञा है कालिदास! तुम जन्मदात्री माँ का आशीर्वाद ले लो|"

कालिदास अपनी माँ से मिलने अपने घर जाते हैं| माँ उस समय तुलसी में जल डाल रही है| आँखें बंद कर अपने पुत्र के लिए प्रार्थना कर रही है| सामने आँगन में कालिदास माँ के सामने खड़े हैं| माँ जैसे ही अपनी आँखें खोलती है, सामने अपने पुत्र को देख अपनी पलकों को बार - बार गिराते उठाते हुए अपनी आँखों को विश्वास दिलाना चाहती हैं कि ये कोई स्वप्न नहीं सच्चाई है कि सामने उनका पुत्र कालिदास खड़ा है| कालिदास माँ के समीप जाकर उनके पैरों में झुककर प्रणाम करते हुए कहते हैं:-

"माँ तुम स्वप्न नहीं देख रही यथार्थ में हम आपके सामने खड़े हैं|"

माँ की आँखों में स्नेह के अश्रु उमड़ पड़ते हैं वे उन्हें कलेजे से लगाते हुए कहती है:-

"मेरा पुत्र| मेरा पुत्र.... इतना बड़ा हो गया|"

इतना कहते हुए उनके नेत्रों को कुछ क्षण निहारती है| नेत्रों को पढ़ने से उन्हें ऐसा आभास हो जाता है कि मेरा पुत्र अब मूर्ख नहीं रहा, विद्वान बन चुका है| फिर उनके केशों को गालों को, होठों को, बाँह को कलाई को सहलाती है| तब तक गाँव के कुछ लोग भी कालिदास को देखने पहुँच जाते

हैं| कालिदास सबके साथ सम्मान से बात करते हैं| गाँव के कुछ लोगों को गुरु आश्रम से कालिदास पर दैवीय कृपा के बारे में जानकारी मिल चुकी होती है इसलिए वे लोग भी कालिदास को सम्मान के साथ देखते हुए कहते हैं:

पहला- "अब आपका पुत्र मातृगुप्त नहीं कालिदास बन गया है|"

दूसरा- "माँ की प्रार्थना में अद्भुत शक्ति होती है| ये सब कालिदास की माँ की प्रार्थना का फ़ल है|"

तीसरा- "हमें तो गर्व है कि हमारे मिथिला में ऐसे विद्वान हैं|"

एक व्यक्ति कालिदास के सामने जाकर पूछते हैं-"कालिदास यह बताओं कि सुना है मगध सम्राट चन्द्रगुप्त विक्रमादित्य की पुत्री विद्योत्तमा से तुम्हारा विवाह भी हो गया है। क्या यह सत्य है?"

कालिदासः-"हाँ काका, यह सत्य है।"

कालिदास की माँ खुशी से झूमती है।

माँ:- "उस ज्योतिष ब्राहमण की बातें सत्य हो गई। मेरा पुत्र विद्वान भी बन गया और राजकुमारी से विवाह भी...किन्तु मुझे अपनी दुल्हिन से कब भेंट करवाओगे पुत्र।"

कालिदास कुछ चिन्तित हो जाते है, पुनः स्वयं पर नियंत्रण करते हुए कहते हैं-

"अवश्य माँ, अपनी दुलहन से हम आपकी भेंट शीघ्र ही करवायेंगे।"

सारे गाँव वाले प्रसन्न हो जाते हैं।

पहलाः-"कालिदास, अभी हम प्रस्थान करते हैं, तुम माँ से बात करो अत्यधिक चिन्तित रहती थी तुम्हारी माँ।"

सारे गाँव वाले धीरे-धीरे चले जाते हैं। माँ अपने पुत्र के लिए उनकी पसंद का खाना बनाते हुए सारी बाते पूछती जा रही है। उनका विवाह, उन्हें किस तरह विद्या प्राप्त हुई आदि। इसी क्रम में भोजन तैयार हो जाता है। माँ उन्हें अपने हाथों से भोजन खिलाती है। कालिदास विद्योत्तमा द्वारा अपमानित होकर निकाले जाने की बात माँ को नहीं बताते है। भोजन कर माँ के गोद में सिर रख कालिदास माँ का पूरा स्नेह पाना चाहते है। माँ भी अपने स्नेह का खजाना उन पर लुटा देना चाहती है। कुछ दिन माँ के पास रहकर वे पुनः गुरू आश्रम लौट जाते हैं।

कालिदास गुरू के सबसे प्रिय शिष्य बन जाते हैं। हेमचन्द्र कालिदास की परछाई की तरह उनका साथ देता है। गुरू से आज्ञा प्राप्त कर वे हेमचन्द्र को संग ले हिमालय घूमने के लिए निकल पड़ते है। प्रकृति से उनका स्नेह अथवा सम्बन्ध तो बाल्यकाल से ही रहता है। हिमालय की सुन्दरता-रमणीयता उन्हें विद्योत्तमा का स्मरण दिलाती है। वे सारी स्मृति सामने आ जाती है वो प्रत्येक क्षण जिस क्षण में वे विद्योत्तमा के सामने प्रत्यक्ष रहे थे।

मन-ही-मन सोचते हैं कालिदास "विद्योत्तमा! विद्या में उत्तम... उनका वह मूक शास्थार्थ...उनका प्रण...उनका हम पर मंत्र-मुग्ध होना और महामूर्ख समझ हमारा त्याग कर देना...स्वाभाविक ही तो है...कारण वो एक स्त्री है। स्त्री का हृदय कोमल होता है और जब अपने ही द्वारा निर्मित स्वप्न अपने ही द्वारा चूर-चूर हो जाए तो तीखी प्रतिक्रिया में सब कुछ सम्भव है। इसमें उनका क्या दोष? दोष तो हमारा है कि हमारे कारण एक राजकुमारी के सपने टूटे हैं। भला उन जैसी विद्यावती, उन जैसी गुणवती, उन जैसी रूपवती, हमारे जैसे महामूर्ख के साथ आजीवन अपना समय कैसे यापन कर सकती थी, इसलिए उन्होंने जो किया वह उनका अधिकार था। किन्तु हमारे मन में उनके प्रति सम्मान भी है और प्रेम भी...ना जाने क्यों प्रत्येक ऋतुओं में हम उनके समीप रहना चाहते है। फिर चाहे ग्रीष्म ऋतु हो या वर्षा ऋतु की वह रमणीय वर्षा...या फिर शरद या हेमन्त, शिशिर या वसन्त।"

हेमचन्द्र उनके समीप आकर कहते हैं-

"किस चिन्ता में डूब गये कालिदास?"

कालिदासः-"हेम, हम कुछ लिखना चाहते हैं।"

हेमचन्द्रः-"क्या लिखना चाहते हैं आप?"

कालिदासः-"हमें प्रकृति ने बहुत कुछ दिया है। प्रकृति की सुन्दरता को चार चाँद लगाने वाली उन छः ऋतुओं के बारे में लिखना चाहते है कि प्रत्येक ऋतु में मानव प्रकृति से किस तरह लाभान्वित होता है और किस ऋतु में मनुष्य का जीवन यापन का तरीका किस प्रकार बदलता है।"

हेमचन्द्रः-"तो इसमें सोचने की क्या आवश्यकता...आप तो वरदपुत्र है। समय नष्ट ना कीजिए और आरम्भ कीजिए अपनी लेखनी।"

हेमचन्द्र वही हिमालय की तराई में एक कुटिया का निर्माण करते है और कालिदास लिखना प्रारम्भ करते है। कुछ दिनों में उनका काव्य-खंड समाप्त होता है। संज्ञा देते है-"ऋतुसंहारम्।" अपने गुरू के चरणों समर्पित करते हुए कहते हैं-

"गुरूवर...आपकी आज्ञा हो तो हम अपने वैवाहिक जीवन में प्रवेश करने का प्रयास करने के इच्छुक है।"

गुरू उनका काव्य-खण्ड देख प्रसन्न होते हुए कहते हैं-

"अब तो सभी विद्या तुम्हें आ ही गयी है...हम भी चाहते है कि अब तुम विद्योत्तमा के साथ अपने वैवाहिक जीवन का आरम्भ करो। हमें विश्वास है कि अब वे तुम्हें निश्चित अपनाएगी।"

गुरू को प्रणाम कर कालिदास विद्योत्तमा को प्राप्त करने के लिए मगध राजधानी पाटलीपुत्र की तरफ प्रस्थान करते हैं।

कालिदास एवं मिथिला के आभार से- पेज 401-405

कालिदास बहुत दिनों से विद्योत्तमा के विरह में अपने दाढ़ी के केश और सिर के केश भी बढ़ाये हुए है। वे विद्योत्तमा के महल के समीप आकर उन्हें देखने का प्रयास कर रहे हैं। तभी विद्योत्तमा अपनी सखियों के संग सरोवर में स्नानार्थ आयी है। कालिदास भी सरोवर के समीप वृक्षों की ओट में खड़े होकर उन्हें निहारने लगते हैं। इसी बीच विद्योत्तमा सरोवर में खिले कमल के पुष्पों को कम्पित होते देख सखियों से पूछती है-

"अनिल स्यागमो नास्ति द्विपदो नैव दृश्यते।

वारि मध्ये स्थितं पद्यं कम्पते केन हेतुना।।"

अर्थात्:-हे सखियों "अभी ना हवा बह रही है और ना आदमी का आना-जाना ही देखा जा रहा है। फिर विघ्न-बाधाओं से दूर बहुत दूर निर्मल जल के मध्य में स्थित यह कमल फूल किस कारण से कम्पित हो रहा है।"

सखियाँ निरूत्तर हो जाती है। तभी वृक्ष की ओट में खड़े कालिदास सामने आकर कहते है-

"अगर आपकी आज्ञा हो तो हम इसका उत्तर दे सकते है।"

कालिदास को देख विद्योत्तमा के हृदय में कुछ हलचल-सी होने लगती है क्योंकि मन इस जन्म क्या पिछले जन्मों के सम्बन्धों से भी भली-भांति परिचित रहता है। स्वयं पर नियंत्रण रख कहती है-

"आप उत्तर दे सकते है तो आपके उत्तर का स्वागत है।"

कालिदासः-"अनलो च्छिष्टवर्णानां शर्वरीकृतबन्धनात्।।

सूर्योदस्य वेले कम्पते तेन हेतुना।।2"

अर्थात्:-कोयला जैसा काला भी प्रियतम मधुप ने अपनी प्रेयसी की गलबाँही बन्धन में बँधकर एकाकार हो पूरी रात बिता दी है। किन्तु "अब

सूर्योदय का समय हो गया है, अतः उसका यह प्रेमी यहाँ से प्रस्थान कर जाएगा।" इसी आशंका के कारण भावी विरह वेदना से व्यथित हो यह कमल कम्पित हो रहा है।।2

विद्योत्तमा उत्तर जान प्रसन्न होती है। किन्तु तुरन्त ही एक और प्रश्न करती है-

"काष्ठस्य भेदने शक्तिस्तथा वंशगणस्य च।

अत्यन्त कोमलं पदमं कसमा द्वेतोः न भिद्यते।।"

अर्थातः-भीतर से कठोर माने गये काठ तथा बाहर से कठोर बाँसों के छेदन करने में कुशल यह भ्रमरा अत्यन्त कोमल कमल-दलों का छेदन क्यों नहीं करता है।।

कालिदासः-"अत्यन्तकोमल पदमं भ्रमरः प्रेमरक्षकः।

तस्मान्न भिद्यते पदमं भवत्याः सद्दशो न हि।।"

अर्थातः-हाँ, सचमुच में कमल अतीव कोमल है। अतः सरलता से छेदा भी जा सकता है। परन्तु भ्रमर तो प्रेम पुजारी होता है, आपके समान (विवेक-विहीन, स्नेह-शून्य एवं नीरस हृदय) नहीं। इसी हेतु यह कमल भेदी नही बन सकता।

कालिदास अपना उत्तर दे वहाँ से तुरन्त प्रस्थान करते है। विद्योत्तमा अपनी एक सखी को उनका पीछा करने का इशारा देती है। सखी कालिदास का पीछा करने चली जाती है। इधर विद्योत्तमा सोचने लगती है कि "ये बाबा तो हमहीं पर व्यंग-बाण छोड़कर चले गए। और हमारा मन क्यों विचलित हो रहा है। ऐसा लग रहा है जैसे वे कोई अपने चिर-परिचित नहीं। प्राणों से प्रिय कोई दूर चला जा रहा है। इस बाबा से तो साक्षात्कार करना ही होगा नही तो हमारा मन शांत नहीं हो सकेगा। अच्छा जहाँ कहीं वो ठहरे होंगे सखी तो आकर बता ही देगी। उनसे भेंट कर अपने मन की अशांति का कारण भी जानना होगा। एक अघोरी बाबा के शब्दों से हमारा मन इतना विचलित क्यों हो रहा है?"

विद्योत्तमा अनमने मन से स्नान करने लगती है।

कालिदास भी मन-ही-मन समझ जाते हैं कि विद्योत्तमा निश्चय ही उन्हें ढूंढते हुए यहाँ पधारेगी, सो वे उन्हें गंभीरता से अपने विषय में चिन्तन करने के लिए बाजार से मांस खरीदकर लाते हैं और उसे पकाने में लग जाते है। दिन के उत्तरार्ध में विद्योत्तमा को अपनी गुप्तचरी सखी आकर बाबा के ठिकाने के बारे में बताती है। बिना समय गंवायें वह एक सखी को संग ले बाबा से साक्षात्कार करने जाती है।

कुटियाँ के अन्दर प्रवेश कर बाबा को मांस पकाते देख प्रथम तो विद्योत्तमा उन्हें हाथ जोड़ प्रणाम करती है।

"प्रणाम महात्मन।"

कालिदासः-"प्रसन्नचित्त रहो।"

विद्योत्तमाः-"यही तो भाग्य में नहीं है महात्मन।"

कालिदासः-"स्वयं का भाग्य परिवर्तित करने का प्रयास कर्मों के माध्यम से करो।"

विद्योत्तमा मांस की ओर देख पुनः कालिदास की तरफ देखती हुई कहती है-

"भिक्षो! मांस-निषेवणं प्रकुरूषे?"

अर्थातः-भिक्षुदेव! क्या आप मांस भी खाते है?

कालिदासः-"किन्तेन मद्यं बिना।"

अर्थातः-मदिरा के बिना मांस का खाना भी क्या खाना कहा जा सकता है?

विद्योत्तमाः-"मद्यं चापि तव प्रियम्?"

अर्थातः-तो क्या मदिरा भी चाहिए।

कालिदासः-"प्रियमहो वाराठ्मनाभि सह।"

अर्थातः-मदिरा तो चाहिए ही, किन्तु साथ-साथ वाराड्.गना मिल जाए तो और भी अच्छा।

विद्योत्तमाः-"वेश्याऽव्यर्थरूचिः, कुतस्तव धनम्?"

अर्थातः-लेकिन वाराड.ग्ना तो पैसे से मिल पायेगी, आपके पास पैसा कहाँ?

कालिदासः-"धूतेन चैर्येण वा।"

अर्थातः-धन की क्या कमी, चोरी और जुआ आबाद रहे।

विद्योत्तमाः-"चैर्यद्भूतपरिग्रहोऽपि भवतः?"

अर्थातः-ओह! तो आप चोर और जुआरी भी है।

कालिदासः-"भेष्टसय काड.या गतिः।"

अर्थातः-अरे भाई बरबादी में और दूसरा चारा ही क्या रह गया?

अंतिम उत्तर सुनकर विद्योत्तमा अवाक् रह जाती है। जो अभी तक अनुत्तरित प्रश्न था। उन्हें याद आया कि उन्होंने मातृगुप्त को बताया था-

"अरे भ्रष्ट! दूरभितो गच्छ।"

इसी का उत्तर देते हुए ये महात्मन कह रहे है कि "भ्रष्टस्य काडन्ता गति" अर्थात भ्रष्ट (मूर्ख) के लिए इधर-उधर भटकने के सिवा अन्य मार्ग क्या बच जाता है?

वह पुनः यह सोचकर निश्चय कर लेती है कि जैसे महावैयाकरण राजनीतिज्ञ महाराज भतृहरि अपनी प्राण-प्रिया पिगंला के समक्ष भिक्षु वेश में उपस्थित हुए थे, उसी तरह हमारे प्राण-प्रिय भी हमारे समक्ष उपस्थित हो चुके हैं।

अतः अब मधुर-मिलन विभिन्न अग्रिम प्रयास मुझे ही करना होगा। इस विचार से वे राजभवन पधार जाती है। यहाँ आकर अपने माता-पिता और भ्राता के समक्ष सारी बात बताते हुए उनसे अनुरोध करती है कि उन्हें ससम्मान यहाँ ले आईये। महाराज राजभवन को अति शीघ्र सजाने संवारने का निर्देश देते है। विद्योत्तमा अपनी सखी के माध्यम से संदेशा भेजती है। कालिदास के समक्ष विद्योत्तमा की सखी उपस्थित हो अनुरोध भरे भाव से कहती है-

"किसी भी समय पधारने का कष्ट करें, आपके स्वागत में राजभवन व्याकुल है। हमारा हृदय प्रसन्नता से कम्पित हो रहा है। हम आपको पहचान चुके हैं।"

कालिदास के मन में आनन्द की उमंगे ज्वार-भाटा समान उठती-गिरती है।

विद्योत्तमा ने श्रृंगार में चतुर सखियों को बुलाया और विवाह के दिन जिस तरह उन्हें सजाया गया था। उसी तरह नख-सिख तक उन्हें सजाने में जुट गई। महाराज स्वयं स्थान-स्थान पर राजभवन में संजाये गये पुष्पों-पर्दों का निरीक्षण करने लगे। राजकुमार कुमारगुप्त सुन्दर ढंग से संजाये गये रथ पर बैठ स्वयं मातृगुप्त को लिवाने के लिए प्रस्थान किए। इधर मातृगुप्त भी अपने केशों को सुन्दर ढंग से सुसज्जित हो राजकुमार के समान सुन्दर दिखने लगे। स्वयं पर मिलन का नियंत्रण असम्भव हो रहा था। इसलिए मुहूर्त साधकर रात में पूर्व परिचित राजकीय महल जाने हेतु प्रस्थान के लिए जैसे ही कुटियाँ के बाहर निकलते हैं, कि सामने राजकुमार कुमारगुप्त (जो उनके सम-उम्र का है) को देख ठहर जाते हैं।

कुमारगुप्त सम्मान के साथ कहते हैं-

"आपके स्वागार्थ रथ सामने खड़ा है, कृपया आप इस पर विराजमान हो हमारी कुल की शोभा बढ़ाये।"

कालिदास मुस्कुराते हुए उस रथ पर कुमारगुप्त के संग बैठते है। रथ धीरे-धीरे राजभवन की ओर जाने लगता है। महाराज विक्रमादित्य इस शुभ-

अवसर पर महाभोज का आयोजन कर पूरे पाटलीपुत्र की प्रजा को निमंत्रण देते है, उस भोज में छप्पन भोग के व्यंजन है और अपने जमाता के सम्मान में पूरी प्रजा को उपहार स्वरूप दक्षिणा (स्वर्ण) प्रदान करने की व्यवस्था करवाते है।

कालिदास राजभवन तक पहुँच जाते है। रथ से उतरते ही उनके पाँव पुष्पों पर पड़ते है। पूरे राजभवन में होली एवं दिवाली उसी रात मनायी जा रही है। पूरे राजभवन को तरह-तरह के पुष्पों एवं रंग-बिरंगे दीपों से सजाया गया है। उस प्रकाश में रंग-बिरंगे फूलों से सजा राजभवन किसी वेदी पर बैठने वाली दुल्हन के समान दिखाई दे रहा है।

महारानी अपनी सखियों के साथ परिछन की आरती लिए सामने उपस्थित होती है। विद्योत्तमा की सखियाँ लाल रंग के रेशमी वस्त्रों में, सारे आभूषणों को सजा, पाँव में महावर लगाकर उन्हें निहार रही है, जैसे ही उन्हें समाचार मिलता है कि विद्योत्तमा के स्वामी आ चुके हैं कि सभी इतनी उतावली हो जाती है कि वे सभी विद्योत्तमा के बिना आदेश के ही वहाँ से भागकर उस स्थान पर जाती है। जहाँ अपलक नेत्रों से अपने जमाता को निहार रही है। आँखों में आँसू उमड़ रहे हैं जो अत्यधिक प्रसन्नता के कारण आ गये है। सखियाँ जब महारानी को कोहनी से मारती है तब उन्हें आरती उतारने का ध्यान आता है।

वे परिछन की आरती ले आरती उतारने लगती है।

उन्हें ध्यान आता है कि इतने सुन्दर जमाता को किसी की नजर ना लग जाए, इसलिए मंगलाचार हेतु उन्हें काजल लगाती है। पुष्पों पर चलते हुए कालिदास कुछ दूरी पर खड़े चन्द्रगुप्त विक्रमादित्य के समीप जाकर उनके पाव छूते है। विक्रमादित्य उन्हें आलिंगन करते हैं। महाराज विक्रमादित्य की आँखों से भी प्रसन्नता के अश्रु झलक जाते है। पूरा पाटलीपुत्र कालिदास की एक झलक पाने को व्याकुल है, इसलिए महाराज उन्हें मंच तक ले जाकर ऊपर बैठाते है। नगरवासी उनको देख प्रसन्न होते हुए फूलों की वर्षा करने लगते हैं।

कालिदास उनके सम्मान में संस्कृत और नगर की भाषा में भी चंद वाक्य कहते है। जिन्हें सुन सभी गद्गद हो जाते है। वहाँ से उतरने के बाद उनकी आँखें विद्योत्तमा को ढूंढ रही है जो अब तक नजर नहीं आ रही। वे कुमारगुप्त के समीप मंद स्वर में विद्योत्तमा से मिलने की इच्छा के बारे में बताते है। कुमारगुप्त मुस्कुराते हुए अपने साथ उन्हें विद्योत्तमा के आवास-गृह की ओर ले जाने लगते है। कालिदास उनसे करते हुए कहते हैं-

"हम आपसे अनुरोध करते है कि आपकी बहन विद्योत्तमा के समक्ष अकेले उपस्थित हो।"

कुमारगुप्तः-"जैसे आपकी इच्छा।"

इतना कह कुमारगुप्त वहीं ठहर जाते है। कालिदास आगे बढ़ते है। विद्योत्तमा अपना दरवाजा बंद कर आदम-कद शीशे के सामने बैठ स्वयं को देख शरमा जाती है। उन्हें ऐसा लगता है कि आज से पहले तो वे इतनी सुन्दर कभी नहीं दिखाई देती थी।

ठीक उसी समय कालिदास ने द्वार खटखटाते हुए कहा-

"अनावृत-कपाटं द्वारं देहि "कपाटमुदघाटयं।"

अर्थातः-किवाड़ खोलो।

विद्योत्तमा लाजवन्ती पौधे की तरह स्वयं में सिकुड़ गयी। वह द्वार तक गयी और द्वार खोलते ही व्यंग से बोली-

"अस्ति कश्चिद् वाग् विशेषः।"

अर्थातः-आपकी वाणी में कोई विशेषता आ गई है।

कालिदास अन्दर प्रवेश करते हुए द्वार बंद करते है।

वे मुस्कुराते हुए विद्योत्तमा की ओर देखते है।

"जिसकी भार्या ही विशेष हो उसकी वाणी में ही क्या वह तो स्वयं भी विशेष बन जाता है।"

विद्योत्तमा इस व्यंग पर मुस्कुराते हुए उनके पाँव छूती है। कालिदास उन्हें दोनों बाँहों में भर आलिंगन करते है। फिर वे उन्हें पलंग तक ले जाते है।

उन्हें बैठाते है। विद्योत्तमा उस प्रेम-भरे स्पर्श से रोमांचित हो उठती है। उनकी आँखें बंद हो जाती है। कालिदास सर्वप्रथम उनके माथे को चूमते हैं। बिना पलक झपकाये उनके चेहरे को ध्यान से देखते हैं।

"अपने कमल समान नेत्र खोलो देवी।"

किसी तरह धीरे-धीरे जिस प्रकार कमल खिलता है, उसी प्रकार विद्योत्तमा अपने नेत्रों को खोलती है। दोनों एक-दूसरे को अपलक निहारते है। कालिदास, विद्योत्तमा के माथे का टीका, कानों के कुन्डल, नाक का नथिया, गले के हार, बाँहों के आभूषण आदि उतारते है। फिर उनके रेशमी वस्त्रों को। भवन के प्रकाश को कम करते हैं।

कालिदास सम्मान के साथ राजभवन में अपनी भार्या विद्योत्तमा के संग कुछ दिनों तक वैवाहिक सुख का आनन्द लेते है। राज-सुख, राज-वैभव के साथ विदूषी विद्योत्तमा ये सब कुछ पाने के बाद भी अचानक एक दिन अकेले में उन्हें विद्योत्तमा द्वारा कहे गये शब्दों का स्मरण होता है "अस्ति कश्चिद्द वाग विशेष।" वे चिन्तन करते है कि क्यों ना इन तीनों अक्षरों पर रचनाएं लिखी जाए। ऐसा सोच वे सर्वप्रथम महादेव मंदिर में जाकर भगवान भोलेनाथ की विधिपूर्वक पूजा-अर्चना करते है। उन्हें प्रेरणा होती है कि गुरू जी ने बड़े ही उत्साहित शब्दों द्वारा पार्वती और शंकर जी की विवाह की कथा सुनायी थी, साथ में तारिकासुर को मारने के लिए कार्तिकेय का जन्म हुआ था शिवजी के वीर्य द्वारा।

अत्यन्त अनुपम रचना है यह। इसका नामकरण करते हुए उन्होंने सर्वप्रथम उस रचना को नाम दिया "कुमार-सम्भवम्"। हाथ में तुलिका लिए पहुँच गये एक ऐसे स्थान पर प्रकृति का मनोरम दृश्य था, वे तुलिका पकड़ सर्वप्रथम संज्ञा लिखते है "कुमारसम्भवम"।

अब वे सर्वप्रथम विद्योत्तमा द्वारा कहे पहले शब्द अस्ति का प्रथम अक्षर अ से मंगलाचरण लिखते है। "असत्युत्तरस्यां दिशि देवतात्मा हिमालयोनाम नगाधिराज। पूर्वापरों तोयनिधि वगाहहय स्थितः पृथिव्या इव मानदण्डः।।"

अर्थातः-भारतवर्ष के उत्तर में देवता के समान पूजनीय हिमालय नाम का पवित्र पर्वतराज है जो पूर्व और पश्चिम के समुद्रों तक फैला हुआ ऐसा लगता है मानो वह पृथ्वी को नापने-तौलने का मापदण्ड हो।। उसके साथ-साथ वे अपनी रचना का शुभारम्भ करते है। समय-स्थान परिवर्तित करते हुए उमा एवं शिवजी को स्मरण कर नित्य निरन्तर अपनी रचना को आगे बढ़ाते जा रहे हैं। प्रत्येक रात्रि में पत्नी से संयोग-स्नेह पाकर मन प्रफुल्लित रहता है।

एक दिन उन्हें अपनी माँ की स्मृति हो जाती है। वे सोचते है कि माँ ने कहा था कि मुझे अपनी दुल्हन से कब भेंट करवाओगे। ऐसा सोच वे रात्रि में विद्योत्तमा के केशों में हाथ फेरते हुए उनके अंगों की सुगन्ध को सूंघते हुए प्रेम से विद्योत्तमा से कहते हैं-

"प्रिय...हमारी एक इच्छा है।"

विद्योत्तमाः-"कौन-सी इच्छा स्वामी?"

कालिदास केशों में अपने हाथों को उलझाते हुए कहते हैं-

"हमारी इच्छा है कि एक बार आप हमारी जन्मदात्री माँ से भेंट करने हमारी जन्मभूमि चलें।"

विद्योत्तमा उत्साहित होकर पलटते हुए कहती है-

"स्वामी, आपने हमारे मन की बात कही, हमारी भी इच्छा है आपकी जन्मदात्री माँ को देखने की, उनकी सेवा-सुश्रुशा करने की, हम भी देखना चाहते हैं उन जैसी देवी को जिन्होंने आपके जैसा पुत्र प्राप्त किया।"

कालिदासः-"हम आपको अपना गुरू-आश्रम भी दिखाएगें और साथ में अपने उस सहपाठी को जो हमें महामूर्ख कहता था।"

विद्योत्तमाः-और उस मंदिर में नहीं ले चलेंगे आपको देवी का वरदान प्राप्त हुआ और आप रातों-रात इतने बड़े विद्वान बन गये।"

कालिदास हाथ जोड़ अदृश्य शक्ति को नमन कर कहते हैं-

"अवश्य प्रिय, हम चाहते हैं कि आप भी हमारे संग देवी की पूजा-अर्चना करें, जिन देवी के कारण हमारा और आपका पुर्नमिलन सम्भव हुआ है।"

विद्योत्तमाः-"ऐसा करते है, हम कल ही से मिथिला के लिए प्रस्थान करेंगे...।"

कालिदास उनकी आँखों के उत्साह को देखने लगते हैं।

कालिदास अपनी प्रियतमा के साथ अपनी जन्मभूमि के लिए प्रस्थान करते हैं। रास्तें भर प्राकृतिक सुन्दरता को निहारते हुए उसे अपनी आँखों में बसाते हुए पत्नी के साथ प्राकृतिक सुन्दरता के विषय में वार्तालाप करते हुए अपनी मातृभूमि की ओर बढ़ रहे हैं।

कालिदास की माँ को आकर का एक व्यक्ति सूचना देता है कि-

"मातृगुप्त की माँ...नहीं-नहीं कालिदास की माँ...आपको कुछ पता भी है।"

माँ-"नहीं, मुझे तो कुछ नहीं पता है, आप किस बारे में कहना चाहते हैं?"

व्यक्तिः-"अब तक तो पूरे को यह समाचार मिल गया होगा...और आपको अभी तक कुछ नहीं पता।"

माँ-"आप बताएंगें तब ना मुझे कुछ पता चलेगा।"

व्यक्तिः-"गाँव का एक आदमी घोड़े पर सवार होकर आया और यह समाचार सुनाया कि...।"

ठीक उसी समय लगभग पूरा कालिदास के घर के सामने आकर शोरगुल करने लगा। का वह व्यक्ति को समझ गया कि वाले क्या कह रहे है। किन्तु माँ उस कोलाहल में केवल एक ही शब्द सुन पा रही थी कालिदास...कालिदास....कालिदास...माँ प्रश्नात्मक नजरों से सामने खड़े व्यक्ति को देखने लगी। वह अपने बालों में अंगुली फेरता हुआ मुस्कुराने लगा। माँ कमरे से निकलकर बाहर आयी। पूरा उत्साहित शब्दों में एक साथ कह रहा था कि "कालिदास आ रहा है, कालिदास आ रहा है।"

भीड़ को शान्त कर, उन्हीं लोगों में से एक व्यक्ति माँ के सामने आया और बोला-

"कालिदास की माँ, हमारा कालिदास अपनी भार्या विद्योत्तमा के संग हमारे आ रहा है।"

माँ की खुशी का ठिकाना नहीं रहा...आँखों में खुशी के आँसू उमड़ पड़े। वाले भी उत्साहित, आनन्दित थे। माँ इधर-उधर देखने लगी और फिर बेबशी से बोली-

"अब मैं क्या करूँ?...दुल्हन के परिछन की तैयारी भी करनी होगी... इतने कम समय में ये सब कैसे हो पाएगा?"

तभी चार महिलाएं माँ के नजदीक आयी उनमें से एक बोली-

"आप इन बातों की चिन्ता मत कीजिए...बस हम लोगों को कहती जाइये...हम सब विधि की तैयारी कर देंगी।"

माँ को थोड़ी सहूलियत हुई...अब वो जल्दी-जल्दी उन महिलाओं से परिछन चुमाउन, कोहबर की सजावट इत्यादि की तैयारियाँ करवाने लगी। वाले पूरे को सजाने में जुट गये। कुछ महिलाएं रंग-बिरंगे स्वादिष्ट मिथिला के पकवान बनाने में जुट गई।

देखते-ही-देखते पूरा दुल्हन की सखियों की तरह सज चुका था और कालिदास की माँ का घर दुल्हन की तरह।

जिस रास्ते से वर-वधू को लाया जाना था गद्दे की तरह नरम-नरम फूल बिछा दिये गये। परिछन का डाला, आंगन में सुन्दर मिथिला अहिपन सब तैयार। वधू को खिलाने के लिए गुड़ मंगाया गया। माँ घर से बाहर तैयारी देख गदगद हो रही थी। उसी समय एक बच्चा आकर बोला-"वो आ गये, वो आ गये हैं।" जो व्यक्ति जो भी काम कर रहा था सब अपना काम उसी तरह छोड़ दौड़ पड़े। कालिदास एवं उनकी नववधू को देखने। रथ पर संवार कालिदास साथ में उनकी प्रियतमा...ऐसा लगता था जैसे स्वर्ग से देवी-देवता इस धरातल पर उतर आये हो। रथ के पीछे के बच्चे उत्साहित हो दौड़ रहे थे। धीरे-धीरे रथ के रास्ते हो कालिदास के घर के समीप जा रहा था। रास्ते के दोनों तरफ खड़े स्त्री-पुरूष, बच्चे-बुढ्ढे सभी उन्हें देख आनन्दित हो रहे थे।

कालिदास ने हाथ जोड़ लिये थे, उनके अनुकरण में उनकी पत्नी विद्योत्तमा ने भी नम्रता से हाथ जोड़े हुए थे। ऐसी नम्रता, ऐसा सम्मान देख वालों के रोम-रोम में उनके लिए आशीर्वाद निकल रहा था। सत्य भी है जिस वृक्ष में जितने अधिक फल होते है वह वृक्ष उतना ही झुका रहता है। घमण्ड का विरोधी नम्रता ही है, दोनों एक साथ तो रह ही नहीं सकते।

वाले रथ के पीछे-पीछे होते हुए धीरे-धीरे उनके घर के समीप पहुँच गये। माँ और अन्य महिलाओं ने चारों तरफ से रथ को घेर लिया। माँ ने कालिदास एवं अपनी पुत्रवधू को रथ से उतारकर उनका परिछन किया। उसके बाद वधू के आगे फूलों से भरा डाला रखा और बोली-

"आप इस डाले में पैर रखते हुए आंगन में प्रवेश करें...हम पुत्रवधू को घर की लक्ष्मी मानते है और लक्ष्मी के प्रथम आगमन में वह धरती पर नहीं रखती।"

विद्योत्तमा ने सास का कहना मानते हुए एक के बाद एक रखे हुए डाला में पैर रखते हुए अहिपन के पास पहुँची।

पुत्र को पीढ़ा पर एवं विद्योत्तमा को आसन पर बैठाया गया। पुत्र के हाथों में पान-सुपारी-दही इत्यादि देकर धान से दोनों का चुमाउन किया गया। महिलाओं ने लोकगीत गायें। विद्योत्तमा ये सब देख आनन्द विभोर हो रही थी। के बुजुर्गों ने दूर्वाक्षत देते हुए दोनों को आशीर्वाद दिया। फिर दोनों को कुलदेवी के गृह में ले जाकर प्रणाम करवाया गया। सास ने सबसे पहले विद्योत्तमा का मुँह मीठा करवाने के लिए गुड़ खिलाया, फिर अन्य महिलाओं ने। फिर उन्हें कोहबर घर ले जाया गया। कालिदास को ये आशा

भी नहीं थी कि उनकी माँ को उनके आगमन का पता चल जाएगा और वे इस तरह पूरी तैयारी के साथ उनका विधि-विधान अनुसार स्वागत करेगीं।

लोगों के जाने के बाद माँ अपने कलेजे के टुकड़े से मिलने के लिए उनके कोहबर घर जाती है। माँ को देखते-ही दोनों नव-जोड़ी पति-पत्नी उनके पैरों पर गिरते है। माँ अपने आँसू पोछ उन्हें उठाते हुए कहती है-

"जुग-जुग जियो मेरे लाल।"

पुत्रवधू को हृदय से लगाते हुए कहती है-

"आपका स्थान मेरे चरणों में नहीं मेरे हृदय में है दुल्हन।"

विद्योत्तमाः-"नहीं माँ, मुझे आप अपने चरणों में रखकर सेवा करने का अवसर प्रदान करें।"

माँ मुस्कुराते हुए कहती है-

"कालिदास, तुमने तो साक्षात् विद्या की देवी के अनुरूप पुत्रवधू लाकर मुझे गौरवान्वित कर दिया।"

कालिदासः-"सब आपका आशीर्वाद है माँ।"

माँ:-"मेरा आशीर्वाद नहीं, सब महादेव की कृपा है।"

कालिदासः-"माँ...हम आपसे एक अनुरोध करना चाहते हैं?"

माँ:-"क्या...? पुत्र अनुरोध नहीं इच्छा बताओ।"

कालिदासः-विद्योत्तमा की इच्छा है कि आप हमारे संग पाटलिपुत्र चले और हमें अपनी सेवा करने का अवसर प्रदान कर कृतार्थ करें।"

माँ के नेत्र सजल हो जाते हैं, वह अपनी आँखों को इधर-उधर घुमाते हुए थूक गटकते हुए कहती है-

"मैं भाग्यवती हूँ कि मुझे तुम जैसा पुत्र एवं लक्ष्मीस्वरूपा पुत्रवधू मिली है किन्तु पुत्र मेरी यादें इस मकान (घर) इस में बसी हुई है। माँ का स्नेह उसका आशीर्वाद हमेशा अपने बच्चों पर रहता है, तुम लोग भी रहोगे, मेरा आशीर्वाद सदैव तुम लोगों के साथ रहेगा...किन्तु मुझे अपने साथ ले जाने का हठ ना करो, जिन्दगी के अन्तिम पड़ाव में मैं अपना समय अपनी पुरातन याद और भगवान के भजन में बिताना चाहती हूँ। बस अंतिम एक ही इच्छा है कि जब प्राण तन से निकले तो विश्व के किसी भी कोने से आकर मुखाग्नि दे देना।"

विद्योत्तमाः-"किन्तु माँ।"

माँ-"मैं आपकी भावनाओं को समझती हूँ किन्तु आशा करती हूँ कि आप भी मेरी भावनाओं को समझे। कालिदास विद्योत्तमा की तरफ इशारा कर चुप रहने को कहते है-

"माँ आपकी जैसी आज्ञा।"

विद्योत्तमा के संग कालिदास माता उच्चैठ मंदिर में पूजा अर्चना करने जाते है।

माँ की पूजा पूरे विधि-विधान से कर माँ से आशीर्वाद लेकर गुरू आश्रम में जाकर गुरू को प्रणाम कर उनका कुशलक्षेम पूछते है। गुरू उनको आशीर्वाद देते हैं। सहपाठियों के साथ समय व्यतीत करते है। पत्नी के साथ विलास करते हुए उन्हें बाबा पशुपतिनाथ के दर्शन करवाते है। गिरिजास्थान, आदि मनोरम स्थानों का दर्शन करते हुए अपने महाकाव्य "कुमार-सम्भवम्" की रचना भी लगातार करते जा रहे है।

"कुमारसम्भव" लिखते हुए उन्हें गुरू के साथ गये हिमालय की भव्यता एवं शिव-पार्वती विवाह का स्मरण होता है। वे शिव-पार्वती के विवाह वर्णन अत्यधिक मनोहर ढंग से लिखते हैं, किन्तु विवाहोपरांत होने वाले सम्बन्ध लिखते समय वे सारी सीमाओं को लांघते हुए जो वर्णन करते है, वैसा वर्णन एक मानव को दूसरे मानव के लिए करना उचित है किन्तु एक मानव या कवि को साक्षात् परमेश्वर-परमेश्वरी के लिए लिखना अनुचित। उसी का परिणाम उन्हें भविष्य में भुगतना पड़ता है।

अंततः "कुमार-सम्भवम्" में कार्तिकेय का जन्म उनका पालन-पोषण, और तारिकासुर से उनका युद्ध, उनका विजयी होना अत्यन्त मनोहर है। इस कुमार-सम्भवम् समाप्त होने के बाद वे अपनी माँ का आशीर्वाद ले से प्रस्थान करते हैं। सारे वाले उन्हें नम आँखों से विदा करते है। माँ अपने हृदय को संभाल लेती है। वे माँ के मंदिर आकर माँ को प्रणाम कर गुरू-आश्रम में गुरू का आशीर्वाद लेने जाते हैं।

गुरू आश्रम में पहुँचते ही सारे विद्यार्थी गुरू को जाकर कालिदास के आने का समाचार देते है। गुरू उस समय शिक्षार्थी को शिक्षा दे रहे हैं। कालिदास पत्नी के साथ गुरू को प्रणाम करते है।

गुरूः-"यशस्वी भवः, सौभाग्यवती भवः।"

कालिदासः-"हम लोग अभी प्रस्थान कर रहे हैं गुरूवर।"

हेमचन्द्र गुरू के समीप आकर कहते हैं-

"गुरूवर मैं आपसे एक प्रार्थना करना चाहता हूँ।"

गुरूः-"इस समय हमें कालिदास को विदा करने दो हेमचन्द्र।"

हेमचन्द्रः-"मेरी प्रार्थना कालिदास के विदा होने से सम्बन्धित है गुरूवर।"

गुरू आश्चर्य से देखते हुए कहते है-

"अच्छा ठीक है, कहो, तुम्हें क्या कहना है?"

हेमचन्द्रः-"गुरूवर, प्रार्थना ये है कि आपने मुझे अब तक जो शिक्षा दी है उसका मैं ऋणी हूँ किन्तु मैं कालिदास जैसे विद्वान के सानिध्य में रहकर अपना सम्पूर्ण जीवन व्यतीत कर इनके प्रति किये गये भूतकालीन दुर्व्यवहार का प्रायश्चित करना चाहता हूँ।"

गुरू मुस्कुराते हुए कालिदास की तरफ देख कहते है-

"हमारी ओर से आज्ञा है किन्तु एक बार कालिदास से तो पूछ लो।"

हेमचन्द्र कालिदास की ओर प्रश्नात्मक नजरों से देखते हैं।

कालिदासः-"हेमचन्द्र, तुमने अज्ञानतावश हमें अपमानित किया किन्तु इन सबके लिए तुम्हें प्रायश्चित करने की आवश्यकता नहीं...ज्ञान का प्रकाश जब भी उदीयमान हो उसी समय को उषाकाल मानना चाहिए और उस उषाकाल को पूर्णतः प्रकाशित करने का प्रयास निरन्तर करना चाहिए...हमें लगता है कि तुम्हारी जिन्दगी में भी उषाकाल आ गया है, इसलिए तुम्हें इसे प्रकाशित करने के लिए गुरूवर के सानिध्य में शिक्षा अर्जन के लिए तप करना चाहिए।"

विद्योत्तमा उस माहौल को देख रोमान्चित हो रही थी। क्या अद्भुत सखा प्रेम है यह।

हेमचन्द्र की आँखों से आँसू की धारा बहने लगती है। हेमचन्द्र, कालिदास के पैरों में गिर पड़ते हैं और कहते हैं-

"मैं अपने आप को तभी क्षमा कर सकूंगा जब आप मुझे अपने साथ अपने शरण में स्थान देंगे...अब मेरे जिन्दगी का एक ही लक्ष्य है कि मैं आजीवन आपका दास बना रहूँ...क्योंकि मुझमें वह सामर्थ्य नहीं कि मैं गुरूवर के द्वारा दिये जाने वाले ज्ञान को ग्रहण कर सकूँ...ना ही मुझमें ऐसी भक्ति है कि मैं सांसारिक बंधनों को छोड़ भगवान के भजन में लीन

रह सकूँ। अब मेरे लिए एक ही द्वार है कि मैं आप जैसे काली के दास के चरणों में शरण लूँ जिससे मेरे जीवन की नैया भी पार हो सकें।"

कालिदास उसे हृदय से लगाते हुए कहते हैं-

"हेमचन्द्र तुम हमारे दास नहीं हमारे सखा थे और अब तो तुम्हारा स्थान हमारे हृदय में है, तुम्हारी अगर ऐसी इच्छा है तो चलो हमारे साथ किन्तु प्रायश्चित करने नहीं बल्कि एक नवीन जिन्दगी प्रारम्भ करने।"

सारे सहपाठी एवं गुरू हेमचन्द्र, कालिदास एवं विद्योत्तमा को सादर विदा करते हैं।

हेमचन्द्र अत्यधिक प्रसन्न दिखाई देते है। विद्योत्तमा मन में-

"प्रेम के अनेकों रंग में ये कितना सुन्दर रंग है।"

महाराज चन्द्रगुप्त द्वितीय विक्रमादित्य की सभा में सारे रत्न बैठे हुए है। कालिदास भी उस सभा में एक सिंहासन पर विराजमान है। विक्रमादित्य सभी रत्नों एवं अपने मंत्रिमंडल को सम्बोधित करते हुए कहते हैं-

"जैसा कि आप लोग जानते है कि गुप्त वंशज हमेशा से कला, साहित्य, विज्ञान के उत्थान में सिर्फ रूचि ही नहीं लेते बल्कि हर सम्भव प्रयास भी करते है कि प्रतिभा चाहे किसी भी रूप में क्यों ना हो सबके सामने आनी चाहिए जिससे समाज का कल्याण हो। समाज को मनोरंजन प्रदान हो या समाज का आर्थिक लाभ, मानसिक शांति प्राप्त हो और हमारी इस सोच में ईश्वर ने भी हमारा साथ दिया कि हमारे समक्ष ऐसे प्रतिभा सम्पन्न व्यक्ति आये जिन्होंने हमारे साम्राज्य में चार चाँद लगा दिये है। जिसका प्रत्यक्ष प्रमाण हमारे समक्ष बैठे हमारे रत्न है, जो अलग-अलग दिशा में किन्तु अपने-आप में विद्वान है।"

सारे रत्नों के सीने गर्व से चौड़े हो जाते हैं। होठों पर विजयी मुस्कान फैल जाती है। वररूचि, क्षपणक, अमर सिंह का सिर गर्व से हो जाता है। तभी महाराज आगे कहते है-

"हमें आज ये बताने में बहुत ही आनन्द या खुशी हो रही है कि हमारे पास अभी तक आठ रत्न थे किन्तु आज हमारे पास एक और रत्न आ गया है। हम उन्हें रत्न कहें या महारत्न...।"

सारे लोग आश्चर्यचकित हो एक-दूसरे को देखने लगते है। सबकी नजर कालिदास पर जाती है। कालिदास मंद-मंद मुस्कुरा रहे हैं।

विक्रमादित्यः-"वे रत्न है कालिदास...कालिदास। जो सौभाग्य से हमारे जमाता भी है, इनकी लेखनी ऐसी है जो आज तक की लेखनी में दुर्लभ है...ये कवि नहीं बल्कि महाकवि है। इन्होंने ऋतुसंहार का जो अद्भुत वर्णन किया है वो तो आप लोगों ने पढ़ा ही है...और वर्तमान में इनके जादू की कलम या भगवती के आशीर्वाद से जो लेखनी इनके महाकाव्य कुमार-सम्भव में हुई है, यह अद्‌वितीय एवं अद्भुत है।"

विक्रमादित्य अपने हाथों में महाकाव्य "कुमार-सम्भवम्" उठाते हुए कहते हैं-

"अनोखी लेखनी है इनके महाकाव्य में। हम भाग्यशाली है कि ऐसे कवि हमारे दरबार में जमाता के रूप में विद्‌यमान है और हम चाहते है कि आज से ये हमारे सभा-रत्नों में होंगे, साथ ही हम इन्हें महाकवि की उपमा से सुशोभित करना चाहते हैं। साथ ही अपने राज-काज के संचालन में मदद ही नहीं करेंगे बल्कि हम चाहते हैं कि महाकवि कालिदास सर्वाध्यक्ष बनें।"

सभा में कानाफूसी होने लगी। विक्रमादित्य ने सभी की ओर देखा और मुस्कुराते हुए बोले-

"आप लोंगों में से किसी को कुछ कहना है तो कह सकते हैं।"

अष्ट रत्नों ने आपस में इशारे से कुछ बात की। तब आचार्य वररूचि खड़े होकर बोले-

"क्षमा करें महाराज...किन्तु हमें संशय है कि कालिदास इतने बड़े पद को संभाल पाऐगें।"

कालिदास मुस्कुराए। महाराज पुनः बोले-

"इस संशय को मन से निकाल दे, महाकवि कालिदास निश्चय ही इस गरिमामय पद को अच्छी तरह संभाल लेंगे, ऐसा हमारा पूर्ण विश्वास है।"

वररूचि और अन्य व्यक्तियों का सिर झुक गया। महाराज के इशारे से तुरन्त ही सेवक थाल में सर्वाध्यक्ष का मुकुट ले आया। महाराज ने स्वयं अपने हाथों से कालिदास को मुकुट पहनाया। महाकवि कालिदास की प्रसन्नता चौगुनी हो गयी, सभासदों ने जयकारा लगाया।

"महाकवि कालिदास की जय।"

सभीः-"महाकवि कालिदास की जय।"

सभासदः-"महाराज विक्रमादित्य की जय।"

सभीः-"महाराज विक्रमादित्य की जय।"

कुछ देर तक जयकारा होने के पश्चात् महाकवि सभासदों को सम्बोधित करते हुए कहते हैं-

"बाबा भोलेनाथ की कृपा, माता काली के समक्ष सम्मान के पात्र बने है, महाराज विक्रमादित्य ने हमें अपने रत्नों में स्थान दिया साथ ही सर्वाध्यक्ष के पद से सुशोभित किया...इसके लिए हम स्वयं को सौभाग्यशाली समझते हैं, साथ ही महाराज का धन्यवाद करते हैं।"

विक्रमादित्यः-"आज से चन्द्रगुप्त विक्रमादित्य के दरबार में अष्ट नहीं बल्कि नवरत्न होंगे। महाकवि कालिदास हमारे नवरत्नों में सर्वश्रेष्ठ है।"

सभासदों ने जयकारा का नारा लगाया। कालिदास को छोड़ और रत्नों के नाक-भौं तन गये। सब ईर्ष्या भरे नजरों से महाकवि को देख रहे थे। महाकवि इन सब बातों से अनभिज्ञ प्रफुल्लित थे।

वररूचि, बेतालभट्ट, घटखर्पर, वराहमिहिर, अमरसिंह, क्षपणक, शंकु, धनवन्तरि सभी एक साथ बैठे इस शोक में डूबे थे कि कालिदास की लेखनी से महाराज इतने प्रभावित हुए कि उन्हें सर्वाध्यक्ष के साथ-साथ नवरत्नों में स्थान ही नहीं दिया वरन् उन्हें सर्वश्रेष्ठ भी घोषित कर दिया है।

उन रत्नों के सामने खाने के लिए तरह-तरह के फल एवं पीने के लिए मदिरा रखी हुयी थी। कुछ देर तक शोकाकुल रत्न खाने-पीने के बाद आपस में कालिदास के विषय में बातचीत करने लगे। सर्वप्रथम वररूचि ने कहा-

"आप सब ने देखा कि किस तरह महाराज ने कालिदास को सर्वश्रेष्ठ रत्न की उपाधि दे डाली।"

अमरसिंहः-"हम इतने बड़े शब्द शास्त्र के ज्ञाता है, हमने "अमर कोश" की रचना की है फिर भी महाराज ने हमें सर्वश्रेष्ठ नहीं माना।"

वराहमिहिरः-"आप लोग तो साहित्य से जुड़े हैं किन्तु हम तो खगोल विद्या के विद्वान है किन्तु महाराज ने तो हमें भी सर्वश्रेष्ठ में महत्व नहीं दिया।"

शंकुः-"विद्वानता में हम में क्या कमी है?"

धनवन्तरिः-"आप लोग अपने आप को श्रेष्ठ मानते हैं, किन्तु ध्यान से विचार कीजिए तो आप लोगों ने जो लिखा-पढ़ा है वह पुस्तक में पढ़कर ज्ञान बढ़ा सकते है। किन्तु हम तो आयुर्वेद शल्य-शालाक्य आदि शाखा के

प्रवर्तक के रूप में कार्य कर रहे हैं। फिर तो हमारी दावेदारी आप सभी से अधिक है।"

सभी कुटिल मुस्कान मुस्कुराने लगे। एक और जाम सभी ने पान किया। तत्पश्चात् क्षपणक ने आँखें लाल करते हुए कहा-

"आप लोग हमें क्यों भूल रहे हैं, हम भी नवरत्नों में से एक है।"

क्षपणकः-"क्या हम सर्वश्रेष्ठ नहीं हैं?"

सभी जोर-जोर से लगें। घटखर्पर ने कहा-

"हम भी ऐसा काव्य लिखेंगे कि वह दिन अवश्य आएगा जब महाराज स्वयं हमें सर्वश्रेष्ठ रत्न की उपाधि देंगे। महाराज को कालिदास ने महाकाव्य लिखकर प्रसन्न किया है ना, हम दिखाएगें महाराज को कि लेखनी क्या है?"

वररूचि कुटिल मुस्कुराहट के साथ बोले-

"भविष्य की बातें वर्तमान में मत कीजिए आप लोगों हम यह कहना चाहते हैं कि हमने और आप लोगों ने भी कालिदास की लिखी कुमारसम्भवम् पढ़ी है। उसमें ऐसा क्या है कि महाराज ने उन्हें सर्वश्रेष्ठ रत्न के संग सर्वाध्यक्ष भी बना दिया?"

अमरसिंहः-"देखिए आचार्य, एक विद्वान ही दूसरे विद्वान का सम्मान कर सकता है।"

उसी समय बेतालभट्ट जो अब तक सबकी बात सुन रहे थे। उन्होंने टोकते हुए कहा-

"ये आपने उचित कहा अमर सिंह...जो हो किन्तु कालिदास ने जो काव्य लिखा है वह निश्चित ही इतिहास के पन्नों में अमर हो क्या वर्णन किया है उन्होंने माता-पार्वती-शंकर और कार्तिकेय की।"

वररूचि मुस्कुराते हुए बोले-

"क्षमा करें, किन्तु हमें आश्चर्य हो रहा है कि आप लोगों विद्वान स्वयं को क्यों मानते हैं?"

सभी आश्चर्य-चकित हो उनका मुँह देखने लगे। वररूचि सभी की में देखते हुए बोले-

"हमने उनके काव्य को अच्छी तरह पढ़ने के बाद यह निष्कर्ष निकाला है कि यह महाकाव्य महाराज को प्रसन्न करने के लिए "महाकवि कालिदास" (उच्च स्वर) ने लिखा है। कुमार नाम से आप लोगों कुमारगुप्त का स्मरण

नहीं आता। स्थान-स्थान पर स्कन्द नाम के प्रयोग से आप लोग यह नहीं समझ पाये कि वे महाराज के पौत्र स्कन्दगुप्त को ध्यान में रखकर यह सब लिख रहे हैं। कुमारसम्भवम् में कार्तिकेय की वीरता या शिव-पार्वती की कथा नहीं लिख रहे हैं। "कुमारसम्भवम्" कार्तिकेय की वीरता या शिव-पार्वती की कथा नहीं बल्कि कुमारगुप्त एवं स्कन्दगुप्त के विषय में लिख महाराज चन्द्रगुप्त के नजर में उच्च स्थान प्राप्त करने का एक साधन मात्र।"

सभी एक-दूसरे को आश्चर्य-चकित नेत्रों से देखने लगते हैं। सभी की आँखों में वररूचि बातों का विश्वास का भाव था। वररूचि पुनः बोले-

"एक बात और आप लोगों ने ध्यान नहीं दिया कि किस तरह वे शिव-पार्वती के संभोग-श्रृंगार के विषय में लिखते हैं। क्या एक भक्त कभी अपने आराध्य के विषय में इस तरह खुलेपन से संभोग-श्रृंगार का वर्णन लिख सकता है...नहीं कदापि नहीं...।"

अमरसिंहः-"आचार्य, आप सत्य कह रहे हैं। निश्चय ही कालिदास ने महाराज को प्रसन्न करने के लिए यह महाकाव्य लिखा है। आराध्य के लिए ऐसे वर्णन की हिम्मत कोई नहीं कर सकता है।"

वररूचिः-"कालिदास ने अत्यधिक चतुरता से महाराज के हृदय में अपना स्थान बना लिया है।"

वराहमिहिरः-"किन्तु हम उस स्थान से उन्हें नीचे कैसे उतार सकते हैं?"

वररूचिः-"समय की प्रतीक्षा करनी होगी और उचित समय पर प्रहार।"

सभी लगते हैं।

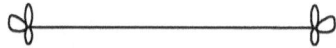

महाकवि कालिदास सांयकाल अपने महाकाव्य "कुमारसम्भवम्" लेकर राजभवन में बने उमा-महादेव मंदिर की ओर दर्शन के लिए आगे बढ़ते हैं। मंदिर प्रांगण में जैसे ही उनके पड़ते हैं। अचानक से तेज हवा चलने लगती है।

हवा के झोंकों से सूखे पड़े पत्ते उड़ने लगते है। अचानक आयी जोर की आँधी से कालिदास घबरा जाते हैं। वे अपना कदम आगे बढ़ाना चाहते हैं किन्तु आँधी उन्हें कदम आगे बढ़ाने में रूकावट डाल रही थी। धूल-कण उड़ने के कारण उनकी बंद हो जाती थी। वे पुस्तक को संभालते हुए अपने वस्त्रों से ऑख को पोंछते हैं। धूल के कण से आँखें लाल हो जाती है। अब

आँधी के साथ-साथ बादल गर्जन की आवाज भी आने लगती है। मेघ गर्जन के साथ-साथ बिजली भी चमकने लगती है। मेघ के गर्जन, बिजली की चमक, तेज आँधी के सामने भी कालिदास की इच्छा शक्ति कमजोर नहीं होती।

वे सारी समस्याओं का सामना करते हुए एक-एक कदम मंदिर की ओर बढ़ाते जा रहे हैं। मंदिर की सीढ़ियों तक पहुँचने से पहले ही उनके हाथों पर वृक्ष की एक डाल कड़कड़ाते हुए टूट कर गिरती है। जिससे उनके हाथों से पुस्तक गिर जाती है। वे चोट की परवाह किए बिना पुनः पुस्तक को उठाते हैं। हाथों का दर्द असहनीय होता जा रहा है किन्तु वे किसी प्रकार दर्द सहते हुए पुस्तक हाथ में लिए सीढ़ियों पर चढ़ते हैं।

मंदिर के बरामदे पर चढ़ सामने उमा-महादेव की प्रतिमा देखते ही उन्हें दर्द का एहसास नहीं होता और वे अन्दर आते हैं। पुस्तक को प्रतिमा के सामने में रखकर दोनों हाथ जोड़कर प्रार्थना के स्वर में कहते हैं-

“हे जगत के स्वामी महादेव, हे माता उमा...आपने हमें अपने आशीर्वाद से इस जगत में अत्यधिक सम्मान का पात्र बनाया। हमने अपनी कल्पना शक्ति से आप दोनों का जो आंशिक वर्णन किया सो आप ही की कृपा से सम्भव हुआ है और इस महाकाव्य से जो यश-वैभव हमें प्राप्त हुआ, वो भी आपकी ही कृपा से सम्भव हुआ है। आपके गुणों का वर्णन तो अथाह समुद्र के समान है...हम उन सारे गुणों उन सारी महिमाओं का वर्णन करने में सदैव असक्षम है...अपितु हमें आशीर्वाद दीजिए कि हम सदैव आपकी महिमाओं का बखान अपने तुला के माध्यम से करते रहें।”

इतना कह महाकवि कालिदास सिर झुकाकर जैसे ही प्रणाम के लिए चरणों में झुकते है। तभी एक भीषण गर्जन के साथ शंकर-पार्वती उनके सामने साक्षात् प्रकट होते हैं। महादेव और गौरी के शरीर से अद्भुत प्रकाश प्रकाशित हो रहा है। उस अद्भुत उजाले में एक क्षण के लिए कालिदास को ऐसा लगता है जैसे उनकी आँखें इस प्रकाश को सहन नहीं कर सकेंगी। उनकी आँखें स्वतः बंद हो गयी। पुनः मन में अध्यात्मिक भावना उमड़ पड़ती है। सोचने लगते हैं-

“आभास हो रहा है कि साक्षात् महादेव एवं माता उमा हमें दर्शन देने के लिए प्रकट हुए हैं।”

इतना सुन उनके होठों पर मुस्कान फैल जाती है। वे आँखें खोलते हैं। किन्तु “ये क्या?” उनकी सोच या कल्पना से विपरीत सामने महादेव और उमा प्रकट तो है किन्तु दोनों अत्याधिक क्रोध में है। क्रोध से माता उमा का पूरा शरीर कंपायमान है। भोलेनाथ भी क्रोध से देख रहे हैं।

डर से कालिदास का शरीर भी पीला पड़ जाता है। माता पार्वती अंगुली दिखाते हुए कहती हैं-

"अरे दुष्ट, ये तूने क्या किया, तुझे हमने वरदपुत्र का आशीर्वाद दिया और तूने इतनी अभद्रता के साथ स्वः-श्रृंगार-सुख वर्णन हमारे गोपनीय बातों को इतनी अश्लीलता के साथ लिखने का दुःसाहस किया। हम श्राप देते है कि तू वैश्या व्यवसनी बनकर मृत्यु को प्राप्त होगा।"

कालिदास अवाक् रह गये। कुछ समझ पाते उससे पहले ही महादेव बोले-

"तेरी लेखनी से तुझे जो यश प्राप्त हुआ है, जिन हाथों से तूने अपनी लेखनी द्वारा हमारे बीच संभोग-श्रृंगार को उल्लेखित किया, उन हाथों में कुष्ठ रोग हो जाएगा...तू श्राप के लायक ही है। इसकी सजा तुझे मिलनी ही चाहिए।"

जैसे ही महाकवि कालिदास कुछ कहते उससे पहले ही भोलेनाथ और पार्वती अन्र्तध्यान हो गये। कालिदास को ऐसा लगा जैसे वे मूर्छित हो जाएगें।

उसी क्षण कालिदास को छोड़ पूरा वातावरण सामान्य हो गया। मेघों का गर्जन, बिजली का चमकना, हवाओं का चलना सब कुछ सामान्य हो गया।

कालिदास कातर नेत्रों से प्रतिमा को निहार रहे थे। से गंगा-यमुना की तरह आँसुओं की धारा बहती जा रही थी...किसी तरह कालिदास कुछ देर बाद अपने भवन की ओर लौटने के लिए निकले किन्तु इस समय ऐसा लग रहा था जैसे में पत्थर दिया गया है। एक-एक कदम उठने में समय लग रहा था।

कभी गिरते, कभी उठते किसी तरह अपने भवन में पहुँचे। उनकी भार्या स्वागत में खड़ी उनकी प्रतीक्षा कर रही थी। सामने विद्योत्तमा को देख अपने आपको संभालने का पूरा प्रयास किया। किन्तु संभाल ना सके। चुपचाप पलंग पर आकर शून्य की ओर देखते हुए बैठ गये।

विद्योत्तमा ने कारण जानना चाहा किन्तु उन्होंने कुछ नहीं बताया। विद्योत्तमा नहीं समझ पायी कि कारण क्या है। उस रात ना खाया ना पिया ना विद्योत्तमा से कोई बातचीत ही की। सारी रात जागते रहे। कानों में गूँजता रहा "वेश्या व्यसनी से मृत्यु को प्राप्त होगा, हाथों में कुष्ठ रोग (असाध्यरोग) होगा।" बार-बार यही कानों में गूँज रहा था।

सवेरा होने पर स्नानादि कर मंदिर गये और सायंकाल तक वहीं बैठे रहे। सात दिनों तक लगातार कातर नेत्रों से प्रतिमा को निहारते रहते। सातवीं रात उन्हें थोड़ी नींद आयी। स्वप्न में भोलेनाथ ने उनसे कहा-

"कालिदास तुम्हारी भक्ति की शक्ति के सामने हम कमजोर हो गये हैं। हम अपना श्राप वापिस तो नहीं ले सकतें किन्तु एक निराकरण कर सकते हैं। चूंकि तुम्हारी लेखनी के कारण ही तुमको यह श्राप मिला है अब तुम्हारी लेखनी के कारण ही तुम श्राप से मुक्त हो सकोगे। संभोग-श्रृंगार लिखने के कारण तुम श्रापित हुए हो, इसलिये तुम्हें अपनी भार्या से एक वर्ष के लिए अलग रहना होगा और अपनी लेखनी से अपना प्रायश्चित करना होगा।"

इतना कह भोलेनाथ स्पप्न से चले गये। कालिदास की आँखें खुलीं। वे स्वप्न को याद कर उस ओर चिन्तन-मनन करने लगे।

महाकवि कालिदास-डा0 रमाशंकर तिवारी पेज नं 27,28 29 आभार से

प्रातः काल महाकवि कालिदास मंदिर में भगवान की पूजा-अर्चना कर लौट रहे थे। उसी समय एक सेवक ने आकर महाराज का संदेश सुनाया।

"महाकवि, महाराज ने आपको इसी क्षण अपने महल में बुलाया है।"

कालिदासः-"ठीक है, तुम जाकर महाराज से कह दो कि हम तुरंत आ रहे हैं।"

सेवक आज्ञा पाकर चला जाता है। महाकवि कालिदास अपने भवन में आकर वस्त्र बदल उसी क्षण महाराज से मिलने उनके कक्ष की तरफ प्रस्थान करते हैं।

महाराज उनकी प्रतीक्षा में अपने कक्ष में इधर-से-उधर टहल रहे हैं। महाकवि सामने उपस्थित होते हैं।

महाराज इशारे से उन्हें स्थान ग्रहण करने लिए कहते हैं-

महाकवि के बैठने के बाद महाराज भी अपने स्थान पर बैठ चिन्तित भाव से कहते हैं-

"महाकवि कालिदास, आप हमारे साम्राज्य के सर्वाध्यक्ष के पद पर विराजमान है इसलिए हमें शोभा तो नहीं देता कि हम आपसे राजदूत का

कार्य लें किन्तु हम यह जानते हैं कि वर्तमान की समस्या का समाधान आपके अलावा कोई और नहीं कर सकता।"

महाकवि कालिदासः-"महाराज आप किसी प्रकार के संशय में ना रहें। आप भी जानते हैं कि स्वयं भगवान श्रीकृष्ण ने भी हस्तिनापुर जाकर राजदूत का कार्य संपादित किया। अवसर के समय अर्जुन के सारथी का कार्य भी संभाला। फिर हम तो एक साधारण मानव है इसलिए बिना किसी धर्म संकट के अपनी समस्या हमें बतायें।"

महाराज प्रसन्नचित्त हो गये। और बोले-

"आप निश्चय ही महापुरूष हैं महाकवि...हमें स्वयं के निर्णय पर गर्व हो रहा है कि हमने आपको सर्वाध्यक्ष का पद दिया।"

विक्रमादित्यः-"वर्तमान में हमारी समस्या यह है कि आप तो जानते हैं कि हमारी पुत्री प्रभावती का विवाह हमने पृथ्वीषेण के पुत्र रूद्रसेन से किया था। अत्यन्त अल्पावधि में ही हमारी पुत्री विधवा हो गई। उसने अपने राजपाट को संभाल भी लिया किन्तु अब वह कुन्तलेश नरेश द्वारा पराजित हो गई है। कुन्तलेश नरेश अभी दक्षिणापधाधिपति बन गया है। आप व्यवहार-नैपुण्य हैं तथा व्युत्पन्न प्रतिभा से युक्त हैं। हम चाहते हैं कि आप हमारी ओर से राजदूत बनकर कुन्तलेश्वर की ओर संधि का संदेश लेकर जाएंगे...हमें पूरा विश्वास है कि आप अपने कार्य में सफल होकर लौटेंगे।"

विक्रमादित्य, महाकवि के उत्तर की प्रतीक्षा में प्रश्नात्मक नजरों से उनकी ओर देखने लगते हैं।

"आपका हम पर जो विश्वास है उससे हमारा आत्मविश्वास चौगुणा हो गया है महाराज...हम कल ही राजदूत बनकर कुन्तलेश्वर के पास जाने के लिए निकल पड़ेंगे तथा आपका संधि-संदेश उन्हें जाकर समझाएंगें।"

महाराज के माथे पर निश्चिन्तता के भाव झलक आते हैं।

"आपने हमें निश्चिन्त कर दिया। आप कल प्रस्थान कीजिए...आपके प्रस्थान की सारी व्यवस्था करवा दी जाएगी...आज आप हमारे संग संग्रहालय चलिए...बहुत दिन हुए पुरानी यादों को ताजा किए हुए...अतीत की वस्तुओं को देखने-समझने का अवसर संग्रहालय में मिलता है।"

कालिदासः-"तो चलें महाराज...हम भी संग्रहालय जाने के इच्छुक थे।"

दोनों बाहर निकलते हैं।

महाराज विक्रमादित्य के साथ महाकवि कालिदास एक साथ संग्रहालय में चलते हुए ऐसे लग रहे थे जैसे महाराज शंकर भगवान हों और महाकवि उनके माथे पर सुशोभित चन्द्रमा। सेवक पीछे-पीछे थे।

संग्रहालय में एक से एक अद्भुत कलाकृति देख महाकवि का मन प्रफुल्लित हो रहा था।

एक स्थान पर आकर महाकवि ठिठक गये।

उस कलाकृति को देख सम्मोहित होते हुए महाराज से बोले-

"महाराज यह कलाकृति अत्यधिक सुन्दर है।"

महाराज मुस्कुराते हुए बोले-

"यह हमारे पिता समुद्रगुप्त को उस समय के सिंहल के राजा मेघवर्ण ने उपहार में दिया था साथ में यह अनुरोध भी किया था कि बोधगया में विहार बनाये। इसलिए महाबोधि विहार सिंहल (लंका) के राजकुल की कीर्ति है...उसी समय से सिंहल के राजकुमार और राजकुल में भिक्षु इस विहार में बराबर आते रहते थे।"

विक्रमादित्य ने आगे बढ़ते हुए कहा-

"महाराज समुद्रगुप्त, हमारे पिता के समय का शिलालेख अब भी विहार में है। लंकाद्वीप नरेन्द्राणां श्रमणः कुलजोभवत्। प्रख्यातकीर्तिधर्मात्मा स्वकुलांबर चन्द्रमा।"

महाकविः-"अद्भुत महाराज, अदभुत है यह उपहार। यह उपहार इतिहास में गवाह बनेगा कि मैत्री सम्बन्ध के लिए किसी सीमा का परिसीमन नहीं होता...महाराज समुद्रगुप्त के मैत्री को इसलिए आपने और राजकुमार कुमारगुप्त ने अब तक कायम रखा हुआ है।"

विक्रमादित्यः-"अब भी सिंहल राजकुमार कुमारदास मैत्री का सम्बन्ध बनाये हुए हैं।"

दोनों ने पूरे संग्रहालय को आनन्दपूर्वक देखा। महाकवि ने अपनी लेखनी में कुछ कलाकृतियों को लिखने का मन बनाया।

कुन्तलेश्वर की दरबार में सभा में बैठे सभासद एंव स्वयं कुन्तलेश्वर महाराज नर्तकी का नृत्य देखने में मग्न है। मदिरापान के साथ नर्तकी के नृत्य में व्यस्त मनोरंजन में कुन्तलेश्वर नरेश आनन्दित हो रहे है। सभासद भी मदिरापान में डूबे हुए नृत्य का आनन्द ले रहे हैं। नृत्य देखने में आनन्दविभोर महाराज को सेवक ने कान में संवाद कहा-

"महाराज, पाटलीपुत्र से महाराज चन्द्रगुप्त द्वितीय विक्रमादित्य ने अपने राजदूत को भेजा हैं जो बाहर बहुत देर से आपसे भेंट करने की प्रतीक्षा में खड़े हैं।"

कुन्तलेश्वरः-"ठीक है, उन्हें अन्दर ले आओ।"

कुन्तलेश्वर की आज्ञा पाकर सेवक चला जाता है। कुछ समय पश्चात् महाकवि कालिदास अन्दर आते हैं। किन्तु अन्दर का दृश्य देखकर वे दंग रह जाते हैं। कुन्तलेश्वर नरेश एवं उनके सभासद नृत्य देखने में इतने मग्न है कि उन्हें इस बात की कोई चिन्ता नहीं कि महाकवि कालिदास राजदूत के रूप में दरबार में उपस्थित हो चुके है।

महाकवि कुछ देर तक खड़े-खड़े गर्दन नीचे झुकाये नृत्य समापन की प्रतीक्षा करते हैं।

कुछ समय पश्चात् नृत्य का समापन होता है। कुन्तलेश्वर नरेश मदिरापान में महाकवि को बैठने के लिए भी बिना स्थान दिये कहते हैं-

राजदूत...आपको महाराज विक्रमादित्य ने क्या संदेश देकर भेजा है, शीघ्रता से सुनायें।"

महाकवि मुस्कुराते हुए कहते हैं-

"कुन्तलेश्वर नरेश की जय हो। किन्तु पहले हमें आप बैठने का स्थान तो दें...क्या आपके राजदरबार में राजदूत की गरिमा भुलायी जा चुकी हैं।"

कुन्तलेश्वर नरेश ठहाके लगाते हैं। उनकी देखादेखी उनके सभासद भी ठहाके लगाकर लगते हैं। महाकवि पर उनकी का कोई असर नहीं होता।

कुन्तलेश्वरः-"राजदूत...राजदूत...राजदूत...आप अपना संदेश सुनायें।"

महाकवि जमीन पर बैठ जाते हैं। और विनोदमुद्रा में कहते हैं-

"कुन्तलेश्वर नरेश आपने तो हमें अपमानित करने का मन बना लिया है किन्तु हम इस महान धरती पर अपनी की गोद में बैठ गये...शायद आप भूल गये हैं कि इस धरती तल पर महान मेरू पर्वत अवस्थित है और उसके ऊपर सप्त सागर टिके हुए है।"

कुन्तलेश्वर नरेश को आभास हुआ कि शायद यह राजदूत कोई और नहीं महाकवि कालिदास हैं कुन्तलेश्वर ने के लिए प्रश्न किया-

"तो क्या महान मेरू पर्वत और पैरों से कुचले जाने वाले दूब को एक जैसा सम्मान दिया जा सकेगा।"

महाकवि मुस्कुरा कर बोले-

"कुन्तल नरेश महाराज प्रवरसेन...जो कि अद्भुत प्रतिभा सम्पन्न व्यक्तित्व के स्वामी हैं। जिन्होंने "सेतुबन्ध" नामक रचना की है। महाराज आप स्वयं एक महान रचियता एवं साहित्य के ज्ञाता पुरूष है। हमें विश्वास हो रहा है कि आप हमारी परीक्षा के लिए ऐसा प्रश्न कर रहे हैं। पैरों से कुचले जाने वाला दूब ही ऐसा है जो तूफान आने पर सब कुछ नष्ट होने के बाद भी अपने स्थान पर निर्विघ्न टिका रहता है। रहा प्रश्न सम्मान एवं प्रतिष्ठा का तो महाराज प्रवरसेन आप भी जानते हैं कि देवी-देवताओं के पूजन में दूब एक आवश्यक पूजा-सामग्री के रूप में निहित है। लोकाचार में भी दूब का एक महत्वपूर्ण स्थान हैं सागर स्वयं भगवान विष्णु के श्वसुर होने के बाद भी सभी के पाँव है। नम्रता के रहने से प्रतिष्ठा और सम्मान में वृद्धि होती है।"

महाराज प्रवरसेन महाकवि की बातें सुन अत्यधिक प्रसन्न हो गये। वे तत्क्षण अपने सिंहासन से उतर आये और महाकवि के सामने खड़े होकर बोले-

"हम पहचान गये हैं कि आप महाकवि कालिदास हैं, आपका स्थान इस धरती पर नहीं अपितु हमारे हृदय में हैं। आइये, हमारे गले लग हमें कृतार्थ कीजिए।"

दोनों एक-दूसरे के गले मिलते हैं।

इस तरह कुन्तलेश्वर नरेश प्रवरसेन उनकी बातों से इतने प्रसन्न होते हैं कि उनके कहने पर प्रभावती का राज्य छोड़ देते हैं। विक्रमादित्य से संधि प्रस्ताव पर सहमत हो जाते है। प्रवरसेन रचित "सेतुबन्ध" को महाकवि के हाथों परिमार्जित करवाते हैं। कुन्तलेश्वर उन्हें कुछ दिनों अपने सादर रखने के पश्चात् सम्मान के साथ उन्हें पाटलीपुत्र के लिए विदा करते हैं।

महाकवि कालिदास के रीति-रिवाज, खान-पान, प्राकृतिक सौन्दर्य, कृत्रिम कलाकृति आदि के दर्शन का सुख अपनी आँखों में समाये हुए पाटलीपुत्र की ओर बढ़ रहे हैं। इधर कुन्तल नरेश परिमार्जित सेतुबन्ध से अत्यधिक प्रसन्न हैं।

महाराज विक्रमादित्य का दरबार, नवरत्नों, मंत्रियों से सजा है। सारे लोग महाराज के किसी युद्ध में विजयी होकर लौटने का जश्न की प्रतीक्षा में महाराज की प्रतीक्षा कर रहे हैं। कुछ देर पश्चात् द्वारपाल की उद्घोषणा होती है।

"मगध सम्राट चक्रवर्ती महाराजाधिराज चन्द्रगुप्त, साहसांक, शकारि विक्रमादित्य पधार रहे हैं।"

द्वारपाल की आवाज सुन पूरे दरबार में उपस्थित लोग उनके सम्मान में खड़े हो जाते हैं। महाराज विक्रमादित्य अपने सिंहासन पर विराजमान होकर सभी को स्थान ग्रहण का संकेत देते हैं। सारे लोग बैठ जाते हैं। उनके बगल में कुमारगुप्त का सिंहासन है। कुमारगुप्त भी दरबार में उपस्थित है। महारानी और विद्योत्तमा भी थोड़ी दूरी पर अपने-अपने सिंहासन पर विराजमान हैं।

महाराज विक्रमादित्य सब को सम्बोधित करते हुए कहते हैं-

"आज का दिन अति प्रसन्नता का दिन है। एक बार पुनः हम युद्ध में विजयी होकर लौटे हैं किन्तु इस बार हमने युद्ध को कम करने की योजना बनायी है।"

सभी उत्सुकता से महाराज की ओर ध्यान से देख रहे हैं-

"जैसा कि आप लोग जानते हैं कि आये दिन हमारे साम्राज्य में हुणों-शकों के आक्रमण होते रहते हैं। हम मानते हैं कि हम हमेशा विजयी होकर उनका उन्मूलन करते आये हैं। किन्तु हमें आभास हो रहा है कि हम अपनी राजधानी पाटलीपुत्र से अपने इतने बड़े साम्राज्य का संचालन ठीक ढंग से नहीं कर पा रहे हैं। हमारा साम्राज्य पूर्व-पश्चिम-उत्तर-दक्षिण में विस्तारित है इसलिए हम चाहते हैं कि साम्राज्य के संचालन के लिए हमें एक दूसरी राजधानी बनानी चाहिए।"

सारे लोग पूरे ध्यान से महाराज की बातें सुन रहे हैं।

"दूसरी राजधानी हो, इस विषय में हमनें बहुत आत्ममंथन किया। मुझे लगा कि अवन्ति में अगर उज्जैयनी को दूसरी राजधानी बनाया जाए तो सर्वोत्तम होगा, इसके लिए हमने कालिदास से सलाह भी ली और उनका भी समर्थन प्राप्त हुआ। कारण उज्जयैनी राजधानी बनने के लिए सर्वोत्तम है। की सुन्दरता मन-मोह लेती है। दूसरा अत्यधिक आक्रमण होने की सम्भावना बनी रहती है, इसलिए अगर उज्जयैनी को राजधानी बनाया जाए तो पूरे साम्राज्य का संचालन भी उचित ढंग से होगा और आक्रमण शक्तियों की हिम्मत भी घट जाएगी।"

सारे लोग प्रसन्नचित्त हो आपस में बातचीत करने लगते हैं। महाराज विक्रमादित्य प्रसन्नता से कहते हैं-

"उज्जयैनी राजधानी का कार्यभार राजकुमार कुमारगुप्त संभालेंगे।"

एक व्यक्तिः-"राजकुमार कुमारगुप्त की जय।"

सभीः-"राजकुमार कुमारगुप्त की जय।"

विक्रमादित्यः-"एक और महत्वपूर्ण घोषणा हमें करनी है। हमारे महाकवि कालिदास राजदूत के रूप में कुन्तलेश्वर का दिल जीत कर हमारी पुत्री प्रभावती का राज्य छोड़ने पर मंजूरी तथा हमारे द्वारा संधि प्रस्ताव को सहमति प्रदान करवा कर लाये है। हम इससे अत्याधिक प्रसन्न हैं। और हम इस प्रसन्नता के कारण इन्हें उपहार में कश्मीर का राज्य देना चाहते हैं...आप लोगों के मन में संशय होगा की कश्मीर का राज्य ही क्यों...।"

सभी महाराज के उत्तर की प्रतीक्षा कर रहे हैं।

विक्रमादित्यः-"हमारे नवरत्नों में से सर्वश्रेष्ठ रत्न महाकवि कालिदास... इन्हें प्रकृति से प्रेम है...इन्हें हिमालय की वादियों से स्नेह है...और की प्राकृतिक सुन्दरता पूरे विश्व में अद्वितीय है। कश्मीर को विश्व का स्वर्ग भी कहा जा सकता है। अतः हम इन्हें उपहार-स्वरूप कश्मीर राज्य दे रहे हैं।"

विद्योत्तमा, के चेहरे पर खुशी की लहर दिखाई देने लगती है। दरबार में एक साथ इतनी खुशी को देख सारे लोग प्रसन्नचित्त दिखाई दे रहे हैं। पूरा दरबार महाकवि, कुमारगुप्त और महाराज विक्रमादित्य के जयकारा से गूँजने लगते हैं। फूलों की वर्षा होने लगती हैं पूरे पाटलीपुत्र में आनन्द की लहर दौड़ जाती है।

दिन में होली और रात में दिवाली जैसा उत्सव का माहौल दिखाई देता है। पूरा राजभवन नयी-नवेली दुल्हन की तरह सजाया जाता है। किन्तु एक व्यक्ति ऐसा है जिसके मुख पर ईर्ष्या एवं क्रोध के भाव है और वह व्यक्ति है आचार्य वररूचि। ऐसे उत्सवी माहौल में भी वे अपने कमरे में अकेले मदिरापान कर रहे हैं। उनके चेहरे के हाव-भाव से यह आसानी से समझा जा सकता है कि इनकी में कितनी ईर्ष्या कितना क्रोध व्याप्त है।

वररूचि मदिरापान किए जा रहे हैं। आँखें अंगारे की तरह लाल है। मुख से सुन्दरता अनुपस्थित है। उपस्थित है तो एक भयानक चेहरा।

जब मनुष्य स्वयं के क्रोध एवं ईर्ष्या का शिकार बन जाता है तो सुन्दरता भी कुरूपता में बदल जाती है। मन सुन्दर से ही तन भी सुन्दर लगता है। वररूचि जैसे विद्वान भी ईर्ष्या एवं क्रोध के वशीभूत होकर कुरूपता के शिकार हो गये।

महाराज विक्रमादित्य, कुमारगुप्त, महाकवि कालिदास सभी उज्जयैनी पहुँचते हैं। उज्जैयनी में कुमारगुप्त को सिंहासन पर बैठाया जाता है। प्रजा में खुशी का महौल है। महाकवि कुमारगुप्त महाकाल मंदिर में दर्शन करने जाते है। पहुँचकर महाकाल स्वरूप महादेव की पूजा-धूप-दीप-आरती इत्यादि

कर उनके मन को अद्भुत शांति मिलती है। वे से निकलने के लिए होते है तभी कुमारगुप्त कहते हैं-"महाकवि, तो सूर्यास्त के बाद जो महाआरती होती है वह अत्याधिक सुहावनी लगती है। अतः हमें तब तक के बाजारों में घूम आना चाहिए और आरती देखकर ही चलना चाहिए।" कालिदास ने सहमति व्यक्त की और वे दोनों मंदिर से निकलें। मन्दिर प्रागंण में मनोहर-मनमोहक उपवन को देख आनन्दित होने लगे। रंग-बिरंगे मोर नाच-नाच कर शायद यह व्यक्त करना चाह रहे थे कि देखो हम कितने भाग्यशाली है कि महाकाल के मन्दिर प्रांगण में हमें रहने का स्थान प्राप्त हुआ है।

जल-विहार करने वाली युवतियों के स्नान से नदी भी गन्धवती हो गयी थी। से बाहर निकले तो कुछ लोगों में बातचीत हो रही थी। महाकवि सुनने लगे और उन्हें वत्सदेश के राजा उदयन और उज्जयिनी के महाराज प्रद्योत की प्यारी कन्या वासदत्ता को हरने की कथा की जानकारी मिली। बाजार में घूम रही स्त्रियों के केशों से अगर की धूप की सुगन्ध से महाकवि का मन आनन्दित हो रहा था। बाजारों में करोड़ों मोतियों की माला, बड़े-बड़े रत्नों से जगमगा रहा था। महाकवि ऐसे वैभव को देख सोचने लगे कि सागर में अब सिर्फ जल ही बच गया होगा क्योंकि सारी सम्पदा तो इन बाजारों की शोभा बढ़ाये हुए है।

महाकवि ने निर्विन्धा नदी, गम्भीरा नदी की प्राकृतिक सुन्दरता का दर्शन किया। अवनित देश की विशाल नगरी के धन-धान्य से परिपूर्ण वैभव, विलासिता देख महाकवि सोचने लगे कि ऐसा लगता है जैसे स्वर्ग में अपने पुण्यों का फल भोगने वाले पुण्यात्मा लोग पुण्य समाप्त होने से पहले ही अपने बचे हुए पुण्य के बदले स्वर्ग का एक चमकीला भाग लेकर उसे अपने साथ धरती पर उतार लायें हो। धीरे-धीरे सूर्यास्त की घड़ी नजदीक आने लगी। शिप्रा की ठंडी हवा, सारसों की मीठी बोली से मन-प्रसन्नचित्त हो रहा था। सूर्य अस्त होने के साथ-साथ पक्षियों का झुंड अपने-अपने घोंसलों की ओर जाने लगा।

कालिदास के मन में एक प्रश्न उभरा कि क्या सूर्य पक्षियों के घोसलों में जाने की प्रतीक्षा करता है या पक्षी सूर्यास्त होने की प्रतीक्षा। कितना हृदयस्पर्शी दृश्य है यह। सांयकाल होते ही दोनों महाकाल मंदिर में पुनः उपस्थित हुए। नगाड़ा, घंटा आदि के साथ महाकाल की महाआरती आरम्भ हुई। पूरा मंदिर प्रांगण नगाड़ों की आवाज से गुंजायमान हो गया। महाकवि कालिदास पूरी आरती में महाकाल के सामने उपस्थित हुए अपने द्वारा हुई भूल का प्रायश्चित बहाकर करते रहे। मन अध्यात्म से भर गया था। महाआरती समाप्त होने के पश्चात् उन्हें ऐसी अनुभूति हुई कि साक्षात महाकाल शिव तांडव नृत्य करने लगे हो।

इस प्रकार आरती समाप्त होने पर वे दोनों पुनः राजभवन लौट आये। महाकवि सोने से पहले अपनी अर्द्धांगिनी विद्योत्तमा को याद करते हैं कि उन्हें भी बुला लेना चाहिए किन्तु तुरन्त ही उन्हें शिवजी की बातें याद आती है कि श्रापमुक्त होने के लिए उन्हें पत्नी से एक वर्ष तक अलग रहना होगा। उनकी में दुख के आ जाते हैं। अपनी प्रिय से एक वर्ष का अलगाव कैसे सहन कर पाएंगे...हे महादेव हमें शक्ति दे कि हम यह एक वर्ष बिता सके।

उज्जयिनी से वे स्थान-स्थान पर प्राकृतिक दृश्यों का दर्शन करते हुए आनन्ददायक सफर करते हुए पृथ्वी के स्वर्ग कहे जाने वाले देश कश्मीर पहुँचते हैं। पर प्रजा उनका स्वागत अपनी परम्परानुसार करती है। प्रजा इतनी प्रसन्न दिखाई देती है जैसे साक्षात् भगवान के लिए वर्षों तपस्या करने के पश्चात् वे दर्शन देने के लिए प्रकट हो गये हैं। महाकवि कालिदास का औपचारिक तौर से राज्याभिषेक किया जाता हैं। इस अवसर पर महाराज विक्रमादित्य, कुमारगुप्त के साथ-साथ पूरे देश के मित्र राजा उपस्थित है, साथ में सिंहल नरेश कुमारदास भी पधारे हैं। महाकवि कालिदास की प्रथम बार सिंहल नरेश कुमारदास से भेंट होती हैं।

राज्याभिषेक कार्यक्रम समापन होने के पश्चात् महाकवि कालिदास महाराज विक्रमादित्य, कुमारदास एवं अन्य राजाओं को सम्मान से विदा करने के पश्चात सिंहल नरेश कुमारदास से निवेदन करते हैं कि वे कुछ समय के लिए उनका आतिथ्य स्वीकार करें। सिंहल नरेश उनका निवेदन स्वीकार करते हुए कुछ दिनों तक रूक जाते हैं। इन कुछ दिनों में कुमारदास और कालिदास दोनों में अभिन्न मित्रता हो जाती है। कुमारदास, कालिदास की रचनाओं को पढ़ आश्चर्यचकित रह जाते हैं। वहीं कुमारदास के द्वारा लिखे गये जानकी हरण को पढ़ अति प्रसन्न होते हैं। कालिदास उनकी प्रशंसा करते हुए कहते हैं-

"सिंहल नरेश कुमारदास आपने जो रचना की है, वह अद्भुत है। आपकी तुला में तो चमत्कार है।"

कुमारदास मुस्कुराते हुए उत्तर देते हैं-

"मित्र, आपसे अनुरोध है कि आप हमें सिंहल नरेश ना कह कर मित्र कहें इससे हम अपने आप को प्रतिष्ठित समझेंगे दूसरी बात कि आप स्वयं इतने बड़े रचियता है। साक्षात वरदपुत्र है, आपके महाकाव्य की तुलना में हमारी रचना तो कहीं ठहर भी नहीं सकती अपितु आप प्रशंसा कर रहे हैं?"

महाकवि को कुमारसम्भवम् से सम्बन्धित उमा का दिया श्राप याद आ जाता है, वे उदास हो जाते हैं। कुमारदास प्रश्न करते हुए कहते हैं-

"मित्र, अचानक हम आपके मुख पर उदासी के भाव देख रहे हैं, क्या कारण है इसका।"

कालिदास स्वयं को संभालते हुए कहते हैं-

"कोई बात नहीं मित्र, बस ऐसे ही कुछ याद आ गया।"

कुमारदासः-"हम जानते हैं कि कविन्द्र आप की पत्नी विद्योत्तमा सौन्दर्यशालिनी है, आप स्वयं भी विलासी प्रवृत्ति के हैं...उन्हीं की याद आ गयी होगी। आप को उन्हें मंगवा लेना चाहिए।"

कालिदास स्वयं पर नियंत्रण करते हुए कहते हैं-

"नहीं मित्र ऐसा कुछ नहीं हैं। हम चाहते हैं कि एक वर्ष तक अपनी प्रजा और इस कश्मीर को अच्छी तरह समझें। उसके पश्चात् तो विद्योत्तमा को लाना ही है।"

कुमारदासः-"किन्तु यह एक वर्ष आप उनके वियोग में कैसे बिताएंगे?"

मुस्कुराते हुए महाकवि कहते हैं-

"एक कवि के लिए संयोग-वियोग सब कुछ का प्रत्यक्ष अनुभव आवश्यक होता है। जब भगवान श्रीरामचन्द्र भी पत्नी सीता के वियोग में रहें तो हम तो एक साधारण मानव है और हमारा सखा हेमचन्द्र अतिशीघ्र कश्मीर आने वाले हैं। उन्हीं के सानिध्य में अपना एक वर्ष बिता लेंगे।"

कुमारदासः-"आपका व्यक्तित्व आपका विचार तो अन्यत्र दुर्लभ है मित्र, आपने कुछ सोचा है तो अच्छे के लिए सोचा होगा।"

कुछ देर तक चुप्पी छायी रही। पुनः कुमारदास बोले-

"मित्र, हम आपसे कुछ कहना चाहते हैं?"

कालिदासः-"कहिए मित्र।"

कुमारदासः-"अब आप हमें आज्ञा देते तो अब हम सिंहल जाना चाहते है।"

कालिदासः-"कुछ दिन और ठहर जाते?"

कुमारदासः-"अब बहुत आतिथ्य किया हमने, अब हमें सिंहल जाना चाहिए...किंतु हम चाहते हैं कि आप भी कुछ अवसर निकाल सिंहल पधारे। हम स्वयं को गौरवान्वित समझेंगे।"

कालिदासः-"अवश्य महाराज, अवसर मिलने पर हम निश्चय ही सिंहल आएंगे।"

अगले दिन महाकवि कालिदास ने कुमारदास को ससम्मान विदा किया। उनके जाने के पश्चात हेमचन्द्र आ गये। महाकवि हेमचन्द्र के साथ पूरा कश्मीर, हिमालय की पहाड़ी घूमने निकल पड़े। महाकवि के शासन में प्रजा स्वयं को शासित अनुभव नहीं करती अपितु स्वतंत्र अनुभव करती थी। हेमचन्द्र को राज्य संचालन का भार छोड़कर महाकवि रामगिरि (चित्रकूट) की ओर निकल पड़े। उन्हें अनुभव हुआ कि उनके बायें हाथों में श्रापवश उस असाध्य रोग का प्रवेश हो गया। हाथ धीरे-धीरे सुन्न होने लगा था। रामगिरि के आश्रमों में कुछ समय बिताने के पश्चात आषाढ़ के प्रथम दिवस में उन्होंने सामने पहाड़ी की चोटी से लिपटे हुए उन बादलों को देखा तो उन्हें अपनी भार्या विद्योत्तमा के सौन्दर्य की याद आ गयी। वे बहुत-देर तक रोते रहे। उन्हें उमा-महादेव का श्राप याद आया। स्वप्न में देखी हुई बात याद आई कि अगर इस असाध्य रोग से मुक्त होना है तो एक वर्ष तक पत्नी से अलग रहना पड़ेगा एवं अपनी लेखनी से प्रायश्चित करना होगा।

उन्होंने वहीं रामगिरि में ही डेरा डालते हुए अपने खंड-काव्य मेघदूतम् की रचना आरम्भ की। मेघदूतम् में सर्वप्रथम उन्होंने जनकतनया जानकी का स्मरण कर अप्रत्यक्ष रूप से मंगलाचरण लिखा। तत्पश्चात बादल को दूत बनाकर विभिन्न प्राकृतिक सौन्दर्य स्थानों का वर्णन करते हुए उन्होंने पूर्वमेघ नामक प्रथम खंड समाप्त किया। पुनः वे कश्मीर चले आये। हेमचन्द्र के साथ से संचालन के साथ-साथ पत्नी विद्योत्तमा उनके वियोग में किस विरहाग्नि में व्याकुल व्यथित होगी इसकी व्याख्या करते हुए उन्होंने उत्तरमेघ लिखना आरम्भ किया। समय-समय पर लिखते हुए वे विरहाग्नि की पीड़ा में फूट-फूट कर रोने लगते। असाध्य रोग के आगे विरह की पीड़ा भारी पड़ती हुई दिखाई दे रही थी। विरह की ज्वाला में वे सूखकर हो गये। उन्हें स्वयं से अधिक विद्योत्तमा की चिन्ता सताती थी कि आज तक हमनें उनके लिए कोई संदेश तक नहीं भेजा, उनका कैसा हाल होगा और यही कल्पना लेखनी द्वारा उत्तरमेघ में उन्होंने दर्शाया।

असाध्य रोग की पीड़ा व्याप्त रही। मेघदूतम समाप्त हो गया। अंत में उन्होंने अंतिम पद्य महाकाली के चरणों को प्रणाम किया।

उसी समय उज्जयिनी से एक दूत ने आकर अपना संदेश सुनाया।

"महाराज चन्द्रगुप्त विक्रमादित्य का संदेश है कि आप उनके पौत्र स्कन्दगुप्त के उपनयन संस्कार में उपस्थित हो उन्हें आर्शीवाद दें।"

महाकवि अत्यन्त उत्साहित होते हैं। उत्साहित मन से पूछते हैं-

"तो क्या इस अवसर पर स्वयं महाराज भी उज्जयिनी पधार चुके हैं?"

दूतः-“जी महाराज।”

महाकविः-“और विद्योत्तमा भी।”

दूतः-“जी। और उनके साथ उनकी माँ महारानी ध्रुवदेवी और प्रभावती भी पधार चुकी है।”

महाकवि की आँखों में खुशी के आँसू उमड़ पड़ते हैं। वह उत्साहित हो इधर-उधर टहलने लगते हैं।

किन्तु अचानक उन्हें आभास होता है कि अभी एक वर्ष में कुछ दिन शेष रह गये हैं। ऐसा लगता है मानों किसी ने अचानक खाई में गिरा दिया हो। वे दूत के सामने ही पत्नी के नाम एक पत्र लिखते हैं।

प्रिय विद्योत्तमा।

शुभ आशीष

महादेव की कृपा से हम सकुशल है। आपके सम्बन्ध में पूछना निरर्थक है कि आप कैसी है? हम जानते है कि आप हमारे बगैर कैसी होगी। दोषी हम है, किन्तु इसका भी एक कारण है? जो हम आपसे नहीं चाहते। अपनी भूल का प्रायश्चित करने के लिये हम स्वयं को आपसे एक वर्ष के लिए दूर रखना चाहते हैं। हम क्षमा प्रार्थी है कि बिना किसी कारणवश आप को भी हमारे संग सजा मिल रही है। विशेष क्या लिखें हम स्कन्दगुप्त के उपनयन संस्कार में आने में असमर्थ हैं। कुछ दिनों की बात है, हम जल्द ही आपसे मिलेंगे तब तक के लिए हमें क्षमा करें।

“आपका कालिदास”

पत्र दूत को देकर वे उदासी भरे अंदाज में कहते हैं-

“महाराज से हमारी ओर से क्षमा लेना, हम इस समारोह में उपस्थित नहीं हो पाऐंगे और विद्योत्तमा को यह पत्र और ये पुस्तक (मेघदूतम) दे देना।”

दूत पत्र और मेघदूतम् काव्य लेकर उज्जयिनी के लिए प्रस्थान करता है। महाकवि उदास मन से अपने बायें हाथ में फैले कुष्ट रोग को सहलाते हुए रोने लगते हैं। तभी हेमचन्द्र आता हैं उनकी ऐसी हालत देख उन्हें सान्त्वना देते हुए कहता है-

“महाकवि, आप चिन्तित ना हो, समय के साथ-साथ ये घाव भी ठीक हो जाएगा, लाईये, हम इसमें औषधि लगा दें।”

हेमचन्द्र घाव में औषधि लगाने लगते हैं।

दूत के संदेश की प्रतीक्षा में रानी विद्योत्तमा बेचैन हैं। उन्हें ना तो उज्जयिनी की शालीनता देखने का उत्साह है ना ही की नदियों को देखने की लालसा। ना तो महाकाल मंदिर में जाने की इच्छा है और ना ही बाजारों को देखने की चाहत। हर क्षण याद है तो बस अपने प्रियतम की वह छवि जो हमेशा उनके मस्तिष्क पटल पर छायी रहती है। भोजन भी सही ढंग से करना बंद हो चुका है। ऐसा लगता है जैसे जिव्हा से स्वाद ही चला गया हो। संजने-संवरने का शौक लालसा सब समाप्त हो चुकी है। हर पल इसी चिन्ता में डूबी रहती है "कि स्वामी कारणवश हमें त्याग कर चले गये हैं।"

तभी दूत आता है और महाकवि का पत्र एवं रचना रानी विद्योत्तमा को सौंपता है। रानी विद्योत्तमा की आँखों में प्रसन्नता के आंसू झलक जाते हैं। हृदय को वश में करने का असफल प्रयास करती है।

सत्य है मन से तन का नियंत्रण होता है और जब मन ही मानव के वश में ना रहे तो तन पर नियंत्रण असफल ही रहता है। कांपते हाथों से पत्र खोल पढ़ती हैं। मिलने की आस जाने से आँखों से अश्रु की धारा गंगा की धारा की तरह बहने लगती है। थरथराते हाथों से मेघदूतम को उठाकर पढ़ने लगती है। ज्यों-ज्यों मेघदूतम पढ़ती जाती है। त्यों-त्यों पति के प्रति स्नेह-प्रेम निरन्तर बढ़ता जाता है। उत्तरमेघ पढ़ने के बाद रानी विद्योत्तमा फूट-फूटकर रोने लगती है। बार-बार उस रचना को हाथों से सहलाती हैं। होठों से चूमती है, आँखों से लगाती हैं।

एक-एक पद्य पर हाथ सहलाते हुए मन को यह कह बहलाने का प्रयास करती है कि इस रचना के पद्यों में उनके हाथों का स्पर्श है किन्तु इस बहलावे में आने को तैयार नहीं। वह निरन्तर अश्रु की धारा बहा रही है।

महाकवि कालिदास मेघदूतम लिखने के पश्चात् पूरे भारत-भ्रमण पर निकलते हैं। उन्हें पूरे देश में अत्याधिक सम्मान मिलता है। पूर्वी वंग, कलिंग, दक्षिण, केरल, पश्चिम राज्य, उत्तर की दिशा चारों ओर घूमकर वे पुनः कश्मीर आते हैं। एक दिन एक नदी के तट के समीप एक अत्यन्त रूपवती स्त्री को देख अपना रथ उसी दिशा में ले जाते हैं। जब रथ युवती के समीप आता है तो वह रथ से उतरते हैं। युवती रथ की आवाज से अनजान नदी की शांत धाराओं को एकटक निहार रही है। महाकवि कालिदास उसके समीप पहुँचते हैं। उन्हें आभास होता है कि युवती की उदास है। वह एकटक शांत धाराओं से शायद किसी प्रश्न का उत्तर पाना

चाहती है। वे युवती को गौर से देखते हैं। सहसा उनके मस्तिष्क में कोईली की छवि आती है। उन्हें लगता है कि शायद यह हमारे बचपन की साथी कोईली है। वे उसे सम्बोधित करते हुए कहते हैं-

"कोईली...?"

हठात् कोईली का मुख कालिदास की तरफ घूमता है। कोईली उस अजनबी मनुष्य को पहचान नहीं पाती।

कोईली:-"क्षमा करें, हमनें आपको पहचाना नहीं?"

महाकवि:-"आप है ना?"

कोईली की आँखें प्रश्नात्मक हो जाती है। मन में यह प्रश्न उभरने लगता है कि यह राजा जैसे पोशाक पहने कौन है जो हमें कोईली कह कर सम्बोधित कर रहा है। स्वयं पर नियंत्रण रख वह कहती है-

"हमारा नाम मालिनी है, हम कोईली नहीं है।"

कालिदास उसके आँखों के भाव से समझ जाते है कि निश्चय ही किसी कारणवश यह हमसे असत्य कह रही है। वे सत्य जानने का प्रयास करते हुए कहते हैं-

"क्षमा करें देवी, आपके जैसे मुखमंडल की हमारी एक साथी थी जिनका नाम कोईली था। मिथिला में वे हमारे साथ शिक्षा ग्रहण करने जाती, आम की डालियों में रस्सी बांध झूला झूलती, नदी किनारे हम-दोनों मिट्टी की बनाते थे, ना जाने अब वह होगी?"

कोईली का मन विचलित हो जाता है।

वह कालिदास को गौर से निहारते हुए कहती है-

"मातृगुप्त...?"

कालिदास का मन प्रफुल्लित हो जाता है।

"कोईली, हमहीं मातृगुप्त हैं, मातृगुप्त।"

दोनों एक-दूसरे को कुछ समय तक निहारते रहते हैं। आँखें भगवान का दिया हुआ एक ऐसा यंत्र है जिसके माध्यम से मनुष्य बिना बताए ही मन के सारे भाव व्यक्त कर देता है और सामने वाले के सारे भावों को समझ लेता है। इसलिए कालिदास ने कोईली की आँखों में जिन्दगी की उलझनों के संग स्वयं के लिए वही स्नेह, वहीं प्रेम देखा जो पिछले मिलन में देखा था किन्तु अज्ञानतावश समझ नहीं सके थे। कोईली ने भी कालिदास की आँखों के भाव से ये समझा कि अब ये कोई मूर्ख कहा जाने

वाला मातृगुप्त नहीं रहा किन्तु इसके साथ उसे यह भी आभास हुआ कि इनकी में अब वो बचपन वाला मासूम स्नेह नहीं अपितु यौवन का प्रेम उमड़ रहा है। कुछ क्षण पश्चात् कोईली को ऐसा लगा जैसे कोई अधर्म की घटना हो रही है, सो उसने अपने कमल जैसे नयन कालिदास के नयन से हटा लिये और बोली-

"मातृगुप्त, लगता है कि आप विद्वान ही नहीं हुए अपितु प्रतिष्ठिता एवं सम्मान भी प्राप्त किया है।"

कालिदासः-"कोईली, प्राप्त तो हुआ है हमें बहुत कुछ किन्तु साथी खो दिया था हमने।"

कोईलीः-"उपहास अच्छा कर लेते हैं आप।"

कालिदासः-"हम उपहास नहीं सत्य कह रहे हैं, यद्यपि आज के समय में हम कश्मीर के राजा है। विक्रमादित्य की सभा के नवरत्नों में एक है फिर भी तुम जैसा साथी की कमी जिन्दगी को खाली-खाली रखती थी।"

ज्यों-ज्यों कोईली मातृगुप्त की विशेषता सुनती, त्यों-त्यों अनायास ही उसके कदम पीछे चले जा रहे थे। कालिदास ने अपना कदम आगे बढ़ाया कि कोईली बोली-

"आप वहीं ठहर जाईयें महाराज, हम आपके मित्रता के अनुकूल नहीं है।"

"किन्तु क्यों कोईली।"

उसी समय आसमान में काले मेघ उमड़ने लगे। ऐसा लगा जैसे प्यासी धरती अपने दोनों हाथ उठाकर बादलों को आलिंगन का आमंत्रण दे रही है। बादल भी जल के रूप में धरती से आलिंगन कर उसकी प्यास बुझा देने के लिए बेचैन हैं। बिजली की चमक और मेघ का गर्जन इस मिलन के गवाह बनना चाह रहे हैं। सहसा कालिदास और कोईली दोनों का ध्यान आसमान की ओर जाता है।

हवा के झोंकों से कालिदास के बायें हाथों पर ढका आवरण हट जाता है। कोईली की नजर उनके घाव पर जाती है तो वह उस क्षण सब कुछ भूल उनके हाथों को पकड़ पूछती है।

"ये घाव कैसा?"

प्रेम एक ऐसा भाव है जिसके समक्ष मनुष्य सारे बंधनों को तोड़ने के लिए विवश हो जाता है। प्रेमवश ही मीरा ने परिवार की प्रतिष्ठा, सामाजिक मान, धन-वैभव-यश सबका त्याग कर दिया। उन्हें प्रेम था कृष्ण से परमात्मा से, किन्तु जब आत्मा में ही परमात्मा का वाश है तो प्रेम तो मानव का मानव से होना भी अनुचित नहीं। अपितु वह प्रेम सच्चा हो।

विश्वास के धागे में ही प्रेम के मोती गूंथे जा सकते हैं। यही प्रेम था कोईली को कालिदास से और यह प्रेम यौवनावस्था प्रेम की श्रेणी में नहीं आ सकता। यह प्रेम तो बाल्यावस्था का ही प्रेम था, जो समय के साथ पल्लवित हो चुका था।

प्रश्न उठता है कि बिना मिलन के प्रेम पल्लवित कैसे हुआ, तो जिस प्रकार पौधों को पल्लवित होने में जल की आवश्यकता होती है उसी तरह प्रेम को पल्लवित होने में मन की आवश्यकता। राधा का प्रेम इसका उदाहरण है जो कि बिना मिलन के ही कल्पना में साकार होता गया और दिनानुदिन प्रेम पल्लवित होता गया। कोईली का प्रेम किसी विद्वानता या ज्ञान का मोहताज नहीं था क्योंकि उसने विद्वान-सर्वश्रेष्ठ महाकवि कालिदास से प्रेम नहीं किया अपितु उसने तो प्रेम किया मूर्ख कहे जाने वाले मातृगुप्त से।

कोईली का स्नेह-प्रेम किसी प्रतिष्ठा या आर्थिक सम्पदा सहित व्यक्ति का मोहताज नहीं था क्योंकि उसने प्रेम किया था एक ऐसे बालक से जो ना तो आर्थिक दृष्टि से सुखी-सम्पन्न था और ना ही उसके माथे पर प्रतिष्ठा का तारा चमक रहा था। जब बाल्यावस्था से ही उसे मातृगुप्त का दुख नहीं देखा जाता था तो फिर आज कैसे उसके हाथों के कुष्ट-घाव को देख वह सहन कर सकती थी। इसलिए उसने राजा-प्रजा, स्त्री-पुरूष, धर्म, नैतिकता सारे सम्बन्धों से परे प्रेम सम्बन्ध को सर्वश्रेष्ठ समझा और ये समझने के लिए उसने विचार-विमर्श नहीं किया अपितु एक ही पल में प्रेम भारी पड़ गया। क्योंकि “है प्रेम ही वह तत्व, जो सारे भूवन में व्याप्त है, ब्रह्मांड पुरा भी नहीं, जिसके लिए पर्याप्त है, वह प्रेम है, वह प्रेम है।”

कोईली की आँखों में असहनीय पीड़ा छा गयी। उसने पुनः कहा-

“ये कैसे हो गया?”

बारिश की बूंदें दोनों को भिगोने लगी। नदी में पड़ने वाली बूंदे बड़ी ही मनमोहक लग रही थी। कालिदास ने कोईली का हाथ पकड़ रथ में बैठाया और खुद रथ संभाल लिया। कोईली से पूछा-

“चलो तुम्हारे घर चलते हैं। है तुम्हारा घर?”

कोईलीः-“हमारे घर...?” (डरते हुए)

कालिदासः-“तुम्हारे घर, बोलो है तुम्हारा घर?”

कोईली के माथे पर चिन्ता की रेखाएं। फिर भी वह तुतलाते हुए घर का पता बताती है।

एक घर के सामने कोईली ने रथ को रोकने के लिए कहा। सांयकाल का समय। उसमें भी बादलों से घिरा हुआ वातावरण। बिजली की चमक में कालिदास ने देखा कि यह तो कोई वेश्या-सदन है। उन्होंने कोईली से पूछा-

"क्या तुम रहती हो?"

कोईली की नजरें झुक जाती हैं। वह रथ से उतरते हुए कहती है-

"जी महाराज, हम यहीं रहते हैं।"

कालिदास सोच में पड़ जाते हैं। दोनों पूरी तरह भीग गये हैं। कालिदास को सोच में देख कोईली कहती है-

"क्षमा करें, हमें अन्दर आने का आग्रह तो नहीं करना चाहिए किन्तु परिस्थिति ऐसी है कि हमारा आपसे अनुरोध है कि बारिश थमने तक यहीं रूक जाते, यह बारिश आपके घाव के लिए भी नुकसानदायक होगी।"

कालिदास रथ से उतर जाते हैं। दोनों अन्दर जाते हैं। अन्दर मकान की साज-सज्जा अत्यन्त सुन्दर मनोरम है। कोईली एक पलंग पर उन्हें बैठाती है और एक जोड़ा वस्त्र लाकर देते हुए कहती है-

"लीजिए, वस्त्र बदल लीजिए।"

कोईली तब तक पानी गरम करके ले आती है। महाकवि वस्त्र बदल चुके होते हैं। पलंग के नीचे में बैठे कोईली अपने हाथों से उनके हाथ के घावों को गरम जल से धोती है। कालिदास उस सेवा की मूर्ति को निहारते हैं। कोईली ने पूरे अपनत्व भाव से उनका घाव धोया, फिर उसमें साधारण घाव में लगाने वाली औषधि लगा दी। स्वयं अब भी कोईली भीगे वस्त्रों में थी सो कालिदास ने कहा-

"तुमने, अब तक वस्त्र नहीं बदले, पहले गीले वस्त्रों को बदल तो लेती।"

कोईली मुस्कुराते हुए बोली-

"इस तन को संभालने की अब आवश्यकता ही रह गयी।"

कालिदास कुछ सोचते हुए बोले-

"कोईली तुम्हारे जिन्दगी का रहस्य क्या है तुम अत्यन्त उदास-मायूस हो। ऐसा लगता है जैसे जिन्दगी तुम्हारे लिए बोझ बन गयी हो? मालिनी... तुम कोईली से मालिनी कैसे बन गयी? और इस प्रकार इस वेश्या सदन में तुम्हारा...आखिर क्यों कर हुआ। अपने जिन्दगी का रहस्य हमें बताओ कोईली।"

कोईली उदासी से खड़ी हो गयी और चलते हुए खिड़की के पास बरसते मेघों को देखने लगी। कालिदास भी उसके पीछे-पीछे खिड़की तक गये। कोईली ने हाथ को खिड़की से बाहर निकाला और हथेली खोल हाथ में जल भर अन्दर लायी। मुट्ठी बंदकर पुनः कालिदास को खोलकर दिखाते हुए बोली-

"हमारे सपने इन बारिश के जल की तरह है जो मुट्ठी से ना जाने कब विलुप्त हो जाते हैं। बाबूजी ने धन के अभाव में एक बूढ़े से हमारा विवाह कर दिया। हमारे पति का पहले भी एक विवाह हो चुका था जिसमें दो पुत्र और दो पुत्री थीं।

पुत्री और पुत्रवधू की आयु हमारी ही आयु की रही होगी। प्रथम बार जब ससुराल में कदम रखा तो पति का प्रेम तो मिला किन्तु वह प्रेम एक पति का प्रेम नहीं बल्कि एक ऐसे पुरूष का प्रेम था जो अपनी शारीरिक आवश्यकताओं के लिए था। बुढ़ापे का सहारा के लिए उन्होंने हमसे विवाह किया था कारण उनके बच्चे उन्हें ना तो पिता का स्नेह दे पाये और ना ही उनकी आवश्यकताओं की पूर्ति करने में तत्पर रहे। जब तक वे जिन्दा रहे, तब तक तो उनके संतानों ने हमें मान-सम्मान दिया किन्तु वह भी दिल से नहीं, इस लालच में कि कहीं वे अपनी सारी सम्पदा हमारे नाम ना कर दें। जब उनकी मौत हो गयी तो एक दिन उनके पुत्रों ने हमें अपने घर से धक्के मारकर निकाल दिया। मायके गयी तो देखा कि पिता का भी देहान्त हो गया है। वहॉ किसी प्रकार का सहारा मिलने की उम्मीद नहीं रही। एक दिन वहॉ भी खाने को मिली। वहॉ से हमने अपने पाँव उठा लिए।"

इतना कहते हुए कोईली की आँखें जाती है। वह एक लम्बी सांस लेती हुई कहती है-

"भटकते-भटकते राह में हमें एक भद्र महिला मिली और हम उसी का सहारा पाकर चले आये। उसी ने मुझे नया नाम दिया मालिनी। बाद में हमें पता चला कि वह भद्र महिला वेश्या-सदन की संचालिका है।"

कालिदासः-"किन्तु इस वेश्या-सदन में तो तुम्हारे अलावा और कोई नहीं है?"

कोईलीः-"जब उन भद्र महिला को पता चला कि हम वेश्या-वृत नहीं करेंगे तो उन्होंने हमें इस पुराने वेश्या सदन में रहने का स्थान दे दिया। और हम रहने लगे।"

कालिदासः-"और तुम्हारी आजीविका कैसे चलती है?" कोईली कालिदास की आँखों में निहारने लगती है।

कालिदास पुनः अपना प्रश्न दोहराते हैं।

"हमने पूछा तुम्हारी आजीविका कैसे चलती है?"

कोईलीः-"हमने आपकी आँखों में अपने प्रति संदेह का भाव देखा है।"

कालिदासः-"संदेह कैसा?"

कोईलीः-"हमें लग रहा है कि आप इस संदेह में हैं कि अगर हम वेश्या-वृति नहीं करते तो अपना जीवन कैसे चलाते हैं?"

मालिनी एक काठ के बक्से के पास पहुँचकर उसे खोलती है और उसमें से कुछ निकालकर कालिदास को दिखाते हुए कहती है-

"वेश्या-सदन में जितनी वेश्याऐं रहती है हम उन्हीं के परिधानों की साज-सज्जा करती है और इससे हमें इतनी आमदनी हो जाती है कि हमारा गुजर-बसर हो जाता है।

कालिदास मालिनी की ओर प्यार से देखते हैं। मालिनी का तन-मन कम्पित होने लगता है। वह स्वयं को संभालते हुए कहती है-

"हमारे बारे में तो आपने सारी जानकारी जान ली किन्तु अपने बारे में नहीं बताया कि एक मूर्ख कहा जाने वाला बालक इतना विद्वान कैसे बन गया। कश्मीर का राजा कैसे बन गया और एक प्रश्न कि अब तो वैवाहिक सम्बन्ध में भी बंध गये होगे?"

कालिदास ने हुए कहा-

"वैवाहिक सम्बन्ध। हमारी कथा अचरजों से भरी हुई है। आचार्य वररूचि जो राजकुमारी विद्योत्तमा के आचार्य थे उन्होंने हमें मूर्ख समझ छल से राजकुमारी विद्योत्तमा का विवाह हमसे करा दिया। जब विद्योत्तमा को हमारी मूर्खता के विषय में पता चला तो उन्होंने हमें सुहागरात में ही तिरस्कृत कर दिया। हम पुनः गुरूकुल आ गये और एक शाम साक्षात् काली मैया ने हमें वरदान देकर विद्वान बना दिया। उसके पश्चात् हमने पलटकर नहीं देखा। निरन्तर हमारे जीवन में प्रगति होती चली गयी। भोलेनाथ की दया से महाराज विक्रमादित्य ने हमें उपहार में कश्मीर का राज्य दिया और हम महाकवि कालिदास कहलाये। नवरत्नों में सर्वश्रेष्ठ रत्न से सम्मानित हुए।"

मालिनीः-"और ये असाध्य घाव कैसे हो गया?"

कालिदास की आँखों में आँसू आ गये। वे उदासी से मुस्कुराये और घाव की ओर देखकर बोले-

"ये घाव भी महादेव का ही दिया हुआ है।"

मालिनीः-"हम कुछ समझें नहीं?"

कालिदासः-"ऐसा समझो कि ये उमा का श्राप है।"

मालिनीः-"कैसा श्राप?"

कालिदासः-"उन बातों को छोड़ो...सर्वप्रथम तुम वस्त्र बदल लो नहीं तो तन का ताप बढ़ जाएगा। बारिश भी थम चुकी है, अब हमें से चलना चाहिए।"

मालिनी का मन उदास हो जाता है। कालिदास उसकी में देख कहते हैं-

"हम समझते हैं कि तुम्हारे मन में हमारे लिए अथाह प्रेम है। तुम उदासी को त्याग दो। हम तुमसे मिलने पुनः आएंगें।"

मालिनी दूसरी ओर मुँह घुमाकर अपने नेत्रों में आये को पोंछकर कहती है-

"नहीं महाकवि, आप रानी विद्योत्तमा के पति-परमेश्वर महाकवि कालिदास, कश्मीर-नरेश है। आपका आना शोभा नहीं देता। हम नहीं चाहते कि हमारे कारण आपकी प्रतिष्ठा धूमिल हो।"

महाकवि उसके कंधे पर हाथ रख उसे अपनी ओर घुमाते हुए उसके आँसुओं को पोछ गले से लगाते (आलिंगन) हुए कहते हैं-

"तुमसे मिलने पर हमारी प्रतिष्ठा धूमिल क्यों होगी। रानी विद्योत्तमा अत्याधिक विद्वान है। जिस प्रकार कृष्ण के लिए राधा-रूकमणि थे, उसी प्रकार विद्योत्तमा हमारे लिए रूकमणि समान तो तुम राधा से कम नहीं हो।"

कोईली (मालिनी):- "राधा को तो जिन्दगी पर्यन्त कृष्ण का वियोग ही सहना पड़ा और उसी विरह में उनका प्रेम अमर हो गया हम चाहते है कि विरह की तपती ज्वाला का आनन्द लेते हुए अपनी जिन्दगी बिता दें किन्तु आप मत आयें महाकवि आप मत आयें।"

कालिदास के समीप से वह दूर चली जाती है।

"हम पुनः आएंगे...अवश्य आएंगे।"

इतना कहते हुए कालिदास दरवाजे से निकल जाते हैं। उनके दरवाजे से निकलते ही मालिनी दरवाजे की ओर इस प्रकार देखती है जैसे अचानक से मिली हुई दुर्लभ वस्तु अकस्मात् हाथ से फिसल गयी हो। दौड़कर

दरवाजे तक जाती है। चेहरे पर व्याकुलता की भावना छा जाती है। कालिदास रथ पर चढ़ गये हैं। बारिश थमने के पश्चात् पूर्णिमा की चाँद की रोशनी में वह कालिदास को देखती है। कालिदास भी उसे उदासी भरे नजरों से देखते है। कालिदास मालिनी को देखते हुए रथ आगे बढ़ाते है। मालिनी की से अश्रु-धारा बहने लगती है। वह कुछ क्षण उसी प्रकार स्तब्ध-स्तम्भ की भांति खड़ी रहती है। फिर धीरे-धीरे जाती है रथ खड़ा था।

बारिश के कारण गीली मिट्टी में कालिदास के पाँव के निशान बन गये हैं। मालिनी दोनों हाथों से उस मिट्टी का स्पर्श करते हुए अपने माथे पर लगाती है। कुछ क्षण उस राह की ओर देखती रही जिस राह से कालिदास का रथ गया था। लड़खड़ाते कदमों से वापिस अपने शयन-कक्ष में आती है। उस पलंग के नीचे बैठकर अपने हाथों से उस स्थान को स्पर्श करती है महाकवि बैठे हुए। अपने दोनों नयन पलंग पर टिका बहुत देर तक अश्रु बहाते हुए बैठी रहती है। फिर एक बिछावन पलंग से नीचे धरती पर करके वहीं लेट गई। मन में सोचा कि “जिस पलंग पर कालिदास बैठ गये हैं अब मैं कैसे बैठ सकती हूँ। हमारा स्थान तो सदैव उनके नीचे ही है। मानस पटल पर गम्भीर सोच समा गई।

सही कहा कालिदास ने हमारे मन में उनके लिए अथाह प्रेम है। बाल्यावस्था में भी उनके प्रति वह किन्चित प्रेम ही था जो उनके विरोधियों का विरोध हम करते रहते थे। विवाहोपरांत भी ससुराल में तो बस हमारा तन ही रहा। मन तो बस उन यादों में समाया रहा जिस याद में मातृगुप्त हमारे साथ थे और अब तक भी तो हमने याद की तो वह मातृगुप्त ही थे। किसी की चिन्ता हुई तो वह मातृगुप्त की ही हुई। शायद यही प्रेम है। हम सदैव उनसे प्रेम करते रहे किन्तु समझ नहीं पाये। किन्तु क्या हमें प्रेम करने का अधिकार है?” अचानक अपनी ही आत्मा के प्रश्न से चौंक जाती है मालिनी “नहीं-नहीं”, “हमें उनसे प्रेम करने का अधिकार नहीं..एक तो वह पर-पुरूष है। वे तो विद्योत्तमा के प्राणाधार है।

वे महाकवि कालिदास, कश्मीर नरेश है। और हम वेश्या-सदन में वास करने वाली एक गरीब विधवा। नहीं हमें उनसे प्रेम करने का अधिकार नहीं किन्तु...इस मन को कैसे मनाएं। मन में तो उनकी छवि इस तरह बसी हुई है कि शायद इस शरीर के त्याग के पश्चात् भी हम उस छवि को ना निकाल सकेंगे। हाँ...एक कार्य तो हमें करना ही होगा...हमें उनसे दूरी बनाए रखनी होगी कारण हमने स्वयं के लिए भी उनकी में स्नेह का भाव देखा है। उन्होंने जाते-जाते कहा कि वे पुनः अवश्य आएंगे किन्तु अब जब भी वे आएंगे हम उन्हें अपमानित करके से विदा कर देंगे। किन्तु...क्या हम उनका अपमान कर पाएंगे...? ये हमसे कैसे हो सकेगा? किन्तु हमें हृदय

पर पत्थर रख कुछ ऐसा करना ही होगा कि वे हमारे समीप ना आए।" मालिनी इसी प्रकार के प्रश्नोत्तर में उलझी रही। मन बेचैन व्याकुल रहा। कभी उठती-कभी बैठती। कभी इधर-उधर टहलती किन्तु मन-मस्तिष्क में महाकवि का ही ध्यान रहा।

इधर महाकवि भी अपने शयन-कक्ष में सो नहीं पा रहे हैं। उनके मन में भी कोईली की सुन्दरता-शालीनता-अपनापन-सेवा भावना-स्नेह भावना आकर्षित करने था। नदी के किनारे अपने बचपन की साथी कोईली को पहचाना और अब वही कोईली, मालिनी के रूप में प्रेमिका बनकर खड़ी थी। कालिदास ने सारी रात उस सौन्दर्य-शालिनी युवती मालिनी की यादों में काट दी।

कालिदास राज्य के संचालन के साथ-साथ समय मिलने पर बाल्मिकी रामायण पढ़ते है। धीरे-धीरे बाल्मिकी रामायण पढ़-पढ़ कर उनके मन में रघुवंशम लिखने की इच्छा जागृत होती है। वे सर्वप्रथम शंकर-पार्वती के मंदिर जाते हैं। पूरे विधि-विधान से शंकर-पार्वती की पूजा-अर्चना कर उनसे पहले हुई भूलों के लिए क्षमा-याचना करते हैं और वहीं बैठकर रघुवंशम का प्रथम (श्लोक) पद्य लिखते हैं। प्रथम श्लोक का आरम्भ व अक्षर से करते है कारण पत्नी विद्योत्तमा का कहा वाक्य "अस्ति, कश्चिद वागविशेष" याद आता है। सर्वप्रथम कुमारसम्भवम "अ" अक्षर से तत्पश्चात् मेघदूतम् "क" अक्षर से और अब रघुवंशम व" अक्षर से प्रारम्भ होता है। रघुवंशम् के प्रथम श्लोक में वह मंगलाचरण करते हुए पार्वती और शिवजी को प्रणाम करते हैं। बाल्मिकी जी का धन्यवाद किया है।

रघुवंशम वाल्मीकि रामायण की प्रेरणा से ही लिखते हैं। इस महाकाव्य में महाकवि रघु के पूरे वंश की गाथा अनेक ही भक्तिमय श्लोंकों द्वारा लिखना प्रारम्भ किया। जैसे-जैसे रघुवंश आगे बढ़ता गया वैसे-वैसे ही महाकवि के हाथों का असाध्य रोग कम होता चला गया। एक दिन जब रघुवंशम समाप्त हो गया तो महाकवि ने सर्वप्रथम उस महाकाव्य को शिव-पार्वती के चरणों में समर्पित किया। हाथ जोड़कर प्रार्थना करते हुए कहने लगे-

"हे महादेव, हे माँ जगत जननी हमने अपनी स्वल्प बुद्धि के माध्यम से अपने इस महाकाव्य की रचना की है। इसमें बहुत सारी त्रुटियां निश्चय होंगी किन्तु फिर भी हम यह अभिलाषा लेकर आये हैं कि उन त्रुटियों को नादान बालक की तरह ध्यान न देते हुए हमारे इस महाकाव्य को अपना आशीर्वाद प्रदान करें।"

महाकवि ने अपने नयन बंद किए। उन्हें ऐसा आभास हुआ जैसे उनके माथे पर किसी ने आशीर्वाद भरा हाथ रखा। दोनों हाथों को छुआ, जैसे ही उन्होंने आँखें खोली तो देखा कि उनके हाथ पूर्णरूप से ठीक हो गये हैं। रघुवंशम् महाकाव्य पर उसी समय एक पुष्प गिरा। श्रद्धा से उनके नेत्र सजल हो गये। उन्होंने काव्य को से लगाया, भगवान को प्रणाम किया।

महाकवि अब पूर्ण-रूप से स्वस्थ हो गये हैं। उन्हें आज मालिनी का स्मरण होता है। वह मालिनी से मिलने का मन बनाते हैं। वह रथ पर चढ़ मालिनी से मिलने के लिए प्रस्थान करते हैं।

इधर मालिनी को वेश्या सदन की संचालिका समझाती हुई कहती है-

"मैने तुम्हें कितनी बार समझाया। किन्तु तुम मानने के लिए तैयार नहीं हो, मैंने तुम्हें समय दिया कि धीरे-धीरे तुम स्वयं इस वृति में आ जाओगी, किन्तु तुम मानने के लिए तैयार नहीं हो।"

मालिनी हाथ जोड़ आवाज में विनती भरे स्वर में कहती है-

"हम पर दया करें। देखिए हमसे वेश्या-वृति वाला कार्य नहीं हो सकेगा। हम एक विधवा स्त्री है, (दिखाते हुए) देखिए हमने कितनी सुन्दर सज्जा की है इन परिधानों की। आप जो काम कहेंगी हम कर देंगे किन्तु वेश्या-वृति वाला घिनौना कार्य हम नहीं कर पाएगें।"

संचालिकाः-"इस कार्य के लिए हमने तुम्हें नहीं रखा है, तुम्हारे रूप को देख हम तुम्हें लाये...।"

मालिनीः-"किन्तु, आपने यह तो नहीं कहा था कि हमें...।"

संचालिकाः-(हंसते हुए) "मैं जानती थी कि अगर उस समय मैं तुम्हें सारी सच्चाई बता देती तो तुम कभी मेरे साथ नहीं आती इसलिये मैंने सोचा कि समय के साथ-साथ तुम स्वयं इस कार्य को अपना लोगी, किन्तु तुम तो साध्वी का चोला उतारने को तैयार ही नहीं हो...अब हम तुम्हें बैठाकर नहीं खिला सकते...इसलिए मेरा कहना मान लो और पहन लो यह रंगीन वस्त्र (वस्त्र आगे देती है) बांध लो ये पायल, सजा लो अपने सौन्दर्य को और सजा लो अपना बाजार। मालिनी का बाजार...।"

मालिनी अपने पाँव पीछे करते हुए कहती है-

"नहीं, ये हमसे नहीं होगा।"

संचालिकाः-"मेरी बातों को समझने का प्रयास करो मालिनी। तुम्हें ईश्वर ने ऐसा रूप दिया है कि तुम बाजार में आग लगा दोगी। यह सफेद रंग की साड़ी तुम्हारे लिए नहीं है। अपने यौवन को यूं ना बर्बाद होने दो। एक बार तुम्हारा बाजार सज गया तो तुम्हारे घुंघरूओं की आवाज से क्या साधारण मनुष्य, मंत्री-राजा तक खिचें चले आएंगे।"

रोती चिल्लाती हुई मालिनी से दूर जाती हुई कहती है-

"नहीं...नहीं...हमसे यह कार्य नहीं होगा...हम यह नहीं कर पाएंगे।"

अकस्मात् संचालिका को क्रोध आ जाता है। वह क्रोधित होकर झपटते हुए मालिनी के समीप पहुँच उसके केशों को पकड़ती हुई कहती है-

"ये सब नहीं होगा तो निकल जाओं से...राह में भीख मांगना और बाहर खड़े पुरूषों की पशुता भरी नजरों का शिकार होना।"

मालिनी भीख मांगती रही-"हमें ऐसे मत निकालियें...हम पर दया कीजिए...हम जायेंगे।"

संचालिका ने केशों से घसीटते हुए उसे दरवाजे की तरफ लाकर बाहर की ओर धकेला। उसी समय उसे कालिदास ने संभालते हुए सीने से लगाया और संचालिका की तरफ क्रोधित नेत्रों से घूरते हुए प्रश्न किया-

"यह आप क्या कर रही है?"

संचालिकाः-"यह वेश्या-सदन है। वहीं रहने योग्य है जो वेश्या-वृति कर हमें लाभ दे सके। इस जैसी सती-साध्वी का वास नहीं हो सकेगा।"

महाकवि के सीने से सिमटी मालिनी रो रही है।

उसी समय वररूचि से जा रहे हैं। यह घटना देख छिपकर इसका रहस्य जानने को उत्सुक है।

महाकवि लगभग सारी घटनाओं का अनुमान लगाते हुए कहते हैं-

"आपके इस भवन की क्या कीमत होगी?"

संचालिका हाथ चमकाते हुए कहती है-

"आप तो ऐसे कह रहे हैं जैसे कश्मीर के राजा हो?"

महाकविः-"...हम कश्मीर नरेश महाकवि कालिदास ही है।"

संचालिका हतप्रभ रह जाती है। वह तुरन्त महाकवि के पैरों पर गिरती हुई कहती है-

"क्षमा करें महाराज, हम आपको पहचान नहीं पायें।"

महाकवि करते हुए बोले-

"आप कीमत बताईये।"

संचालिकाः-"कोई कीमत नहीं महाराज, हम स्वयं यह भवन छोड़कर चले जाते हैं। यह मालिनी का भवन है, इसमें मालिनी ही रहेगी।"

महाकवि अपने गले से सारी मालाऐं उतारकर संचालिका की ओर फेंकते हुए कहते हैं-

"ये लीजिए...आवश्यकतानुसार मुँह मांगी कीमत अदा कर दी जाएगी किन्तु भविष्य में कभी इस भवन और मालिनी की ओर देखने का साहस मत कीजिएगा।"

संचालिका बेशकीमती मोतियों की मालाएं लेकर महाकवि को प्रणाम कर से चली जाती है। वररूचि सारी घटनाओं को देख रहे हैं। कालिदास मालिनी को लेकर भवन के अन्दर जाते हैं। मालिनी उनके सीने से लिपटी हुई फूट-फूटकर रोती रहती है। महाकवि उसके आसुँओं को पोंछते हैं। उसे कंधे से पकड़कर पलंग तक ले जाते हैं। वररूचि चुपके से खिड़की से देखते हैं। वे इस घटना को देख आश्चर्य में पड़ जाते हैं। उनके होठों पर कुटिल मुस्कान छा जाती है। वह मुस्कुराते हुए से निकल अपने घोड़े पर सवार होकर जाते हैं।

महाकवि मालिनी को पलंग पर बैठाने लगते हैं।

किन्तु मालिनी कहती है-

"नहीं महाराज, यह स्थान अब आपका है। हम नहीं बैठ सकते।"

महाकविः-"हमारा स्थान...यह भवन तुम्हारा है, यह शयन-कक्ष तुम्हारा। फिर यह स्थान हमारा कैसे हो गया?"

मालिनीः-"प्रथम बार जब हमने आपको बैठाया उसी समय से इस स्थान पर हमारा अधिकार नही रहा। हम तो आपके चरणों की दासी हैं।"

इतना कह वह पलंग के नीचे बैठ गयी। महाकवि मुस्कुराते हुए पलंग पर बैठे।

मालिनीः-"महाराज, आप क्यों आयें?"

महाकविः-"पुजारी को तो देवी के दर्शन के लिए मंदिर आना ही पड़ता है ना?"

मालिनीः-"हमें इतना बड़ा सम्मान मत दीजिए हम देवी नहीं, हमें तो बस अपने चरणों की दासी बना लीजिए।"

कालिदास उसके हाथों को पकड़ खड़े होते हुए कहते हैं-

"तुम्हारा स्थान तो हमारे हृदय में है हमारे चरणों में नहीं।"

मालिनी का शरीर रोमान्च से भर जाता है। महाकवि उसके अधरों को अंगुलियों से स्पर्श करते हुए कहते हैं-

"तुम्हारा सौन्दर्य, तुम्हारे कमल जैसे नयन, तुम्हारे गुलाबी गाल, मधुर रस से युक्त अधर हमें कामुकता की ओर आकर्षित कर रहे हैं मालिनी।"

मालिनी का मन भी बेबश हो गया। उसने अपनी नजर झुका ली। महाकवि ने उसकी झुकी नजर को उठाने का प्रयास किया। मालिनी के होठों पर हल्की मुस्कान छा गयी। वह बगल की ओर देखने लगी। महाकवि ने उसके अधरों का पान किया। जिस प्रकार सांयकाल कब रात्रिकाल में समा जाती है यह पता ही नहीं चलता। उसी प्रकार मालिनी कब महाकवि के आगोश में समा गयी। इसका पता उसे नहीं चला।

महाशिवरात्री के अवसर पर महाकवि कालिदास महाकाल मंदिर में दर्शन करने के लिए उज्जयिनी आते हैं। कुमारगुप्त के साथ-साथ महाकवि महाकाल मंदिर में जाकर महाकाल की पूजा-अर्चना करते हैं।

महाशिवरात्रि के शुभ अवसर पर सिंहल नरेश कुमारदास भी महाकवि का संदेश पाकर उज्जयिनी आते हैं। राजनीतिक कारणों के कारण महाराज विक्रमादित्य नवरत्नों सहित कुछ मंत्री भी उज्जयिनी में पधारे हुए हैं। राजनीतिक समस्याओ के समाधान के कारण महाराज विक्रमादित्य कुछ समय के लिए उज्जयिनी में ही रहने का मन बनाते हैं। महाकाल मंदिर को दुल्हन की तरह सजाया गया है। महाकवि कालिदास एवं अन्य सभी महाकाल मंदिर में महाआरती में भाग लेकर आनन्दित होते हैं। रात्रि में राजसभा में सभी मिलते हैं, रात्रि भोज का आयोजन रहता है। महाराज विक्रमादित्य मुक्त कंठ से महाकवि रचित मेघदूतम् और रघुवंशम् की प्रशंसा करते हैं। कुमारदास तो उनके अनन्य मित्र है ही। विक्रमादित्य उन्हें कविन्द्र कहकर सुशोभित करते हैं।

वररूचि तथा अन्य रत्नों को यह अच्छा नहीं लगता। एकान्त में विक्रमादित्य से महाकवि कहते हैं-

"महाराज, हम चाहते हैं कि मगध जाकर विद्योत्तमा को लिवा लायें और मिथिला में अपनी माँ से भेंट कर आयें।"

महाराज विक्रमादित्यः-"अवश्य महाकवि, बहुत दिन हुए आपको से आये हुए। हम तो कहेंगे कि आप कल ही पाटलीपुत्र के लिए प्रस्थान कीजिए। आपके संग कुमारगुप्त भी चले जाएंगे। जब तक हम हैं के राज-संचालन के लिए कुमारगुप्त का रहना उपयुक्त होगा।"

महाकविः-"ठीक है महाराज, हम दोनों कल ही से प्रस्थान करेंगे।"

कुमारगुप्त के संग महाकवि कालिदास मगध तो आते हैं किन्तु से वह पहले मिथिला जाना चाहते हैं। कुमारगुप्त पूछते हैं-

"महाकवि आपने अपना रथ दूसरी दिशा में क्यों किया?"

महाकवि समझाते हुए कहते हैं-

"राजकुमार, कल हमने एक स्वप्न देखा कि हमारी हमें स्मरण कर रही है, इसलिए हम चाहते हैं कि पहले मिथिला से हो आवें, फिर पाटलीपुत्र आकर विद्योत्तमा के संग कश्मीर चले जाएंगे।"

कुमारगुप्तः-"अवश्य महाकवि, इस संसार में सब कुछ पुनः प्राप्त हो सकता है किन्तु माँ की ममता, उनका स्नेह भरा प्रेम नहीं मिल सकता आप पहले माँ से भेंट कर लीजिए।"

दोनों एक-दूसरे से विदा लेते हैं।

महाकवि धीरे-धीरे अपनी मातृभूमि में प्रवेश करते हैं। मातृभूमि को देखते ही उन्हें अपनी बाल्यावस्था की सारी मानस-पटल पर उभर आती है। वो वृक्ष, वो लताएं, वो नदी, तालाब चहचहाते पक्षियों का करलव, सोंधी मिट्टी, एक अद्भुत आनन्द चेहरे पर छा जाता है। मन रोमान्चित हो उठता है। धीरे-धीरे रथ का पहिया अपनी माँ के घर की ओर खिसकने लगता है। मन में उमंग कि इस बार माँ के कहने में नहीं आएंगें, माँ की अवस्था भी अब ऐसी नहीं रही कि अकेले जीवन-यापन कर सके। माँ की अत्याधिक सेवा करेंगे। माँ भी तो अपने पुत्र के विलास-विकास-वैभव को देखेगी। अत्यन्त प्रसन्न होगी माँ। उनका सपना साकार हुआ। उनका पुत्र आज राजा है। यही सब विचारते हुए महाकवि अपने घर की ओर जा रहे हैं।

आंगन के सामने रथ रोकते हैं। सामने आंगन में अत्याधिक भीड़ है। मन में चिन्ता की रेखाएं जागृत होती हैं। पुनः होठों पर मुस्कान छा जाती है। मन-ही-मन सोचते हैं, "माँ को पुनः हमारे आगमन का समाचार मिल गया होगा इसलिए पहली बार की तरह इस बार भी माँ के साथ-साथ वाले भी किसी विशेष तैयारियों में लगे होंगे।" वह रथ से उतरते हैं। धीरे-धीरे अन्दर प्रवेश करते हैं। ग्रामीण कालिदास को देखते ही उदास हो नजरें नीचे झुका लेते हैं। महाकवि चिन्तित होते हुए भीड़ को चीरते हुए आगे बढ़ते हैं। सामने देखते हैं कि उनकी माँ एक पर लेटी जीवन की अंतिम सांसे ले रही है। आँखें खुली है मानों किसी का इंतजार कर रही हो। सामने कालिदास को देख बूढ़ी आँखें मुस्कुरा देती है। किसी तरह उठने का प्रयास करती है। महाकवि सहारा देते हुए उठाते हैं-

"तुम आ गये मातृगुप्त, तुम आ गये, मेरी आँखें तुम्हें देखने के लिए जिन्दा थी। मैं जानती थी कि तुम्हें देखे बिना ये आँखें नहीं बंद होंगी।"

महाकवि कालिदास, इतने विद्वान होने पर भी इस समय धैर्य धारण नहीं कर सके। दहाड़े मारकर रोने लगे। दोनों से अश्रु-धारा बहने लगी। रोते हुए बोले-

"ये क्या हो गया माँ, ये क्या हो गया, माँ उनके माथे पर ममता भरा हाथ फेरते हुए बोली-

"अब मैं चैन से परमधाम जा सकूँगी पुत्र।"

कालिदासः-"नहीं माँ, ऐसा मत बोलो माँ।"

माँ की सांसे उखड़ने लगी। वह उखड़ते सांसों से किसी प्रकार कह सकी-

"स...सु...खी...रह ना...।"

कालिदास ने माँ के बदन को झँझोड़ा, किन्तु माँ अब थी। दहाड़े मारकर फूट-फूटकर रोने लगे कालिदास। माँ की संतोषजनक निगाहें अब भी पुत्र को देख रही थी। मानो आशीर्वाद की वर्षा कर रही हो कि जुग-जुग जियो मेरे लाल। वाले की मदद से माँ को सम्मान के साथ अंतिम विदाई की गई।

कालिदास ने भारी मन से माँ को मुखाग्नि देकर पुत्र होने का अपना कर्तव्य निभाया। श्राद्ध कर्म पूरा कर ब्राहमणों को भोजन करवाया गया। कालिदास को घर की प्रत्येक वस्तु माँ का स्मरण दिलाती रही।

तदन्तर उन्होंने से प्रस्थान किया।

लौटते समय महाकवि कालिदास उस मंदिर में जाते हैं उन्हें देवी का वरदान प्राप्त हुआ था। वे तन-मन-धन से महाकाली की पूजा करते है। वही गुरू-आश्रम में गुरू का आशीर्वाद लेने जाते है। गुरू कालिदास को देख अत्याधिक प्रसन्न होते है। गुरू की अवस्था भी अत्यन्त वृद्ध हो गयी है।

वे महाकवि को आशीर्वाद देते हुए कहते हैं-

"यशस्वी भवः पुत्र।"

महाकवि कुछ मुद्राएं उन्हें देना चाहते हैं।

"गुरूवर, हम चाहते हैं कि इन मुद्राओं से आप अपने गुरू आश्रम का कुछ कल्याण करे।"

गुरूः-"वत्स, एक गुरू सदैव अपने शिष्यों से गुरू-दक्षिणा का अधिकारी होता है, उसी प्रकार हम भी गुरू-दक्षिणा के अधिकारी है किन्तु हम जो दक्षिणा मांगेंगे क्या तुम उसे दोगे।"

महाकवि चरणों में गिर क्षमा याचना करते हुए कहते हैं-

"क्षमा करें गुरूवर, यह मुद्राएं आपकी गुरू दक्षिणा नहीं अपितु इस आश्रम के विस्तार में हमारी ओर से एक छोटा सा भाग। आप हमें आज्ञा करें, हम निश्चय ही गुरू दक्षिणा देंगे।"

गुरूः-"उठो वत्स उठो।"

अपने हाथों से महाकवि को उठाते हैं। और कहते हैं-

"शिष्य को गुरू के माध्यम से सफलता प्राप्त होती है किन्तु हमें तो तुम जैसा शिष्य पाकर गर्व हो रहा है कि तुम मेरे शिष्य हो इसलिए आज मैं तुम्हें शिष्य दक्षिणा देना चाहता हूँ। इस दक्षिणा को अगर तुम स्वीकार कर लोगे तो मैं समझूंगा कि मुझे मेरी गुरू-दक्षिणा मिल गई।"

महाकवि आश्चर्य-चकित हो देखने लगते हैं।

"गुरूवर, आप क्या कहना चाहते हैं? हमारी समझ में कुछ नहीं आ रहा है?"

गुरू मुस्कुराते हुए कहते हैं-

"आज के समय में तुम्हारा नाम शीर्ष पर है। और पारस के स्पर्श से जिस प्रकार लोहा सोना बन जाता है। उसी प्रकार हम बस इतना ही चाहते है कि मेरा यह आश्रम तुम्हारे नाम से अमरता को प्राप्त हो। मैं अब वृद्ध हो गया हूँ। किसी भी क्षण तन से प्राण-पखेरू उड़ सकते है, इसलिए आश्रम की यह जमीन तुम्हारे नाम करना चाहता हूँ। यही मेरी गुरू-दक्षिणा होगी।"

महाकवि के आँखों में गुरू के प्रति अपार श्रद्धा के भाव आ गये। उन्होंने उनके पैरों को प्रणाम करते हुए कहा-

"गुरूवर, संसार में गुरू का स्थान सर्वश्रेष्ठ होता है। शिष्य कितना भी बड़ा हो जाए वह तारे के समान ही सूर्य रूपी गुरू से छोटा है। इसलिए यह आश्रम आपके नाम से ही अमरता को प्राप्त होगा।"

गुरूः-"नहीं वत्स, मैं प्राण त्यागने से पहले यह सब तुम्हारे नाम करके अपनी गुरू-दक्षिणा लेकर रहूँगा।"

महाकवि कालिदासः-"जैसी आपकी इच्छा गुरूवर।"

गुरू अत्याधिक प्रसन्न होते हैं मानो उन्हें अमरत्व मिल गया हो। अपने शिष्य महाकवि कालिदास को एक दिन के लिए वही रोक लेते हैं। उनके सम्मान में एक छोटा सा समारोह आयोजन होता है जिसमें सारे ग्रामीण भी भाग लेते हैं। अत्याधिक सम्मान के साथ ग्रामीण एवं गुरूकुल परिवार कालिदास को प्रातः काल पाटलीपुत्र के लिए विदा करते हैं।

गुरू का स्नेह और माँ की स्मृतियों को आँखों में बसाये महाकवि जा रहे हैं। रह-रहकर आँखों में कभी सुख की और कभी दुख भरी जल बनकर उभर आती हैं। ममतामयी माता का स्नेह भरा हाथ अब महाकवि के सिर से उठ गया है यह सोचकर उनकी आँखे सजल हो जाती है।

आज ना तो प्राकृतिक सौन्दर्य की ओर ध्यान जा रहा है और ना ही अपनी रचनाओं के प्रति। अतीत की स्मृतियों को समेटने का प्रयत्न करते हुए वे पाटलीपुत्र में प्रवेश करते हैं।

पाटलीपुत्र में कुमारगुप्त महाकवि कालिदास का भव्य स्वागत करते हैं। विद्योत्तमा की प्रतीक्षा समाप्त होती है। माँ की मृत्यु से शोकाकुल कालिदास पत्नी विद्योत्तमा के शयन-कक्ष में जाते हैं। विद्योत्तमा सोलह श्रृंगार से युक्त अपने प्राणनाथ की प्रतीक्षा में आदमकद शीशे के सामने बैठी है।

शीशे में वे अपने पीछे खड़े महाकवि कालिदास को देखती है। विद्योत्तमा पहले तो लज्जा एवं मान से अपना सिर झुका लेती है। कालिदास धीरे-धीरे समीप जाते हैं। विद्योत्तमा को एहसास होता है कि उसके प्राण-प्रिय किसी चिन्ता में है तो वह स्वयं शोकाकुल कालिदास के पैरों पर गिर प्रणाम करती है। कालिदास, विद्योत्तमा को कंधे से पकड़कर

उठाते हैं और दोनों की आँखें मिलती हैं कालिदास की आँखों में वेदना के अश्रु देख विद्योत्तमा प्रश्न करती है-

"स्वामी, मिलन की इस बेला में आपके आँखों में अश्रु?"

महाकविः-"माँ...माँ।"

विद्योत्तमाः-"क्या हुआ माँ को?"

महाकविः-"माँ, अब हम लोगों के बीच नहीं रही।"

विद्योत्तमा की आँखों में आँसू भर आते हैं। वह आश्चर्य व्यक्त करते हुए कहती है-

"ये सब कैसे हो गया स्वामी?"

महाकविः-"अकस्मात हमने एक रात्रि माँ को स्वप्न में हमें याद करते देखा। सो हम आपसे मिलने से पहले माँ से मिलने गये। किन्तु जब हम पहुँचे तो माँ हमें एक झलक देखने के लिए जीवन एवं मृत्यु के बीच संघर्ष कर रही थी। हमारी एक झलक देखने के पश्चात ही उन्होंने अपने प्राण त्याग दिये।"

कालिदास की आँखों से आँसू बहने लगते हैं। अपनों के समक्ष हृदय की सारी पीड़ा उभर आती हैं, सो कालिदास ने भी विद्योत्तमा के समक्ष अपनी आन्तरिक पीड़ा व्यक्त कर दी। विद्योत्तमा के आँखों से भी आँसू बहने लगे।

किन्तु कुछ क्षणों बाद उसने स्वयं को संभालते हुए आँसू पोंछे। पति परमेश्वर की प्रतीक्षा में देखे काल्पनिक स्वप्न क्षण में चूर-चूर हो गये थे। वर्तमान में जीवन का एक दूसरा ही रंग था। किन्तु विद्योत्तमा जो एक विदूषी थी उसने अपने पति के आँसू पोंछ उन्हें समझाते हुए कहा-

"आप तो स्वयं विद्वान पुरूष हैं। आप को कुछ समझाने का अर्थ सूर्य को दीपक दिखाने जैसा है किन्तु प्रेम में मनुष्य की धैर्य की रस्सी टूटने लगती है। का प्रेम माँ का स्नेह पुनः प्राप्त नहीं होता, किन्तु आजीवन किसी की भी जिन्दा नहीं रहती। मृत्यु ही तो परम सत्य है...खेद तो हमें है इस बात का कि आपने हमें इस योग्य नहीं समझा कि हम अपने सास-माता के अंतिम दर्शन करते।"

सहसा कालिदास ने विद्योत्तमा की ओर देखा। उन्होंने कहा-

"सब कुछ इतनी शीघ्रता से हुआ कि हमें उचित-अनुचित सोचने का अवसर भी नहीं मिला।"

विद्योत्तमाः-"तो क्या ऐसे अवसर में भी आप हमें याद ना कर सके स्वामी? अपने को खोने पर कोई अपना ही याद भी आता है। क्या आपको हम याद नहीं आये?"

महाकवि निरूत्तर से जान पड़े। वह लड़खड़ाते हुए बोले-

"ऐसी बात नहीं हैं हमने सोचा कि निरर्थक ही आप इस कष्टमय माहौल में आएगीं।"

विद्योत्तमाः-"ये तो हमारा कर्तव्य था धर्म था।"

रहा प्रश्न कष्ट का तो क्या स्वामी का कष्ट हमारा कष्ट नहीं। हम आपकी जीवन-संगिनी हैं। आपका सुख हमारा सुख, आपका दुख हमारा दुख। हमने एक विद्वान से विवाह करने की प्रतिज्ञा की थी किसी राजा या महाराजा से नहीं। आपके कवित्व से प्रभावित होकर हमारे पिताजी ने आपको कश्मीर का राज्य उपहार में प्रदान किया। किन्तु हम जानते हैं कि इतिहास के स्वर्णीम पन्नों पर हम किसी कश्मीर नरेश की रानी के नाम से नहीं पहचाने जाएंगें अपितु महाकवि कालिदास की पत्नी का नाम विद्योत्तमा था। यही हमारी पहचान बनेगी।

महाकवि कालिदास के चेहरे पर मुस्कान आ जाती हैं।

वह हाथ जोड़कर बनावटी नाटक के साथ कहते हैं-

"क्षमा करना देवी, हमसे बहुत बड़ी भूल हो गयी। अब जीवन पर्यन्त ऐसी भूल ना होने पाएगी।"

विद्योत्तमा उनके जोड़े हाथों को छुड़ाकर कहती है-

"क्षमा मांगने का अधिकार आपको नहीं है, आपको तो क्षमा करने का अधिकार हैं बस हमें पत्नी का अधिकार ह्रदय से दे दीजिए। अपना शेष जीवन हम महाराज विक्रमादित्य की पुत्री नहीं अपितु महाकवि कालिदास की पत्नी बनकर जीना चाहते हैं।"

महाकवि उसे ह्रदय से लगाते हैं और कहते हैं-

"हमारे प्रेम पर आपको संदेह है आपके कहे तीन शब्दों पर हमने अपनी तीन रचना कर दी। कुमारसम्भवम्, मेघदूतम्, रघुवंशम। स्मरण है ना आपने हमसे कहा था अस्ति, कश्चिद, वागविशेष। यही तीनों शब्द हमारे लिए प्रेरणा का आधार बनें।"

आँखों में आँखें डाल प्रश्नात्मक नजरों से कालिदास प्रश्न करते हैं?

"क्या अब भी हमारे प्रेम पर संदेह है?"

विद्योत्तमा की आँखों में खुशी के आँसू बादल बन घिर आते हैं। वह महाकवि का आलिंगन करते हुए कहती है-

"स्वामी...।"

महाकवि एक लम्बी सांस लेते हुए अपनी बांहों के घेरे में विद्योत्तमा को समेट लेते हैं। अपनों से मिलन से मन को एक अद्भुत शांति प्राप्त होती हैं जिसके सामने संसार के सारे सुख तुच्छ प्रतीत होते हैं। आज वही शांति वही सुखानुभूति महाकवि एवं विद्योत्तमा को प्राप्त हुआ है।

हेमचन्द्र राज-भवन की साज-सज्जा करवा रहे हैं।

पूरे नगर में ढिढ़ोरा पिटवा दिया जाता है कि आज महाकवि कालिदास कश्मीर-नरेश अपनी भार्या विद्योत्तमा के संग पधार रहे हैं। मंत्रियों की कश्मीर के विधि-विधान के अनुसार स्वागत की तैयारियों में जुटी हैं। हेमचन्द्र स्वागत की सारी तैयारियों की ओर ध्यान दे रहे हैं। रानी विद्योत्तमा के आगमन को लेकर सामूहिक-भोज का आयोजन भी राज-भवन की ओर से किया जा रहा हैं जिस में नाना प्रकार के काश्मीरी-व्यंजनों की सुगंध से वातावरण सुगंधित है। तरह-तरह के पुष्पों से राजभवन को सजाया जा रहा हैं, राजभवन की राह में टखने तक फूल बिछाया गया है। पुष्पों की सुगंध से आज भौंरे और भी मतवाले हो रहे है। नृत्य-संगीत का कार्यक्रम मनोरंजन के लिए हुआ हैं तरह-तरह के गाजे-बाजे बज रहे हैं। आरती की थाली सजायी जा चुकी हैं इधर मालिनी को भी नगरवासियों के माध्यम से विद्योत्तमा एवं कालिदास के आने का समाचार मिलता है। उसके मन में भी प्रसन्नता की लहर दौड़ जाती है। वो स्नान-ध्यान कर अपने भवन के बागीचे में लगाये गये पुष्पों में से सुन्दर-सुन्दर पुष्प तोड़कर विद्योत्तमा और कालिदास को (पुष्पाभिषेक) (सिर पर फेंकने) करने के लिए रखती है। स्वयं भी साफ-सुथरे वस्त्र पहनकर राजभवन वाले मार्ग के लिए प्रस्थान करती है।

जैसे ही महाकवि कालिदास एवं विद्योत्तमा का रथ राजमार्ग से होकर गुजरता है। जय-घोष से सारा वातावरण गुंजायमान हो जाता है।

सौन्दर्य की देवी जैसी विद्योत्तमा की एक झलक पाने के लिए क्या वृद्ध, क्या जवान, क्या नारी क्या पुरूष सब व्याकुल एवं लालायित है। उसी भीड़ के एक कोने में खड़ी है मालिनी। अपने हाथों में पुष्प की डाली थामें हुए। गाजे-बाजे के साथ लोक-मंगल गीत आरम्भ होता है। तरह-तरह के सुन्दर परिधानों से सुसज्जित मंगलगान गाने लगती हैं।

महाकवि कालिदास एवं विद्योत्तमा की घूम-घूमकर आरती करने लगती है। विद्योत्तमा ऐसे स्वागत से रोमान्चित है। आरती के पश्चात् नगरवासी पुष्पों की वर्षा करने लगते हैं। दूर खड़ी मालिनी एकटक से विद्योत्तमा को निहार रही है। वह सुधबुध खो सोच रही है "हे भगवन, हमारे मातृगुप्त को किसी की नजर ना लगे...आपने तो चमत्कार कर दिया। एक मूर्ख कहे जाने वाले बालक की जिन्दगी में इतनी भर दी। इतनी सुन्दर युवती उन्हें पत्नी के रूप में मिली है। यह तो साक्षात देवी स्वरूपा है। ऐसा लगता है जैसे लक्ष्मी और सरस्वती दोनों का वरदान इन्हें प्राप्त है।"

इतने में किसी के धक्के से उसे पुष्प फेंकना याद आया। तब तक पूरे नगरवासी पुष्प फेंक चुके थे।

अकस्मात् पुनः माथे पर पुष्प गिरने से कालिदास और विद्योत्तमा दोनों की नजर मालिनी की ओर जाती है। विद्योत्तमा भी उसे एकटक देखने लगती है। वह मन ही मन सोचती है "यह देवी कौन है। ऐसी रूपवती स्त्री तो हमने आज तक नहीं देखी। बिना किसी साज-श्रृंगार के यह वनदेवी की तरह लग रही है। इसमें अद्भुत आकर्षण क्षमता है। ना जाने क्यों हमें इससे ईर्ष्या हो रही है।"

कालिदास ने उन दोनों को एक दूसरे को निहारते देखा।

तभी एक स्त्री ने मालिनी का अपमान किया।

स्त्रीः-"अपशकुन करने क्यों आयी?"

दूसरीः-"अरे यह तो कोई विधवा है।"

स्त्रीः-"भगाओ...भगाओ।"

मालिनी ने कालिदास की ओर देखा, कालिदास जैसे ही कुछ कहते इससे पहले ही प्रजा मे से किसी ने एक ईट का टुकड़ा उठाकर मालिनी की ओर फेंका। अजीब सी कोलाहल की स्थिति उत्पन्न हो गई। मालिनी का माथा फूट गया। उसने अपनी परवाह किये बिना माथे से बहते रक्त को हथेली से दबाया और से भागती हुई चली गई। महाकवि कालिदास आगे बढ़े कि हेमचन्द्र ने उन्हें ईशारे से मना कर दिया।

कोलाहल के बीच लोगों में से अनेक वाक्य सुनने को मिलते। कोई कहता कि "यह स्त्री कुलक्षिणि, कुलटा है।" कोई कहता कि "विधवा हमारी रानी के सामने अपशकुन करने आ गई।" महाकवि के हृदय में शूल की तरह उनकी बातें चुभ रही थी किन्तु इस परिस्थिति में वह कुछ नहीं कर सकते थे। रानी विद्योत्तमा इन अकस्मात हुई घटनाओं से हतप्रभ थी।

दोनों को अत्याधिक सम्मान के साथ राजभवन के अन्दर लाया गया। काश्मीरी रस्मों रिवाजों के साथ दोनों को सिंहासन पर बैठाया जाता है। जयघोषों के साथ पूरा राजभवन गुंजायमान हो जाता है। विद्योत्तमा को उनके शयनकक्ष में कुछ नयी ले जाती है। उनका शयनकक्ष दुल्हन की तरह सजाया गया हैं कश्मीरी वस्त्र आभूषणों से सुसज्जित करने में लगी हुई है। इधर हेमचन्द्र नगरवासियों के सामूहिक भोज कार्यक्रम के समापन में लगे हुए हैं। हेमचन्द्र को बुला एकान्त में महाकवि कालिदास कहते हैं-

"सुनिए, आप जब तक इन कार्यों का निष्पादन कर रहे हैं। तब तक हम एक आवश्यक कार्य कर आते हैं।"

हेमचन्द्रः-"जैसी महाकवि की आज्ञा।"

महाकवि कालिदास वेष बदलकर गुप्त दरवाजे से घोड़े से निकल जाते हैं। कालिदास का घोड़ा मालिनी के भवन की ओर तेज गति से दौड़ा जा रहा है। ये कैसा आकर्षण है जो कालिदास को मालिनी की ओर खींच रहा है वो भी उस समय जब महाकवि की प्रतीक्षा में विद्योत्तमा साजो-श्रृंगार कर रही हैं। अपने सौन्दर्य को निखारने में जुटी हुई है। पिया पुर्नमिलन में विद्योत्तमा इतनी आकर्षक दिखने को व्याकुल थी जैसे संसार की सबसे सुन्दर स्त्री हो और एक ओर महाकवि कालिदास उस सुन्दर पत्नी विद्योत्तमा को छोड़ खुद मालिनी की ओर आकर्षित हो रहे हैं।

क्या यह मालिनी का रूप था या उसकी मासूमियत या फिर उसके दर्दभरी जिन्दगी के प्रति सहानुभूति, क्या था यह? इसका उत्तर किन्चित कालिदास को भी नहीं था। या ये माता उमा का श्राप था जो कालिदास उस बेबश, बेसहारा, विधवा, वेश्या-सदन में निवास करने वाली मालिनी की ओर खिंचे चले जा रहे हैं। कालिदास घोड़े को प्रकाश की गति से बढ़ाना चाह रहे हैं। किन्तु घोड़ा तो घोड़ा ही होता है।

मालिनी पलकें बंद किये हुए हैं। आँखों के दोनों कोरो से अश्रु की धारा बहती जा रही है। सिर के बायीं तरफ ईंट के टुकड़े की चोट से खून बह रहा है किन्तु उस शारीरिक पीड़ा को तो कोई भी मानव देख सकता है। परन्तु उसके मन में जो मानसिक पीड़ा दबी हुई है जो किसी असाध्य रोग से भी ज्यादा भयानक, वीभत्स, लाइलाज है उस पीड़ा को कौन देख सकता है। हृदय बर्फ की भांति पिघलकर आसुँओं के रूप में आँखों से बह रहा है। आज जिस लालसा, जिस उत्साह के साथ, वह महाकवि एवं विद्योत्तमा को देखने, उनका सम्मान करने गयी थी, उसे बदले में समाज की इतनी

उपेक्षा की आशा नहीं थी और यही उपेक्षा मन की कसक बन गयी थी जो सिसकियों में बदल गया थी। उसे सिर से बहने वाले रक्त की रत्तीभर भी परवाह नहीं थी।

आँख खुली तो शून्य की ओर देखती आँखें। उनमें कई प्रश्न जिनका उत्तर शायद किसी के पास ना था। अचानक दरवाजे पर किसी ने दस्तक दी। स्वयं को संभालते हुए पलंग से उठकर दरवाजे तक गयी। मन में एक प्रश्न उठा "इस समय बाहर कौन होगा।" आसुँओं को पोंछा और धीरे से दरवाजा खोला। सामने महाकवि कालिदास को देख स्तब्ध खड़ी रह गयी। कुछ क्षण तक दोनों एक दूसरे को निहारते रह गये। सहसा महाकवि की नजर सिर से बहते हुए रक्त पर गई। वे रक्त की ओर हाथ बढ़ाते इससे पहले ही मालिनी पीछे खिसकती हुई बोली-

"आप, इस समय, आपको नहीं आना चाहिए।"

महाकवि आगे बढ़े और उसके सिर से बहने वाले रक्त को छूते हुए बोले-

"इतना रक्त बह रहा है और तुम हमसे प्रश्न किये जा रही हो।"

उन्होंने इधर-उधर देखा और कपड़े का एक टुकड़ा लेकर उसके रक्त को पोंछा। उसे पकड़कर पलंग तक ले गये बैठाया। सहानुभूति, प्रेम भरे इन हाथों के स्पर्श से मालिनी के अश्रु पुनः ज्वार-भाटा की तरह उमड़ने लगे। महाकवि ने माथे पर पट्टी बांधी और उसे हुए सिर पर हाथ फेरते हुए बोले-

"हमें क्षमा करना मालिनी हमारे कारण आज तुम्हें यह चोट लगी।"

मालिनी ने उनके पर अपना हाथ रख बोली-

"नही महाकवि, इसमें आपका कोई दोष नहीं, समाज की उपेक्षा जायज है। हम जैसी अभागी नारी को आपके आगमन के स्वागत-समारोह में जाना ही नहीं चाहिए।"

महाकविः-"उस समय हम विवश हो गये थे मालिनी।"

मालिनी हल्की मुस्कान के साथ मुस्कुराती हुई बोली-

"यह विवशता नहीं महाराज, आपका राजधर्म था...और वर्तमान में भी आप अपने पति धर्म को त्याग आये हैं...यह सही नहीं है महाकवि।"

महाकविः-"हम जानते है मालिनी इस समय हमें विद्योत्तमा के साथ रहना चाहिए किन्तु हम स्वयं को रोक नहीं सकें और हम यह भी जानते हैं कि विद्योत्तमा हमारी प्रतीक्षा में व्यथित होंगी, किन्तु तुम्हारी मानसिक और शारीरिक पीड़ा को हम अनदेखा कैसे कर सकते हैं।"

मालिनी गहरी सांस लेते हुए महाकवि की नजरों में देख कहती है-

"स्वयं के भाग्य पर गर्व करें या आपकी विवशता पर खेद...एक अजीब से असमंजस में हैं...क्या करे...क्या ना करे...क्या उचित है...क्या अनुचित... समझ से परे है...। किन्तु...हॉ इतना तो अवश्य कहेंगे कि आप अभी से रानी विद्योत्तमा के पास जाईये। आप अपने पति-धर्म का पालन करें और हमें भी किसी के आसुँओं की पीड़ा के श्राप से मुक्त रहने दीजिए।"

महाकविः-"और तुम्हारे अश्रु?"

मालिनीः-"हमारे आँसू तो हमारी किस्मत है...हमारा भाग्य है। इसे अनदेखा ही रहने दीजिए...आप जाईये महाकवि आप जाईये।"

इतना कह मालिनी अपना मुँह फेर लेती है। महाकवि उसके चेहरे को अपनी ओर घुमाते हुए कहते हैं-

"ठीक है, तुम कहती हो तो हम से चले जाते हैं किन्तु ऐसे मुँह फेर हमें विदा ना करो मालिनी।"

मालिनी सिसकती हुई महाकवि को आलिंगन कर रोती हुई कहती है-

"हम क्या करे...?"

महाकवि मालिनी को कुछ देर तक आलिंगनबद्ध रखने के बाद उन्हें अलग कर माथे पर एक चुम्बन लेकर कहते हैं-

"हम चलते हैं मालिनी...पुनः आएंगे।"

महाकवि उठकर दरवाजे की ओर जाते हैं। मालिनी विवशता भरे नेत्रों से उन्हें देखती रहती है।

महाकवि दरवाजा बंदकर घोड़े पर सवार हो राजभवन की ओर जा रहे हैं।

इधर विद्योत्तमा बेसब्री से उनकी प्रतीक्षा में पलंग में सजाये गये रंग-बिरंगे पुष्पों को तोड़-तोड़ कर फेंक रही है। मन-ही-मन क्रोधित भी हो रही है। मन में विचार आ रहे हैं। "कैसा इनका मन है।" हमारी परवाह ही नहीं है इन्हें। एक तो एक वर्ष हमें स्वयं से दूर रखा और अब जब हम इनके इतने नजदीक आ गये फिर भी हमें तन्हाई ही मिल रही है। रात्रि के कितने ही पहर बीत चुके हैं किन्तु अब तक इन्हें हमारे लिए समय नहीं मिल पाया है। उसी समय महाकवि कालिदास शयन कक्ष में प्रवेश करते हैं। विद्योत्तमा क्रोध से लाल हो गई है।

महाकवि उनके समीप जाकर बैठे हुए मुस्कुरा कर कहते हैं-

"हम जानते हैं कि हमें आने में विलम्ब हो गया है इसलिए आप क्रोधित है। हमारी ओर देखिए।"

विद्योत्तमा अपना चेहरा और घुमा लेती है। महाकवि उन्हें अपनी ओर घुमाते हैं तो वे अपने मृग जैसे नयन को पलकों में कैद कर लेती है। महाकवि एकटक उनके चाँद जैसे चेहरे को निहारते हुए कहते हैं-

"भगवान ने अत्याधिक समय देकर आपके सौन्दर्य को निखारा है।"

विद्योत्तमा के होठों पर हल्की मुस्कान खिल जाती है।

महाकविः-"आप मुस्कुराती है तो ऐसा लगता है जैसे गुलाब की कली खिलकर धीरे-धीरे फूल बन रही है।"

विद्योत्तमा अपनी आँखें खोल देती है।

महाकविः-"आँखें खुलती है तो ऐसा लगता है मानों रात्रि के आकाश में पूर्णिमा का चाँद खिल रहा हो।"

विद्योत्तमा इस कथन से खिलखिलाकर लगती है।

महाकविः-"आप है तो लगता है कि फूलों से भरा बागीचा झूम उठा हो।"

विद्योत्तमा का क्रोध कर्पूर की भांति उड़ गया। वह बनावटी क्रोध से महाकवि को देखती हुई बोली-

"अपनी गलती को बातों के माध्यम से छुपाना कोई आपसे सीखें...ये बताईये कि आप थे?"

अचानक महाकवि के मष्तिष्क में मालिनी का चेहरा छा जाता है। वह स्वयं को संभालते हुए कहते हैं-

"आज पूरे नगर में हमारे आगमन की प्रसन्नता है, सो हमें प्रजा के बीच उपस्थिति बनाये रखनी थी, इस कारण विलम्ब हो गया प्रिय।"

विद्योत्तमा निरूत्तर होते हुए शरमाते हुए कहती है-

"हमें क्षमा करें स्वामी...स्वयं के सुख में हम यह भूल गये कि आप कश्मीर नरेश भी हैं।"

महाकवि मुस्कुराते हुए उन्हें आलिंगन करते हुए कहते हैं-

"हम कश्मीर के नरेश तो हैं किन्तु हमारे हृदय की रानी तो आप है।"

दोनों एक-दूसरे से लिपटे ऐसा अनुभव करते हैं कि कितने दिनों बाद धरती-आसमान एक हो रहे हैं।

महाकवि विद्योत्तमा का प्रेम पाकर संतुष्टी का अनुभव करते हैं और विद्योत्तमा को जिस क्षण की प्रतीक्षा एक वर्ष से थी वह क्षण इतना आनन्ददायक होगा इसकी कल्पना भी उन्होंने नहीं की थी। सच ही है। रेगिस्तान में चार दिन से प्यासे मानव को अगर मेघों का जल प्राप्त हो तो उसकी का अनुमान लगाना कठिन है।

महाकवि कालिदास वेद, उपनिषद, रामायण, विष्णुपुराण, बुद्धचरित इत्यादि के गहन अध्ययन में लगे रहते हैं। उनके हाथों में हमेशा कोई ना कोई पुस्तक रहती है। राज्य-संचालन के बाद मिलने वाले समय में वे पुस्तकों का अध्ययन करते हैं।

एक दिन अपने ही राजभवन के उपवन में घूमते हुए उन्हें मालिनी की स्मृति आती है। एक-एक कर बचपन से अब-तक की सारी मुलाकात (भेंट) ताजा हो जाती है। वे कुछ सोचने लगते हैं "ये मन बहुत ही चंचल होता है। मन ना जाने कब, क्यों, कैसे किसी को चाहने लगता है। मेरा मन कैसे मालिनी के आर्कषण में उलझ गया है। क्यों ना इसी सम्बन्ध में कुछ रचना की जाए।"

किन्तु इस बार काव्य नहीं नाटक लिखेंगे।

हाँ क्यों नहीं मालविका और अग्निमित्र के प्रेम सम्बन्ध पर नाटक लिखें। हाँ यही लिखना चाहिए।

महाकवि कालिदास मंदिर जाकर भगवान को प्रणाम करते हैं और तुला उठाकर नाटक का नामकरण करते हुए नाम देते है "मालविकाग्निमित्रम्"।

अत्यन्त ही मनोरम ढंग से नाटक के प्रत्येक चरित्रों का विकास करते हुए अनेक पात्रों की सहायता से नाटक का सुखद अंत लिखते हुए नाटक सम्पूर्ण करते हैं।

मालविकाग्निमित्रम के बाद उन्हें एक और नाटक लिखने का मन होता है और तुला से एक और नाटक का जन्म होता है।

"विक्रमोर्वशींयम" इस नाटक में वह पुरूरवा नाम प्रतिष्ठान पुर का राजा एवं स्वर्ग की अप्सरा उर्वशी की प्रेम कहानी को सुन्दर ढंग से मनोरम कर लिखते हैं। विक्रमोर्वशींयम में भी अनेक नाटकीय मोड़ों के बाद अंत सुखद रहता है। इस प्रकार महाकवि दो नाटक लिख स्वयं को प्रसन्नचित्त अनुभव करते हैं। किन्तु आज लगातार दो नाटकों के समापन के बाद वे स्वयं को मालिनी से मिलने के लिए रोक नहीं पाते। आज मालिनी के लिए

वे कुछ उपहार भी लेते हैं। शाम ढलते ही घोड़े पर सवार हो मालिनी से मिलने निकल पड़ते हैं।

मालिनी अस्त-व्यस्त कपड़ों में खाना बनाने में लगी हुई है। तभी महाकवि कालिदास घोड़े से उतरते हैं। दरवाजा सटा हुआ है। महाकवि दरवाजे को हल्के से धकेलते हैं तो दरवाजा खुल जाता है। वो धीरे पैरों से अन्दर आते हैं। देखते है कि आंगन में मालिनी खाना बना रही है। में लग जाने के कारण आँख मल रही है। तभी कदमों की आहट सुन पलटती है। सामने महाकवि को देख होठों पर मुस्कान फैल जाती है। वह कहती है-

"आप।"

महाकवि उसे उठाते हुए अन्दर लाते हैं। घर के अन्दर लगे झूले पर बैठाते है। स्वयं भी उसके बगल में बैठते हुए मालिनी को निहारते हैं। फिर मालिनी के हाथों में एक पोटली देते हुए कहते हैं-

"मालिनी, ये तुम्हारे लिए है। हमने फैसला किया है कि आज से तुम एक आरामदायक जिन्दगी जिओगी। जीवन में अनेक कष्ट सहा तुमने। अब और नहीं।"

मालिनी बिना कोई उत्तर दिये, पोटली खोलती है। उसमें एक जोड़ी सुन्दर वस्त्र रहता है। मालिनी आश्चर्यचकित हो-

"ये सब क्या है?"

महाकवि उनके होठों पर अंगुली फेरते हुए कहते हैं-

"ये सुन्दर परिधान तुम्हारे लिए है, अब शीघ्रता से इसको पहन के आओ।"

मालिनीः-"किन्तु यह हम कैसे पहन सकते है?"

महाकवि उन वस्त्रों में से साड़ी उठाकर उसका आंचल मालिनी के सिर पर रखते हुए कहते हैं-

"ये तुम्हारे लिए ही है और तुम इसे पहनोगी भी। अब तक तुम्हारे जिन्दगी में जो भी अशोभनीय अशुभ घटना घटी है उसे सपना समझकर भूल जाओ और एक नये जीवन की शुरूआत करो।"

मालिनीः-"जीवन में घटी प्रत्येक घटना जीवन का अंश होता है जिसे भूलना असम्भव महाकवि।"

महाकविः-"प्रयास करने से सब कुछ सम्भव हो जाता है मालिनी।"

मालिनीः-"माना कि प्रयत्नों से हम सब कुछ भुला देंगे किन्तु हम कौन से नवीन जीवन की कल्पना करें या आप हमें कैसा जीवन जीने को कह रहे हैं?"

महाकविः-"हम चाहते हैं कि तुम पुष्पों की भांति खिलखिलाते हुए अपना जीवन व्यतीत करो।"

मालिनीः-"ऐसा कैसे सम्भव है?"

महाकविः-"हमारे संग सम्भव है मालिनी।"

मलिनी कुछ क्षण मौन रहती है फिर कहती है-

"क्या आप हमसे विवाह करेंगे?"

महाकवि उसके प्रश्न को सुन स्तब्ध रह जाते हैं। अचंभित हो उसकी ओर देखने लगते हैं। मालिनी की लगातार महाकवि की में उत्तर तलाशने में लगी हुई है। कालिदास निरूत्तर है। उन्हें समझ में नहीं आता कि क्या उत्तर दें। मालिनी एकाएक खिलखिलाकर हुए कहती है-

"आप तो परेशान हो गये महाकवि। हम मजाक कर रहे थे। हमने आपका प्रेम पाया है। हमारे लिए यही बहुत है। हमें तो बस अपने चरणों की दासी बने रहने दीजिए।"

महाकविः-"तुम चरणों की दासी नहीं मालिनी। हमारे हृदय में तुम्हारा एक विशेष स्थान है।"

मालिनी मुस्कुराती है। फिर वस्त्रों पर हाथ फेरते हुए-

"महाकवि, इन वस्त्रों को पहनने पर विवश ना करे।"

मालिनी प्रेमभरी निगाहों से महाकवि को निहारती है और वस्त्रों को लेकर चली जाती है। कालिदास मुस्कुराते हुए झूले पर लेट जाते है। कुछ देर बाद मालिनी उन वस्त्रों को पहनकर उपस्थित होती है। लेटे हुए महाकवि उन्हें पैरों से सिर तक देखते हैं। उन्हें स्वयं की आँखों पर विश्वास नहीं होता। "क्या यह वही मालिनी है जो कुछ देर पहले थी?" वह तुरंत उठकर बैठते है। मालिनी सामने आकर खड़ी होती है। महाकवि उसे देखकर कहते हैं-

"हमारे समीप आओ मालिनी।"

मालिनी लज्जा से छिपा लेती है। महाकवि स्वयं उठकर उसके हाथों को हटा उसे झूले पर बैठाते है और एक दूसरी पोटली निकालकर खोलते हैं। उसमें तरह-तरह के गहने भरे हैं। मालिनी आश्चर्यचकित होती है।

सर्वप्रथम उसके सिर पर से आंचल हटा मांग-टीका पहनाते हैं। फिर नाक का नथिया। कानों में कर्णफूल, गले में हार, कमरबंद, हाथों में कंगन। अंगुलियों में।

पैर में पायल पहनाने के बाद उसके आंचल को उठाकर पुनः सिर पर रखते हुए कहते हैं-

"ऐसा लगता है जैसे आज तक हमने तुम्हें मालविका के रूप में देखा किन्तु अब तो तुम स्वर्ग की अप्सरा उर्वशी लग रही हो।"

अभी तक मालिनी के एक-एक अंग पर कालिदास के स्पर्श से रोमान्च उत्पन्न हो रहा था किन्तु अभी के वाक्यों से उसके नेत्र लज्जावश बंद हो गये। हृदय की धड़कन बढ़ गयी। रोमान्च से बदन लगा। कालिदास ने उसके होठों को छुआ तो वह और काँपने लगी।

महाकविः-"मालिनी, इन सागर जैसी आँखों को बंद ना करो। आज इस सागर में हम डूब जाना चाहते हैं। हमें इन आँखों में समा लो मालिनी।"

मालिनी धीरे-धीरे आँखें खोलती है।

महाकविः-"तुम्हारी इन आँखों में कितना नशा है मालिनी...ऐसा लगता है जैसे हम इस नशे में डूबकर स्वयं के सुध-बुध में नहीं है।"

महाकवि उनके हाथों को हल्के से स्पर्श करते हैं। मालिनी एक लम्बी सांस लेती है। महाकवि उसके माथे को चूमते हैं। फिर उसे गले से लगा लेते हैं।

महाराज विक्रमादित्य रत्नों के संग कश्मीर आये हैं। महाराज विक्रमादित्य कश्मीर की राजसभा में महाकवि कालिदास रचित नाटक मालविकाग्निमित्रम और विक्रमावंशी की करते हुए कहते हैं-

"जैसा कि आप सभी विद्वान जानते हैं कि महाकवि ने पुनः साहित्य को दो अद्भुत रचनाएं दी है मालविकाग्निमित्रम एवं विक्रमोर्वशीयम। हम अत्यन्त गौरवान्वित है कि महाकवि कालिदास हमारे नवरत्नों में से सर्वश्रेष्ठ रत्न है। हम अत्यन्त प्रसन्न है। वे तो सर्वश्रेष्ठ है ही इनके अलावा महाकवि के "मेघदूतम" से प्रेरित हो महान विद्वान घटखर्पर ने भी "बाइस श्लोको" की रचना लिखी है। इस काव्य का नाम उन्होंने "यमक काव्य" रखा है। संयोग श्रृंगार का अद्भुत वर्णन यमक काव्य में है। हम अत्यन्त प्रसन्न है इनके प्रयास को देखकर। हमारे रत्नों में तो सभी एक से एक बढ़कर विद्वान है।

आचार्य वररूचि को ही लीजिए। इन्होंने लिंगानुशासन लिख डाला। अमरसिंह हो या वराहमिहिर शंकु या क्षपणक, धनवन्तरि या फिर बेतालभट्ट। अपने-अपने क्षेत्र में इन सभी ने उत्तम कार्य कर हमारे मस्तक को ऊँचा उठा दिया है। हम सभी को धन्यवाद देते हैं। किन्तु आज भी सर्वश्रेष्ठ रत्न में महाकवि कालिदास ही है। हम इनके श्वसुर होने के नाते इन्हें आशीष देते हैं कि ये नित्य-निरन्तर जल की धारा की आगे बढ़ते रहे।"

सारे विद्वानों के मन में ईर्ष्या की भावना जाग जाती है। सभी मन-ही-मन कुढ़ रहे हैं।

महाकवि खड़े होकर कहते हैं-

"महाराज का बड़प्पन है कि हमें वे सर्वश्रेष्ठ समझते हैं। हमने जो कोई रचना की है वह आप लोगों के आशीर्वाद से हुआ है। हम बस इतना ही चाहते हैं कि इसी प्रकार अपना आशीष हम पर बनाये रखें।"

विक्रमादित्य एवं कालिदास के जयघोषों के साथ सभा समाप्त हुई। वररूचि की आँखों में ईर्ष्या के अंगारे झलकने लगते हैं।

सारे रत्न एक साथ मिलकर महाकवि कालिदास के बारे में बातें कर रहे हैं। सबकी आँखों में क्रोध एवं ईर्ष्या के मिश्रित भाव है। किन्तु उसकी मात्रा अलग-अलग है।

वररूचिः-"देखा आप लोगों ने कि किस प्रकार महाराज ने कालिदास की प्रशंसा की।"

घटखर्पर तुनक कर बोले-

"सबसे अधिक अपमान तो हमारा हुआ है। महाराज ने हमारे "यमक काव्य" को मात्र एक प्रयास कहा...अच्छा बताइये आप लोग क्या "यमक काव्य" "मेघदूतम" से कम है। कालिदास ने "मेघदूतम" में वियोग-श्रृंगार का वर्णन किया और हमने संयोग श्रृंगार का मात्र...मात्र बाईस श्लोकों के माध्यम से हमने वह पताका फहराया है जो कालिदास ने पूरे मेघदूतम से। क्या महाराज का कथन तथ्योनुकूल था।"

अमरसिंहः-"आप तथ्योनुकूल कहते है जिस दिन हमने शब्द शास्त्र से युक्त "अमरकोश" की रचना प्रस्तुत की उस दिन भी महाराज के चेहरे पर यह प्रसन्नता नहीं थी।"

वररूचिः-"हम स्वयं की तो बात ही नहीं करेंगे क्योंकि हमने जो किया वह तो आप जानते ही है। किन्तु श्रीमान वराहमिहिर जिन्होंने "पचसिद्धान्तिका"

एवं "जातकार्णव" रचना की है। जो खगोल विद्या के महान विद्वान माने जाते है महाराज तो उन्हें भी भूल गये...माना कि नाम लिया उन्होंने किन्तु वो सम्मान जो कालिदास को मिला उससे तो वंचित ही कर दिया ना।"

वराहमिहिरः-"आप हमारी बात कर रहे हैं, अरे हमें जाने दीजिए... महाराज तो आयुर्वेद की शल्य-शालाक्य के विद्वान धनवन्तरि तक को भूल गये।"

शंकुः-"क्या क्षपणक, बेतालभट्ट या हम किसी विद्वान से कम है। हम तो यह कहेंगे कि महाकवि कालिदास महाराज विक्रमादित्य के जमाता है इसलिए उन्हें ऐसा मान और सम्मान हमें उपेक्षित कर दिया जाता आ रहा है।"

सभी सहमति की मुद्रा में सिर हिलाते हैं। वररूचि कुटिल मुस्कान मुस्कुराते हुए कहते हैं-

"कारण चाहे जो हो किन्तु कालिदास की एक ऐसी कमजोरी हम जानते है कि यदि हम चाहे तो उसके उड़ने वाले पंख नोच कर फैंक सकते है?"

सभी प्रश्नात्मक नजरों से वररूचि की ओर देखने लगते हैं। घटखर्पर उत्साहित होकर पूछते हैं-

"कौन सी कमजोरी, हमें भी बताईये।"

वररूचिः-"स्त्री...स्त्री की कमजोरी।"

सभी उपहास से मुस्कुराते हैं। अमरसिंह कहते हैं-

"कभी-कभी, आपकी विद्वानता पर हमें संदेह होने लगता है।"

वररूचि, अमरसिंह की ओर कौतुहल से देखते हैं।

वररूचिः-"सो क्यों?"

अमरसिंहः-"आप, यही कहना चाहते है ना कि कालिदास का किसी अन्य स्त्री से सम्बन्ध है।"

वररूचिः-"कहना तो...।"

अमरसिंहः-"...वह एक राजा है और राजा का किसी अन्य स्त्री से सम्बन्ध है भी तो कौन सी बड़ी बात है।"

वररूचि खुलकर हँसते हुए कहते हैं-

"यकीन मानिए कि, हम विद्वान ही नहीं राजकुल के आचार्य भी है। आप जो समझ रहे हैं बात उतनी सीधी नहीं है...महाकवि कालिदास का सम्बन्ध एक ऐसी स्त्री से है जो वेश्या सदन में निवास करती है।"

सभी अचंभित हो जाते हैं।

घटखर्परः-"क्या, कालिदास वेश्या के समीप जाते हैं?"

वररूचिः-"हमनें ये तो नहीं कहा कि वो स्त्री वेश्या है?"

वराहमिहिरः-"वेश्यासदन में निवास करने वाली स्त्री वेश्या नहीं होगी?"

वररूचिः-"वेश्या होगी या नहीं, यह तो हम नहीं कह सकते किन्तु इतना अवश्य जानते हैं कि वेश्या अवश्य कहलायेगी और दूसरी तरफ विदूषी विद्योत्तमा, अपने ही अहं में चूर रहने वाली।"

सभी ठहाके मारकर हँसते हैं।

अमरसिंहः-"आपके दिमाग की दाद देनी पड़ेगी आचार्य, आप कोई बड़ा षड़यंत्र खेलना चाहते हैं जिसमें सांप भी मर जाए और लाठी भी ना टूटे।"

वररूचिः-"...हम विद्योत्तमा के माध्यम से कालिदास रूपी कंकड को अपने रास्ते से निकालकर बाहर फेंक देना चाहते हैं।"

धनवन्तरिः-"हम सभी की में वह कंकड़ की तरह चुभ रहा है। आप शीघ्रता से इस षड़यंत्र का आगाज करें...हम सब आपके साथ हैं।"

वररूचिः-"कुछ समय लगेगा...अभी उचित अवसर नहीं हैं। जैसे ही समय अनुकूल होगा हम तत्क्षण उन पर वार करेंगे...इसलिए हमें अभी कश्मीर में ही रूकना है।"

क्षपणकः-"ठीक है, हम लोग तो कल पाटलीपुत्र लौटने के लिए प्रस्थान करेंगे किन्तु समय-समय पर गुप्तचर माध्यम से संवाद भेजते रहिएगा।"

वररूचिः-"चलिए इस अवसर पर थोड़ा सोमपान का आनन्द लिया जाए।"

सभी ठहाके लगाकर लगते हैं।

महाकवि कालिदास भगवान भोलेनाथ की पूजा-अर्चना करते हैं। बाबा अमरनाथ के दशनार्थ निकलते हैं। प्राकृतिक सौन्दर्य के दर्शन करते हुए वह बाबा अमरनाथ का दर्शन करते हैं। उनके समक्ष स्वयं को खड़े पाकर आध्यात्मिक प्रेम भक्ति से ओत-प्रोत हो जाते हैं। उन्हें ऐसा अनुभव होता है कि साक्षात भोले-नाथ उनके समक्ष खड़े हैं और उनके सिर पर आशीर्वादों की वर्षा कर रहे हैं।

सारे बन्धनों से स्वयं को मुक्त कर जब मनुष्य उस अनंत महाशक्तिमान परमात्मा की शरण में जाता है तो ऐसा लगता है जैसे सारा

ब्राहमांड अति तुच्छ है। एक यही तो सत्य है सब मिथ्या और जिनकी आत्मा में परमात्मा का नित्य-निरन्तर वास हो जाता है उनकी आत्मा का निवास परमात्मा के चरणों में हो जाता है। कालिदास विचार करने लगते हैं कि क्या हमें इस मनुष्य तन में मोक्ष की प्राप्ति हो सकेगी। हमने तो जीवन में अनगिनत की है। मनुष्य की तो समुद्र के समान होती है जो अथाह है।

बड़े मुश्किलों से आत्मा को मानव तन मिलता है और इस तन का उपयोग मनुष्य परमात्मा में लीन होने के लिए क्यों नहीं कर पाता है। तभी उन्हें गुरू की वाणी याद आती है कि "गुरूजी कहा करते थे कि मोक्ष की प्राप्ति के लिए कलयुग में दो रास्ते हैं। एक रास्ता बाधा मुक्त और दूसरा बाधा युक्त बाधा मुक्त वो रास्ता जिसमें मनुष्य पारिवारिक, सामाजिक दायित्वों को त्यागकर साधु बन भगवान को मनाने के लिए भजन-कीर्तन-ध्यान-पूजा-पाठ में मग्न हो जाता है। इस रास्ते में किसी भी प्रकार की कोई भी बाधा नहीं आती। सदैव ईश्वर का नाम-संकीर्तन करने से उसकी आत्मा इतनी निर्मल, स्वच्छ हो जाती है कि उसमें लोभ-मोह-काम-क्रोध आदि कुछ भी नहीं रहता। किन्तु हमने तो उस रास्ते को अपनाया नहीं। गुरू जी एक और माध्यम बताये थे बाधा-युक्त, ये पथ अत्यन्त जटिल है।

इस पथ में मानव को अनेक बाधाओं का समाधान करते हुए भगवान की प्रार्थना में रहना पड़ता है। परिवार का पालन-पोषण, उनकी दैनिक समस्यायें, सामाजिक जीवन की बाधायें...इन सारी बाधाओं के साथ भी मनुष्य परमात्मा की शरण में जा सकता है। किन्तु हम क्या करें। हमें तो कोई मार्ग नहीं सूझ रहा है। ईश्वर के प्रति अगाध श्रद्धा एवं भक्ति के साथ-साथ हम तो अनेकानेक दोषों से युक्त है।" हाथ जोड़कर कहते हैं-

"हे भोलेनाथ, हम अनेक अवगुणों से ओत-प्रोत हैं फिर भी अपना अबोध बालक समझ हमें क्षमादान करते हुए हमें भक्ति का ज्ञान देकर मृत्युपरांत हमें अपने चरणों में स्थान दीजिए...यही हमारी प्रार्थना है प्रभु।"

महाकवि कालिदास लौटते समय अनेक प्राकृतिक वस्तुओं तालाब, नदी, मृग, पशु, पक्षी को अपने नयन में बसाये राजधानी लौटते हैं। आकर वे पुनः राज-काज संचालन के साथ-साथ अपनी अगली रचना "अभिज्ञान शाकुन्तलम्" लिखना आरम्भ करते हैं। इसमें महाकवि प्राकृतिक सुन्दरता का अदभुत वर्णन के साथ-साथ गौण रूप से गंदर्भ-विवाह के दोषों से समाज को अवगत कराना चाहते हैं कि किस प्रकार एक बालिका प्रेमवश राजा से गंदर्भ विवाह करती है जिसका कोई प्रत्यक्ष गवाह भी उपस्थित नहीं है।

पुनः उसकी विरह-वेदना एवं प्रेम से उत्पन्न अपने गर्भ को संभालने में सुध-बुध खोकर ऋषि के द्वारा शापित होती है। श्रापवश जब राजा द्वारा

दी गई मुद्रिका खो जाने पर राजा उसे पहचानने से मना करता है तो किस प्रकार के मानसिक कष्टों को सह वह धर्म माता के द्वारा ठुकराई जाने पर दूर चली जाती है। राजा को जब उसका स्मरण मुद्रिका देख आता है तो वह भी विरह वेदना के अंगारे में जलने लगता है। वैसे महाकवि ने इस नाटक का भी अंत सुखद ही बनाया है। जिसमें राजा द्वारा शाकुन्तला एवं उसके पुत्र को स्वीकार कर लिया जाता है। में महाकवि ने पुनः महादेव जी से प्रार्थना की है कि अपने से ही उत्पन्न होकर चारों ओर अपनी शक्ति फैलाने वाले महादेव जी ऐसी कृपा करें कि मुझे फिर जन्म न लेना पड़े।

"अभिज्ञानशाकुन्तलम्" समाप्त होने पर वे उस रचना को महादेव के चरणों में समर्पित करने के उपरान्त अपनी प्राण-प्रिया विद्योत्तमा को पढ़ने के लिए देते हैं।" विद्योत्तमा उसे सहर्ष स्वीकार करते हुए नयनों से प्रसन्नता व्यक्त करती है।

मालिनी अपने भवन के चारों तरफ लगे हुए रंग-बिरंगे पुष्पों को बड़ी ही सावधानी-पूर्वक तोड़ रही है। रंग-बिरंगे फूलों के मध्य वो स्वर्ग की अप्सरा की भांति सुन्दर दिखाई दे रही है। मालिनी की सुन्दरता तरह-तरह के परिधानों एवं आभूषणों में अत्यन्त खिल रहा है। ऐसा लग रहा था जैसे मालिनी ब्रह्मा की रचना का एक बहुत ही सुन्दर नमूना है। ब्रह्मा ने सुन्दरता की जितनी एकत्र की थी। वे सब उनकी सुन्दरता बनाने में ही लग गयी हैं।

मालिनी के गोल-गोल गले में गोल मोतियों का हार परस्पर एक-दूसरे की शोभा बढ़ा रहा था। उसके लाल-लाल होठों पर फैली मुस्कुराहट का प्रकाश ऐसा सुन्दर लगता था, जैसे नये लाल कोपल में कोई उजला फूल रखा हो अथवा मूंगे के बीच में मोती जड़ दिया गया हो। बड़ी-बड़ी वाली मालिनी की चितवन से हिलते हुए नीले कमल के समान चंचल दिखती है। उसे देखकर यही नहीं पता चलता कि यह कला उसने हिरणियों से सीखी या हिरणियों ने ही उससे सीखी। उसकी लम्बी और मनोहर भौंहे ऐसी लगती मानों जैसे किसी ने कूँची से बना दी हो। जब वह धीरे-धीरे अपने पैर आगे बढ़ाती तो उनसे निकलने वाली पायल की ध्वनि साधु का मन भी मोह लेने में सक्षम है।

मालिनी ने जब फूल की डाली भर ली तो धीरे-धीरे भवन के अन्दर चली आयी। उन फूलों को गूंथने लगी अपने बालों में लगाने के लिए। मालिनी तो अब हर क्षण महाकवि कालिदास के बारे में ही सोचती रहती

थी। मालिनी का मन हरक्षण-हरपल महाकवि की स्मृतियों में खोया रहता। सोच में कालिदास, विचार में कालिदास, आत्म मंथन में कालिदास, खुलने पर कालिदास, पलकें बंद रहने पर भी कालिदास स्मृतियों में कालिदास, कल्पना में कालिदास सपना में कालिदास। ऐसा लगता जैसे कालिदास के अलावा जिन्दगी में और कुछ है ही नहीं।

कालिदास का मतलब मालिनी हो ना हो किन्तु मालिनी का मतलब कालिदास ही कालिदास हो गया है। उसे ऐसा लगता कि उसके संयोग या वियोग में भी कालिदास समाये हुए हैं। अब तो वह वियोग में भी कालिदास की स्मृतियों के सहारे जिन्दगी काट ही लेगी। मन मुस्कुरा रहा था जिसका प्रमाण होठों पर भी दिखाई देने लगा। उसी समय घोड़े की आवाज सुन वह दौड़कर दरवाजे के पास आयी। देखा सामने महाकवि घोड़े से उतर रहे हैं। मन में उमंग की तरंग ज्वार-भाटा की तरह खाने लगी।

महाकवि समीप आ चुके थे। दोनों ने प्रेम भरी निगाहों से एक-दूसरे को देखा। महाकवि ने मुस्कुरा कर कहा-

"क्या आज दरवाजे से ही लौटाने का विचार है।"

मालिनी प्रश्न सुन हड़बड़ाती हुई बोली-

"क्षमा करें महाकवि, आईये अन्दर आईये।"

महाकवि अन्दर आ गये। पीछे मालिनी भी दरवाजा बंद कर अन्दर आ गई। महाकवि की नजर फूलों के गजरे पर पड़ी। वह उसे उठाकर नाक से सटा उसके सुगन्ध को गहरी श्वास लेते हुए बोले-

"इन पुष्पों में अदभुत सुगन्ध है।"

मालिनीः-"अपने ही उपवन के हैं।"

महाकविः-"इसलिये तो इतनी आनन्ददायक एव संतृप्त करने वाली सुगन्ध इसमें विद्यमान है।"

मालिनीः-"आप उपहास कर रहे है?"

महाकविः-"हम उपहास नहीं सत्य कह रहे हैं?"

मालिनीः-"हमें संदेह है कि कहीं हमारा प्रेम भी तुम्हें उपहास ही तो नहीं लगता?"

मालिनीः-"आपके प्रेम से ही हमारा जीवन है हमने आपसे प्रेम नहीं किया बल्कि आपकी पूजा की है और वही पूजा ही हमारा जीवन है।"

महाकविः-"हमें इतना उच्च स्थान ना दो मालिनी, हम इसके योग्य नहीं।"

मालिनीः-"हमारे लिए तो आप पूजनीय बन गये हैं। यदि ईश्वर को मानव रूप में किसी को देखना है तो एक बार मालिनी बन महाकवि कालिदास को देख ले।"

महाकवि प्रेम भरे हाथों से उन पुष्पों के गजरे को मालिनी के केशों में लगाने लगते हैं।

विद्योत्तमा राजभवन के उपवन में बने तालाब के किनारे बैठकर "अभिज्ञानशाकुन्तलम्" पढ़ रही है। दूर से वररूचि उन्हें देखते हैं। उनके होठों पर एक कुटिल मुस्कान तैर जाती है। स्वयं को संयमित कर आगे बढ़ते है। विद्योत्तमा की आँखों में शकुन्तला के कष्ट को पढ़ भावुकता के अश्रु हैं। उन्हें यह आभास नहीं कि पीठ पीछे वररूचि खड़े है। वररूचि टोकते हुए कहते हैं-

"क्या बात है विद्योत्तमा आपके आँखों में आँसू?"

अकस्मात वररूचि की आवाज सुन वह अपने अश्रु पोछते हुए हाथ जोड़कर पलटती हुई कहती है-

"आचार्य, आप...। आप कब से खड़े हैं? आईये बैठिये।"

वररूचि स्थान ग्रहण करते हुए कहते हैं-

"आपने हमारे प्रश्न का उत्तर नहीं दिया?"

विद्योत्तमाः-"दरअसल, हम महाकवि की लिखी रचना "अभिज्ञानशाकुन्तलम" पढ़ रहे थे। कितनी बार इसे पढ़ चुके हैं किन्तु जब भी शाकुन्तला की वियोग-पीड़ा पढ़ते हैं तो हम भावुक हो जाते हैं...आपने पढ़ा की नहीं यह रचना?"

वररूचिः-"महाकवि कालिदास की रचना हो और हम नहीं पढ़े...यह तो असम्भव है।"

विद्योत्तमा के माथे पर गर्व की लकीरें दिखाई देने लगती हैं। होठों पर मुस्कान छा जाती है।

"आचार्य हम अत्यन्त ही भाग्यशाली है कि हमें महाकवि जैसे विद्वान पति के रूप में प्राप्त हुए है।"

वररूचिः-"भाग्यशाली तो आप निश्चित हैं किन्तु...।"

विद्योत्तमाः-"किन्तु...किन्तु क्या आचार्य...?"

वररूचिः-"एक बात है, जो हमारे मन में लगातार खटक रही है परन्तु हम उसे व्यक्त नहीं कर पा रहे हैं?"

विद्योत्तमाः-"क्या बात है? हमें बताएं...?"

वररूचिः-"आपको कष्ट होगा।"

विद्योत्तमाः-"हमें कष्ट होगा, ऐसी कौन-सी बात है?...कृपा कर बताएं आचार्य।"

वररूचिः-"हम जानते हैं कि आपको सम्भवतः हमारी बातों पर विश्वास ना हो किन्तु सत्य यह है कि महाकवि कालिदास किसी युवती के प्रेम....।"

विद्योत्तमा क्रोधवश खड़ी हो गयी और गरजते हुए बोली-

"आचार्य.....आप यह कैसी बकवास कर रहे हैं, लगता है कि आपने मदिरापान कर रखी है। हमारे स्वामी के विषय में ऐसी मिथ्या भाषण करने की हिम्मत कैसे हुई?"

वररूचिः-"क्षमा करें रानी विद्योत्तमा, किन्तु यह सत्य है...मालिनी... नाम है उसका...वेश्या सदन में निवास करती है।

वेश्यासदन का नाम सुन विद्योत्तमा के चेहरे का रंग उड़ गया। उसके चेहरे पर आश्चर्य-संदेह क्रोध-पीड़ा के रंग एक साथ चढ़ने और उतरने लगे। उसे लगा जैसे उसके पैरों तले जमीन खिसक गई हो। भूचाल आ गया हो। वह स्तब्ध सी खड़ी की खड़ी रही। लड़खड़ाते स्वर में उसने पूछा-

"क्या आप सत्य कह रहे हैं?"

वररूचिः-"असत्य क्यों कहेंगे हम?"

विद्योत्तमाः-"क्या आपने स्वयं देखा है?"

वररूचिः-"नहीं देखते, तो क्या हमारी हिम्मत होती कि हम आपके समक्ष...?"

विद्योत्तमाः-"हमें तत्काल अकेला छोड़ दें।"

वररूचि आज्ञा पाकर से खिसक गये। उनके चेहरे पर विजयी भाव झलक रहा था। विद्योत्तमा का पूरा बदन क्रोध से रहा था। मन ही मन ईश्वर से प्रार्थना कर रही थी कि "हे ईश्वर आचार्य की कही बात असत्य हो" मन में तरह-तरह के भाव आ रहे थे, जा रहे थे। वह पुस्तक हाथ में लिए उपवन से महल की ओर लौटने लगी। एक-एक पग उठाने में प्रयत्न करना पड़ रहा था।

महाकवि कालिदास प्रसन्नचित्त मन से अपने शयन कक्ष में प्रवेश करते हैं। रानी विद्योत्तमा के आँखों मे क्रोध के अंगारे हैं। महाकवि कालिदास समीप जाकर बैठते हुए उनके केशों को सहलाते हुए कहते है-

"क्या बात है विद्योत्तमा, आज ना साज-श्रृंगार किया है ना हमारे आने की प्रसन्नता ही दिखाई दे रही है? क्या मन में किसी प्रकार का मंथन चल रहा है प्रिय?"

क्रोध भरी मुस्कान से मुस्कुराते हुए विद्योत्तमा बोली-

"स्वामी, हम आपकी तरह ना तो विद्वान है और ना ही कवि, जो अपनी रचनाओं के विषय में आत्ममंथन करें...किन्तु हम आपसे एक प्रश्न करना चाहते हैं?"

महाकविः-"कैसा प्रश्न?"

विद्योत्तमा पलंग से उतर इधर-उधर घूमते हुए कहती है-

"स्वामी जैसा कि "अभिज्ञानशाकुन्तलम्" नाटक में आपने गन्दर्भ विवाह के परिणामों का संकेत लिखा है...क्या आप गंदर्भ प्रेम को उचित मानते हैं?"

महाकवि मुस्कुराये और बोले-

"गंदर्भ प्रेम क्या होता है?"

विद्योत्तमाः-"जिस प्रकार गन्दर्भ विवाह चुपचाप बिना किसी गवाह के किया जाता है उसी प्रकार समझ लीजिए गंदर्भ प्रेम।"

महाकवि ठहाके मारकर हुए बोले-

"क्या प्रेम करने के लिए प्रमाण या गवाह की भी आवश्यकता होती है?"

विद्योत्तमा का क्रोध और भी बढ़ गया। वह तुनकते हुए बोली-

"हमारी बातों को उपहास में मत उड़ाइये स्वामी। एक स्त्री-पुरूष के प्रेम करने में प्रमाण स्वरूप उसका विवाहित होना आवश्यक माना जाता है। उसी प्रकार यदि कोई स्त्री-पुरूष बिना इस प्रमाण के प्रेम करे तो आपकी नजर में क्या यह सही है?"

महाकवि अचानक से पूछे गये इस प्रश्न पर अकबका गये।

उनकी समझ में नहीं आया कि अकस्मात विद्योत्तमा हमसे इस प्रकार का प्रश्न क्यों पूछ रही है। वे तुतलाते हुए बोले-

"नहीं उचित तो नहीं किन्तु मन अत्यन्त चंचल होता है विद्योत्तमा। और हृदय के प्रेम को कोई मिटा भी तो नहीं सकता। समाज के नियमोनुरूप

वह बन्धनों में अवश्य रह सकता है किन्तु ह्रदय के प्रेम पर तो समाज का कोई बन्धन कार्य नहीं कर सकता।"

विद्योत्तमा:-"हम आपसे एक कवि का उत्तर नहीं जानना चाह रहे है बल्कि व्यक्तिगत रूप से अपने स्वामी से इसका उत्तर जानना चाहते हैं?"

महाकवि स्तब्ध हो जाते हैं। आश्चर्य से विद्योत्तमा की ओर देखते हैं-

"उत्तर दीजिए स्वामी, पत्नी का सुख पति के दौलत से नहीं पति के मान-मर्यादा में होता है, ये बातें हमारे पिता चन्द्रगुप्त विक्रमादित्य ने हमें सिखाया था और साथ में यह भी कहा था कि अब तुम विक्रमादित्य की पुत्री की तरह नहीं बल्कि कालिदास की पत्नी की तरह अपना जीवन व्यतीत करना...तो हे स्वामी! आज कालिदास की पत्नी विद्योत्तमा आपसे प्रश्न कर रही है कि क्या आपका मन किसी अन्य युवती पर आ गया है?"

महाकवि इस अनायास पूछे गये कटु सत्य प्रश्न के रूप में सुन आश्चर्यचकित रह गये। क्या उत्तर दे? कैसे उत्तर दें? कुछ समझ में नहीं आ रहा था। विद्योत्तमा के ऑखों का डिम्बा घूम-घूम कर कालिदास की ऑखों में अपना उत्तर जानने का प्रयत्न कर रहा था।

"आप निरूत्तर क्यों है स्वामी? कोई तो उत्तर दीजिए।"

महाकवि:-"आज, ये आप कैसी बातें कर रही हैं? क्या हो गया है आपको?...ऐसा लगता है जैसे नींद पूरी नहीं हो पाई है आपकी।"

विद्योत्तमा (मुस्कुराते हुए):- "अब तक तो हम नींद में ही थे विश्वास ने हमें गहरी नींद में सुला रखा था। समझते थे कि पति-पत्नी का सम्बन्ध तो विश्वास रूपी पतले धागे में प्रेमरूपी मोतियों से गूंथा रहता है। किन्तु आप जिस प्रकार उत्तर ना देकर टालमटोल कर रहे हैं। उससे हमें ऐसा प्रतीत होता है कि विश्वास रूपी धागा टूट कर सारे मोती बिखर गये।"

विद्योत्तमा की ऑखों में अब क्रोध के अंगारे नहीं बल्कि विवशता के झिलमिलाने लगे थे। महाकवि ने स्वयं को संभाला और विद्योत्तमा के समीप जाकर उन्हें से पकड़ पलंग पर बैठाते हुए बोले-

"हम प्रेमरूपी मोतियों को बिखरने नहीं देंगे प्रिय। कृष्ण ने जिस प्रकार रूकमणि का आजीवन वरन किया उसी प्रकार हमने तुम्हें।"

विद्योत्तमा:-"कृष्ण की जीवन में भी राधा थी ना क्या आपके जीवन में "मालिनी" नहीं है?"

मालिनी का नाम सुन महाकवि स्तब्ध हो गये। विद्योत्तमा लगातार प्रश्न पूछे जा रही है। महाकवि के पास कोई उत्तर नहीं-

"क्या आप मालिनी से प्रेम नहीं करते?"

"क्या आप उससे मिलने नहीं जाते?"

"क्या वह वेश्या-सदन में निवास नहीं करती?"

महाकवि के पास इन प्रश्नों का उत्तर तो था किन्तु उत्तर देने की हिम्मत नहीं।

विद्योत्तमाः-"आप अब भी ये दावा करते है कि आप प्रेमरूपी मोतियों की माला को बिखरने नहीं देंगे...लज्जा आ रही है हमें कि आप प्रेम भी करते है तो उस नीच...कुलटा, वेश्या...से।"

अचानक कालिदास क्रोधित हो चिल्लाते हुए कहते हैं-

"विद्योत्तमा... विद्योत्तमा।"

एक पल का सन्नाटा। विद्योत्तमा ताली बजा मुस्कुराकर कहती हैं-

"बस यही देखना चाहते थे हम आपके प्रेम की गहराई को हम समझ गये हैं और हमें अपने सारे प्रश्नों का उत्तर भी प्राप्त हो गया है।"

विद्योत्तमा शयनकक्ष से निकल जाती है। कालिदास पत्थर बने उसे देखते रहते हैं।

वररूचि के साथ बाकी सात रत्न मिलकर मनाते हैं।

अमरसिंहः-"हम जानते थे कि आपने जो प्रण ले लिया है उसको आप अवश्य पूरा करेंगे।"

वररूचिः-"जल जब सिर से ऊपर बहने लगता है तो प्रत्येक मनुष्य अपने प्राण बचाने का प्रयास करता है ना?"

वराहमिहिरः-"और ये महाकवि कालिदास ने तो हमारी नाक में दम कर रखा है।"

क्षपणकः-"हमें तो लगा कि आप उज्जैन आएंगे ही नहीं...मन में जिज्ञासा थी कि हमारे षड़यंत्र का क्या हुआ?"

वररूचि गर्व से सीना फैलाते हुए बोले-

"जैसे ही गुप्तचर के माध्यम से हमें संवाद मिला कि आप लोग उज्जैन आ रहे हैं...हम भी कश्मीर से निकल पड़े...हमने सोचा कि हमारी पहली सफलता में हम साथ मिलकर खुशियाँ मनाएं।"

धनवन्तरिः–"विद्योत्तमा को जब आपने मालिनी के बारे में बताया तो उसकी कैसी प्रतिक्रिया थी?"

वररूचिः–"प्रतिक्रिया...प्रतिक्रिया मत पूछिये...पहले तो पति के पक्ष में खड़ी हो गई फिर शंका छा गई और बाद में तो उसके शरीर पर एक साथ अनेक रंग आते चले गये।"

घटखर्परः–"अब पता चलेगा "महाकवि कालिदास! को...जब विद्योत्तमा कि प्रश्नों के जाल में ऐसा उलझेगा कि निकलने का कोई मार्ग ही नहीं मिलेगा।"

वररूचि हुए बोले–

"महाकवि तो प्रश्नों के जाल में उलझ चुके हैं। असल में हमने उनके शयन-कक्ष के बाहर खड़ी दासी को मुद्रायें दी थी कि अन्दर की बात सुनकर बताना।"

सारे रत्न उत्साहित नेत्रों से वररूचि को देख रहे हैं।

शंकुः–"तो क्या बताया दासी ने?"

वररूचिः–"दासी ने कहा कि रानी विद्योत्तमा ने प्रश्नों का महाजाल फैला दिया। महाकवि रानी के प्रश्नों के सामने निरूत्तर हो गये और अंत में विद्योत्तमा अत्यन्त क्रोध से शयन कक्ष से निकल गयी।"

बेतालभट्टः–"अब आगे क्या होगा?"

वररूचि लगे। सभी उन्हें प्रश्नात्मक नजरों से देख रहे थे।

"हम विद्योत्तमा के आचार्य रह चुके हैं। इतना तो अवश्य जानते है कि विद्योत्तमा अत्यन्त ही हठी एवं घमण्डी स्त्री है। वह निश्चय ही कोई ऐसा कार्य करेंगी जिसका विरोध कालिदास करेंगे। कालिदास के विरोध से उसका हृदय टूटेगा और महाराज के समक्ष यह समाचार जायेगा।"

अमरसिंहः–"हो सकता है महाराज उन्हें सिंहासनच्युत कर दे?"

वराहमिहिरः–"किन्तु वे उनके जमाता है, ऐसा वे नहीं करेंगे?"

बेतालभट्टः–"कुछ ना कुछ ऐसा तो अवश्य होगा जिसकी कल्पना भी कालिदास ने नहीं की होगी।"

घटखर्परः–"बहुत ही वियोग-प्रधान काव्य लिखते थे अब जिन्दगीभर जंगलों में वियोग-पीड़ा को सहन कर रचनाएं करते रहें।"

वररूचिः–"इस शुभ अवसर पर थोड़ा सोम-रस का आनन्द लिया जाए।"

शंकुः-"आज सिर्फ सोमरस के काम नहीं चलेगा सुना है उज्जैन में अत्यन्त ही सौन्दर्य शालिनी रहती है?"

धनवन्तरिः-"तो क्यों ना आज उन नृतकियों के नृत्य के संग मदिरापान का आनन्द लिया जाए।"

घटखर्परः-"किन्तु जरा संभल के, कहीं ऐसा ना हो कि कालिदास की तरह आप लोगों को भी किसी सौन्दर्य शालिनी युवती के संग प्रेम हो जाए।"

सभी लगते हैं।

वररूचिः-"आइये...चलें।"

सभी जाने लगते हैं।

रानी विद्योत्तमा पालकी पर चढ़ मालिनी से भेंट करने उनके निवास स्थान की ओर जा रही हैं। आँखों में कभी क्रोध के अंगारे तो कभी बदनसीबी के भर जाते हैं। मन में अनेक तरह के प्रश्न उमड़ रहे हैं। कभी सोचती कि "स्वामी क्यों उस स्त्री के जाल में फँस गये?" कभी सोचती है "निश्चय ही वह स्त्री धूर्त है, उसने अपने रूप-जाल में इन्हें फँसा लिया होगा...और फिर वेश्याओं का धर्म भी तो यही है ना किन्तु स्वामी को तो सोचना चाहिए कि वे एक प्रसिद्ध कवि एवं राजा है। इतना ही नहीं वे महाराज विक्रमादित्य के जमाता है। क्या किसी भी पुरूष पर विश्वास नहीं करना चाहिए? क्या कोई भी पुरूष विश्वास योग्य नहीं? ऐसी क्या बात है उसमें जो वे उसकी तरफ इतने आकर्षित हैं?

निश्चय ही वह रूपमती होगी। किन्तु क्या उसका सौन्दर्य हमसे भी अधिक है? जो स्वामी हमारे रहते उसकी ओर आकर्षित हैं।...नहीं...नहीं... हो सकता है कि उस एक वर्ष के वियोग अवस्था में हमारी अनुपस्थिति में यह प्रेम प्रफुल्लित हुआ हो...या फिर उसी के मोहजाल में इन्होंने एक वर्ष के लिए हमारा त्याग कर दिया हो...कुछ भी हो किन्तु आज उस वेश्या-स्त्री को यह आभास हो जाएगा कि किसी के स्वामी की ओर देखने की सजा क्या हो सकती है...यद्यपि वो रूपमती होगी किन्तु ऐसा क्या होगा उसमें जो हममें नहीं। चरणों की धुली को स्वामी मस्तक का तिलक कैसे बना सकते हैं? हम महाराज चन्द्रगुप्त विक्रमादित्य की विदुषी कन्या है और वो एक वेश्या। स्वामी उसको ऐसा स्थान कैसे दे सकते हैं? कहीं उस धूर्त स्त्री ने हमारे स्वामी की मति तो जादू-टोने से नहीं मार ली इसलिये वो उसके वश में चले गये हो क्यों कि स्वामी तो वरदपुत्र है, वे तो परम विद्वान पुरूष है फिर इतने ज्ञानी होने के बाद भी वे उस कुलटा के जाल में कैसे फँस गये? निश्चय ही यह स्त्री जादू की कला जानती होगी।"

सत्य ही है विपत्ति के समय अच्छे-अच्छे के ज्ञान पर पर्दा पड़ जाता है। वैसे ही आज विद्योत्तमा के मन-मस्तिष्क पर अज्ञानता का एक पर्दा गिर पड़ा था। अचानक कहारों ने पालकी रोक दी। मन के प्रश्नों पर अचानक लगाम लग गया। पालकी नीचे रख दी गई। एक कहार पर्दा हटा कर कहता है-

"महारानी, हम गंतव्य स्थान पर पहुँच चुके हैं।"

विद्योत्तमा पालकी से उतर कर चाँदनी के प्रकाश में भवन को देखती है। आँखों में ईर्ष्या के अश्रु उमड़ पड़ते हैं किन्तु मन को कठोर बना बंद दरवाजे की ओर अपने कदम बढ़ाती है। दरवाजे के सामने खड़े होकर एक पल कुछ सोचती है फिर दरवाजा खटखटाती है। अन्दर मालिनी पलंग पर लेटी हुई "मालविकाग्निमित्रम" पढ़ रही है। अकस्मात् दरवाजा खटखटाने की आवाज सुन मन रोमान्चित हो जाता है। पुस्तक को वहीं पलंग पर रख मुस्कुराते हुए दर्पण में अपना चेहरा देखती है। मन-ही-मन सोचती है "निश्चय ही महाकवि आये होंगे।" इतने समय में एक बार पुनः दरवाजा खटखटाने की आवाज सुनायी पड़ती है। अन्दर से आवाज देते हुए मालिनी कहती है-

"आ रहे हैं महाकवि।"

बाहर खड़ी विद्योत्तमा यह सुन और भी क्रोधित हो जाती है। उनकी आँखों में क्रोध अंगारे बन दिखाई देने लगते है। मालिनी साड़ी के आँचल को माथे पर संभाल कर रखते हुए किवाड़ खोलते हुए पलटती हुई कहती है-

"प्रेम में मानव अंधा हो जाता है यह तो सुना था किन्तु आज पहली बार जाना की प्रेम में मनुष्य का धैर्य भी टूट जाता है।"

हाथों से आँचल की ओट में खड़ी मालिनी यह देख नहीं पा रही थी उसके कहे गये वाक्यों की प्रतिक्रिया विद्योत्तमा पर क्या हो रही थी बल्कि वह तो यह भी नहीं जानती थी कि उसके पीठ-पीछे महाकवि कालिदास नहीं बल्कि उनकी धर्म- पत्नी विद्योत्तमा खड़ी है। विद्योत्तमा का चेहरा क्रोध से लाल हो गया था।

मालिनीः-"दूर क्यों खड़े है महाकवि, आज केशों में गजरा नहीं लगाएगें? हमने सोचा कि आज हम स्वयं अपने हाथों से ये गजरा आपको दे।"

इतना कह मालिनी घुँघट की ओट से ही हाथों में गजरा लेकर हाथ बढ़ाती है। विद्योत्तमा पीछे से गजरा ले लेती है। हाथों से बेकसूर गजरे को तोड़-तोड़ कर नीचे फेंकती है। कुछ क्षण की प्रतीक्षा के उपरान्त मालिनी कहती है-

"क्या बात है महाकवि...ऐसा लगता है जैसे आप हमसे नाराज है। क्या हमसे कोई भूल हो गई है। विद्योत्तमा ने कड़कती आवाज में उत्तर दिया-

"भूल आपसे नहीं, भूल तो हमसे हुई है कि हमने अपने स्वामी पर अत्यन्त विश्वास किया।"

विद्योत्तमा की आवाज सुन मालिनी के मुख पर भयानक डर के भाव आ जाते है। वह विद्योत्तमा की ओर पलटती है।

मालिनी (सहमते हुए)- "महारानी आप।"

विद्योत्तमा भी उस समय का स्मरण करने लगती है जब स्वागत-समारोह में उन्होंने मालिनी को देख, इनकी सुन्दरता पर मन-ही-मन में कहा था "कि यह देवी तो साक्षात वन देवी जैसी प्रतीत हो रही है।" आज मालिनी के रूप में स्वयं के समक्ष देख आश्चर्य चकित हो गई।

विद्योत्तमा-"अ...आप ही मालिनी है?"

काँपती हुई मालिनी विद्योत्तमा से कहती है-

"जी महारानी, हम ही मालिनी है। अ...आप अन्दर आइये।"

विद्योत्तमा विवशता की मुस्कान मुस्कुराते हुए अपने कदम आगे बढ़ाते हुए कहती है-

"अन्दर तो हमें आना ही है। किस्मत ने आज हमें यहाँ आने पर विवश जो कर दिया है।"

अन्दर आते ही विद्योत्तमा की नजर मालिनी के पलंग पर रखी "मालविकाग्निमित्रम" पुस्तक पर पड़ती है। आँखों में अश्रु तैर जाता है। स्वयं पर नियंत्रण रखते हुए हाथों से पुस्तक को उठाते हुए कहती है-

"लगता है स्वामी को आपसे अत्यन्त प्रेम है?"

मालिनी अब-तक समझ चुकी थी कि अब किसी भी प्रकार विद्योत्तमा रूपी सत्य तूफान का सामना करना ही होगा। सो वह भी उसके लिए तैयार हो चुकी थी। उसने आँखें नीची कर कहा-

"उनका प्रेम दया और सहानुभूति का रूप है।"

विद्योत्तमा:-"प्रेम तो प्रेम होता है, चाहे जिस रूप में हो आप अत्यन्त भाग्यशाली है कि हमारे स्वामी आपसे प्रेम करते है। किस्मत देखिये हमारी कि हमें आज एक वेश्या को आप कहकर सम्बोधित करना पड़ रहा है क्यों कि हमारे स्वामी की आप प्रेमिका है।"

मालिनी:-"ऐसा ना कहें महारानी।"

विद्योत्तमाः-"कैसे ना कहें, आपने तो हमारे सम्बन्धों के मध्य एक गहरी खाई उत्पन्न कर दी है।"

मालिनीः-"हम तो बस उनकी पुजारिन मात्र है।"

विद्योत्तमा मालिनी के चारों ओर घूमते हुए बोली-

"हम जानते है कि वे आपसे अत्यन्त प्रेम करते है आप मोहक भी है, पुरूषों को अपने अधीन में करने की कला भी जानती है। महाकवि आपके सौन्दर्य के जाल में आकर्षित हो गये इसमें कोई आश्चर्य की बात नहीं। किन्तु हम यह पूछते हैं कि आप को वशीभूत करने के लिए हमारे ही स्वामी मिलें?"

मालिनीः-"नहीं महारानी, हमने कोई जादू की कला नहीं सीखी...हम और महाकवि तो बाल्यकाल के साथी है।"

विद्योत्तमाः-"स्वयं को राधा समझने की भूल ना करे। आपकी बातों से हमें एक कथा याद आ गई। एक बार जब रूकमणि राधा से मिलने गई तो कृष्ण का दिया हुआ संदेश बता कर खौलता हुआ दूध राधा को पीने के लिए दिया। राधा ने खौलता दूध बिना कोई विचार किए पी लिया। वापिस आने पर कृष्ण के हृदय-स्थल पर छाले देख प्रश्न किया तो कृष्ण ने कहा कि राधा के हृदय में मेरा वास है, तुम्हारे दिये खौलते दूध को पीने से हमारी यह दशा हुई। रूकमणि ने उसी क्षण राधा को प्रणाम किया...एक पल मालिनी के चेहरे पर आई प्रतिक्रिया को देख पुनः बोली-

"किन्तु ये मत समझियेगा कि बाल्यकाल का साथी समझ हम आपको राधा मान लेंगे। क्यों कि ना तो आप राधा जैसा त्याग कर सकती है और ना ही हम रूकमणि बन सकते हैं।"

मालिनीः-"हम जानते है महारानी। आप तो महाकवि के हृदय में वास करने वाली देवी और हम तो उनके चरणों की दासी...।"

विद्योत्तमा कड़कती आवाज में मालिनी के बातों को काटते हुए-

"खबरदार...खबरदार जो पुनः स्वयं के लिए उनके अगल-बगल भी स्थान बनाने का दुःसाहस किया...।"

विद्योत्तमा का क्रोध देख मालिनी का शरीर काँपने लगा।

पुस्तक दिखाते हुए विद्योत्तमा कहती है-

"हम जानते है कि यह नाटक इतिहास में घटी घटनाओं के अलावा आपके संग सम्बन्ध का उदाहरण है किन्तु इस नाटक की तरह आपके प्रेम सम्बन्ध का सुखद अंत हमारे रहते असम्भव है....निकल जाइये उनके जीवन से, हमारे जीवन से...कश्मीर से।"

अचानक मालिनी के चेहरे पर अजीब सी पीड़ा दिखाई देने लगती है।"

विद्योत्तमाः-"क्या सोच रही है...जीवन यापन के सम्बन्ध में... (मुस्कुराते हुए) जब तक यौवन है-सौन्दर्य है वेश्याओं के लिए जीवन-यापन अत्यन्त सरल है। रहा प्रश्न यौवन ढलने के उपरान्त...तो (निहारते हुए) आपके शरीर पर स्वामी के दिये आभूषण हमें दिखाई दे रहे हैं।"

मालिनी की आँखों से सावन-भादों की तरह अश्रुधारा बहती जा रही है। शरीर स्तब्ध है किन्तु हृदय में तूफान है जिस प्रकार तूफान आने से पहले वातावरण में सन्नाटा हो जाता है। उसी प्रकार के तूफान आने की सम्भावना मालिनी के हृदय में है। विद्योत्तमा उसकी ओर देख कठोरता से बोली-

"इसे कश्मीर की महारानी का हुक्म समझिये, तुरन्त से चले जाइये।" इतना कह विद्योत्तमा से निकल जाती है।

मालिनी बहुत देर तक उसी प्रकार स्तब्ध खड़ी रहती है। एकाएक फूट-फूट कर रोने लगती है। ऐसा लगता है मानो उसके हृदय के कई टुकड़े कर के कोई चला गया हो। क्या था उसके भाग्य में। बाल्यकाल में ना माँ का प्यार मिला। विवाह के उपरान्त पति की मृत्यु, फिर वेश्यासदन पहुँचना। वेश्यावृति के लिए दबाब दिया जाना। जिस प्रकार अमावस जैसी काली रात के बाद भी पुनः सवेरा होता है उसी प्रकार महाकवि कालिदास एक नया सवेरा लेकर उसके जीवन में प्रवेश किए, किन्तु अब तो सब कुछ समाप्त। विद्योत्तमा रूपी आंधी ने उसके सारे सपने, उसकी सारी कल्पनाओं को एक ही झटके में ऐसा उड़ा दिया कि वह तिनके की भांति ऐसी उड़ी कि ना जाने, सूखे तिनके समान उसकी जिन्दगी जाकर गिरेगी। मन-ही-मन उसने सोचा कि "क्यों ना इस शरीर को ही समाप्त कर लें।" किन्तु दूसरे ही क्षण विचार किया कि "नहीं, इस शरीर पर, इस आत्मा पर तो उनका अधिकार है, ये मन, ये तन तो हमने उनके चरणों में समर्पित कर दिया है, इस पर हमारा अधिकार ही कहाँ...? अब भी मन उन स्मृतियों में डूब जाता है कि तन के प्रत्येक अंगों पर उनके हाथों, उनके शरीरों का मधुर स्पर्श है...क्या उन स्पर्श की स्मृतियों के सहारे हम जीवित नहीं रह सकते...हमें जीवित रहना होगा उनकी स्मृतियों को संजो कर रखने के लिए। उनके द्वारा कहे गये प्रेम भरे मधुर वचन अब भी हमारे कानों में मिश्री की तरह सुनायी दे रहे है। उनके शरीर की सुगन्ध अब भी हमारे रोम-रोम से आ रही है। यदि यह तन नष्ट हो गया तो उनके मन की सुगन्ध, उनके मुख से निकले मधुर वचन, उनका सुखद स्पर्श, सब समाप्त हो जाएगा...नहीं...हम ऐसा नहीं कर सकते...हम उनके अधिकार वाले इस तन को अपना नहीं मान सकते...हमें से जाना होगा...हम कश्मीर से चले जाएगें। हम उनकी स्मृतियों को संजोये उनके जिन्दगी से दूर चले जाएगें।"

यह विचार कर उसने हृदय को कठोर किया अपने आँसू पोछें और उठ कर जाने के लिए तैयार हो गयी।

महाकवि कालिदास और हेमचन्द्र आमने-सामने बैठे हुए है। महाकवि कालिदास हेमचन्द्र को विद्योत्तमा एवं मालिनी की सारी बातों से अवगत कराते है। मालिनी के प्रति उनके मन में कैसी भावना है यह सब कुछ बताने के साथ-साथ यह भी कहते है कि वह मालिनी को किसी भी प्रकार के कष्ट में नहीं देख सकते है। सारी बातों को जानने के पश्चात् हेमचन्द्र के मुख पर भी चिन्ता की रेखा दिखाई देने लगती है। वे खड़े होकर एक लम्बी सांस लेते हुए कहते हैं-

"महाराज, यह स्थिति तो असमंजस वाली है। आप ने अपने जीवन की सबसे बड़ी भूल यही की है।"

महाकविः-"मित्र, क्या आप भी इसे भूल ही कहते हैं?...किन्तु आप जो कहे, विद्योत्तमा जो समझे, किन्चित इस भूल के साथ के बिना हमारा जीवित रहना असम्भव है...हमारे हृदय की धड़कन में वह भूल समा चुकी है।"

हेमचन्द्र कुछ आवेश में आकर कहते हैं-

"यदि आपके हृदय की धड़कन में वो समा गयी है तो फिर महारानी विद्योत्तमा का क्या स्थान है?"

महाकवि (मुस्कुराते हुए)!- "अच्छा प्रश्न किया है आपने? किन्तु क्या आप हमें एक प्रश्न का उत्तर दे पायेंगे?"

हेमचन्द्र प्रश्नात्मक दृष्टि से महाकवि की ओर देखते हैं।

महाकविः-"क्या माता-पिता के लिए उनकी अनेकों संतानों के लिए प्रेम में कोई भेद होता है या फिर एक गुरू के लिए उनके शिष्यों के प्रति प्रेम में कोई अन्तर होता है?"

हेमचन्द्रः-"किन्तु यह एक अलग प्रश्न है?

महाकविः-"प्रश्न एक ही प्रकार का है। हाँ, यह सामाजिक बंधन समाज को संतुलित रखने के लिए आवश्यक है, एक गहरी सांस लेते हुए हेमचन्द्र कहते हैं-

"महाकवि आप स्वयं में ज्ञान के भंडार है। आपको कोई बात समझाने का मतलब है सूर्य को दिया दिखाना।"

महाकवि की आँखों में आँसू उमड़ आते है। वे कहते हैं-

"सारे बंधनों का महत्व समझते हुए भी हम ह्रदय से विवश है मित्र।"

हेमचन्द्रः-"हमसे क्या अपेक्षा है महाराज की?"

महाकविः-"हमें गुप्तचरों के माध्यम से संवाद मिला है कि महारानी विद्योत्तमा मालिनी से भेंट करने उसके निवास स्थान गई है। हमें संदेह है प्राणाघात करने की चेष्टा ना करें। इसलिए हम चाहते है कि आप उन्हें अपने संरक्षण में गुप्त रख हमारी भेंट उनसे करवायें।"

हेमचन्द्रः-"महाराज हम शंकित है कि इसका परिणाम अच्छा ना होगा।"

महाकविः-"वर्तमान में हमें सिर्फ मालिनी की चिन्ता है?"

हेमचन्द्रः-"और महारानी की चिन्ता नहीं?"

महाकविः-"आपने अभी तक उन्हें पहचाना नहीं, वह अत्यन्त ज्ञानी है, उन्हें हम समझा लेंगे।"

हेमचन्द्रः-"महाराज, एक मित्र के नाते कहना चाहता हूँ कि एक स्त्री सब कुछ सकती है, सब कुछ लुटा सकती है किन्तु पति के प्रेम पर वह अपना एकाधिकार समझती है।"

महाकविः-"आपका कथन सत्य है मित्र किन्तु हम विवश है।"

हेमचन्द्रः-"जैसी महाराज की इच्छा, हम इसी समय मालिनी के निवास स्थान की ओर निकलते हैं।"

महाकविः-"आपका ये उपकार हम जीवन पर्यन्त नहीं भूलेंगे मित्र।"

हेमचन्द्रः-"कैसी बात कर रहे हैं? आवश्यकता पड़ने पर आपके लिए अपने प्राणों की आहूति देकर स्वयं को गौरवान्वित समझेंगे।"

महाकवि भीगे पलकों से हेमचन्द्र को गले लगाते है।

महाकवि एवं हेमचन्द्र दोनों हेमचन्द्र के भवन से निकलते हैं। हेमचन्द्र मालिनी के निवास-स्थान के लिए प्रस्थान करते है और महाकवि अपने राजभवन की ओर प्रस्थान करते है।

मार्ग में हेमचन्द्र महाकवि कालिदास एवं मालिनी के विषय में विचार करते हुए घोड़ा दौड़ा रहे है। मालिनी के निवास स्थान से कुछ इधर ही उषाकालीन लालिमा में वे एक अत्यन्त सुन्दर स्त्री को उदासी भरे कदमों से चलते हुए देखते हैं, सहसा उनके मस्तिष्क में महाकवि कालिदास एवं विद्योत्तमा के स्वागत समारोह की स्मृति छा जाती है। उन्हें स्मरण आता है कि यह तो वही युवती है जिसका सिर स्वागत समारोह में फूट गया था

और महाकवि का इसके प्रति सहानुभूति वाली वह दृष्टि कहीं यही तो मालिनी नहीं है? तपाक् से हेमचन्द्र घोड़े से उतरते हैं। युवती का पीछा करते है। समीप पहुँच कर पीछे से कहते है-"मालिनी" अपना नाम सुन मालिनी पीछे पलटती है और फिर तेज कदमों से चलने लगती है। उसके चेहरे पर अजीब सा डर है। वह लगभग दौड़ती हुई भागी जा रही है। हेमचन्द्र को पूर्ण-विश्वास हो जाता है कि यह मालिनी ही है। वे दौड़ते हुए उसके सामने जाकर खड़े हो जाते है। मार्ग अवरूद्ध देख मालिनी घबरायी हुई कहती है-

"हमें जाने दीजिए।"

हेमचन्द्रः-"हम महाराज की आज्ञा से आपको ही लेने आए है...आप हमारे संग चलिए।"

मालिनीः-"किन्तु, हम आपके साथ नहीं जा सकते, हमें महारानी ने कश्मीर से निकल जाने का हुक्म दिया है।"

हेमचन्द्र आश्चर्य-चकित हो कहते हैं-

"क्या...? महारानी ने ऐसा हुक्म दिया है...अच्छा एक काम कीजिए... आप हमारे भवन में रूकिये और एक बार महाराज से भेंट कर लीजिए।"

मालिनीः-"पहले ही हम उनके प्रतिष्ठित जीवन में समस्या बन कर खड़े हो गए है...अब और नहीं...।

हेमचन्द्रः-"आपको महाराज की शपथ, आप इस समय हमारे संग चलें, महाराज से भेंट के उपरान्त जो निर्णय करना हो करें।"

मालिनीः-"आपने हमें ये कैसा शपथ दे दिया...अब तो हम मौत के मुँह में भी जाने को तैयार है।" मालिनी हेमचन्द्र के साथ चल पड़ती है।

महाकवि कालिदास के समक्ष विभिन्न प्रकार के व्यंजन सजे हुए है। महारानी विद्योत्तमा वही बैठी है। महाकवि के मस्तक पर चिन्ता की रेखाएं झलक रही है। सामने रखे भोजन पर उनका ध्यान ही नहीं है। महारानी विद्योत्तमा कहती है-

"स्वामी, किस चिन्ता में डूबे हुए है। अन्नपूर्णा देवी का अपमान ना करें, भोजन करें।" महाकवि भोजन की ओर देखते हैं। कुछ विचारते हुए दोनों हाथ जोड़ कर भोजन को प्रणाम कर भोजन से उठ जाते है। विद्योत्तमा भी उठ कर उनके पीछे जाती है। महाकवि अपने परिधान को ठीक करने में लग जाते है। विद्योत्तमा पूछती है-

"आपने भोजन क्यों नहीं ग्रहण किया?"

महाकवि कालिदासः-"मन नहीं था?"

विद्योत्तमाः-"मन तो आपका मालिनी के पास है ना।"

महाकविः-"यदि आप सत्य से परिचित ही है तो इस प्रश्न का क्या अर्थ।"

विद्योत्तमाः-"अर्थहीन तो आपका उनसे प्रेम है महाराज।"

महाकविः-"जिस प्रेम का अर्थ हो, वह प्रेम ही कैसा?"

विद्योत्तमाः-"प्रेम भी सामाजिक बन्धनों के अन्तर्गत ही मान्य होता है।"

महाकविः-"किन्तु मन पर किसका वश है?"

विद्योत्तमाः-"मन को वश में करना, विद्वानों की नियति है।"

महाकविः-"किन्तु कवि का मन तो चंचल होता है।"

विद्योत्तमाः-"आप पहले एक राजा है, विद्वान है, फिर कवि।"

महाकविः-"सर्वप्रथम हम एक मानव है और मानव में अनेक होती हैं, आप इसे स्वीकार करें, यह हमारा आपसे अनुरोध है।"

विद्योत्तमाः-"आप भी ये जानने का प्रयत्न करें कि हम मानव के साथ-साथ एक स्त्री भी है और हम आपसे प्रेम करते हैं।"

महाकविः-"फिर भी आप प्रेम की पीड़ा को नहीं समझ पा रही है?"

विद्योत्तमाः-"आप एक पत्नी की पीड़ा को नहीं समझ रहे है?"

महाकविः-"आप कोई साधारण स्त्री या पत्नी नहीं आप विद्वान, विदुषी है।"

विद्योत्तमा कुटिल मुस्कान मुस्कुराते हुए कहती है-

"सर्वप्रथम हम भी एक साधारण मानव की साधारण पत्नी है।"

महाकविः-"हमें क्षमा करें महारानी कि हम अपने मन को नियंत्रित ना रख पायें।"

विद्योत्तमा ने महाकवि के हाथों को पकड़ते हुए उनसे नेत्र मिलाकर कहा-

"स्वामी, आपको क्षमा मांगने की आवश्यकता नहीं...जो हो गया, सो हो गया...हमने उन्हें कश्मीर से चले जाने का हुक्म दे दिया है...अब हम और आ...प...।"

महाकवि, विद्योत्तमा के हाथों से अपना हाथ खींचते हुए अपने कदम पीछे कर लेते हैं। चेहरे पर निराशा के भाव छा जाते हैं।

महाकविः-"क्या, आपने उन्हें राज्य से निकल जाने का आदेश दे दिया।"

विद्योत्तमाः-"हां...और हम क्या करतें। आँखों में चुभने वाले कंकड़ को निकाल देना ही बुद्धिमता है।"

महाकविः-"आपने यह क्या किया महारानी, जो आपकी आँखों में कंकड़ समान चुभ रही थी वही हमारी आँखों में काजल बन शीतलता प्रदान कर रही थी।"

विद्योत्तमा क्रोध में भर जाती है। आँखें लाल हो जाती है।

"उस कुलटा, वेश्या से इतना अधिक प्रेम।"

महाकविः-"वह वेश्या या कुल्टा नहीं, गरीब, बेसहारा है।"

विद्योत्तमाः-"वेश्या कभी गरीब नहीं होती।"

महाकविः-"महारानी...उनके लिए अपमान सम्बोधक शब्द ना कहिए... हम जा रहे है उन्हें खोजने...।"

विद्योत्तमाः-"हमारी बात भी सुनते जाइये आपका मान-सम्मान-प्रतिष्ठा-इज्जत सब हमारे कारण है। यदि हम महाराज विक्रमादित्य की पुत्री नही रहते तो आप ना महाराज रहते और ना सर्वश्रेष्ठ महाकवि।"

महाकवि के चलते कदम रूक जाते है। एक पल स्तब्ध रहने के बाद पलटते हुए ताली बजाते हुए कहते है-

महाकविः-"सत्य कहा आपने, आप हमारी धर्मपत्नी है, अर्द्धांगिनी है, किन्तु वह क्षण आज भी हमारे स्मरण में है जब आपने हमें मूर्ख जान अपने महल से सुहागरात को ही निकाल दिया था। जब आपको लगा कि हम आपके योग्य हो चुके है तब आपने हमें स्वीकार किया क्योंकि आप उस समय भी महाराज विक्रमादित्य की पुत्री थी और अब भी आप के पिता के द्वारा दिये गये उपहार कश्मीर राज्य की रानी है आप। अब भी आप विक्रमादित्य की पुत्री है। किन्तु मालिनी ने हमें मूर्ख समझ भी प्रेम किया-निर्धन समझ भी किया, विद्वान समझ भी किया, महाराज एवं महाकवि समझ किया। यदि उसका प्रेम अर्थहीन है तो स्वार्थहीन भी। और हमारा कर्तव्य है कि हम उसे असुरक्षित होने से बचाए।"

इतना कह महाकवि से निकल जाते है। विद्योत्तमा का शरीर क्रोध के कारण लगता है। वह तुरन्त दासियों को बुला कर कहती है-

विद्योत्तमाः-"धर्मवीर को अतिशीघ्र हमारे सामने उपस्थित होने के लिए कहो।"

विद्योत्तमा के समक्ष कुछ पल ही बाद धर्मवीर उपस्थित होता है।

धर्मवीरः-"क्या आदेश है महारानी?"

विद्योत्तमा की आँखों से अंगारे बरसते रहते हैं। वह एक-एक शब्द चबाती हुई कहती है-

विद्योत्तमाः-"मालिनी नाम की सुन्दर युवती वेश्या सदन में वास करती है। वह कहीं भी हो उसे खोज उसकी ईहलीला समाप्त कर दो।"

धर्मवीरः-"अतिशीघ्र आदेश का पालन हो जाएगा महारानी।"

धर्मवीर एक बहादुर सिपाही है और यह कुछ दिनों पहले ही वररूचि के संग पाटलिपुत्र से आया है। महारानी सूचना को गुप्त रखने के लिए धर्मवीर का सहारा लेती है।

मालिनी हेमचन्द्र को अपने और कालिदास के सम्बन्ध में सारी बातें बताती है। हेमचन्द्र भी उन्हें दया एवं सहानुभूति भरी नजरों से देखता है। महारानी विद्योत्तमा के आदेश से भी पूर्णतः अवगत कराती है। मालिनी हेमचन्द्र को समझाते हुए कहती है-

"हे महाकवि के मित्र, अब तो आप सारी बातों से अवगत हो गये है... आपसे हमारा एक ही अनुरोध है कि आप अपनी कसम से हमें मुक्त कर दे और महाकवि को हमारे बारे में यह ना बताएं कि हम है।"

उसी समय किसी के कदमों की आहट सुन हेमचन्द्र मालिनी को अन्दर के कमरे में जाने का इशारा करते है। मालिनी अन्दर चली जाती है और उसी समय महाकवि अन्दर आते है। महाकवि के मुख पर घबराहट। वह तुरन्त प्रश्न करते है-

"मित्र, क्या आपको मालिनी मिली?"

हेमचन्द्र चेहरे के हाव-भाव को नियंत्रित कर कहते हैं-

हेमचन्द्रः-"नहीं महाराज, हमने मालिनी को बहुत खोजा किन्तु वो नहीं मिली।"

कालिदास के चेहरे पर अत्यन्त पीड़ा के भाव आ जाते है।

कालिदासः-"हमें इसी बात का संदेह था। हम तो समझते थे कि विद्योत्तमा कटु वचन से उसके हृदय पर आघात कर देगी किन्तु उन्होंने

तो उसे राज्य से निकल जाने का आदेश भी दे दिया...हमें शंका है कि वह आत्महत्या ना कर ले...।"

कालिदास रोने लगते हैं।

"मालिनी...मालिनी...तुम कहाँ हो?"

मालिनी भी छिपकर यह सब देख रही है। पीड़ा सहने के लिए पलकें बंद करती है किन्तु उन आँसुओं का क्या जो बाँध तोड़ कर बहते जा रहे है। सहानुभूति भरे स्वर में हेमचन्द्र कहते हैं-

"आप चिन्ता ना करे महाराज...हम अतिशीघ्र उन्हें खोज निकालेंगे।"

महाकविः-"कहीं ऐसा ना हो मित्र कि हमें उसका शरीर तो मिले किन्तु उसमें प्राण ही ना हो उस दिन हम भी जीवित नहीं रह पाएंगे मित्र।"

महाकवि का रोना पागलों जैसा था। एक ओर मालिनी का अनुरोध, दूसरी ओर विद्योत्तमा का अधिकार और एक तरफ महाकवि कालिदास के प्रेम का उन्माद। हेमचन्द्र के हृदय ने कहा कि "महाकवि की मालिनी से भेंट करवा देते हैं।" मष्तिष्क ने कहा "हो सकता है कि समय की औषधि से महाकवि के घाव भर जाए...इससे दो जिन्दगी तो तबाह होने से बच जाएगी।" हेमचन्द्र ने मष्तिष्क की बात सुनी और बोले-

"आप व्यर्थ की चिन्ता छोड़िये महाराज, मालिनी आपकी स्मृतियों के सहारे जीवन यापन कर लेगी।

महाकविः-"आप इसे व्यर्थ की चिन्ता ना कहें मित्र...।

उसने कभी अपने प्रेम का प्रदर्शन नहीं किया। अपने मन-मंदिर में हमें बसाये रखा किन्तु हम जानते हैं कि मालिनी-मालिनी नहीं रही वह तो कालिदास हो गई है उसका मन कालिदास, उसका तन कालिदास, उसके हृदय में कालिदास, उसके अंग-अंग में कालिदास समाया हुआ है। उसका प्रेम-प्रेम नहीं श्रद्धा है पूजा है। उसने अपना तन-मन हम पर समर्पित कर दिया है।"

हेमचन्द्रः-"स्वयं को संभालिये महाराज, आपको इस तरह देख कर हम बहुत दुखी है...आप एक विद्वान महाकवि है...धैर्य रखिये, समय आने पर सारी विपत्ति टल जाएगी।"

महाकवि स्वयं को नियंत्रित करने का असफल प्रयास करते हुए कहते हैं-

"ठीक है मित्र, हम प्रस्थान करते है। हमें मालिनी को खोजना भी है।"

इतना कह वह असामान्य कदमों से से निकलते है।

मालिनी फूट-फूट कर रोती जा रही है। हेमचन्द्र उनसे कहते हैं-

हेमचन्द्रः-"आपका विचार अनुकरणीय है। आप कुछ दिनों ठहरिये फिर हम आपको किसी सुरक्षित स्थान में ले चलेंगे।"

तभी पुनः घोड़े की टाप की आवाज सुनायी देती है। हेमचन्द्र चौंकन्ने हो दूसरे कमरे में प्रवेश करते है।

एक गुप्तचर आया है। हेमचन्द्र कहते हैं-

"सांयकाल में क्या संवाद लाये हो गुप्तचर।"

गुप्तचरः-"एक अति गम्भीर सूचना है। महारानी विद्योत्तमा ने धर्मवीर को आदेश दिया है कि पूरे भारत के चप्पे-चप्पे में मालिनी को खोज कर"...गुप्तचर चुप हो जाता है। हेमचन्द्र कड़कती आवाज में कहते हैं-

"खोज कर क्या...क्या गुप्तचर आगे का संवाद बोलो।"

गुप्तचरः-"मालिनी को खोज, उसकी हत्या कर दी जाए...और समाचार यह भी है कि कुछ ही क्षणों में वह इस भवन पर पहुँच जाएगें। उन्हें अंदेशा है कि महाराज का मित्र होने के कारण कहीं मालिनी को आपका संरक्षण तो नहीं प्राप्त है।" हेमचन्द्र घबराये और गुप्तचर से बोले-

"शीघ्रता पूर्वक अपने घोड़े को पिछले दरवाजे पर ले चलो गुप्तचर।"

गुप्तचर तुरन्त ही बाहर निकला और घोड़े को पिछले द्वार पर ले गया। मालिनी भी सारी बातें सुन चुकी थी। चेहरे पर डर और आतंक छा गया था। हेमचन्द्र गुप्तचर को कुछ कहते इससे पहले ही अनेक घोड़े की टापों की आवाजें आने लगी। धांय-धांय सैनिक घोड़े से उतरने लगे। शीघ्रता से हेमचन्द्र ने मालिनी का हाथ पकड़ा और गुप्तचर को ईशारा करते हुए पिछले दरवाजे पर आये। हेमचन्द्र स्वयं भी घोड़े पर सवार हुए और मालिनी को बैठाकर घोड़ा दौड़ाया। एक ही क्षण में घोड़ा हवा से बातें करने लगा। गुप्तचर वहीं कहीं छिप गया। सैनिकों ने पूरा घर खोजा किन्तु उन्हें यह आभास नहीं हुआ कि मालिनी आयी थी। वे एक-एक कर सब पुनः बाहर निकल चले गये। छिपे हुए गुप्तचर ने लम्बी सांस ली और हेमचन्द्र का एक घोड़ा ले वापिस चला गया। इधर हेमचन्द्र गुप्त रास्ते से किसी तरह पहले कश्मीर से निकलना चाहता था। यूँ तो सारे देश में खतरा था किन्तु कश्मीर में अत्यन्त खतरा, लगभग कश्मीर की सीमा पर आ चुका था और उसे विश्वास था कि अब हम खतरे से बाहर हैं। कारण वह इतने वर्षों में कश्मीर की सीमा के चप्पे-चप्पे से परिचित था। किन्तु उनका यह विश्वास पल भर में चकनाचूर हो गया। हेमचन्द्र को चारों ओर से सैनिकों ने घेर लिया। जब उन्होंने कोई उपाय नहीं देखा तो अपनी तलवार निकाली और मालिनी को संग लिए एक घमासान युद्ध करना पड़ा। हेमचन्द्र ने

अपना मुँह ढ़क रखा था इसलिए सैनिकों को क्या पता था कि वे हेमचन्द्र से युद्ध कर रहे है और देखते-ही-देखते उन्होंने सब को घायल कर दिया और उन्हीं के मध्य से निकल कर कुछ ही पलों में दूर जाते हुए नजर आ रहे थे।

कुछ दूरी तक तो सैनिकों ने उनका पीछा किया किन्तु एक स्थान पर तीन मार्ग थे, वहाँ आकर सैनिक भ्रमित हो गये कि अब किस दिशा में घोड़े को ले जाए। इस प्रकार हेमचन्द्र ने पूरी रात में बचते-बचाते मालिनी को कश्मीर-राज्य से सुरक्षित निकाल लिया। बचते-बचाते हुए हेमचन्द्र एक सवेरा होने से पहले एक जंगल में जाकर रूके। सैनिकों के तलवार के वार से हाथ घायल था उसने मालिनी की नजर बचाते हुए पट्टी की।

दूर नदी में स्नान कर स्वयं को ताजा महसूस किया। फिर एक सुरक्षित स्थान समझ मालिनी को बैठाया और जंगली फलों को खोजने में लग गये जो खाने योग्य हो। कुछ ही परिश्रम के उपरान्त वे काफी फल तोड़ लाए और कुछ मालिनी की ओर बढ़ाते हुए बोले-

"लीजिए, कुछ फल खा लीजिए।"

मालिनीः-"धन्यवाद, किन्तु हमें भूख नहीं है।"

हेमचन्द्रः-"शरीर में शक्ति की आवश्यकता है कारण हमें अभी बहुत लम्बा सफर तय करना है इसलिए हमारा अनुरोध है कि जो मिले उसे शक्ति हेतु खाते चलियें। मालिनी ने कुछ फल हाथ में ले लिया। तभी उसकी नजर हेमचन्द्र की घायल कलाईयों पर गई। वह उदासी से बोली-

"आप घायल हो गए है।"

हेमचन्द्र (मुस्कुराते हुए):-"इतना सा घाव देख आप घबरा गई अभी तो बहुत सारे मुठभेड़ों का सामना करना है।" दोनों हिम्मत भरी मुस्कान मुस्कुरायें और फल खाने लगे।

कालिदास घोड़े पर सवार हो कश्मीर के उन स्थानों पर मालिनी को पागलों की तरह खोज रहे हैं, उनके अनुमान से मालिनी मिल सकती है किन्तु मालिनी उन्हें कहीं नहीं मिलती। उस नदी के किनारे खड़े है पहली बार उन्हें कश्मीर में मालिनी को देखा था। मालिनी के संग। एक-एक क्षण स्मरण आने लगता है। आँखों में स्मृतियों के संग अश्रु की बूंदे भी उभरने लगती है। मन व्याकुल हो जाता है। फूट-फूट कर रोने लगते है महाकवि। कुछ पलों के बाद निर्णय लेते है कि अपने सारे गुप्तचरों के माध्यम से मालिनी

को खोज निकालेंगे। मन में यह विचार आते ही पुनः राजभवन लौट आते है। राजभवन के गुप्त भवन में अपने सारे गुप्तचरों को बुलवा कर आदेश देते हुए कहते हैं-

"गुप्तचरों, आज हमने आप लोगों को अत्यन्त ही गुप्त माध्यम से एक युवती की खोज करने के लिए बुलाया है।"

एक गुप्तचरः-"महाराज, युवती का नाम एवं पहचान के सम्बन्ध में बताईये।"

कालिदासः-"युवती का नाम मालिनी है और उसके पहचान के सम्बन्ध में क्या कहें? समझ लो...समझ लो कि अत्यन्त ही मासूम, बड़ी-बड़ी आँखें समझो कि मृगनयनी, ओठों पर मधुर मुस्कान...नहीं-नहीं अब मुस्कान रही होगी...अब तो में पीड़ा के भाव छलकते होंगे...रंग ऐसा मानों दूध में किसी ने सिन्दूर मिला दिया है...किन्तु रंग भी तो अब मानसिक पीड़ा के कारण पीला पड़ गया होगा...मोतियों से चमकते छोटे-छोटे, पतली कमर, हँस सी चाल, लम्बे काले घुँघराले केश...मुँह से जब स्वर फूटते है तो ऐसा लगेगा जैसे मोती झड़ रहे हो...और क्या बतायें उसकी पहचान के बारे में...उसे अति शीघ्रता से खोजे।"

महाकवि गुप्तचरों के समक्ष भी भाव-विभोर हो गये। गुप्तचरों ने एक साथ कहा-

"जो आज्ञा महाराज, हम शीघ्र ही उनका पता लगा लेंगे।"

महाकविः-"ठीक है, अब तुम लोग जा सकते हो।"

कालिदास के गुप्तचर वेश बदल कर अत्यन्त ही गोपनीय तरीके से कश्मीर की विभिन्न दिशाओं में फैल जाते है। वे कहीं भी सुन्दर युवती को अकेले देखते गोपनीय तरीके से महाकवि द्वारा बताये गये युवती के उन गुणों को खोजते किन्तु उन सब में एक साथ इतना गुण ना देख वे समझ जाते कि महाराज द्वारा बताये गये पहचान वाली युवती यह नहीं है। और हो भी कैसे सकती है ब्रह्या ने वैसी युवती किन्चित एक ही बनायी थी। गुप्तचर दिन हो या रात हर समय युवती की खोज में लगे थे। प्रजा से भी पूछताछ करते कि इस प्रकार की युवती को किसी ने देखा है किन्तु सभी नहीं 'में' उत्तर देते थे। सब का ऐसा भाग्य भी कहाँ था कि उस भाग्यशाली या भाग्यहीन को एक नजर देख पाता। मालिनी भाग्यशालिनी है या भाग्यहीन। यह भी एक जटिल प्रश्न है। उसने अब तक के जीवन में दुख ही दुख देखा था। सुख, खुशी तो उसके लिए सपना मात्र बन गया। जब वीरान जिन्दगी में

कालिदास का प्रवेश हुआ तो उसे लगा कि अब जिन्दगी में किसी चीज या वस्तु की अभिलाषा नहीं रही किन्तु एक ही झटके में उससे वह खुशी भी छीन ली गई तब तो वह भाग्यहीन ही है ना। किन्तु उसके जिन्दगी का एक पक्ष यह भी है कि महाकवि जैसे परम विद्वान सर्वश्रेष्ठ महाकवि, कश्मीर नरेश कालिदास की वह प्रेमिका है जो इस समय वियोग पीड़ा में व्याकुल हो पागलों की भांति उसे ढूंढ रहे है। और यह संकेत किसी भाग्यशालिनी स्त्री के भाग्य का चमत्कार ही है। मालिनी को क्या पता था कि उमा के श्राप से श्रापित महाकवि कालिदास वेश्या उपनाम रूपी मालिनी पर मुग्ध हो पागल की भांति व्याकुल विकल है। (उसे क्या पता था कि इतिहास के पन्नों में उसका सम्बोधन मात्र एक वेश्या के नाम से होगा। उसे इतिहास में रचने-बसने की इच्छा भी नहीं थी। वह तो प्रेम रूपी जल में डूबी हुई एक ऐसी पुजारिन थी जिसे जल के बाहर की दुनिया कि सुध-बुध लेने का अवकाश ही था। प्रेम के लिए अपने नामो-निशान को मिटाने वाली प्रेमिका का एक अद्भुत उदाहरण थी वह। जिसके लिए कालिदास पागलों की भांति भटकते हुए उसकी खोज कर रहे थे।)

वररूचि, महाकवि कालिदास रचित “मेघदूतम” खण्ड काव्य पढ़ रहे है। मेघदूतम् समापन के उपरान्त मन-ही-मन विचार कर रहे है-

“निन्दा, उपहास, क्रोध, अहंकार, लोभ, मोह इत्यादि के कारण मानव-मानव से द्वेष कर बैठता है किन्तु एक बात निश्चित तौर से कही जा सकती है कि महाकवि कालिदास प्रमाणिक रूप से सर्वश्रेष्ठ महाकवि कहलाने के योग्य है। उनकी लेखनी में अद्भूत जादूगरी है। किसी भी प्रकार का वर्णन हो नवयुवती के यौवन का या फिर किसी नगर का, पशु पक्षियों के भावों का या अद्भुत कल्पना के माध्यम से निर्जीव वस्तु में भी प्राण संचार करने का, अद्वितीय वर्णन करते हैं कालिदास। कितने मार्मिक ढंग से विरहाग्नि से पीड़ित पत्नी की पीड़ा का वर्णन किया है मेघदूत में उन्होंने। हृदय की पीड़ा, आँखों के भाव मस्तिष्क में चलने वाले विचार को कितनी सूक्ष्मता से समझ पाते है वह। मन और मस्तिष्क में उठने वाले भावों की पूरे शरीर में क्या प्रतिक्रिया होती है इसका अद्भूत ज्ञान है उन्हें।” ठीक उसी समय किसी के आने की आवाज सुन अपने विचारों पर विराम लगाते हैं। तभी द्वारपाल आकर सूचना देता है।

“एक गुप्तचर बाहर खड़ा है। आपसे भेंट करने का इच्छुक है।”

वररूचिः-“उन्हें अन्दर भेजो।”

आज्ञा पाकर द्वारपाल गुप्तचर को अन्दर भेजता है। गुप्तचर, वररूचि के समक्ष आकर खड़ा हो जाता है।

वररूचिः-"क्या संवाद है गुप्तचर।"

"संवाद मार्मिक है...महाराज कालिदास पागलों की भांति दर-दर वेष बदल कर मालिनी को स्वयं भी खोज रहे हैं और गुप्तचरों के माध्यम से भी खोज करवा रहे हैं।"

पल भर में कालिदास के लिए जो सम्मान आया था वह गायब हो जाता है। वररूचि के मुख पर ईर्ष्या एवं प्रसन्नता के भाव एक साथ नजर आ रहे हैं। वे कुटिल मुस्कान के संग गुप्तचर से कहते हैं-

"तुमने शुभ संवाद सुनाया है, इसका पुरस्कार तुम्हें मिलेगा...अभी तुम जा सकते हो।"

हेमचन्द्र, मालिनी के संग दिन किसी वन-जंगल या वीरान स्थान में बिताते और रात को सैनिकों से बचते-बचाते हुए विभिन्न राज्यों को पार करते। मार्ग में अनेक स्थान पर उन्हें मुठभेड़ का सामना करना पड़ा किन्तु भाग्यवश प्रत्येक मुठभेड़ में उनके हाथ विजयश्री ही लगती। मालिनी एवं हेमचन्द्र का शरीर क्षीण हो गया था। कई दिनों से उन दोनों ने उचित भोजन नहीं किया था। हेमचन्द्र की दाढ़ी बढ़ गई थी। मुठभेड़ के कारण वस्त्र अनेक स्थानों से कट-फट गये थे। दोनों के चेहरे की चमक समाप्त हो गई थी किन्तु हेमचन्द्र की आँखों की चमक अब भी विद्यमान थी। लगातार घोड़ा चलाने के कारण शरीर थक चुका था। उषाकाल का सूरज आसमान में धीरे-धीरे ऊपर आने लगा था। घोड़े की चाल भी अत्यन्त धीमी थी। तभी दूर हेमचन्द्र को सागर से उठने वाले ज्वार-भाटा की आवाज सुनाई पड़ी। अकस्मात् मष्तिष्क में एक विचार आया-"हो ना हो समीप ही समुद्र का किनारा है, यदि हम पहुँच जाए तो उसके तट से ही गुजरते हुए सिंहल जाने के लिए जहाज मिल सकता है।" मन के विचार ने मष्तिष्क में नवीन स्फूर्ति उत्पन्न कर दी और तुरन्त ही उनका घोड़ा हवा से बाते करने लगा। कुछ ही समय उपरान्त हेमचन्द्र मालिनी के साथ समुद्र के उस तट पर थे भाग्यवश बंदरगाह भी था। दूर से हेमचन्द्र ने अनुमान लगाया कि जहाज कुछ ही देर में रवाना होने वाली थी। वे मालिनी के साथ घोड़े से उतरे और नम आँखों से मालिनी से बोले-

"हमारी बात ध्यान से सुनिए...आप भी जानती है कि भारतवर्ष के किसी भी हिस्से में आप सुरक्षित नहीं है इसलिए हमारा विचार है कि आप सिंहल चले जाएं आपको जीवन यापन में किसी भी प्रकार की परेशानी नहीं होगी यद्यपि हम यह भी जानते हैं कि हमारा कर्तव्य बनता है कि हम आपको ऐसी नाजुक स्थिति में अकेला नहीं छोड़े किन्तु हमारे पास दूसरा कोई विकल्प नहीं है।"

जिस प्रकार सावन-भादों में अचानक बादल उमड़ पड़ते है उसी प्रकार हेमचन्द्र के वचन सुन मालिनी ने नेत्रों में आँसू रूपी बादल उमड़ने लगे। स्वयं पर नियंत्रण कर कहा-

"आपने जो उपकार हम पर किया, वह उपकार किन्चित रक्त सम्बन्ध वाले भी नहीं कर पाते।"

हेमचन्द्रः-"सबसे बड़ा सम्बन्ध है मानवता का सम्बन्ध...और आप तो हमारे मित्र महाराज के हृदय में वास करती है।"

अब तो जो आँसू रूपी बादल उमड़ रहे थे वे अब बारिश की भांति बरसने लगे।

हेमचन्द्रः-"स्वयं पर नियंत्रण रखे...अत्यन्त ही सावधानी पूर्वक आपको जहाज पर जाना है कारण भी हमें आभास हो रहा है कि सैनिकों की नजर आपको खोज रही है।"

हेमचन्द्र के ईशारे से मालिनी अपना चेहरा आँचल में छिपाते हुए आगे बढ़ती है। हेमचन्द्र सैनिकों की नजर पड़ते ही मालिनी का हाथ पकड़ लेते है जिससे उन्हें धोखा होता है कि वे पति-पत्नी है। अत्यन्त ही सावधानी पूर्वक हेमचन्द्र उन्हें जहाज में चढ़ा कर सैनिकों की नजर से छिपते हुए स्वयं सजल नेत्रों से जहाज से उतर जाते है। मालिनी रोती हुई जहाज से ही हेमचन्द्र को धन्यवाद देती है।

हेमचन्द्र भी दूर जाते हुए जहाज को सजल नेत्रों से देखते रहते हैं। जब जहाज बहुत दूर चला जाता है तो हेमचन्द्र भारी कदमों से अपने घोड़े के समीप आते हैं। में आये को पोंछ घोड़े पर सवार हो कश्मीर के लिए रवाना होते हैं, मार्ग में विचार आता है "ना जाने हमारी अनुपस्थिति में महाकवि कालिदास की क्या स्थिति होगी। उन्हें संभालने वाला भी कोई दूसरा नहीं हैं ना जाने महारानी ने क्रोध में आकर क्या किया होगा...ना जाने हमारा मन किसी अप्रिय घटना होने का संकेत क्यों दे रहा है? हमें शीघ्रता से कश्मीर जाना चाहिए।"

ऐसा विचार कर हेमचन्द्र दिन और रात में बिना फर्क किये लगातार घोड़े को दौड़ाते है। जब घोड़ा थक जाता तभी वे कुछ समय के लिए रूकते। लौटते समय उन्हें ना तो सैनिकों का भय था और ना ही अपनी पहचान का। वे बस इतना चाहते थे कि अतिशीघ्र कश्मीर जाना है।

वररूचि गुप्तचरों के माध्यम से कालिदास की सूचना उज्जैन भेज देते है। इस समय महाराज विक्रमादित्य उज्जैन में ही है। और इसके बाद महारानी विद्योत्तमा के क्रोध की अग्नि में अपने वचनों से घी डालने स्वयं विद्योत्तमा से भेंट करने पहुँच जाते हैं। विद्योत्तमा बिना साज-श्रृंगार के अत्यन्त ही उदास एवं दुखी दिखाई दे रही है। वररूचि बनावटी उदासी भरे स्वर में कहते हैं-

"महारानी विद्योत्तमा, समस्या का समाधान उदासी एवं दुख में डूबे रहने से नहीं होगा।"

विद्योत्तमा गहरी सांस लेते हुए निराशा भरे स्वर में कहती है-

"आचार्य, हम कर भी क्या सकते है।"

वररूचिः-"आप ज्ञानी है, आप महाकवि कालिदास को यूँ पागल बने रहने देना चाहती है...आप उन्हें अपने मान-मर्यादा-प्रतिष्ठा को बचाने के लिए प्रेरित कर सकती है...।"

विद्योत्तमाः-"हमने सब प्रयास कर लिया आचार्य। अब हम थक गये हैं।"

वररूचिः-"आपके यूँ थक जाने से समस्या और भी जटिल हो जाएगी। महाकवि तो ये भी भूल गये है कि वे महाराज विक्रमादित्य के जमाता और कश्मीर नरेश है। सुना है वेष बदलकर जगह-जगह मालिनी को पागलों की भांति कर रहे है...क्या आपको लगता है कि प्रजा ऐसे राजा को अधिक दिनों तक बर्दाश्त कर पाएगी?"

उनकी बातें सुन विद्योत्तमा का क्रोध धीरे-धीरे बढ़ने लगा था।

वररूचिः-"हमारी सलाह है कि या तो महाकवि को सही मार्ग में लाने का प्रयास करें या फिर कोई...कठोर निर्णय।"

विद्योत्तमा ने हठात् वररूचि को प्रश्नात्मक नेत्रों से देखा।

वररूचि कुछ घबराये फिर कुछ विचार कर बोले-

"हमारे कहने का तात्पर्य यह है कि कश्मीर की महारानी होने के नाते अपनी प्रजा के दायित्वों की पूर्ति के लिए आप भी उत्तरदायी है इसलिए इस विषम परिस्थिति को देखते हुए आपको कोई-ना-कोई कठोर निर्णय लेना ही होगा।"

महारानी विद्योत्तमा हठात् खड़ी हो गयी। उनके चेहरे से ऐसा प्रतीत हो रहा था कि वह कोई निर्णयात्मक वाक्य कहने वाली है।

"आपने उचित सलाह दी है आचार्य...कश्मीर की महारानी होने के नाते प्रजा का उत्तरदायित्व हम पर है। किन्तु किसी भी प्रकार के निर्णय करने से पहले हम अपने पिता महाराज विक्रमादित्य से भेंट करना चाहते हैं।"

वररूचिः-"इस समय महाराज विक्रमादित्य उज्जैन में ही विराजमान है। हमारा विचार है कि उन्हें दूतों के द्वारा संदेश भेज देते है...हमें विश्वास है कि अपनी पुत्री का संदेश सुन वे निश्चय ही आपकी समस्या का समाधान करने हेतु कश्मीर आऐंगे। आकर सारी समस्याओं से अवगत होने के उपरान्त वे सही निर्णय ले पाएंगे।"

विद्योत्तमाः-"ठीक है आचार्य...आप आज ही दूत को भेज महाराज को आने का संदेश भेज दीजिए।"

वररूचिः-"जैसी आपकी आज्ञा।"

वररूचि लौटने के लिए पलटते है। होठों पर कुटिल मुस्कान बिखर जाती है। में विजय के भाव। मन-ही-मन सोचते है "महाकवि, कालिदास, आप स्वयं के बुने हुए जाल में इस प्रकार उलझ गये कि अब निकलने का कोई मार्ग नहीं बचा।"

महारानी विद्योत्तमा की आँखों में कठोरता के भाव छाये हुए है। पत्थर की स्तब्ध खड़ी विद्योत्तमा का हृदय भी पत्थर का हो जाता है। सत्य ही है।

मनुष्य जिससे सबसे अधिक प्रेम करता है, उसी का प्रेम यदि किसी और के लिए पाता है तो ईर्ष्या के भाव का जन्म लेना स्वाभाविक ही है और ईर्ष्यावश मनुष्य वो निर्णय भी ले लेता है जो ना स्वयं के पक्ष में होता है और ना उस प्रेम के पक्ष में। अभी यही स्थिति महारानी विद्योत्तमा की हो गयी है। जितना अधिक प्रेम वह महाकवि से करती थी उतना ही भयानक दण्ड वह स्वयं को देना चाह रही है।

महाराज चन्द्रगुप्त विक्रमादित्य पुत्री का संदेश पाकर स्नेहवश तुरन्त कश्मीर के लिए प्रस्थान करते हैं। मार्ग में पुत्री के विषय में सोच रहे हैं "अत्यन्त ही भाग्यशाली है, हमारी पुत्री विद्योत्तमा स्वयं विदुषी है ही और भाग्य से उसे महाकवि जैसा परम विद्वान पति के रूप में प्राप्त हुआ है। बहुत दिन हो गए उससे मिले हुए अचानक इस प्रकार बुलावा भेजने का क्या कारण हो सकता है...(मुस्कुराते हुए) कारण क्या होगा...हमारा सत्कार करना चाहती होगी। इस अवसर पर यदि महारानी भी हमारे संग होती तो कितना अच्छा होता। अत्यन्त सुन्दरी विद्योत्तमा संग अत्यन्त सुन्दर कालिदास। कितनी मनोहर जोड़ी है उन दोनों की। यही विचार करते हुए वे कश्मीर पहुँच गये। किन्तु उन्हें क्या पता था कि मार्ग भर में सोचे गये उनके विचारों की सत्यता अप्रिय समाचार में परिवर्तित हो जाएगा। विद्योत्तमा की मानसिक पीड़ा को देखा और सुना तो विचलित हो गये। कुछ क्षणों तक तो यह विश्वास ही नहीं

हो रहा था कि जो बातें कालिदास के विषय में कही जा रही है वह सत्य है।" किन्तु सत्य तो सत्य होता है।

सत्य सूर्य के उस उषाकालीन किरणों के समान होता है जो अमावस की काली अंधकार रात के बाद भी प्रकाशमान होता है। विद्योत्तमा की अवस्था देख महाराज विक्रमादित्य का क्रोध चरम सीमा तक पहुँच गया। वैसे तो राजा-महाराजा को द्वितीय-तृतीय प्रेम और विवाह करने की अनुमति होती है किन्तु महाराज विक्रमादित्य इस समय एक महाराज नहीं बल्कि एक पिता की भांति विचारने लगे थे। उन्हें सिर्फ अपनी पुत्री के खुशियों की चिंता थी। और यही कारण था कि वे पुत्री के स्नेहवश कालिदास के पक्ष में विचार ही नहीं करना चाहते थे।

उन्होंने विचार भी किया। अत्यन्त विचार किया। पूरी रात विचार किया किन्तु उनका विचार सिर्फ अपनी पुत्री के पक्षपात की ओर था। सवेरे कश्मीर के राज-दरबार मे महाराज विक्रमादित्य की एक महत्वपूर्ण घोषणा होने वाली थी। सारे नगर में ढिढ़ोरा पिटवा दी गई थी। सो आज राज-दरबार में अत्यधिक भीड़ थी। चारों ओर लोग एक-दूसरे से किसी अप्रत्याशित घोषणा के बारे में चर्चा कर रहे थे।

खचाखच भरे हुए राजदरबार में महाराज विक्रमादित्य सिंहासन पर विद्यमान हुए। उनके जयघोषों के उपरान्त उन्होंने कहा-

"हम कश्मीर की प्रजा का धन्यवाद करते है जिन्होंने हमें इतना सम्मान दिया...आज का दिन हमारे लिए अत्यन्त दुखःमय है कारण आज जो घोषणा हम करने जा रहे है उसकी कल्पना भी हमने नहीं की थी।"

सारी प्रजा स्तब्ध एवं आश्चर्यचकित है। वररूचि मन-ही-मन प्रसन्न।

महाराज विक्रमादित्यः-"हमनें महाकवि कालिदास को उपहार में कश्मीर दिया और आप लोगों का राजा बनाया। एक शासक बनने के लिए अनेक प्रकार के गुण होने चाहिए। वे सारे गुण महाकवि में विद्यमान थे। किन्तु वर्तमान में वे किसी वेश्या युवती मालिनी के लिए अपना मानसिक संतुलन भी खो चुके है। हमें नहीं लगता कि अब वे इस शासन को संभाल पाने में सक्षम है।"

प्रजा यह शब्द सुन कर हतप्रभ हो जाती है। उसी समय हेमचन्द्र भी प्रजा के बीच पहुँच जाते है।

महाराज विक्रमादित्यः-"इसलिए हमनें निर्णय लिया है कि एक शासक को सिंहासन पर बने रहने का अधिकार उसी समय तक है जब तक कि वह प्रजा के हितों की रक्षा करने में सक्षम हो, यदि सक्षम नहीं, उसे सिंहासन पर बने रहने का अधिकार नहीं दिया जा सकता।"

सारी प्रजा यह सब सुन आश्चर्यचकित है। एकटक महाराज पर सबकी निगाहें।

महाराज विक्रमादित्यः-"इसलिए आप सभी प्रजा एवं राजदरबार के मंत्रियों, सैनिकों, सेवकों के समक्ष हम यह घोषणा करते हैं आज, अभी से कालिदास कहीं भी हों स्वयं को पदच्युत समझें।"

प्रजा में कोलाहल की स्थिति छा जाती है। महाराज का स्वर सुन पुनः सभी शांत होते है।

महाराज विक्रमादित्यः-"आप सभी जानते ही है कि कालिदास हमारे जमाता भी है। किन्तु इस कारण उन्हें किसी भी प्रकार की छूट नहीं मिलेगी। जिस प्रकार प्रजा के लालन-पालन को छोड़ स्वयं के भोग-विलास में संलिप्त रहे उससे उनकी प्रजा के प्रति लापरवाही प्रमाणित होती है और उन्हें राज-द्रोही, प्रजा-द्रोही प्रमाणित करती है।"

सारे लोग ध्यान से महाराज की बातों को सुन रहे हैं।

हेमचन्द्र मन-ही-मन कहते हैं "हमें इन्हीं बातों का भय था।"

महाराज विक्रमादित्यः-"अपने परिवार के उत्तरदायित्व से लापरवाही एवं ऐसे राज-द्रोही को हम यह सजा सुनाते है कि वे इस घोषणा को सुनते ही कश्मीर राज्य छोड़कर चले जाएं।"

दूर एक सिंहासन पर बैठी विद्योत्तमा के नेत्रों से आँसू की कुछ बूंदे गिर पड़ती है। वह स्वयं पर तुरन्त ही नियंत्रण कर हृदय को पत्थर कर स्तब्ध हो जाती है। आज तक कश्मीर की राजसभा में किसी घोषणा के उपरान्त जयघोषों से पूरा राजभवन गुंजायमान हो जाता था किन्तु आज की घोषणा के बाद एक बार भी जयघोष के नारे नहीं लगे। किसी भी प्रजा के चेहरे पर खुशी की एक हल्की लकीर भी नहीं दिखाई पड़ रही थी। स्वयं महाराज विक्रमादित्य का मुख भी गमगीन था। सारी प्रजा महाराज विक्रमादित्य के प्रस्थान की प्रतीक्षा कर रही थी। जैसे ही महाराज विक्रमादित्य से निकले प्रजा के बीच कोलाहल की स्थिति उत्पन्न हो गई। सभी एक-दूसरे से यह कह रहे थे कि महाराज विक्रमादित्य ने अत्यन्त कठोर निर्णय लिया है "कोई कहता कि "कवि तो रसिक स्वभाव के होते ही है।" कोई कहता "कि महाकवि कालिदास इस समय होंगे।"

हेमचन्द्र महाकवि के प्रति प्रजा की सहानुभूति से कुछ प्रसन्न थे किन्तु वह भी सोच रहे थे कि महाकवि इस समय होंगे? आपस में कौतूहल के साथ बातें करते हुए प्रजा अपने-अपने घरों की ओर लौट रही थी किन्तु सभी के मन में अनेक प्रश्न थे जिसका उत्तर जानने के लिए लोग आपस में बहस कर रहे थे। प्रसन्नता सिर्फ एक ही चेहरे पर थी और वे थे ज्ञानी

विद्वान आचार्य वररूचि। उनके मुख पर प्रसन्नता के भाव थे जिन्हें वे सबके समक्ष छिपाने का प्रयास कर रहे थे।

हेमचन्द्र कालिदास को कश्मीर की उन वादियों में खोजने जाते हैं कालिदास उदास गमगीन अवस्था में जाया करते थे। उन्हें ये विश्वास होता है कि निश्चय ही महाकवि उन्हें वहाॅ मिल जाएंगें। बहुत देर की खोज के उपरान्त कालिदास उन्हीं वादियों में उदास किसी चिन्ता में उलझे हुए दिखाई पड़ते है। हेमचन्द्र महाकवि से मिलकर कहते है-

हेमचन्द्रः-"महाकवि, आप बैठे हैं और हम आपको नहीं ढूंढे।"

महाकवि उत्साहित हो हेमचन्द्र को पूछते हैं।

महाकविः-"मित्र, आप चले गये थे? क्या मालिनी मिली आपको?"

अपना सिर झुकाते हुए हेमचन्द्र कहते है-

"नहीं, मित्र मालिनी तो नहीं मिली। एक बहुत ही अप्रिय संवाद है?"

महाकवि मुस्कुराते हुए बोलेः-"मालिनी का ना मिलना, इससे अधिक अप्रिय संवाद और क्या हो सकता है मित्र।"

हेमचन्द्रः-"महाराज विक्रमादित्य कश्मीर में है और वे आप को कश्मीर नरेश के उत्तरदायित्व से मुक्त कर दिये हैं।"

मुस्कुराते है महाकवि, जैसे उन्हें इस बात का कोई मलाल नहीं।

हेमचन्द्रः-"इतना ही नहीं, वे आपको राजद्रोही समझ राज्य से निकलने की सजा भी दिये है।"

महाकवि आश्चर्य सेः-"क्या? हम राजद्रोही...हम पर राज से द्रोह का आरोप लगाया उन्होंने...क्या महारानी विद्योत्तमा ने विरोध नहीं किया?"

हेमचन्द्र दूसरी ओर देखने लगते हैं मानो प्रश्न से निकलने का प्रयास कर रहे हो। महाकवि उनके चेहरे के सामने जाकर प्रश्नात्मक नजरों से देखते हैं। हेमचन्द्र नजर झुकाते हुए-

"विरोध तो दूर की बात है महाकवि...हमें तो ऐसा प्रतीत हो रहा है कि यह सब उन्हीं के संकेत से हुआ है।"

महाकविः-"नहीं...मित्र...ऐसा नहीं हो सकता...विद्योत्तमा ऐसा नहीं कर सकती...। हमें इस बात का दुख नहीं कि महाराज ने हमें सिंहासन से

हटा दिया किन्तु विद्योत्तमा ने हम पर लगे राजद्रोह के आरोप में अपनी सहमति कैसे प्रदान कर दी...नहीं मित्र आप कोई कठोर उपहास कर रहे हैं।"

हेमचन्द्रः-"नहीं महाकवि, हम उपहास नहीं कर रहे है। यह सत्य है महारानी विद्योत्तमा भी उस समय उपस्थित थी, जब यह घोषणा हुई।"

महाकविः-"हमें विद्योत्तमा के समीप ले चलिए मित्र, हम एक बार उनसे मिलकर एक बार पूछना चाहते है कि उन्होंने इतने बड़े आरोप में अपनी सहमति कैसे व्यक्त कर दी।"

हेमचन्द्रः-"व्यर्थ है महाकवि, हमें नहीं लगता कि वे आपसे मिलने के लिए तैयार होंगी।"

महाकविः-"क्यों नहीं मिलेंगी वो हमसे...हम उनके पति हैं।"

हेमचन्द्रः-"वो किन्चित यह समझती हैं कि आप मालिनी के प्रेमी हैं।"

महाकविः-"इसका यह अर्थ तो नहीं कि हम उनसे प्रेम नहीं करते या वो हमारी पत्नी नहीं।"

हेमचन्द्र निरूत्तर सहानुभूति भरी नजरों से महाकवि को देखते है।

महाकविः-"हमें उनसे मिलना है।"

हेमचन्द्रः-"ठीक है...हमारे संग चलिए...हम स्वयं महारानी से मिलकर आपसे मिलवाने का प्रयास करेंगे।"

महाकविः-"प्रयास नहीं मित्र...चाहे जिस भी प्रकार से हो हम एक बार उनसे मिलना चाहते है। हमारा उनसे भेंट करना आवश्यक है मित्र।"

हेमचन्द्रः-"ठीक है...आईये चलें...।"

दोनों से राजभवन के लिए प्रस्थान करते है। महाकवि के मन में अनेक प्रश्न उमड़ रहे है। हेमचन्द्र महाकवि की स्थिति से अत्यन्त दुखी है। दोनों मन के प्रश्नों को हृदय में दबाये हुए महारानी विद्योत्तमा के महल के समीप पहुँच जाते है। उनके महल के चारों ओर बहुत सारे सैनिक हाथ में मशाल लिये महल की सुरक्षा में तैनात है। दूर से ही यह नजारा देख महाकवि हेमचन्द्र से कहते है-

महाकविः-"ये आज हमारे महल के चारों ओर इतने सैनिक क्यों है?"

हेमचन्द्र घोड़े से उतरते हुए कहते हैं-

"ऐसा लगता है, यह सब प्रतिबंध आपके लिए ही है।" आप रूकिये, हम देखते है।"

महाकवि को छोड़ हेमचन्द्र आगे बढ़ते है। सैनिक मशाल ले उन्हें घेरते हुए कहते है-

"कौन है आप?"

हेमचन्द्र ढके मुँह को खोलते है। उन्हें पहचान सैनिक कहते हैं-

"आप...?"

हेमचन्द्रः-"आज इतनी कड़ी सुरक्षा का प्रबन्ध क्यों किया गया है?"

सैनिकः-"महारानी का आदेश है कि किसी भी प्रकार से महाकवि को अन्दर ना आने दिया जाए।"

हेमचन्द्र एक पल के लिए मौन हो जाते है फिर कहते हैं-

"और यदि महारानी की स्वीकृति मिल जाएं तो।"

सैनिकः-"स्वीकृति मिलेगी कैसे?"

हेमचन्द्रः-"हम लाएंगें स्वीकृति...हम तो अन्दर जा सकते है ना।"

सैनिकः-"जी...।"

हेमचन्द्र अन्दर जाते हैं। द्वारपाल जाकर महारानी विद्योत्तमा को उनके आने की सूचना देता है। महारानी की आज्ञा पा द्वारपाल हेमचन्द्र को अन्दर जाने देता है। हेमचन्द्र महारानी के समक्ष खड़े हैं। महारानी का चेहरा कठोर है।

"इस समय अकस्मात् आप को कौन-सा कार्य हमसे हो गया?"

हेमचन्द्रः-"महारानी...महाकवि आपसे एक बार भेंट करना चाहते हैं।"

एक पल के लिए विद्योत्तमा का हृदय पिघल जाता है किन्तु दूसरे ही पल वह कठोर बन कहती है-

"हम उनसे भेंट नहीं करना चाहते...और अब तक वह कश्मीर में क्यों है? क्या अब तक उन्हें महाराज विक्रमादित्य की घोषणा के बारे में पता नहीं चला...क्या वह यह भी भूल गये है कि महाराज की आज्ञा का पालन नहीं होने पर उन्हें मृत्यु दण्ड भी मिल सकता है...? क्योंकि वे कोई साधारण अपराधी नहीं, राजद्रोही है।"

हेमचन्द्रः-"क्षमा करें, महारानी इसी प्रश्न का उत्तर जानने के लिए वे व्याकुल है कि उन पर राजद्रोह का आरोप क्यों लगा है।"

विद्योत्तमाः-"हम उनके किसी भी प्रकार के प्रश्नों का उत्तर देना आवश्यक नहीं समझते...आप जाकर उनसे कह दे कि यदि उन्हें अपने

प्राण-प्रिय है तो अतिशीघ्र कश्मीर से चले जाएं...यदि वो हमारे पति नहीं होते तो एक राजद्रोही होने के कारण उन्हें अपने प्राणों से हाथ धोना पड़ता।"

हेमचन्द्रः-"क्षमा याचना के साथ, हम महाकवि का मित्र होने के नाते आपसे यह पूछ रहे हैं कि हृदय पर हाथ रख कहिए कि क्या आपको ऐसा लगता है कि महाकवि राज्य से या महाराज विक्रमादित्य से द्रोह कर सकते है।"

महाकविः-"जो मनुष्य अपनी पत्नी से विश्वासघात कर सकता है यदि उसने राज्य के संग विश्वासघात किया तो इसमें अचरज की गुंजाइश ही है।"

हेमचन्द्रः-"किन्तु महाराज विक्रमादित्य ने प्रजा को उनके राज्यद्रोह से अवगत तो नहीं कराया कि वे किस प्रकार राजद्रोही है?"

विद्योत्तमाः-"उपकार किया उनपर कि प्रजा को नहीं बताया...यद्यपि उनके विरूद्ध गवाह आचार्य वररूचि के पास है जिन्होंने अपनी आँखों के सामने उन्हें हुणों के सेनापति से राजद्रोही बातें करते हुए सुना है।"

हतप्रभ हो जाते है हेमचन्द्र। आँखें आश्चर्य से फटी-की-फटी रह जाती है।

"क्या...?

विद्योत्तमाः-"अब, आप जा सकते है। रात अधिक हो गई है...हमें भी विश्राम करना है।"

हेमचन्द्र से निकल जाते है। विद्योत्तमा के नेत्रों में आँसू भर आते है। वह अपने भाग्य पर फूट-फूट कर रोने लगती है। इधर हेमचन्द्र भारी कदमों से महाकवि के समीप आकर उन्हें सारी बातों से अवगत कराते है। महाकवि को वे समझाते हुए कहते हैं-

"आपका उनसे भेंट करना खतरनाक भी हो सकता है महाकवि...उनका आप से विश्वास उठ चुका है...आप षड़यंत्र के जाल में फंस चुके है महाकवि।"

महाकविः-"नहीं...मित्र...नहीं...हम इस षड़यंत्र का तार तोड़ कर रहेंगे... अब हमारा विद्योत्तमा से भेंट करना परम आवश्यक हो गया है।"

हेमचन्द्रः-"हृदय से नहीं मष्तिष्क से विचार कीजिए महाराज...जिस प्रकार आपके विरूद्ध षड़यंत्र रचा गया है उसी प्रकार से इन सैनिकों में से कोई भी उन षड़यंत्रकारियों से मिला भी हो सकता है और बड़ी ही चालाकी से आपकी हत्या भी की जा सकती है।"

महाकविः-"परिणाम, चाहे जो हो किन्तु हमें तुरन्त ही विद्योत्तमा से भेंट करना है।"

इतना कह महाकवि चीते की फूर्ति के साथ म्यान से तलवार निकाल आगे बढ़ते है। उपवनों से होते हुए छिपते-छिपते महल के पीछे वाले स्थान में पहुँचते हैं। हेमचन्द्र भी दूसरा विकल्प बना देख उनकी रक्षा के लिए उनके पीछे-पीछे जाते है। बड़ी ही सावधानी से वे दोनों चार सिपाहियों को तलवार से मार डालते है। तलवार की आवाज सुन दूसरी ओर से और सिपाही इधर आने लगते है। महाकवि तलवार म्यान में रख किसी प्रकार खिड़कियों की सहायता से ऊपर वाली छत तक पहुँच जाते है। हेमचन्द्र बाकी सिपाहियों से मुठभेड़ कर रहे है। शयन कक्ष से सामने खड़े द्वारपालों की गर्दन इस प्रकार मरोड़ते है कि वे तत्क्षण ही मूर्छित हो जाते है।

खिड़की से शयन कक्ष में प्रवेश करते है। अचानक हुये आवाज से विद्योत्तमा चीखती है। महाकवि पीछे से उसका मुँह बंद करते हुए कहते है-

"डरिये नहीं विद्योत्तमा...हम है।"

इतना कह महाकवि उसके मुँह पर से हाथ हटाते है। विद्योत्तमा डर से तीन-चार कदम पीछे करते हुए कहती है-

"आप...आप तक कैसे आये?"

महाकविः-"हमें आपसे बात करनी है विद्योत्तमा।"

विद्योत्तमाः-"एक राजद्रोही के मुख से हम अपना नाम नहीं सुनना चाहते।"

महाकविः-"क्या आप भी इसे सत्य मानती है?

विद्योत्तमाः-"क्यों नहीं मानें...आपके विरूद्ध ठोस प्रमाण है।"

महाकविः-"यह हमारे विरूद्ध बहुत बड़ा षड़यंत्र है।"

विद्योत्तमाः-"आचार्य वररूचि आपके विरूद्ध क्यों षड़यंत्र रचेंगे...गवाह है उनके पास कि आप हुणों के सेनापति से राज्यद्रोही बातें कर रहें थे... उन्होंने हमारे पिता महाराज विक्रमादित्य के समक्ष उन गवाहों को प्रमाण के रूप में प्रस्तुत किया है...हम नहीं चाहते थे कि कि प्रजा के मन में आपके प्रति सम्मान कम हो इसलिए हमने अनुरोध किया कि ये बातें प्रजा के कानों तक नहीं पहुँचे।"

महाकविः-"इसका अर्थ है कि आपको हमारे निर्दोषता पर विश्वास है।"

अचानक विद्योत्तमा अत्यन्त क्रोधित हो गयी। वे जोर से बोली-

"विश्वास...विश्वास...और वो भी आप पर अब भी जिसने पति-पत्नी के विश्वास रूपी धागे को तार-तार कर दिया उस पर विश्वास...हमें विश्वास नहीं, पूर्ण-पूर्ण विश्वास है कि आप राजद्रोही है।"

आँखों में निराशा के आँसू छा गये महाकवि के। वे टूटते हुए बोले-

"ऐसा ना कहिए विद्योत्तमा...हमारी भूल तो बस इतनी है ना कि हम आपके अलावा भी किसी से प्रेम करने लगे...इसकी इतनी बड़ी सजा ना दीजिए हमें...मालिनी तो हमें छोड़ जा ही चुकी है...अब आपका भी सहारा ना मिला तो हम किसके सहारे...किसके लिए जिएंगें विद्योत्तमा।"

विद्योत्तमा तो मानों पत्थर की-सी हो गई थी। उनकी आँखों में अंगारे, जबड़े भींचे हुए थे। वह एक-एक शब्द चबाती हुई बोली-

"जिस हद तक हम आपसे प्रेम करते थे। उसी हद तक आपसे घृणा करते हैं हम...एक विश्वासघाती पति, एक विश्वासघाती राजद्रोही को हम कभी क्षमा नहीं कर सकते यदि आपको अपना प्राण-प्रिय है तो शीघ्रता से कश्मीर छोड़ चले जाएं। कारण जिस प्रकार आप आये होंगे उसे देखते हुए महाराज विक्रमादित्य कल पुनः एक घोषणा करेंगे कि आपको देखें बन्धक बना ले या मार...।"

महाकविः-"विश्वास करे हमारा...हम राजद्रोही नहीं है।"

विद्योत्तमाः-"आप इसी क्षण से निकल जाएं...हम कोई बात नहीं सुनना चाहते।"

महाकवि निराश हो खिड़की के मार्ग से नीचे आते है। इधर हेमचन्द्र सैनिकों की लाशों के ढेर लगा देता है। महाकवि के चेहरे के भाव से हेमचन्द्र सारी बातें समझ जाते है। परिस्थिति देख वे महाकवि को एक सुरक्षित गोपनीय स्थान में ले जाते है। महाकवि निराशा के अंधकार में सोमरस में ऐसे डूब जाना चाहते हैं कि उन्हें किसी बात की सुध-बुध ना रहें। विद्योत्तमा का मन यह नहीं मानता कि महाकवि राजद्रोही हो सकते है किन्तु परिस्थिति ऐसी बन गई है कि उसका मष्तिष्क कहता कि हो सकता है यह सत्य हो।

सुबह होते ही उतने सारे सैनिकों की लाश को देख महाराज विक्रमादित्य एक आपातकालीन बैठक बुला सारे नगर में ढ़िढ़ोरा पिटवा कर महाकवि को राजद्रोह के बारे में बताने एवं देखें उन्हें बंधक बनाने या मार डालने का आदेश जारी करते हैं। तुरन्त ही सारे नगर में ये घोषणा कर दी जाती है।

प्रजा के बीच हाहाकार मच जाता है। कोई भी यह मानने को तैयार नहीं कि महाकवि राजद्रोह कर सकते है। महाकवि के लिए अनेक प्रतिक्रिया होती है किन्तु सारी प्रतिक्रिया उनके पक्ष में रहती है। एक स्थान पर कुछ लोग बातें कर रहे हैं-

पहला:-"निश्चय ही यह किसी का षड़यंत्र है।"

दूसरा:-"महाकवि राजद्रोह कर ही नहीं सकते।"

तीसरा:-"मालिनी के कारण ऐसी सजा सुनायी गई है।"

पहला:-"क्या प्रेम करने की इतनी बड़ी सजा होती है।"

दूसरा:-"मैंने तो सुना है कि महारानी विद्योत्तमा के क्रोधवश ऐसा हुआ है।"

"महाराज को ऐसा नहीं करना चाहिए।"

दूसरा:-"वो महाराज है तो इसका अर्थ यह तो नहीं कि जैसा चाहें करें।"

तीसरा:-"हमें इसका विरोध करना चाहिए।"

पहला:-"किन्तु हम कर भी क्या सकते हैं।"

"हम महाराज के समक्ष जाकर उनके विरूद्ध लगाये गये आरोप को गलत साबित करेंगे।"

दूसरा:-"सुना है कि उनके विरुद्ध गवाह भी है।"

चौथा मूक था इसलिए वह कुछ कह नहीं पा रहा था उसनें अपने हाथ-पैर को हिलाते हुए यह कहना चाहा कि-

चौथा:-"सब बिके हुए हैं।"

"ठीक कह रहा है यह हम महाकवि को कश्मीर से नहीं जाने देंगे।"

सभी:-"हम नहीं जाने देंगे उन्हें।"

इस प्रकार स्थान-स्थान पर क्या बच्चे, क्या बूढ़े, क्या स्त्री, क्या पुरूष, सभी महाकवि कालिदास को कश्मीर से नहीं देने के लिए एकजुट होती जा रही है। धीरे-धीरे सुबह का सूर्य पश्चिम दिशा में डूबने लगता है। वररूचि अपने गुप्तचरों को इनाम देते हुए कहते हैं-

"तुम लोगों के कारण, आज हम अपने षड़यंत्र में सफल होते हुए दिखाई दे रहे हैं, इसी प्रकार जब भी तुम्हारी आवश्यकता पड़ेगी, हमारा साथ देते रहना और हमसे उपहार लेते रहना।" सारे गुप्तचर अत्यधिक

प्रसन्न हैं। सभी से निकलते हैं। वररूचि की आँखों में जीत की चमक छा जाती है। गुप्तचर आपस में बातें करते हुए जा रहे है।

पहला गुप्तचरः-"मुझे नहीं मालूम था कि एक छोटे से गवाह के बदले हमें इतनी मुद्रांए मिलेंगी।

दूसरा गुप्तचरः-"यदि ऐसा प्रत्येक दिन होता तो।"

तीसरा गुप्तचरः-"देखा नहीं, आचार्य ने कहा है कि आवश्यकता पुनः भी पड़ सकती है।"

चौथा गुप्तचरः-"इन मुद्राओं में अद्भुत चमक है।"

सभी हैं। फिर पहला कहता है-

"चमक कैसे नहीं दिखाई देगी...। महाराज के समक्ष असत्य कहने में पसीने की चमक भी अद्भुत थी ना।"

एक बार फिर सभी लगते हैं।

दूसरा गुप्तचरः-"हमारे असत्य गवाही से महाकवि अत्यधिक संकट में पड़ गये हैं।"

तीसरा गुप्तचरः-"देख धार्मिक बातें ना कर...यह कलयुग है कलयुग। सभी अपनी-अपनी स्वार्थ-सिद्धि में लगे रहते हैं तो हमने अपना स्वार्थ देखा तो कौन-सा बड़ा अपराध कर दिया।"

पहला गुप्तचरः-"ऐसी बातें पुनः अपने दिमाग में मत लाना...चल आज सभी मिलकर मदिरापान करें।"

सभी हुए उत्साह के संग आगे बढ़ते हैं। सत्य ही है कि कलयुग में स्वयं के लाभ के समक्ष कोई दूसरे का नुकसान नहीं देखता।

प्रजा रातों-रात मशाल जुलूस के संग सड़क पर उतर आयी।

सबके सब एक ही स्वर में नारे लगा रहे थे।

-"महाकवि पर लगा आरोप असत्य है।"

-"महाकवि पर लगा आरोप असत्य है।"

पूरे नगर में अलग-अलग अनेक जुलूस एक-साथ सड़क पर आ गए थे। सभी जुलूस में सभी वर्गों के लोग शामिल थे। सब के होठों पर एक ही वाक्य कि "हम महाकवि कालिदास को कश्मीर से नहीं जाने देंगे" हम

महाकवि कालिदास को कश्मीर से नहीं जाने देंगे।" एक ओर प्रजा और दूसरी ओर वे सैनिक जिसे आदेश मिला था कि कालिदास यदि कश्मीर में दिखाई दे तो उन्हें बंधक बना लिया जाएं।"

प्रजा को किसी व्यक्ति के माध्यम से उस गुप्त स्थान का पता चल गया कालिदास हेमचन्द्र के साथ ठहरें हुए थे। फिर क्या था। एक साथ पूरे नगर की प्रजा हाथों में मशाल लिये हुए नारे लगाते हुए उस स्थान पर जमा होने लगी। आवाज सुन हेमचन्द्र कालिदास के संग बाहर आये। देखा कि कश्मीर की पूरी प्रजा उनके लिए मर-मिटने को तैयार है। प्रजा का यह प्रेम देख कालिदास भाव-विभोर हो उठे। उस समय मशाल की रोशनी में ऐसा लगता था जैसे नगर वासियों ने दीपावली मनाया हो। प्रजा में से एक ने कहा-

"महाकवि...हम आपको कश्मीर से नहीं जाने देंगे।"

एक साथ पूरी भीड़ ने उसी वाक्य को दोहराया।

महाकवि कालिदास उन्हें समझाते हुए बोले-

"आप लोगों का प्रेम और विश्वास देख हम भाव-विभोर हो गये हैं... किन्तु हम परिस्थितिवश कश्मीर छोड़ने पर विवश हैं...महाराज चन्द्रगुप्त विक्रमादित्य ने हमें उपहार स्वरूप आप लोगों की सेवा का अवसर दिया... अब वे स्वयं हमें सेवा के योग्य नहीं समझते इसलिए हमारा से चले जाना ही उचित होगा...।"

ठीक उसी समय दो घोड़ों के टापों की आवाज सुनायी दी। आवाज सुन सारी प्रजा अपने-अपने हथियारों को ले सावधान हो गई।

राजसैनिक समझ प्रजा ने दोनों घुड़सवारों को घेर लिया। मशाल के प्रकाश में कालिदास ने उनके वस्त्रों को पहचानते हुए प्रजा को सम्बोधित किया-

"हमारे हितैषी कश्मीर वासियों...उन दोनों को आघात ना पहुँचाइये... वे सिंहल के दूत हैं।"

प्रजा महाकवि के सम्बोधन से आश्वस्त होकर हथियार वाले हाथ नीचे गिरा लिये। डरे-सहमे सिंहल दूत धीरे-धीरे कालिदास के समीप आ गये। उनके हाथ में एक पत्र देते हुए बोले-

"महाकवि कालिदास को प्रणाम, ये पत्र सिंहल नरेश कुमारदास ने दिया है।"

महाकवि कालिदास पत्र को खोलकर मन-ही-मन पढ़ते हैं।

प्रिय मित्र कविन्द्र महाकवि कालिदास।

सिंहल नरेश की ओर से आपको प्रणाम।

"मित्र, हमें हमारे भारतीय दूत से आपके विषम परिस्थिति की सूचना मिली। सूचना पाकर हमें हार्दिक कष्ट हुआ। वो मित्र ही कैसा जो ऐसी विषम परिस्थिति में एक मित्र के काम ना आ सके। हमारा अनुरोध है कि यदि आप हमें सच्चे हृदय से मित्र का स्थान देते हैं तो सूचना पाते ही इस दूत के संग अविलंब सिंहल के लिए प्रस्थान करें। आपका स्वागत करने के लिए हम प्रतीक्षारत हैं।

आपका मित्र कुमारदास"

पत्र पढ़ महाकवि कालिदास के नेत्रों में उनके स्नेह को देख आँसू उमड़ आये। वे पुनः प्रजा को सम्बोधित करते हुए बोले-

"हे कश्मीर वासियों...हम जब तक रहें....हमें आपका अद्भुत स्नेह एवं प्रेम मिला...किन्तु हम क्षमा प्रार्थी है कि परिस्थितिवश हम आपका स्नेह पाने में असमर्थ है...हमें विदा करें।"

प्रजा के नेत्रों में उनकी विवशता को देख आ गयें। वे सब से गले मिल रहे है। उसी समय लगातार अनेक घोड़ों के टापों की आवाज सुन सभी समझ जाते है कि राज-सिपाही सैनिक महाकवि को बंधक बनाने आ गये है। सभी प्रजा अपने-अपने हथियारों के साथ आने वाले संकट का सामना करने के लिए तैयार हो जाते हैं। प्रजा में से एक ने कहा-

"महाकवि आप शीघ्रता से से निकलिये, ऐसा लगता है जैसे सिपाही आ रहे हैं।"

हेमचन्द्र, सिंहल के दोनों दूत एवं कालिदास घोड़े पर सवार होते हैं सिपाही प्रजा को चारों ओर से घेर लेती है किन्तु सिपाहियों को क्या पता था कि आज प्रजा अपने प्रिय स्वामी की रक्षा के लिए हिसंक भी हो सकती है। एक साथ जब सारी प्रजा अपने-अपने हथियारों के साथ सिपाही पर टूट पड़ी तो सिपाहियों को उनसे भीषण एवं अप्रत्याशित मुठभेड़ का सामना करना पड़ा। प्रजा में भी कईयों को चोटें आयी किन्तु उन्होंने साहस का दामन पकड़े रखा। कुछ सैनिक महाकवि कालिदास के पीछे किसी प्रकार दौड़ी, बाकियों को प्रजा ने अपने में उलझायें रखा। सिंहल दूत, महाकवि, और हेमचन्द्र ने भी तलवार से युद्ध किया। महाकवि दूतों के संग कुछ आगे बढ़ गये।

हेमचन्द्र को एक साथ चार सैनिकों का सामना करना पड़ा जिसमें एक उसके पेट में लगा। वे दर्द से व्याकुल हो उठा फिर भी बाल्यकाल के गुरूकुल के सहपाठी मातृगुप्त के प्राणों का प्रश्न था। असहनीय दर्द की पीड़ा के बाद

भी उसने सैनिकों पर लगातार प्रहार किया। कालिदास पीछे मुड़े, यूं हेमचन्द्र को तड़पकर लड़ते देख दूतों के संग वापिस आये। सब ने मिलकर सारे सैनिकों को मार डाला। कालिदास ने हेमचन्द्र की ओर देखा। वो दर्द से तड़प रहा था। उसका सिर अपनी गोद में लेकर कहा-

"मित्र, तुम्हें कुछ नहीं होगा...।"

हेमचन्द्र किसी प्रकार मुस्कुराते हुए बोले-

"हमारा जीवन सफल हो गया मित्र, आज हमारे प्राण आपके गोद में जा रहे हैं...मन प्रसन्न है कि आज हम आपके किसी काम आ सकें।"

कालिदास फूट-फूट कर रोने लगे। हेमचन्द्र की आँखों में बाल्यकाल का मूर्ख मातृगुप्त रोते हुए दिखाई देने लगा। बाल्यकाल की सारी स्मृतियाँ मानस पटल पर एक के बाद एक आने लगी। किस प्रकार सहपाठियों के संग मातृगुप्त का उपहास करता था। मातृगुप्त रोता-बिलखता। सरस्वती पूजा के दिन मातृगुप्त का नैवेद्य खाना। मातृगुप्त का विद्वान बनना।"

उसी के संग हेमचन्द्र के आँखों के सामने अंधेरा छा गया। वह बोला-

"मातृगुप्त, मैं जा रहा हूँ...मैं जा रहा हूँ अब कभी तुम्हारा उपहास नहीं करूँगा।"

फूट-फूट कर रोते हुए कालिदास विकलता से उसे हृदय से लगाते हुए कहता-

"मित्र, आप ऐसे हमें छोड़ कर नहीं जा सकते हैं...एक आप ही तो हमारे जीने का सहारा बने थे, हम आपको ऐसे नहीं जाने देंगे।"

हेमचन्द्र ने जोड़ से उनकी कलाई पकड़ी और फिर एकाएक हाथों का कसाव ढीला पड़ गया। कालिदास ने उसकी हाथों की ओर देखा और व्याकुल हो रोने लगे। उनके इस प्रेम को देख सिंहल दूत के आँखों में भी आँसू आ गये। उन दोनों ने उन्हें उठाया। महाकवि कालिदास ने सर्वप्रथम उनका अंतिम संस्कार किया। नम आँखों से उन्हें मुखाग्नि दी। हेमचन्द्र के संग बिताये बाल्य-काल से अब तक के सारे क्षण दृश्य समान मानस पटल पर उभरने लगे। याद आया वह वाक्य जिसमें हेमचन्द्र ने कहा था "आवश्यकता पड़ने पर आपके लिए प्राणों की आहुति देकर स्वयं को गौरवान्वित समझेंगे।"

महाकवि सोचने लगे "मित्र आपने अपना वचन निभा कर दिखा दिया, हमारे प्राणों की रक्षा के लिए आपने अपने प्राण न्यौछावर कर दिये किन्तु इन प्राणों को लेकर ही हम क्या करेंगे हमने जिन-जिन से प्रेम किया सभी आज हमसे दूर हो गये। मालिनी हमें छोड़ चली गई, विद्योत्तमा ने मुँह

फेर लिया, और अब आप हमें सदा के लिए अकेला छोड़ चले गये। अब यह जीवन किसके लिए जिए, किसके सहारे जिएं किस अभिप्राय के लिए जियें। सिंहल मित्र ने हमें मित्रता का वास्ता दे हमें बुलाया है...उनके लिए हमें जाना होगा...।" यही सब सोच वह दूतों के संग सिंहल के लिए निकल पड़े। आँखों में निराशा के भाव थे। मन उत्साहहीन, उद्देश्यहीन, मंजिलविहिन था। फिर भी चले जा रहे थे। चले जा रहे थे।

महाकवि कालिदास के सिंहल पहुँचते ही दूत जाकर सिंहल नरेश कुमारदास को सूचित करते हैं कि महाकवि कालिदास सिंहल पहुँच चुके हैं और अतिथिगृह में उनकी प्रतीक्षा कर रहे हैं। दूतों के माध्यम से यह सूचना पा वे क्रोधित होकर कहते हैं-

"क्या कहा...हमारे प्रिय मित्र महाकवि कालिदास को अतिथि गृह में प्रतीक्षा-रत छोड़ आये हो...अरे मूर्खों, ये तुमने क्या किया...वे हमारी प्रतीक्षा करेंगे...अरे प्रतीक्षा तो हम कर रहे हैं उनकी और वे अतिथि गृह में नहीं हमारे संग हमारे महल में रहेंगे...।"

कुमारदास चिन्तित एवं व्याकुल दिखाई देते हैं। दोनों दूत घबरा जाते हैं।

"अच्छा तुम लोग जाओ, हम स्वयं उन्हें लिवाने जा रहे हैं।"

एक पल भी बिना कुमारदास अतिथि-गृह के लिए प्रस्थान करते हैं। महाकवि कालिदास उदासी भरे नेत्रों से अतिथिगृह की सुन्दर कलाकृतियों को निहारते रहते हैं। तभी पीछे से कुमारदास उत्सुक हो पुकारते हैं।

"मित्र...।"

कालिदास पीछे मुड़ते हैं। पहले दोनों कुछ पलों का एक-दूसरे की आँखों में स्नेह भरी भावनाओं से देखते हैं। फिर दौड़कर एक दूसरे से आलिंगन-बद्ध हो जाते है। कुछ समय तक आलिंगन-बद्ध रहने के उपरान्त एक-दूसरे से प्रश्नों का क्रम आरम्भ होता है-

"मित्र, ये कैसी हालत बना ली है अपनी?"

कालिदास स्वयं पर व्यंग करते हुए मुस्कुरा कर कहते हैं-

"मित्र, जीवन के हालात ही जब विषम हो गये तो हालत कैसे अच्छी रह सकती है।"

कुमारदासः-"जीवन की तो बदलती रहती है मित्र किन्तु उससे यूं हार मान लेना कायरता है।"

कालिदासः-"अच्छी उपमा आपने दी है मित्र, विश्वासघाती, राजद्रोही तो पहले ही प्रमाणित हो चुका हूँ।"

कुमारदासः-"हमारे कहने का अर्थ यह नहीं है मित्र कि आप कायर है बल्कि हम आपको परिस्थियों से लड़ने के लिए प्रेरित करना चाहते हैं।"

महाकवि कालिदासः-"लड़े तो किसके लिए लड़े...एक ऐसी आँधी आयी जिसमें जितने प्रेम रूपी मोती पिरोये थे धागा टूटते ही सारे मोती बिखर गये...इतनी तेज आँधी आयी कि रूई की भांति हमारी सारी एक ही क्षण में उड़ कर विलुप्त हो गई और बदले में मिली निराशा और घोर अंधकार।"

कुमारदास उनका कंधा पकड़ कर बैठाकर समझाते हुए कहते हैं-

"ऐसे निराश ना हो मित्र, जीवन में जब तक सांस है तब तक आशा है...हम जाएंगे महाराज विक्रमादित्य से भेंट करनें, हम उन्हें समझाएंगें कि आप पर लगाया गया आरोप बेबुनियाद है...आवश्यकता पड़ी तो हम उनसे मधुर सम्बन्ध तोड़ युद्ध भी लड़ेंगे...यदि आपके हितों की रक्षा के लिए हमें अपने प्राण भी न्योछावर करना पड़ा तो गर्व होगा हमें।"

महाकवि की आँखों में आँसू भर आते हैं। वे कुमारदास के मुँह पर हाथ रख स्नेह भरे स्वर में कहते हैं-

"प्राण देने की बात ना कहिए मित्र, आपका स्नेह भरा पत्र पाकर ही हम आ गये और अपनी बाकी जिन्दगी भी हम सिर्फ आपके लिए ही जीना चाहते हैं...हमने देखा है कि किस प्रकार हमारे परम मित्र हेमचन्द्र ने हमारे कारण स्वयं के प्राणों की आहूति दे दी अब आप भी वैसी बातें कर रहें हैं।...हमें आपका प्रेम चाहिए प्राण नहीं।"

कुमारदासः-"इन प्राणों में भी आप ही बसे है मित्र।"

महाकविः-"हम अत्यन्त भाग्यशाली है कि हमें आप जैसा मित्र मिला। सब कुछ खोने के उपरान्त भी हम आप का साथ पाकर धन्य एवं गौरवान्वित है...बस आपसे एक ही अनुरोध है कि आप महाराज विक्रमादित्य के पास नहीं जाएंगें...यदि हम राजद्रोह के आरोप से मुक्त भी हो गये किन्तु विद्योत्तमा से विश्वासघात के प्रश्न पर हम निरूत्तर ही रहेंगे...उनकी मैं जीवन-पर्यन्त यह प्रश्न रहेगा कि आखिर हमने उनके प्रेम का उपहास क्यों किया, जिसका उत्तर हमारे पास नहीं है और हम जीवन पर्यन्त उनके दुख को नहीं देख पाएंगें...सुना है समय सारे घावों को भर देता है, हो सकता है कि वह भी हमें भूल जाएं या घृणा और तिरस्कार करते हुए जीवन को नये ढंग से जीने का प्रयास करें।"

कुमारदास एक गहरी सांस लेते हुए कहते हैं-

"जैसी आपकी इच्छा किन्तु हम आपको उदास निराश नहीं देख सकते और फिर एक कवि के लिए तो जीवन जीने का एक सरल उपाय उसकी

तुला होती है...अपने सारे दुख सारे दर्द को रचना में बह जाने दीजिए कविन्द्र।"

कुमारदासः-"मालिनी के साथ-साथ तुला भी कहीं खो गई मित्र, अब किन्चित हम कोई रचना नहीं कर पाऐंगे।"

कुछ विचारते हुए कुमारदास मुस्कुरा कर कहते हैं-

"आप कोई नवीन रचना करें या नहीं किन्तु अब तक की रचनाएं ही काफी प्रभावित है इसलिए आज से आप सिंहल राजदरबार में राजकवि घोषित किये जाते हैं।"

कालिदासः-"कहते हैं प्रेम में मानव कवि बन जाता है। माता के आशीर्वाद से विद्योत्तमा के प्रेम में वशीभूत हो हमने उनके मुख से कहे तीन अक्षरों से तीन काव्य लिख डाले और जब मालिनी का त्याग भरा प्रेम मिला तो तीन नाटक लिखें किन्तु अब उन दोनों का साथ रहा नहीं। विद्योत्तमा ने हमें तिरस्कृत किया और मालिनी ने हमारे प्रेम के कारण हमारा ही त्याग...अब यह निरष्कृत एवं त्याग्य प्रेमी क्या कभी तुला उठा पाएगा...किन्चित...? "

कुमारदासः-"व्यर्थ की चिन्ताओं में ना उलझियें...चलिए स्नानादि कर भोजन कर लीजिए...आज आपके आने की प्रसन्नता में भव्य आयोजन का प्रबन्ध किया जा रहा है।"

कुमारदास महाकवि कालिदास के संग चले जाते हैं।

महाकवि कालिदास के आने की प्रसन्नता में कुमारदास एक भव्य समारोह का आयोजन करते है। पूरे राजभवन को रंग-बिरंगे पुष्पों से सजाया जाता है। महाकवि कालिदास को कुमारदास स्वयं अपने हाथों से वस्त्रों आभूषणों से सजाते है। सिंहल की परम्परानुसार राज-सभा में उनका सम्मान किया जाता है। मंगलगीत गाये जाते हैं। राजकवि के पद से सुशोभित मुकुट सारे राजदरबार में स्वयं महाराज कुमारदास अपने हाथों से पहनाते हैं। सारा राजदरबार कविन्द्र कालिदास एवं कुमारदास की जयघोषों से गुंजायमान हो जाता है।

एक दरबारीः-"महाराज कुमारदास की जय।"

सभी दरबारीः-"महाराज कुमारदास की जय।"

एक दरबारीः-"कविन्द्र महाकवि कालिदास की जय।"

सभी दरबारीः-"कविन्द्र महाकवि कालिदास की जय।"

उद्घोषणा, घोषणाओं के उपरान्त जयघोषों के साथ राज-दरबार में मनोरंजन के लिए अनेक नृ सुन्दर वस्त्रों से सुशोभित हो अपना-अपना नृत्य प्रस्तुत करती है किन्तु कालिदास के मुख पर प्रसन्नता नहीं है। वे कहीं और स्वयं के विचारों में खोये है। वे मात्र कुमारदास की प्रसन्नता के लिए ही उपस्थित है। प्रत्येक नृतकी में वे विद्योत्तमा एवं मालिनी की सूरत खोज रहे हैं।

किसी प्रकार समारोह समाप्ति तक उपस्थिति बनाये रखते हैं। फिर अपने शयन कक्ष में आकर विश्राम करते हैं। रात-रात भर नीदं नहीं आती दिन में चैन नहीं मिलता, मन सदैव अतीत की यादों में खोया रहता है। ऑखों में कभी किसी बात को स्मरण कर खुशी की चमक दिखाई देती है और कभी किसी गमगीन बात को स्मरण कर नम हो जाती है। डूब जाना चाहते हैं। दिन बीतता गया और उनका दर्द कम होने की बजाय बढ़ता गया बढ़ता गया। उस हृदय की पीड़ा को कम करने की लिए वे प्रत्येक दिन शाम होते ही मदिरा का सहारा लेने लगे। उनकी अवस्था (हालत) देख कुमारदास चिन्तित रहते थे और प्रत्येक दिन कोई-ना-कोई ऐसा उपाय खोजते जिससे वे इस हालात से बाहर निकल पाये। कभी आखेट पर ले जाते कभी प्राकृतिक सौन्दर्य की दर्शन की लिए कभी किसी खेल में उलझाने का प्रयास करते कभी व्यंगात्मक कविता से उनके मन की पीड़ा को कम करने का प्रयास किन्तु उनका प्रयास असफल हो रहा था।

कुमारदास सायंकालीन समय में महाकवि कालिदास से भेंट करने आये है। महाकवि कालिदास सोमरस में डूबे हुए है। दिन-प्रतिदिन उनका शरीर क्षीण होता जा रहा है। चेहरे पर उत्साह की बदले उदासी की भाव है। ये सब देख कुमारदास का मन काफी दुखी होता है। वे महाकवि की समक्ष आते हैं। जैसे ही महाकवि की नजर कुमारदास पर पड़ती है वे स्वयं को संभालते हुए कहते हैं-

"आयें महाराज आयें, हमारे समीप बैठें।"

कुमारदास महाकवि की समीप बैठते हुए कहते हैं-

"मित्र, आपने अपना कैसा हाल बना लिया है?"

महाकवि की नम हो जाती है। चेहरे पर मुस्कुराहट लाते हुए-

"अब जिन्दगी में बचा ही क्या है महाराज...हमने तो अपना सब कुछ खो दिया। बस लाश रूपी जिन्दगी को ढोये।"

कुमारदासः-"ऐसा ना कहें मित्र, ऐसा ना कहें।"

महाकविः-"ना विद्योत्तमा का प्रेम बचा और ना ही मालिनी की पूजा। बचा है तो मात्र राजद्रोह का कलंक...मित्र जीने की इच्छा लेश-मात्र भी नहीं रही है।"

कुमारदारः-"स्मृतियों के भंवर के बाहर निकलिये मित्र। आज हम आपके लिए प्रसिद्ध नृत्यगांना चित्रलेखा के नृत्य का आयोजन कर रहे है। हो सकता है उसे देख आपको कुछ लिखने की प्रेरणा मिल जाएं।"

फीकी सी मुस्कान मुस्कुरायें महाकवि। फिर बोले-

"हमारे लिए आप व्यर्थ का परिश्रम ना करें मित्र।"

कुमारदासः-"कुछ और ना सही किन्तु कुछ समय के लिए मन तो बहल जाएगा।"

महाकविः-"यदि आपकी यही इच्छा है तो...हम कैसे अस्वीकार कर सकते हैं।"

कुमारदास के चेहरे पर संतोषजनक भाव आ गयें। वे कुछ समय के लिए बाहर निकले। दूतों से कुछ कहा और पुनः अन्दर आ गयें।

कुछ समय पश्चात् महाकवि के भवन के सामने एक पालकी आकर रूकती है। उसमें से एक युवती घुंघट किये घुंघरूओं की आवाज के संग अन्दर प्रवेश करती है। कुमारदास एवं महाकवि के समक्ष जैसे ही युवती आती है कि उसका पूरा शरीर लगता है। हृदय की धड़कन बढ़ जाती है। उसकी इस अवस्था को देख कुमारदास के चेहरे पर अजीब किस्म के भाव आ जाते है। वह कहते हैं-

"क्या हुआ चित्रलेखा...यह हमारा मित्र है। आज इनके समक्ष ऐसा नृत्य प्रस्तुत करो कि ये अपने सारे दुख दर्द को भूल जाएं।"

चित्रलेखा स्वयं पर नियंत्रण करते हुए गीत के बोल के संग नृत्य आरम्भ करती है। ज्यों-ज्यों नृत्य बढ़ता है अधिक गतिशील होता जाता है। चित्रलेखा के आँखों से अश्रु की धारा बहती जा रही है और वह नृत्य को अत्यंत गतिशील बनाती जा रही है। महाकवि उसे गौर से देख रहे हैं। कुमारदास की नजरें महाकवि पर जाती है। उन्हें देख मन प्रसन्न होता है किन्तु नम हो जाती है। वे से बाहर निकल जाते हैं। महाकवि नृत्यांगना के इर्द-गिर्द उसके घूंघट के अन्दर छिपे चेहरे को देखना चाह रहे हैं किन्तु नृत्यांगना अपना चेहरा बार-बार छिपाने का प्रयत्न कर रही है। कालिदास सोम-रस पान से इतने नशे में हैं कि स्वयं को संभाल नहीं पाते। लड़खड़ा

जाता है और वे गिर पड़ते हैं। अकस्मात चित्रलेखा भी नृत्य रोक देती है। तुरंत ही महाकवि के कुछ समीप जाती है। फिर अचानक जैसे कुछ स्मरण हो आता है और पैरों में मानों घुंघरूओं के स्थान पर लग जाती है।

घुंघट के अन्दर ही आँखों से अश्रु-धारा बहने लगती है। दौड़ती हुई बाहर निकल पालकी के पास आती है। पालकी में बैठ जाती है। पालकी-वान पालकी बढ़ा देते हैं। महाकवि कालिदास किसी प्रकार उठकर मालिनी-मालिनी चिल्लाते हुए बाहर निकलते है। मार्ग पर इधर-उधर खोजते हैं। फिर विपरीत दिशा में मालिनी-मालिनी चिल्लाते हुए बढ़ते हैं। पागलों की भांति से, इधर-से-उधर लड़खड़ाते कदमों से चलते गिरते-संभलते गली-गली आदमी से स्त्री 'से' बच्चे से बूढ़े से मालिनी के बारे में पूछ रहे हैं। उसकी सुन्दरता के बारे में बताकर पूछ रहे हैं। उसके रंग-रूप के बारे में बता कर उसका पता जानने का प्रयास कर रहे है। एक स्थान पर कीचड़ में ही गिर जाते हैं। अगल-बगल के लोग उन्हें सहारा देकर उठाते हैं। ना तो उन्हें अपने गिरने की परवाह है, ना वस्त्र खराब होने की और ना ही किसी प्रकार के शारीरिक कष्ट की। वे उन लोगों से भी मालिनी-मालिनी कह कर उसका पता पूछते हैं। कोई पागल कह कर दुत्कारता है तो कोई नशेड़ी कहकर से जाता है। थक कर फूट-फूट कर रोने लगते है। स्वयं अपने आप बड़बड़ाने लगते हैं-

"मालिनी, तुम हो मालिनी। तुम हमसे छल नहीं कर सकती मालिनी... हमें उसी समय आभास हुआ जब तुम हमारे कमरे में आयी...ऐसा लगा जैसे तुम्हारे शरीर के सुगंध से पूरा कमरा महक उठा हो...घूंघट में अपने चेहरे को छिपाने से तुमने ये सोचा कि हम तुम्हें नहीं पहचान पायेंगे...कंठ से निकली वो मधुर ध्वनि मालिनी के अलावा किसी और की कैसे हो सकती है। महाराज ने कोई और नाम बताया था...क्या नाम था...क्या नाम...ये स्मरण शक्ति भी अजीब है। जब किसी को भूलना चाहो तो भुला नहीं पाती और जब कोई छोटी-सी बात स्मरण करना चाहो तो याद नहीं आती। तुमने अपना नाम बदल लिया जिससे हम तुम्हें पहचान ना सके किन्तु हमारे मन में जो तुम्हारे लिए प्रेम है कि वातावरण भी विवश हो जाता है और हृदय कह उठता है कि तुम यहीं कहीं हो। हम तुम्हें खोज निकालेंगे मालिनी। हमें इतनी बड़ी सजा ना दो मालिनी।"

फिर खड़े होकर चिल्लाते हुए आकाश की ओर देख कहते हैं-

"मालिनी, तुम हो, ये आकाश तुम तो सब देख रहे हो, मेरी मालिनी का पता बता दो। फिर रोने लगते हैं।

मालिनी आईने के सामने बैठी है। सोलहों-श्रृंगार से सजी ऐसी दिखती है मानों स्वर्ग से कोई अप्सरा उतर आयी हो। आँखें रोने से लाल हो गई हो। ऐसा लगता है जैसे दो गुड़हल फूल के मध्य दो काले भंवरे बैठ गये हो। अश्रु-धारा निरंतर बहे जा रही है। तभी उसके पीछे कामायनी आकर खड़ी हो जाती है। मालिनी आईने में ही उसे देखती है। अपने आँसू पोछती है। कामायनी उसके सामने आकर बैठती हुए कुछ क्षण उसे निहारते हुए कहती है-

"ऐसा क्या है चित्रलेखा तुम हर क्षण अतीत में ही डूबी रहती हो। सिंहल नरेश कुमारदास महाराज के बुलावे पर मैंने तुम्हें भेजा और तुम बिना महाराज को सूचित किये लौट आयीं। मुझे ऐसा आभास हो रहा है जैसे तुम्हें अपने रूप पर घमण्ड हो गया है जो तुम बारम्बार महाराज कुमारदास का अपमान कर देती हो।"

मालिनीः-"ऐसी बात नहीं कामायनी।"

उम्र में मालिनी से कुछ बड़ी कामायनी क्रोधित होकर पुनः बोली "यही सब कुछ है। यौवन के संग रूप भी सांयकालीन सूर्य की भांति अस्त होता चला जाता है। अंतिम बार तुम्हें समझाने आयी हूँ कि अतीत का स्मरण कर रोना-धोना छोड़ यौवन और रूप के दम पर इतनी सम्पत्ति अर्जित कर लो जिससे बुढ़ापा आराम से कटे।"

मालिनीः-"क्षमा करो कामायनी...अब ऐसा ना होगा।" कामायनी थोड़ी भावुक होते हुए बोली-

"देखो चित्रलेखा, मैं तुम्हें इसलिये ये सब नहीं कह रही कि मैं इस वेश्या-सदन की मालकिन हूँ। बल्कि एक सखी होने के नाते समझा रही हूँ कि अतीत के स्मरण में हिचकोले खाने से आने वाला भविष्य डूब जाएगा।

ईश्वर ने हमें जैसा जीवन दिया है उस जीवन को स्वीकार कर अपना धर्म निभाना ही मानव धर्म है। हम वेश्यायें हैं और पुरूषों को संतुष्ट करना हमारा धर्म। इसे यदि मानसिक-स्तर पर स्वीकार कर लो तो कष्ट कम होता है। मनुष्य की सारी इच्छायें पूरी नहीं होती। विवशता वश ही कोई इस वेश्या सदन में आता है।"

मालिनीः-"किन्तु कामायनी, हमारी तो कोई इच्छा ही नहीं थी सिर्फ एक निवेदन था ईश्वर से वह भी पूरा ना हो सका। भाग्य समझ उसे भी स्वीकार कर लिया किन्तु ईश्वर ने तो हमारे जिन्दगी को ही उपहास बना दिया।"

कामायनीः-"तुम्हारी यह अबूझ पहेली ना मैं कभी समझ पायी हूँ और ना समझ। यह बताओं महाराज आएंगें तो उनसे क्या कहूँगी।"

मालिनीः-"किस बारे में?"

कामायनीः-"यही कि तुम महाराज के बिना बतायें क्यों चली आयी।"

मालिनीः-"महाराज, जब आयें, तो हमसे भेंट करवा देना इसका कारण हम स्वयं बता देंगे।"

कामायनीः-"मैं जानती हूँ कि तुम्हारे रूप का जादू तो उन पर चल ही गया है ना।"

मालिनी के नेत्र सजल हो जाते है-

"तुम ही तो कहती हो कि रूप का जादू चलाना सीखो।"

कामायनीः-"तुमने तो हाथ में आये सुनहरे अवसर को छोड़ दिया...वरना मुझे तो ऐसा प्रतीत हो रहा था जैसे महाराज तो तुमसे विवाह भी कर सकते थे...जो महाराज आज-तक किसी वेश्या-सदन में नहीं गये वह तुम्हारे लिए तक आयें और तुमने उन्हें खाली लौटा दिया...अचंभित तो इस बात से हूँ कि फिर भी वे तुमसे नाराज नहीं है।"

रहस्यमयी मुस्कान के साथ मुस्कुरायी मालिनी-

"महाराज, मानव-मन की भावनाओं की पीड़ा के पारखी है कामायनी।"

कामायनी ठहाके लगा लगी। उस ठहाके में मालिनी के मन की विलुप्त हो गई।

महाकवि प्रातः कालीन समय में ही सोम-रस पी रहे है। उसी समय कुमारदास उनसे मिलने आते है। कुमारदास को देख महाकवि बच्चों की भांति रोने लगते हैं। उनकी ऐसी हालत देख कुमारदास उन्हें चुप कराते हुए पूछते हैं-

"चुप हो जाईयें मित्र...क्या हुआ हमें बताईये...आप इस प्रकार क्यों रो रहे हैं?"

महाकवि स्वर में कहते हैं-

"मि...त्र...क...ल...जो...नृत्यांग...ना।"

कुमारदासः-"मित्र, मन को स्थिर करें, और स्पष्ट बतायें, क्या किया उस नृत्यांगना ने।"

महाकवि किसी प्रकार स्वयं पर नियंत्रण कर कहते है-

"वह नृत्यागंना चली गयी, हम उसे गली-गली खोजे किन्तु वह नहीं मिली मित्र...आपने जो उनका नाम बताया वह हमें स्मरण नहीं रहा।"

कुमारदासः-"आप हमें सूचना देते कि आप चित्रलेखा को खोज रहे हैं। हम ले चलते उसके पास।"

महाकविः-"मित्र, वह चित्रलेखा नहीं मालिनी है।"

कुमारदास चकित हुए। फिर मुस्कुराते हुए बोले-

"मित्र आपको भ्रम हुआ है। वह मालिनी नहीं चित्रलेखा है, हम उसे अच्छी तरह पहचानते हैं।"

महाकविः-"नहीं मित्र नहीं...वह मालिनी है। हमारा हृदय कहता है कि वह मालिनी है। हमारे शरीर का रोम-रोम कहता है कि वह मालिनी है।"

कुमारदासः-"आप नशे में थे मित्र...यह आपका भ्रम है।

महाकवि फीकी मुस्कान मुस्कुराते हुए कहते हैं-

"आप हमें नशा के कारण भ्रम में होना बताते हैं और हम यह मानते हैं कि यदि हम बेहोश भी हो तो उसके आने से होश में आ जायें, वह मालिनी ही है महाराज...और हम उसे खोजने जा रहे हैं।"

इतना कह महाकवि बाहर निकल घोड़े पर सवार हो उसे खोजने निकलते है। इधर कुमारदास की आँखों में आश्चर्य का भाव आ जाता है। वह इस हालत में नहीं कि महाकवि को रोकते।

कुमारदास अतीत के स्मरण मे खो जाते है। सिंहल के राजदरबार में मनोरंजन का आयोजन युद्ध में विजयी होने के उपलक्ष्य में मनाया जा रहा है। सिंहल नरेश कुमारदास के मुख पर प्रसन्नता के भाव हैं। सामने चित्रलेखा अपने नृत्य से सबको सम्मोहित किये हुए है। कुमारदास भी चित्रलेखा के सौन्दर्य एवं मनभावन नृत्य में रमे हुए हैं, समय के संग चित्रलेखा का नृत्य भी अत्यंत गतिमान हो जाता है और नृत्य करते-करते उसके पैरों में बंधे घुघंरू टूट कर बिखर जाते हैं और वह धरती पर अचेत हो गिर जाती है। थोड़ी देर के लिए राजदरबार में कोलाहल की स्थिति उत्पन्न हो जाती है। तुरंत ही कामायनी और अन्य दो उसे से ले जाती हैं। महाराज सहानुभूति के कारण अपने सिंहासन से उठ जाते हैं। फिर कामायनी को बुलवाया जाता है। महाराज उत्तम नृत्य प्रस्तुत करने के कारण चित्रलेखा का पुरस्कार कामायनी को देते है। सभा समाप्त हो जाती है।

चित्रलेखा भी चेतना लौटते ही कामायनी एवं अन्य सखियों के संग अपने सदन वापिस आ जाती है किन्तु साथ में महाराज कुमारदास की नींद उनका चैन भी ले आती है। महाराज कुमारदास खुली आँखों के सामने भी चित्रलेखा को देखते हैं और आँखें बंद करने पर भी चित्रलेखा के बारे में सोचते हैं। राजदरबार हो या राजभवन, कवियों के संग मनोरंजन हो या शिकार खेल कर मनोरंजन करना कुछ भी अच्छा नहीं लगता। वस्त्र-आभूषण, भोजन-जलपान किसी भी चीज में रूचि नहीं। किसी भी चीज (वस्तु) की इच्छा नहीं।

मन आनन्दित होता है तो बस चित्रलेखा का स्मरण करके। इच्छा होती है तो बस उस अप्सरा सी सौन्दर्य शालिनी युवती से भेंट करने की। किन्तु मन पर भी समाज के अंकुश। सामाजिक बंधन। राजनैतिक प्रतिष्ठा इत्यादि का डर। किन्तु कब तक रात दिन के बाद भी लाख प्रयासों के उपरान्त मन उस युवती के स्मरण से नहीं उबरा बल्कि दिनों दिन उससे भेंट करने की इच्छा और भी प्रबल होती गयी। आठवें दिन मन में निर्णय ले उन्होंने कामायनी को बुलवाया और अपने मन के उलझनों को उसके समक्ष व्यक्त किया। अपनी इच्छा प्रकट करते हुए बोले-

कुमारदासः-"चित्रलेखा यदि सिर्फ हमारी होकर रहे तो हम उसे और तुम्हें इतनी मुद्रायें देंगे कि आजीवन तुम्हें इस वृति से मुक्ति मिल जाएगी।"

आश्चर्य-चकित रह गई कामायनी। कुछ क्षण प्रश्नात्मक नजरों से महाराज को देखती रह गई। फिर हिम्मत जुटाकर बोली-

"महाराज, ये आप क्या कह रहे हैं।"

कुमारदासः-"अचंभित ना हो कामायनी...हम काफी सोच-समझ कह रहे हैं।"

कामायनीः-"आप जानते हैं ना महाराज कि वो एक वेश्या है?"

कुमारदासः-"हम सब जानते हैं।"

कामायनीः-"आज उसके भाग्य से मुझे ईर्ष्या हो रही है।"

मुस्कुराये महाराज कुमारदास पुनः बोले-

"तो क्या हम समझें कि तुम आज उसे हमारे समीप लेकर आओगी।"

कामायनीः-"अवश्य महाराज, मैं अभी उसे जाकर बताती हूँ। वो तो प्रसन्नता से झूम उठेगी।"

कुमारदासः-"ठीक है, अब तुम जा सकती हो।"

कामायनी आदेश पाकर चली गई। कुमारदास रात की कल्पना में खो गये। कुमारदास! एक ऐसा नाम, एक ऐसा व्यक्ति, जो आज तक किसी के प्रेम-पाश के बंधन में नहीं पड़ा। आज महाराज किसी वेश्या की प्रतीक्षा नहीं कर रहे है बल्कि एक प्रेमी उसकी प्रतीक्षा कर रहा है जिसे अब तक इस बात का आभास भी नहीं कि कुमारदास जैसे महाराज उसके लिए बेचैन-अशांत-परेशान-व्याकुल है। सत्य ही है कि प्रेम अंधा होता है। मानव-मन

जब प्रेम-पाश में जाता है तो उसे किसी बात की परवाह ही रहती है। वह तो सिर्फ समर्पण की भावना से ओत-प्रोत हो जाता है। व्याकुल मन मिलन की कल्पना से रोमांचित हो गया। हृदय की धड़कन बढ़ गयी। स्वयं को सजाने-संवारने में लग गये। कुछ दिनों से जो भूख समाप्त सी-हो गयी थी। वह पुनः जाग गयी। कमरे में जो तरह-तरह के फल रखे थे। उनमें से एक फल उठाकर मुस्कुराते हुए खाने लगें।

कामायनी प्रसन्नता वश चित्रलेखा का हाथ पकड़ चारों ओर घूमने लगती है। जब चक्कर-सा आने लगता है तो थमती है। चित्रलेखा उसकी प्रसन्नता का राज जानना चाहती है तो वह पहले बहुत खिलखिला कर है फिर महाराज का प्रस्ताव चित्रलेखा को बताती है। यह सुन चित्रलेखा स्तब्ध रह जाती है। अंगारे की तरह लाल हो जाती हैं। उसे ऐसा लगता है जैसे धरती घूम रही है। कामायनी कल्पना कर उत्सुक होते हुए, बिना उसके भावों को समझें अपनी धुन में बोलती जा रही है-

"अत्यंत भाग्यशाली है तू चित्रलेखा, तेरे भाग्य से मुझे ईर्ष्या हो रही है। महाराज तुझे अपनी बनाकर रखना चाहते हैं, जो महाराज आज तक किसी वेश्या को भोग्या समझ नजर उठा कर नहीं देखें, वे आज तेरे लिए व्याकुल है। तेरा तो जीवन धन्य हो गया चित्रलेखा। राजरानी की तरह ठाठ-बाठ, वस्त्र-आभूषण पहनेगी-ओढ़ेगी...और मुझे भी इस वृति से मुक्ति मिल जाएगी। उन्होंने कहा कि मुझे भी इतना पुरस्कार देंगे कि आजीवन सुख से रह सकूँगी।"

कामायनी का ध्यान अकस्मात् स्तब्ध खड़ी चित्रलेखा पर गया। वे कुछ पल प्रश्नात्मक नजरों से देखकर बोली-

"क्या हुआ, तू इतनी गंभीर क्यों है?"

चित्रलेखा ने मानों उसके प्रश्नों को सुना ही नहीं। कामायनी ने प्रश्न दोहराया। उत्तर नहीं मिलने पर उसके शरीर को झकझोड़ते हुए प्रश्न किया। कामायनी के प्रश्न का उत्तर देते हुए वह बोली-

"हमें महाराज का बनकर रहने का प्रस्ताव स्वीकार नहीं है।"

हठात् कामायनी को एक झटका-सा लगा। उसके हाथ जो अब तक चित्रलेखा के बदन पर थे अचानक हट गये। वह आश्चर्य-चकित हो बोली-

"ये क्या कह रही है तू?...क्या तेरी मति मारी गयी है अथवा पागल तो नहीं हो गयी है तू।"

चित्रलेखाः-"हमने यह फैसला बहुत सोच-समझ कर लिया है। हमें यह प्रस्ताव स्वीकार नहीं।"

कामायनी माथा पीटती हुई समझाने का प्रयास करते हुए कहती है-

"जरा मष्तिष्क से विचार कर चित्रलेखा। हम लोग इस सदन में जिस प्रकार का जीवन व्यतीत कर रहे हैं वो कीड़े-मकौड़े समान है। यदि तू महाराज कुमारदास का प्रस्ताव स्वीकार कर लेती है तो हम भी प्रतिष्ठित जीवन व्यतीत कर सकते हैं। माना मैंने कि हमें भी वस्त्र-भोजनादि की कमी नहीं किन्तु उस जिन्दगी में और इस जीवन में धरती-आसमान का अंतर है। ऐसा अवसर जीवन में बारम्बार नहीं मिलता...इस अवसर की उपेक्षा तेरी नासमझी है।"

कामायनी अपने शब्दों के माध्यम से उसे समझाने का प्रयत्न करती है किन्तु पर्वत की भांति अटल चित्रलेखा का फैसला भी वही है।

चित्रलेखाः-"हमारा निर्णय अब भी वही है।"

कामायनीः-"किन्तु इसका कारण तो होगा?"

चित्रलेखाः-"हम महाराज के प्रेम से छल नहीं कर सकते।"

कामायनीः-"इसमें छल की क्या बात है?"

चित्रलेखाः-"जीवन में किसी से प्रेम किया है?"

कामायनीः-"नहीं (मुस्कुराकर) भला मुझसे प्रेम कौन करेगा?"

चित्रलेखाः-"तुमने किया है प्रेम?"

कामायनीः-"नहीं।"

चित्रलेखाः-"तब तुम इस रहस्यमयी बातों को ना समझ सकोगी। बस हमारा तुम से इतना ही निवेदन है कि महाराज को हमारा निर्णय बता दो।"

कामायनीः-"तुझे डर नहीं लगता...वे महाराज हैं।"

चित्रलेखाः-"महाराज से पहले वे एक मानव है...वे व्यर्थ ही हमारी प्रतीक्षा में होंगे।"

कामायनी पैरों को पटकती तुनकती हुई से चली जाती है। चित्रलेखा पुनः विचारों में डूब जाती है।

महाराज कुमार बेसब्री से चित्रलेखा की प्रतीक्षा कर रहे हैं। तभी द्वारपाल आकर कामायनी के आने की सूचना देता है। महाराज के मस्तक पर प्रसन्नता की रेखायें फैल जाती हैं। वे सोचने लगते हैं कि निश्चय ही उसके संग चित्रलेखा आई होगी। प्रसन्नता से कहते है-

"उन्हें आदरपूर्वक अन्दर भेज दो।"

द्वारपाल चला जाता है। कुछ क्षण उपरान्त ही कामायनी अकेली मस्तक झुकायें प्रवेश करती है। कामायनी को देख महाराज की आँखें उसके पीछे चित्रलेखा को खोजने लगती है। चित्रलेखा को ना देख वे व्याकुल स्वर में कहते हैं-

"कामायनी, चित्रलेखा है?"

कामायनी प्रश्न का उत्तर नहीं देती है। महाराज पुनः प्रश्न दोहराते हैं। कामायनी मस्तक झुकाये मायूस स्वर में कहती है-

"महाराज, उसने आपके प्रस्ताव को ठुकरा दिया है।"

महाराज आश्चर्य-चकित रह जाते हैं। विस्मय भरे स्वर में पूछते हैं-

"किन्तु क्यों?"

कामायनीः-"इसका स्पष्ट उत्तर नहीं दिया उसने।"

कुमारदास की आँखों में क्रोध एवं आश्चर्य के भाव हैं।

"क्या उसे इसके परिणाम की चिन्ता नहीं।"

कामायनीः-"ना उसे परिणाम का भय है और ना किसी प्रकार की कोई चिन्ता।"

कुमारदासः-"क्या इतनी ढीठ है वह।"

कामायनीः-"वह एक रहस्यमयी स्त्री है महाराज, आज तक उसके रहस्य का राज मैं नहीं जान पायी हूँ।"

महाराज अनेक प्रकार के विचारों में उलझ जाते हैं। कुछ देर बाद कहते हैं-

"ठीक है तुम जाओ।"

महाराज की आज्ञा पाकर वह भयभीत मन से से चली जाती है। महाराज सोचने लगते हैं कि आज तक हमने किसी भी प्रकार की पराजय नहीं देखी किन्तु आज एक साधारण वेश्या के हाथों ऐसी पराजय ऐसा अपमान। असहनीय है यह मानसिक पीड़ा।

महाराज दो दिन, दो रात इसी उधेड़बुन में रहते हैं कि आखिर चित्रलेखा ने उनके प्रस्ताव को अस्वीकार क्यों कर दिया। मन कभी-कभी इतना क्रोधित होता है कि आखिर क्यों वे एक साधारण स्त्री पर इतने आसक्त हुये। क्या उस जैसी कोई दूसरी युवती नहीं इस संसार में और वे स्वयं भी तो कोई साधारण मनुष्य नहीं बल्कि सिंहल नरेश महाराज कुमारदास है। एक महाराज को तो अनेक मिल सकती है फिर विचार आया कि क्यों उसने हमें अस्वीकार कर दिया। आखिर कोई तो दोष होगा हममें जो उसने हमें अस्वीकार कर दिया।

"आखिर कोई तो दोष होगा हममें जो उसने हमें नहीं स्वीकारा या फिर कोई तो रहस्य होगा, जो एक वेश्या होने के बाद भी वह हमारे प्रस्ताव को ना मान सकी। प्रत्येक रात पर पुरूष को गमन करने वाली स्त्री को आखिर क्यों राजरानी सा ठाट-बाठ, शान-शौकत रास नहीं आया। क्यों एक पुरूष का बनकर रहना पसंद नहीं आया। किन्तु हम तो व्यर्थ में इस विषय में विचार कर रहे हैं उसने हमारा तिरस्कार कर दिया और हम क्यों उसे भूलने की बजाय उसी के विषय में रात-दिन चिन्तित रहते हैं। यह एक महाराज को शोभा नहीं देता। हमें उसे भूलना ही होगा। इस अपमान के बदले हम उसे दण्डित भी कर सकते हैं। किन्तु नहीं उस अबला नारी को दण्डित नहीं करेंगे। हम उसे भूलने का प्रयत्न करेंगे। भूल जाएंगे उसे।"

महाराज उसे भुलाने के लिए अपना ध्यान राजकाज, शिकार-मनोरंजन पर लगाने लगे। किन्तु यह क्या...वे ज्यों-ज्यों चित्रलेखा को भुलाने का प्रयत्न करते त्यों-त्यों उसकी अधिक तीव्र होती जा रही थी। अंत में उन्होंने मन-ही-मन एक बहुत बड़ा निर्णय लिया जिस निर्णय का असर उनके परिवार समाज एवं राजनीति पर भी पड़ सकता था किन्तु मन और मस्तिष्क के द्वंद्व में मन की विजय हुयी और एक दिन सांयकाल वे स्वयं घोड़े पर सवार हो वेश बदलकर उस वेश्या सदन की ओर चल पड़े चित्रलेखा नामक परी का निवास था। मन में आत्म-विश्वास से परिपूर्ण कुमारदास अत्यंत महत्वपूर्ण निर्णय संग लिए घोड़े के साथ हवा से बातें करते हुए यह कल्पना कर रहे थे कि आज चित्रलेखा उनके इस महत्वपूर्ण प्रस्ताव का तिरस्कार नहीं करेंगी।

सायंकालीन समय में उस सदन की हर युवती सोलहों-श्रृंगार करने में व्यस्त रहती है। चित्रलेखा भी अनमने मन से ही सही स्वयं को सजाने-संवारने में लगी थी। लाल रंग के सुन्दर परिधान के संग सिर से तक तरह-तरह के आभूषणों से सजी चित्रलेखा किसी अप्सरा की भांति दिखाई दे रहा थी। मन अवश्य मायूस (उदास) रहता था किन्तु यौवन की सुन्दरता में अब भी कोई

कमी नहीं आयी थी। कामायनी भी बाहर बरामदे में किसी दूसरी युवती से बात कर रही थी। तभी घोड़े की आहट सुन उसी ओर देखने लगती है। महाराज कुमारदास बरामदे पर चढ़ते हैं। वेश बदलने के कारण उन्हें वह पहचान नहीं पाती। महाराज अपने असली वेश में आते हैं। पहचानने के उपरान्त कामायनी के आश्चर्य की कोई सीमा नहीं रहती। वह कहती है-

"महाराज, आप और?"

महाराज कुमारदासः-"हम चित्रलेखा से स्वयं मिलने आयें हैं।"

कामायनी भयभीत हो जाती है और निवेदन भरे स्वर में कहती है-

"महाराज, उसे क्षमा कर दें...वह अज्ञानी अबला है इसलिये आपकी बातों का निरादर किया...उसे दण्डित ना करें महाराज।"

कुमारदासः-"हम दण्डित करने नहीं आयें है। हमें स्वयं उसका उत्तर सुनना है। उसे जाकर हमारे आने की सूचना दे दो।"

कामायनी तुरन्त चित्रलेखा के कमरे में जाकर उसे सूचित करती है कि महाराज कुमारदास तुमसे मिलना चाहते है। चित्रलेखा बिना विचलित हुए महावर लगाते हुए उत्तर देती है-

"हम महाराज के स्वागत के लिए तत्पर है। उन्हें सम्मान के साथ हमारे कमरे में ले आईये।"

कामायनी उसकी बात सुन हतप्रभ रह जाती है और मेढक की तरह उछलती महाराज कुमारदास के पास आकर उन्हें सम्मान के संग चित्रलेखा के पास ले जाती है।

चित्रलेखा माथे पर आंचल लिये आरती की थाल सजाये हुए उनके सम्मान के लिए खड़ी है। द्वार पर महाराज के पहुँचते ही वह उन्हें वही रोकते हुए उनके मस्तक पर अक्षत और फूल बरसाते हुए उनकी आरती उतारती है। महाराज ये सब देख प्रसन्नता से झूम उठते हैं। चित्रलेखा मुस्कुराते हुए कहती है-

"सिंहल नरेश महाराज कुमारदास को चित्रलेखा की ओर से हार्दिक अभिनंदन एवं प्रणाम...कृपया अन्दर आने का कष्ट करें।"

महाराज कुमारदास मुस्कुराते हुए कमरे में प्रवेश कर रहे हैं और चित्रलेखा उनके पहले ही राह में फूल बिखेर रही है। महाराज को एक स्थान पर चित्रलेखा बैठाती है और कामायनी से कहती है-

"हमारा अनुमान है कि महाराज हमसे अकेले में भेंट करना चाहते हैं, कामायनी।"

कामायनी ईशारा पाते ही से मुस्कुराते हुए निकल जाती है।

चित्रलेखा महाराज को सम्बोधित करते हुए कहती है-

"महाराज, आप स्वयं आने का कष्ट क्यों कियें...हमें बुलवा लिया होता।"

महाराज कुमारदासः-"तुम्हारे रूप और गुणों से आकर्षित होकर हम आने को विवश हो गये। चित्रलेखा हमारे प्रस्ताव को अस्वीकार कर देना और हमारे साथ ऐसा सम्मानजनक व्यवहार करने का अंतर हमारी समझ से परे है।"

अकस्मात् चित्रलेखा की आँखों में आँसू उमड़ जाते है। अब तक जो मुख पर प्रसन्नता के भाव थे वह समाप्त हो है। वह निरूत्तर ही रहती है। महाराज पुनः कहते हैं-

"तुमने हमारे प्रस्ताव को क्यों अस्वीकार कर दिया?"

चित्रलेखाः-"महाराज, आप सिंहल नरेश है आपका सम्मान करना की प्रजा का कर्तव्य है और हम तो आपकी दासी समान है इसलिये हमने आपका सम्मान किया। रहा प्रश्न आपके प्रस्ताव का तो वह अब भी हमें स्वीकार नहीं।"

कुमारदासः-"किन्तु क्यों...हम तुम्हें इतना कुछ दे रहे है, मान-प्रतिष्ठा, इज्जत, शोहरत...फिर तुम्हें...।"

चित्रलेखाः-"जो वस्तु आप दे रहे हैं, हम उसके इच्छुक ही नहीं।"

महाराज कुमारदास कुछ गंभीर होते हुए कहते हैं-

"हमें लगता है कि तुम हमारे प्रेम की परीक्षा लेना चाहती हो...?"

चित्रलेखाः-"ऐसी बात नहीं है महाराज, जिसकी स्वयं की जिन्दगी ही अग्नि-परीक्षा बनकर रह गयी हो वह आपकी क्या परीक्षा लेगी।"

कुमारदासः-"हम तुम्हारे बिना नहीं जी सकते चित्रलेखा।"

चित्रलेखाः-"हमसे प्रेम ना करें महाराज, निराशा के अलावा कुछ नहीं मिलेगा।"

कुमारदासः-"हम तुमसे विवाह कर अपनी रानी बनाना चाहते हैं।"

अवाक् हो गई चित्रलेखा। आँखों में घोर विस्मय के भाव छा गये। अपने कदम पीछे की ओर करते हुए स्वर में बोली-

"महाराज, ये अ...आप क्या कह रहे हैं।"

महाराज आगे बढ़ उसकी बाँहों को पकड़ कर कहते हैं-

"हम सत्य कह रहे हैं चित्रलेखा, तुम्हें हमारी बातों पर विश्वास नहीं तो हम तुमसे अभी विवाह कर प्रमाणित कर सकते हैं।"

चित्रलेखा स्वयं को छुड़ाते हुए उनके कदमों में गिर कहती है-

"महाराज, आप समझने का प्रयत्न कीजिए, हम आपके योग्य नहीं।"

कुमारदास उसे उठाते हुए कहते हैं-

"ये तुम्हारा त्याग भरा ज्ञान देख हम चकित है। तुम्हारे स्थान पर कोई भी स्त्री इस प्रस्ताव को अस्वीकार नहीं कर सकती किन्तु तुम स्वयं को अयोग्य मानती हो किन्तु हम तुम्हें स्वयं से बढ़कर योग्य मानते हैं। चित्रलेखा अभी हमारे संग चलो। आने वाला सुनहरा भविष्य तुम्हारी प्रतीक्षा कर रहा है।"

चित्रलेखा की आँखों से आँसू तूफान की तरह बहने लगते हैं, वह फूट-फूट कर रोते हुए कहती है-

"क्षमा करें महाराज किन्तु हम उस सुनहरे भविष्य की कल्पना भी नहीं कर सकते हैं।"

कुमारदास उत्तेजित हो जाते है। क्रोधित हो कहते हैं-

"क्या इस वेश्या-वृति से तुम्हें इतना आनन्द मिलता है कि उसके आगे तुम्हें रानी बनकर रहना पसंद नहीं।"

चित्रलेखा स्तब्ध खड़ी है। आँखों में आँसू के संग मायूसी है।

"यदि आप महाराज के रूप में एक वेश्या के समीप आते तो हमें स्वीकार था किन्तु...।"

कुमारदासः-"किन्तु क्या चित्रलेखा...।"

चित्रलेखा अपना आंचल हटाते हुए कहती है-

"एक वेश्या के रूप में चित्रलेखा महाराज कुमारदास के लिए प्रस्तुत है।"

महाराज आश्चर्यचकित होते हुए उसके आंचल को संभाल कर कहते हैं-

"हम तुमसे प्रेम की भीख मांगने आये हैं चित्रलेखा।"

महाराज की आँखें भी नम हो जाती हैं। चित्रलेखा गंभीर स्वर में कहती है-

"वही भीख हमारे पास नहीं है महाराज।"

विचलित होते हुए महाराज कुमारदास कहते हैं-

"आज हम तुम्हारा रहस्य जान कर रहेंगे, क्यों...? क्यों...तुम ऐसा कर रही हो?"

चित्रलेखाः-"महाराज, आपके प्रेम से हम छल नहीं कर सकते...हम आपके प्रेम के बदले प्रेम नहीं दे सकते...क्योंकि हमारा प्रेम पूजा बनकर किसी और के लिए है।"

महाराज विस्मित से उसे देख रहे हैं।

चित्रलेखाः-"ये तन...ये मन...ये जीवन हमने किसी और को समर्पित कर दिया है...जीवन की रक्षा करना आवश्यक है क्योंकि हम जानते है कि हमारा जीवन ही उनका जीवन है और जीवन की रक्षा के लिए शरीर की रक्षा आवश्यक है। जीवन की रक्षा के लिए इस तन को तो हम सुरक्षित नहीं रख पाये किन्तु हमारा मन, हमारी आत्मा (हृदय की हर धड़कन) में अब भी वही बसे है। प्रत्येक रात लोग आते हैं और इस तन को अपना समझते हैं हम स्वयं के मन को नहीं संभाल पाये, किन्तु वास्तव में वे सभी भ्रम के शिकार है क्योंकि इस तन पर भी हमने स्वेच्छा से उनको अधिकार दिया है और जीवन-पर्यन्त इस तन-मन पर उन्हीं की स्मृति विद्यमान रहेगी...।"

चित्रलेखा की बातें सुन महाराज हतप्रभ रह जाते है। चित्रलेखा उनकी ओर देखते हुए कहती है-

"आप महाराज है। एक सच्चे प्रेम की खोज में आये है किन्तु जिस खोज में आप आये है वो वस्तु तो हमने पहले ही किसी और को दे दी है... अब आप ही कहिये, हम क्या करें?"

महाराजः-"हम चाहेंगे कि तुम उसका नाम बताओ, किस परिस्थितिवश उसने तुम जैसी देवी का तिरस्कार किया है और तुम्हें इस प्रकार की जिन्दगी जीने पर विवश किया है।"

चित्रलेखा रोते हुए कहती है-

"महाराज उनके विरूद्ध एक भी कटु वचन सुनना हमारे धर्म के विरूद्ध है। जो हुआ उसमें उनका तनिक भी दोष नहीं, सब हमारे भाग्य का दोष है।"

कुमारदासः-"कौन है वह भाग्यशाली पुरूष, जिसे तुम जैसी प्रेमिका मिली?"

चित्रलेखाः-"आपने हमें कुछ समय के लिए प्रेम किया है इसलिये आशा है कि आप प्रेम का मर्म समझ पाएंगें, दया कर उनका नाम ना पूछें।"

कुमारदास मुस्कुराये। फिर बोले-

"अब तक हमारे हृदय में तुम्हारे लिए प्रेम था किन्तु अब हम तुम्हारा सम्मान करते हुए तुम्हारे प्रेम के समक्ष नतमस्तक है चित्रलेखा। हम नहीं पूछेंगे उनका नाम। किन्तु एक निवेदन है तुमसे।"

चित्रलेखाः-"निवेदन कैसा महाराज, आज्ञा करें।"

कुमारदासः-"हम कभी-कभी तुमसे भेंट करने आ सकते है?"

चित्रलेखाः-"आपकी इच्छा का हम अपमान कैसे कर सकते हैं महाराज किन्तु हमारी प्रार्थना है कि आपकी जब भी हमसे भेंट करने की इच्छा हो हमें बुलवा लीजिएगा क्योंकि हम नहीं चाहेंगे कि आपको कोई पहचाने और आपके व्यक्तित्व पर लांछन लगे।"

महाराज कुमारदास सम्मानजनक नजरों से उसे देख रहे हैं।

चित्रलेखाः-"महाराज एक और प्रार्थना है हमारी?"

कुमारदासः-"सो क्या?"

चित्रलेखाः-"हमारे लिए जो आपके मन में प्रेम जगा उसे एक सपना समझ कर विस्मृत कर दीजिएगा।"

महाराज कुमारदास की आँखों में आँसू भर आते है। वे चित्रलेखा के मस्तक पर हाथ रख कहते हैं-

"हम तुम्हें क्या आशीर्वाद दें, यह हमारी समझ से परे है किन्तु ईश्वर से एक प्रार्थना करते है कि जिसके लिए तुमने अपना जीवन समर्पित कर दिया। इतना त्याग, इतना बलिदान दिया...जीवन के अंतिम क्षण वो तुम्हारे समक्ष हो।"

चित्रलेखा महाराज कुमारदास के पैरों पर गिरकर रोते हुए कहती है-

"महाराज, एक राजा अपनी प्रजा के लिए ईश्वर का रूप होता है। आज आपने हमें ऐसा आशीर्वाद दिया है जिससे हमारी जिन्दगी सफल हो जाएगी। प्यासे को जिस प्रकार पानी के दो बूंद मिल जाने से तृप्ति मिलती है उसी प्रकार इस आशीर्वाद से हमें संतृप्त किया है।"

महाराज उसे उठाते है। कुछ क्षणों तक उसकी आँखों में करूणा भरे नेत्रों से देखते है और वेष बदल निकल जाते है। खिड़की से चित्रलेखा भी

जाते हुए महाराज को देख रही है। महाराज कुमारदास का मन शांत है। आते समय जिस प्रकार की उत्तेजना थी। वह कुछ दूर हो गयी। अब बस इच्छा है कि किस प्रकार चित्रलेखा इस बनावटी प्रसन्नता से निकल कर वास्तविक प्रसन्नता प्राप्त करें।

महाकवि कालिदास के जाने के उपरान्त महाराज चित्रलेखा के विषय में विचार करते हुए जब स्मृतियों से निकले तो आँखों से आँसू झरने की तरह बहने लगे। वह मुस्कुरायें और स्वयं से बोले-

"किन्चित यही चित्रलेखा तो मालिनी नहीं है...महाकवि कालिदास की प्रेमिका कोई साधारण नारी तो हो नहीं सकती। अवश्य ही वह कोई अप्सरा सी सौन्दर्य-शालिनी, व्यवहार-कुशल, बुद्धिमति, त्याग की मूर्ति होगी और ये सारे गुण चित्रलेखा में विद्यमान है।"

हमारा मन कहता है कि यही मालिनी है और महाकवि ने भी तो उसे पहचान लिया...निश्चय ही चित्रलेखा ही मालिनी है...दोनों ही एक-दूसरे के लिए व्याकुल है। वाह महाकवि, क्या प्रेम है आपका...आप तो जिस प्रकार कवि में सर्वश्रेष्ठ होकर महाकवि कहलाये उसी प्रकार प्रेम में सर्वश्रेष्ठ होकर महाप्रेमी कहलायेंगे और मालिनी, चित्रलेखा उसका प्रेम तो त्याग है, बलिदान है, वह तो पूजित होने योग्य है...यद्यपि आशंका है कि जीवन-पर्यन्त की राह पर चलते-चलते वह इतिहास के पन्ने से भी में ही विलुप्त हो जाएं...।"

मन कुछ हल्का होता है। खिड़की के समीप जाकर वातावरण को निहारकर-

"जिस मनुष्य के जीवन में विदुषी विद्योत्तमा पत्नी बनकर आये और परिस्थितिवश मालिनी जैसी प्रेमिका मिले निश्चय ही वह सर्वश्रेष्ठ कहलायेगा...हम भी मित्रता के कारण ही किन्तु सर्वश्रेष्ठ अवश्य कहलायेंगे... ईश्वर ने हमें अवसर दिया कि हम इन दोनों प्रेमियों से मिल सकें...वाह क्या भाग्य पाया है हमने, एक ओर हमारा मित्र और दूसरी ओर उनकी प्रेमिका, जिसके प्रेम की हम श्रद्धा करते है, पूजा करते हैं। उन दोनों को मिलाने का सौभाग्य हमें प्राप्त हुआ है। ये हमारे जीवन का अद्भूत महत्वपूर्ण क्षण है। हम तो धन्य हो गयें। हे ईश्वर, आज हमारा आशीर्वाद आपके माध्यम से फलीभूत होने के लिए हमारे समक्ष खड़ा है।"

महाराज कुमारदास वेष बदल कर चित्रलेखा से भेंट करने जाते हैं। कामायनी महाराज को देख असमंजस में पड़ जाती है। कुमारदास उससे कहते हैं-

"कामायनी हम चित्रलेखा से भेंट करना चाहते हैं।"

कामायनीः-"आपने आने का कष्ट क्यों किया, उसे ही बुलवा लिया होता।"

कुमारदासः-"ये समय प्रश्न-उत्तर का नहीं कामायनी, हमारी भेंट अतिशीघ्र मालिनी से करवा दो।"

कामायनीः-"मालिनी...कौन मालिनी?"

कुमारदास मस्तक पर हाथ फेरते हुए कहते हैं-

"हमारे कहने का अर्थ चित्रलेखा से भेंट करवा दो।"

कामायनीः-"ठीक है महाराज, चलें हम अभी उससे भेंट करवाते हैं। महाराज को संग लेकर कामायनी चित्रलेखा के कमरे तक जाती है। महाराज उसे ईशारे से लौट जाने को कहते है। कामायनी दरवाजे तक छोड़ लौट जाती है। महाराज कमरे में प्रवेश करते हैं। मालिनी महाकवि की स्मृतियों में ऐसी खोयी हुयी है कि उसे तनिक भी आभास नहीं होता कि कमरे में कोई आया है। महाराज मालिनी के ठीक पीछे खड़े होकर पुकारते हैं-

"मालिनी...?"

अपना असली नाम सुन मालिनी चौंकती हुई पीछे मुड़कर देखती है। सामने महाराज को देख उसके आश्चर्य की सीमा नहीं रहती। उसके चेहरे का रंग बदल जाता है। स्वयं पर नियंत्रण रखते हुए कहती है-

"कौन...मालिनी...महाराज...?"

इतना कह पुनः पलटते हुए दूसरी दिशा की ओर मुड़ जाती है।

आँखों के को उमड़ने ना देने का असफल प्रयत्न करती है।

महाराज कुमारदासः-"मालिनी...तुम मालिनी को नहीं जानती...अगर तुम मालिनी को नहीं जानती तो महाकवि कालिदास...।"

बात को बीच में ही काटते हुए मालिनी रोते हुये कहती है-

"नहीं...नहीं...ना ही हम किसी मालिनी को जानते हैं और ना किसी महाकवि को।"

महाराज के मुख पर शंकारहित भाव आ जाते हैं। यद्यपि मालिनी ने पहचानने से मना कर दिया फिर भी महाराज आश्वस्त हो जाते हैं कि चित्रलेखा ही मालिनी है। महाराज मालिनी के समीप जाकर कहते हैं-

"मालिनी, महाकवि कालिदास हमारे परम मित्र है। तुम्हारे कश्मीर से निकलने के बाद उन पर राजद्रोह का आरोप लगा, विद्योत्तमा के द्वारा तिरस्कृत हुये...और ये सब हुआ तुमसे प्रेम करने के कारण...।"

मालिनी हतप्रभ रह जाती है।

कुमारदासः-"उन्हें देश निकाला कर दिया गया। संग-ही-संग षड़यंत्रकारियों ने उन्हें जान से मार देने का भी प्रयत्न किया।"

मालिनी आश्चर्य से बिलखती हुई कहती है-

"क्या...उन्हें जान से मार देने की भी योजना बनायी गई।"

कुमारदासः-"मालिनी, जानती हो मालिनी...उन्होंने तुम्हें पहचान लिया है...और अब वे गली-गली तुम्हें खोजते फिर रहे हैं। उनके जीवन में अब कुछ भी नही बचा यदि तुम भी उन्हें नहीं मिली तो वे अधिक दिनों तक जीवित नहीं रह सकेंगे।"

मालिनी अपने मुंह पर हाथ रख सिसकने लगती है। महाराज उसे समझाते हुए कहते है-

"ये रोने का समय नहीं मालिनी...तुम तो त्याग की मूर्ति हो...एक तुम ही हो जो उन्हें पुनः वही महाकवि बना सकती हो जो वे पहले थे। उनके प्राण अब तुम्हारे हाथों में है मालिनी।"

मालिनीः-"उनके लिए महाराज हम कुछ भी कर सकते हैं किन्तु हम नहीं चाहते कि वे हम जैसी तुच्छ स्त्री के सम्पर्क में आयें...हमारी कामना है कि वे रानी विद्योत्तमा के संग अपना वैवाहिक जीवन सुख से बितायें एवं जीवन में मान-प्रतिष्ठा प्राप्त कर सुखमय जीवन व्यतीत करें।"

कुमारदासः-"किन्तु ये सब तभी सम्भव है जब तुम्हारा संपर्क उनसे होगा।"

मालिनीः-"नहीं महाराज, एक बार वे हमारे सम्पर्क में आये तो उन्होंने सब कुछ खो दिया। अब पुनः हम वहीं भूल नहीं करेंगे।"

कुमारदासः-"इस बार भूल नहीं भूल को सुधारने का प्रयत्न करो मालिनी...पहले स्नेह और प्रेम से मानसिक अवस्था संतुलित करनी है। फिर धीरे-धीरे तुम उनके पुराने जीवन में पुनः स्थापित कर सकोगी।"

प्रश्नात्मक नेत्रों से देखती है मालिनी। फिर मासूमियत से कहती है-

"क्या यह सब सम्भव है महाराज?"

कुमारदासः-"इतना तो अवश्य होगा कि तुम्हारा प्रेम पाकर कालिदास नामक मुरझाया पौधा पुनः हरा हो उठेगा।"

मालिनीः-"ठीक है महाराज, आप जैसा उचित समझें।"

कुमारदासः-"एक बात और...उन्हें हमारे बारे में ये जानकारी मत देना कि हम तुमसे पहले से परिचित हैं।"

मालिनी की आँखों में श्रद्धा के आँसू उमड़ पड़ते हैं। वह महाराज के पैर छूती हुई कहती है-

"महाराज...आपका आशीष इतना शीघ्र फलीभूत होगा ये हमें विश्वास नहीं था।"

महाराज मुस्कुरा कर उसके माथे पर हाथ रख कहते हैं-

"यह हमारे आशीर्वाद से अधिक तुम्हारी पूजा रूपी प्रेम का प्रतिफल है मालिनी...ईश्वर भी सच्चे प्रेमियों के मार्ग का बाधक नहीं बनतें...तुमने तो अपना सम्पूर्ण जीवन कालिदासमय बना दिया। हम तुम्हें आशीष देते हैं कि कोई-ना-कोई ऐसा होगा जो तुम्हारी इस प्रेम-गाथा को साहित्यिक-इतिहास के पन्नों पर अमर कर देगा...अब हम चलते हैं।"

कुमारदास से विदा होते हैं। पुनः लौट कर कहते है-

"सायंकालीन हम महाकवि कालिदास को भेज देंगे।"

कुमारदास जाते हैं। मालिनी की आँखों में प्रसन्नता छा जाती है।

महाकवि कालिदास को कुमारदास स्वयं अपने हाथों से सजाते हैं। महाकवि कालिदास भी अत्यंत प्रसन्नचित मुद्रा मे हैं। सूर्यास्त होने के उपरान्त महाकवि कालिदास रथ पर सवार हो मालिनी से मिलने के लिए प्रस्थान करते हैं। इधर मालिनी भी स्वयं को सजा रही है। मन में उत्साह भी है और उदासी भी। उत्साह इस बात का कि आज उसके कालिदास उनसे मिलने आ रहे है और उदासी इस बात की वह सिंहल आकर अपने मान की रक्षा करने में असफल रही।

आज वह स्वयं को संवारने में कामायनी की भी मदद लेती है। लम्बे-लम्बे रेशमी केशों को सुगन्धित करने के लिए अगर चन्दन के धुएँ का प्रयोग किया है। फिर कामायनी उस केशों का जूड़ा बना उसमें सुन्दर फूलों को गूंथती है। अंगराग से पूरे शरीर को मलने से मालिनी का सुन्दर गोरा वर्ण और भी उज्जवल हो जाता है। लाल रंग की रेशमी साड़ी पहनने एवं

सिर से पैर तक आभूषणों को पहनने के उपरान्त मालिनी किसी नव-वधू के समान दिखने लगी। सुडौल अंगों वाली मालिनी का प्रत्येक अंग जैसे ब्रह्मा ने स्वयं बारीकी से बनाया था। होंठों पर लाल रंग की चिकनाई वाले पदार्थ लगने से उसकी सुन्दरता दुगुनी हो गयी। कामायनी ने उसके चरणों में महावर लगाते हुए पूछा-

"चित्रलेखा, आज तो तुम सच में चित्र में दिखने के लेख समान लग रही हो...आज मुझे स्वयं पर गर्व है कि मैंने बहुत ही उपयुक्त नामकरण किया तुम्हारा।"

मालिनी मुस्कुरायी। कामायनी ने प्रश्न किया-

"किन्तु, आज से पहले तुम्हें ना ही इतना प्रसन्नचित देखा और ना ही मन से इतना सजने में उत्साह देखा, इसका क्या कारण है?"

चित्रलेखाः-"इस रहस्य को रहस्य ही रहने दो कामायनी।"

कामायनीः-"किन्तु यह तो बताओ कि महाराज से क्या बात हुई...क्या आज ये साज-श्रृंगार उन्हीं के लिए हैं।"

चित्रलेखाः-"कामायनी, वो हमारे लिए ईश्वर समान है और ईश्वर के लिए ऐसी बातें शोभा नहीं देती।"

कामायनीः-"किन्तु आज तुम्हें किसकी प्रतीक्षा है।"

चित्रलेखाः-"जब वे आएंगे, तो देख लेना।"

उसी समय घोड़ों की आवाज सुनायी दी। कामायनी खिड़की के समीप जाती है। पीछे से मालिनी भी जाती है। महाकवि कालिदास को देख प्रसन्नता से भर आती है। कामायनी, चित्रलेखा से कहती है-

"यह तो महाराज कुमारदास का रथ है किन्तु यह सुन्दर पुरूष कौन है?"

चित्रलेखाः-"ये वही है जिनकी हम प्रतीक्षा कर रहे हैं।"

महाकवि रथ से उतरते है। कामायनी दौड़कर उन्हें सम्मान के साथ अन्दर हैं। कामायनी के संग वे मालिनी के कमरे तक पहुँचते हैं। मालिनी द्वार पर उनके सम्मान के लिए खड़ी है। महाकवि कालिदास अंदर प्रवेश करते हैं। मालिनी ईशारे से कामायनी को लौट जाने को कहती है। फिर दरवाजा बंद करते हुए थाल में रखे पुष्प महाकवि कालिदास के चरणों पर समर्पित करते हुए पैरों में प्रणाम करती है। महाकवि उसके कंधे को पकड़ उठाकर आलिंगनबद्ध करते हुए आँखें बंद कर कहते हैं-

"मालिनी, तुम हमारे जीवन से चली गई थी....तुमसे मिलने के लिए ही इस तन में अब भी प्राण शेष है मालिनी।"

दोनों एक-दूसरे से लिपटे हुए खूब रोते हैं। जिस प्रकार बहुत दिनों की प्यासी धरती को बादलों की वर्षा से संतृप्ती मिलती है। उसी प्रकार इस प्रकार रोने से दोनों को संतुष्टि मिल रही है। लम्बे वियोग के उपरान्त संयोग होने का क्या आनन्द है यह तो महाकवि कालिदास अथवा मालिनी जैसों को ही आभास होगा। कुछ क्षण आलिंगनबद्ध रहने के उपरान्त महाकवि ने मालिनी को उस कमरे के आलीशान पलंग पर बैठाते हुए स्वयं भी उसके समीप बैठकर मालिनी के केश के लटों को संभालते हुए कहा-

"तुम हमसे इतनी दूर कैसे चली आयी मालिनी, एक बार हमसे भेंट करना भी उचित नहीं समझा और यह सदन...?"

मालिनी की आँखों में बेबसी के आँसू छा जाते हैं-

"महाकवि, आप रानी विद्योत्तमा के प्राणनाथ है, हम तो यह सोच से चले आये कि आप दोनों की राह का ना बने रहें।"

महाकविः-"तुम स्वयं को हमारे जिन्दगी का समझती हो।"

मालिनीः-"महाकवि, आपने हमारे लिए बहुत कष्ट सहे...उन सारे कष्टों का कारण हम ही हैं।"

महाकवि मुस्कुराते हुए बोले-

"नहीं मालिनी, ये तुम्हारा भ्रम है...तुम हमारी जिन्दगी का अभिन्न हिस्सा हो...भी तुम इस वेश्या सदन में...।"

मालिनी अतीत में खोते हुए कहती है-

"महाकवि, आज हम इस सदन में सिर्फ निवास ही नहीं करते बल्कि इस सदन के धर्मों का पालन भी करते हैं...।"

महाकवि आश्चर्य-चकित हो गये...।

"किन्तु तुम...तुम...।"

आँखों में बेबसी के आँसू लिए मालिनी ने अपना अतीत बताया......।

मालिनी अचेत अवस्था में समुद्र किनारे पड़ी थी तभी कामायनी एवं उसकी सखियों की नजर उस पर गयी। वे उसे उठाकर इस वेश्या-सदन में लायें। दो दिनों के लगातार उपचार के उपरान्त उसे चेतना आयी। चेतना लौटने पर कामायनी ने उससे उसके विषय में जानना चाहा किन्तु उसने कुछ नहीं बताया। कामायनी ने उसे नया नाम दिया चित्रलेखा। उसे समझाया गया कि तुम्हें किसी बात की कमी नहीं होगी। वेश्या को भी प्रतिष्ठा भरी नजरों

से देखा जाता है। इस प्रकार बेबसी में मालिनी ने इस वृति को अपना लिया और निवास करने लगी।

मालिनी के नेत्रों से झरने की तरह आँसू बह रहे हैं।

"महाकवि हमने देश बदला, वेश बदला, नाम बदला किसी बात की लज्जा नहीं, किन्तु आपकी अमानत इस तन के मान की रक्षा ना कर सकी...प्रयत्न किया किन्तु सफल ना रह सकी महाकवि...।"

महाकवि शून्य में देखने लगते हैं। वह स्तब्ध है। मालिनी मन-ही-मन सोचती है कि किन्चित महाकवि को उससे घृणा हो गयी है। यही अवसर है कि इन्हें समझा-बुझा कर रानी विद्योत्तमा के पास भेज सकूं। रानी विद्योत्तमा इनकी धर्मपत्नी है, ज्ञानी है, वह निश्चित ही इनकी भूल के लिए इन्हें क्षमा कर दे।

इस प्रकार विचार कर मालिनी ने कहा-

"महाकवि, बासी पुष्प देवता को समर्पित नहीं होता...हम आपके योग्य नहीं कि आप पर समर्पित हो सकें...लौट जाइये महाकवि अपनी रानी विद्योत्तमा के पास...वे आपकी अर्द्धागिनी है। लौट जाइये...।"

महाकवि कालिदास की आँखें उदास है किन्तु होठों पर मुस्कान।

उन्हें माता उमा का श्राप स्मरण आता है कि तू वेश्यावृति का शिकार बन मृत्यु को प्राप्त होगा। वे मुस्कुराकर कहते हैं-

"मालिनी, विधि के लिखे विधान को कोई नहीं टाल सकता है...तुम्हारे साथ जो हुआ वह भी विधि का विधान ही है और हमारे साथ जो कुछ भी हुआ वह भी ईश्वर की इच्छा ही है। इसमें ना कुछ हमारा दोष, ना तुम्हारा और ना विद्योत्तमा का...रहा प्रश्न तुम्हारी योग्यता का तो तुम अब हमारे ही योग्य हो।"

मालिनी, महाकवि की बातें सुन चकित हो गयी। महाकवि मालिनी को अपने समीप लाकर कुछ पल उसकी आँखों में निहारते हैं। फिर अपने अधरों से उसके अधरों का पान करने लगते हैं। मालिनी का पूरा शरीर रोमान्चित हो उठता है। जिस प्रकार बैशाख-जेठ की धूप के बाद आषाढ़-सावन बारिश से धरती खिलखिला उठती है। उसी प्रकार मालिनी का तन-मन खिलखिला उठा। दोनों ने एक-दूसरे के मिलन से अद्भुत आनन्द प्राप्त किया। उषाकालीन समय होते ही महाकवि प्रसन्नता से मालिनी के मस्तक पर एक चुम्बन लेते हुए से राजभवन की ओर प्रस्थान कियें। मालिनी जाते हुए महाकवि को तब-तक देखती रही जब-तक वे आँखों से ओझल नहीं हुए।

मालिनी से मिलन के उपरान्त महाकवि कालिदास का मन संतुलित हुआ। अब महाकवि नियमित कुमारदास के राजभवन में हिस्सा लेते हैं। अपनी लेखनी एवं अपने वक्तव्यों के माध्यम से राजभवन में मनोरंजन भी प्रदान करते हैं। कुमारदास भी मित्र को प्रसन्न देख प्रसन्न रहते हैं। वे राजसभा में महाकवि की रचनाओं की मुक्त कंठ से प्रशंसा करते नहीं अघाते। किन्तु मनुष्य का मन जल की तरंगों की भांति उद्वेलित होता रहता है। एक वस्तु के मिल जाने पर दूसरी वस्तु को पाने की लालसा जागृत हो जाती है। उसी प्रकार महाकवि भी मालिनी के मिलन के बाद विद्योत्तमा को स्मरण करने लगें। जब मन में अधिक व्याकुलता उत्पन्न हुई तो भगवान बुद्ध के उपदेशों को याद करने लगे कि संसार दुखमय है, दुख का कारण है, दुख का कारण तृष्णा है और तृष्णा का विनाश ही दुख का विनाश है।"

उन्होंने अनेक यत्नों से मन को मनाने का प्रयत्न किया। विद्योत्तमा की विद्वानता, उनका रूप, उनका सौन्दर्य, उनकी शालीनता, उनकी व्यवहार-कुशलता, उनका आत्मविश्वास, उनका गर्व सब कुछ उनकी स्मृति-पटल पर छाया रहता। जब मन अत्यंत आकर्षित होता और मन करता कि पक्षी बन अपनी प्रियतमा के समीप उनके गोद में चैन से लेट गये तो अकस्मात् दूसरे ही क्षण उनकी कठोरता स्मरण हो आती और सारी कल्पना कर्पूर की भांति उड़ जाती। मन व्याकुल हो जाता और वह सायंकाल होते ही मालिनी के निकट पहुँच जाते। दोनों घंटों बैठ बाल्यावस्था के विषय में बातें करतें। किन्तु मालिनी को यह आभास होता है कि महाकवि मालिनी में कहीं-ना-कहीं अपनी प्रियतमा विद्योत्तमा को खोज रहे हैं। महाकवि, विद्योत्तमा की स्मृतियों में खोये अवश्य रहते थे। किन्तु वे जानते थे कि अब उनके भाग्य में विद्योत्तमा का साथ नहीं लिखा और यहीं उनकी नियति है। मालिनी के प्रेम में वह इस प्रकार डूब जाना चाहते थे कि विद्योत्तमा के स्मरण की पीड़ा ना सहनी पड़े। मालिनी तो स्वयं को उनकी दासी ही समझती थी क्योंकि मालिनी तो बहुत पहले ही कालिदासमय हो चुकी थी। वह हर क्षण, हर पल महाकवि कालिदास की छवि को अपने नयनों में समायें रहती और स्वयं को संसार की सबसे अधिक भाग्यशाली स्त्री समझती।

उषाकालीन बेला आ गई। महाकवि कालिदास, मालिनी के पलंग पर स्वप्न के संसार में सोये हुए हैं। मालिनी ने खिड़की से सूर्य की लालिमा देखी और महाकवि के केशों में फेरते हुए उन्हें जगाने के प्रयत्न से बोली-

"महाकवि, अपनी खोलिये...देखिये सूर्य की लालिमा दिखाई देने लगी है।"

महाकवि ने अपनी आँखें खोलते हुए मालिनी को देखकर कहा-

"तुम जब साथ रहती हो तो रात के अंधकार का पता ही चलता है?"

दोनों लगें।

मालिनीः-"अब उठिये, अब आपके प्रस्थान का समय हो गया है।"

महाकविः-"तुम हमें विदा करना चाहती हो।"

मालिनीः-"हम तो आपकी दासी है, हम आपको विदा कैसे कर सकते है, भला एक पुजारिन अपने मंदिर के देवता को विदा करना चाहेगी किन्तु हमें डर है कि कहीं...।"

महाकविः-"...कहीं कोई हमें देख ना ले।"

मालिनी मस्तक झुका लेती है। महाकवि उठते हैं और मालिनी की ओर देख उससे विदा लेते हैं। महाकवि के जाने के बाद कामायनी कमरे में प्रवेश करते हुए कहती है-

"एक बात कहूँ चित्रलेखा।"

मालिनी अपने वस्त्रों को ठीक करते हुए कहती है-

"...क्या है।"

कामायनीः-"सुना है, ये राजकवि है।"

मालिनी चहकते हुए कहती है-

"कामायनी, तुमने सही सुना है।"

कामायनीः-"तुम इनसे जब से मिली हो अत्यंत प्रसन्न भी रहती हो, तुम बदल सी गई हो।"

मालिनीः-"क्यों हमारी प्रसन्नता से तुम्हें दुख हो रहा है।"

कामायनीः-"नहीं, मुझे क्यों दुख होगा...किन्तु मुझे हानि अवश्य हो रही है।"

मालिनी आश्चर्य-चकित हो कहती है-

"हानि...कैसी हानि...?"

कामायनीः-"सिर्फ तुम्हारे प्रसन्न रहने से यह सदन नहीं चलेगा। वो तुम्हारा प्रत्येक दिन उपयोग करते हैं किन्तु बदले में तुम्हें क्या देते हैं।"

मालिनीः-"प्रेम...प्रेम करते है, प्रेम देते हैं।"

कामायनी कुटिल मुस्कान के साथ बोली-

"मैं तुम्हें इसलिये नहीं कि तुम किसी से प्रेम करो। प्रेम करना हमारा धर्म नहीं...हमारा धर्म है शरीर के प्रयोग से अधिक-से-अधिक मुद्रायें अर्जित करना...मैं तुम्हें चेतावनी देने आयी हूँ कि इस प्रेम का त्याग कर हमारे सदन के धर्मों का पालन करो अथवा अपने उस प्रेमी से कहो कि उतनी मुद्रायें अवश्य दे जो अन्य थे।"

मालिनी उसकी बातें सुन स्तब्ध रह जाती है।

मालिनीः-"ये कैसी बातें करती हो तुम?"

कामायनीः-"मैं बहुत सोच-समझ कर कह रही हूँ।"

मालिनीः-"तुम्हारे कहने का अर्थ है कि हम उनसे मुद्रा की करें।"

कामायनीः-"या फिर अपना यह प्रेम का नाटक समाप्त करो।"

मालिनीः-"ये, हम नहीं कर सकेंगे कामायनी, हम पर दया करो।"

कामायनीः-"दया से हमारा पेट नहीं भरेगा।"

इतना कह कामायनी से चली जाती है। मालिनी चिन्तामग्न हो जाती है कि महाकवि से कैसे कोई मांग करें। वह मन-ही-मन सोचने लगती है कि कैसे इस समस्या का समाधान होगा। महाकवि से पर तो वह इतना धन देंगे जितना कामायनी ने देखा भी नहीं होगा। किन्तु हम कैसे उनसे धन की करेंगे। क्या प्रेम का भी कोई मूल्य होता है किन्तु दोष कामायनी का भी नहीं। उसे क्या पता कि प्रेम होता क्या है। वह तो सिर्फ जीवन व्यतीत करना जानती है। हे ईश्वर कोई मार्ग बताएं कि हम इस समस्या से उबरें।

महाकवि कालिदास कुछ पुस्तकों का अध्ययन कर रहे हैं। वे अपने भवन के उपवन में बैठे अध्यनरत हैं। उसी समय राजदरबार के कुछ मंत्री आते है। महाकवि उन्हें देख उनके सम्मान में उठकर खड़े हो जाते हैं। मंत्रीगण अपना स्थान ग्रहण करते हैं। महाकवि उनको सम्बोधित करते हुए कहते हैं-

महाकविः-"अकस्मात्, आप सारे मंत्रियों को एक साथ देख हमारे लिए प्रसन्नता की नहीं किन्तु आप सभी का एक साथ आना, ऐसा लगता है जैसे किसी प्रयोजन से आये हैं।"

सारे मंत्री एक-दूसरे को देख लगते हैं।

एक मंत्रीः-"आप प्रयोजन के विषय में समझ ही चुके है तो हम भी बता ही देते हैं। दरअसल हम सभी ने विचार किया है कि क्यों ना आज आखेट पर चला जाए।"

महाकविः-"यह तो बहुत अच्छी बात है किन्तु हमें क्षमा करें हम जानवरों से बड़ा स्नेह करते हैं, हम उनकी हत्या होते ना देख सकेंगे।"

दूसरा मंत्रीः-"आप भी तो कभी कश्मीर नरेश थे और राजाओं द्वारा आखेट धर्म के विरूद्ध तो नहीं है।"

महाकवि कश्मीर का नाम सुन कुछ उदास से हो जाते है।

तीसरा मंत्रीः-"रणभूमि में तो एक राजा दूसरे राजा को भी मार डालते हैं, उस समय वह धर्म कहलाता है किन्तु उसमें भी यदि सोचा जाए तो हत्या ही है।"

पहला मंत्रीः-"सीमा का विस्तार करने के लिए या सीमा की रक्षा करने के लिए क्षत्रिय यदि किसी का वध करते हैं तो वह क्षत्रिय धर्म है।"

महाकविः-"धर्म की परिभाषा अत्यंत विस्तृत है, कोई कर्म किसी स्थान पर धर्म कहलाता है पुण्य कहलाता है तो कहीं कुकर्म या पाप।"

दूसरा मंत्रीः-"महाकवि, इन सब विषय में ना उलझियें, हम लोगों के संग आखेट पर चलिए...आप रहेंगे तो हम लोगों का मनोरंजन होता रहेगा।"

महाकविः-"किन्तु हमारा जाने का मन नहीं है।"

पहला मंत्रीः-"आप शिकार ना कीजिएगा...प्रकृति के सौन्दर्य का दर्शन तो इस बहाने हो ही जाएगा।"

महाकविः-"सो तो ठीक है किन्तु निरपराध जानवरों की हत्या देखने का पाप तो हमें लगेगा ही।"

दूसरा मंत्रीः-"कविन्द्र, आप भी कैसी बातें करते हैं, कब किसके हाथों किसकी मृत्यु लिखी है, ये जानना असम्भव है और आप जानवरों के लिए इतने व्याकुल हो रहे हैं।"

महाकवि कोई उत्तर नहीं देते। तीसरा मंत्री कहता है-

"अब यूं समय व्यर्थ ना गंवायें। विलम्ब हो रहा है चलिये।"

महाकविः-"लगता है आप लोग हमें ले जाकर ही रहेंगे।"

पहला मंत्रीः-"अवश्य, महाकवि आपका हठ् हम नहीं चलने देंगे, जाना तो आपको होगा ही।"

महाकविः-"ठीक है, हम तैयार होकर आते हैं।"

महाकवि इतना कह अन्दर भवन में गये। दूसरे मंत्री उनकी प्रतीक्षा करते हुए किसी दूसरे विषय में चर्चा करने लगें। कुछ समय के बाद महाकवि भी वापिस आये और उन मंत्रियों के संग चल दिये।

महाराज कुमारदास अपने उपवन में टहल रहे है। रंग-बिरंगे पुष्पों के मध्य विचरते हुए वे उपवन में बने जलाशय के निकट आते हैं। उनकी नजर जलाशय के मध्य खिले हुए कमल पुष्पों पर पड़ती है। मन-ही-मन सोचते हैं "कितना मनोरम दृश्य है यह, यह कमल-पुष्प देखने में कितने सुहावने लगते हैं।" कुछ क्षण तक होंठों पर मुस्कान के साथ खिलें कमल को निहारने के बाद अकस्मात् मन में एक प्रश्न आता है। माथे पर समस्याजनक खिंचाव उत्पन्न होता है। वे सोचते हैं-

"कमलात्कमलोत्पत्तिः श्रूयते न च दृश्यते" अर्थात् कमल से कमल उत्पन्न होता है, सुना भर गया है किन्तु कभी देखा नहीं गया।

चिन्तनीय अवस्था में इस प्रश्न का उत्तर सोचते हैं किन्तु उन्हें उत्तर नहीं मिलता। मन-ही-मन में विचार करते हैं कि क्यों ना इस प्रश्न का उत्तर राजसभा से जाना जाये।

आज के राजदरबार में महाकवि एवं मंत्रियों के अनुपस्थिति में वे अन्य दरबारियों के समक्ष अपने इस प्रश्न को रख उत्तर जानना चाहते हैं। सारे दरबारी एक-दूसरे की आँखों में प्रश्नात्मक नजरों से देखते हैं किन्तु उत्तर ना दे पाने की स्थिति में सभी सिर झुका लेते हैं। महाराज कुमारदास कुछ क्रोधित होते हुए घोषणा करते हुए कहते हैं-

"हे हमारे राज दरबारियों, हमें ऐसा आभास हो रहा है जैसे आप लोगों में से किसी को भी इस प्रश्न का उत्तर नहीं मालूम है...आज हम अपने नगर-वासियों की भी परीक्षा लेना चाहते हैं...हम जानना चाहते हैं कि हमारे नगर में कोई व्यक्ति तो ऐसा होगा जो इस प्रश्न का उत्तर दे सकें। इसलिये हम घोषणा करते हैं कि सारे नगर में ढिंढोरा पिटवा कर इस प्रश्न की जानकारी दें। जो भी इस प्रश्न का उचित उत्तर देगा उसे एक लाख स्वर्ण मुद्रायें उपहार स्वरूप दी जाएगी...प्रश्न तो आप जानते ही है- "कमलात्कमलोत्पत्तिः श्रूयते न च दृश्यते।"

सारे नगर में ढोल बजा-बजा कर महाराज के द्वारा किये गये प्रश्नों को रखा जाता है और साथ ही यह घोषणा की जाती है कि जो मनुष्य इस प्रश्न का उचित उत्तर देगा उसे एक लाख स्वर्ण मुद्रायें पुरस्कार स्वरूप प्रदान किया जाएगा।

पुरस्कार के लालच में क्या पुरूष, क्या स्त्री, क्या जवान, क्या प्रत्येक व्यक्ति अपने मष्तिष्क की बुद्धि लगाता है। एक-दूसरे से बहस करता है कि किसी प्रकार महाराज द्वारा पूछे गये प्रश्न का उत्तर मिल सके।

ढोल की आवाज सुन कामायनी भीड़ के समीप जाती है।

राजदरबारी घोषणा करते हुए कहता है-

"सुनो...सुनो...नगरवासियों सुनों महाराज के द्वारा एक प्रश्न किया गया है, जो भी इस प्रश्न का उचित उत्तर देगा उसे एक लाख स्वर्ण मुद्रायें पुरस्कार स्वरूप प्रदान किया जाएगा...।"

प्रश्न हैः-"कमलात्कमलोत्पत्तिः श्रूयते न च दृश्यते।"

अर्थात्ः कमल से कमल उत्पन्न होता है, यह सुना भर गया है किन्तु कभी देखा नहीं गया।

कामायनी प्रश्न सुन स्वयं के केशों पर हाथ रख विचारने लगती है। "यह प्रश्न तो अत्यंत जटिल है सत्य है कमल से कमल की उत्पत्ति तो कोई देखता नहीं हैं।"

वह सिर खुजलाती हुई अपने सदन तक आती है। दरबारी एक बार पुनः प्रश्न दोहराता है। कामायनी मन-ही-मन सोचती है "यदि इस प्रश्न का उत्तर मिल जाये तो मैं तो इतनी धनी हो जाऊंगी कि नौकर-चाकर सेवा में लगे होंगे...एक लाख स्वर्ण-मुद्रायें"।

आँखों में लालच का भाव आता है किन्तु उत्तर नहीं मिल पाने के कारण तुरन्त उदासी आ जाती है। कदम धीरे-धीरे अपने सदन की ओर बढ़ रहे हैं। नगर में उत्सव की तरह ढोल स्थान-स्थान पर बज रहे हैं। नगरवासियों में भी उत्सवी माहौल की तरह हलचल-सी है। चहुँ ओर महाराज के द्वारा पूछे गये प्रश्न एवं पुरस्कार की ही चर्चा है।

कामायनी अपने कमरे में इधर-से-उधर टहलते हुए प्रश्न का हल खोज रही है। तभी उसके कमरे में मालिनी आती है। कामायनी को किसी उधेड़बुन में देख प्रश्न करते हुए कहती है-

"क्या बात है कामायनी, किस उधेड़बुन में लगी हो।"

कामायनी प्रश्न में उलझी हुई कहती है-

"कमल से कमल उत्पन्न होता है, क्या तुमने देखा है।"

मालिनी हुए कहती है-

"नहीं...हमने क्या यह तो किसी ने नहीं देखा है।"

कामायनीः-"यही तो, यही तो प्रश्न हैः-"कमलात्कमलोत्पतिः श्रूयते न च दृश्यते।"

मालिनीः-"ये भी कोई प्रश्न हुआ?"

कामायनीः-"तुम कहती हो ये भी कोई प्रश्न हुआ...तुमने सुना नहीं जो भी इस समस्या का समाधान करेगा उसे महाराज एक लाख स्वर्ण मुद्रायें देंगे।"

मालिनी आश्चर्यचकित होती है, फिर कहती है-

"क्या तुम सत्य कह रही हो?"

कामायनीः-"चित्रलेखा।"

मालिनी कुछ सोचती है। होठों पर मुस्कान छा जाती है।

"इस प्रश्न का उत्तर तो एक ही व्यक्ति दे सकता है।"

कामायनी उछलती हुई कहती है-

"कौन, कौन दे सकता है इसका उत्तर?"

मालिनीः-"इसका उत्तर राजकवि के पास होगा।"

कामायनीः-"क्या कहा, राजकवि...जो आते हैं, उनके पास....किन्तु उनके पास होता तो महाराज नगर भर में यह प्रश्न क्यों करवाते?"

मालिनीः-"हो सकता है कि वह नगरवासियों की बुद्धि की परीक्षा लेना चाह रहे हो।"

कामायनीः-"ये बात ही होगी।"

कामायनी, चित्रलेखा के आँखों में देख चापलूसी से कहती है-

"एक काम करो चित्रलेखा तुम आज रात उनसे इस प्रश्न का उत्तर जान लेना।"

मालिनी कुटिल मुस्कान मुस्कुराते हुए कहती है-

"उत्तर तो हम जान लेंगे किन्तु बदले में हमें क्या मिलेगा?"

कामायनीः-"एक लाख स्वर्ण मुद्राओं में से आधा हिस्सा।"

मालिनीः-"एक काम करते हैं, मुद्राएं तुम ही रख लेना...हमसे बस इतना वादा करो कि फिर कभी राजकवि से मुद्रायें को नहीं कहोगी।"

कामायनी की आँखों में उत्साह एवं प्रसन्नता के भाव आ जाते हैं। वह चित्रलेखा के गालों को सहलाते हुए कहती है-

"जब एक-साथ एक लाख स्वर्ण मुद्रायें मिल जाएंगी तो भला मैं क्यों तुम्हारे साथ कठोर बनूंगी। उसके बाद तुम जो चाहो करना।"

मालिनी की आँखों में भी खुशी के भाव आ जाते हैं। वह मन-ही-मन विचारने लगती है कि "हे ईश्वर आपने महाराज के माध्यम से हमारी अनेक समस्याओं का निराकरण किया। कामायनी के दिये गये समस्या का समाधान भी महाराज के पूछे गये प्रश्न के कारण ही हो पाया है। किन्तु महाराज के द्वारा पूछा गया यह प्रश्न अत्यंत अजीब है। भला इस प्रश्न का क्या उत्तर हो सकता है। यदि महाकवि के पास भी उत्तर ना हो तो... नहीं...नहीं। वे विद्वान है...वरदपुत्र है, उनके समक्ष प्रत्येक प्रश्न का उत्तर है। उन पर संदेह करने का अर्थ है ईश्वर पर संदेह करना। कामायनी महाराज के माध्यम से एक लाख स्वर्ण मुद्रायें मिलने के उपरान्त हमें वह तंग नहीं करेंगी। हम महाकवि के सामनें कुछ मांगने को विवश नहीं होंगे। हे ईश्वर हमारे महाकवि को दीर्घ आयु जीवन प्रदान कर उन्हें उनकी खोयी प्रतिष्ठा, मान-सम्मान फिर से मिल जायें। रानी विद्योत्तमा का साथ मिल जाये और वे सुख-आनन्द के संग अपना जीवन व्यतीत कर सकें।"

वन में महाकवि कालिदास प्राकृतिक सौन्दर्य को देख आनन्दित हो रहे हैं, अकस्मात् उन्हें रानी विद्योत्तमा का स्मरण आता है। महाराज विक्रमादित्य के दरबार में राजकुमार के वेष में जाना और उनके मूक प्रश्नों का मूक उत्तर देना। विद्योत्तमा के संग उनका विवाह। स्वयं की मूर्खता भरी हरकतें और सुहागरात में विद्योत्तमा द्वारा उन्हें अपमानित कर निकाल देना। ज्ञान प्राप्त करने के उपरान्त महाकवि को प्राणनाथ मान कर किस प्रकार विद्योत्तमा ने उन्हें स्वीकार कर अपना सर्वस्य समर्पित कर दिया। उनके संग बिताये गये भोग-विलास के वे क्षण जिसमें महाकवि को असीम आनन्द प्राप्त हुआ था।

वह विचार करने लगे कि-"हे महादेव आपने हमसे क्यों ऐसी भूल करवायी जिसका दण्ड यह है कि हम अपने प्रियतमा के वियोग के

विराहग्नि में व्याकुल है। दोष तो हमारी लेखनी में था फिर क्यों इस दोष का दण्ड रानी विद्योत्तमा को उठाना पड़ रहा है। हम तो मालिनी एवं मदिरापान के सहारे अपनी पीड़ा कम भी कर लेते हैं। किन्तु विद्योत्तमा जो हमसे असीम प्रेम करती थी...करती थी, नहीं अब भी करती होगी... उनके प्रेम की गहराई का आभास है हमें...क्यों उन्हें दण्ड मिल रहा है। हम जानते है कि वे हमारे बिना जल बिन मछली की भांति तड़पती होगी।" यह सब विचार करते हुए उनका मन व्याकुल हो उठा।

आँखों में आँसू भर आयें। मन बहलाने के लिए उन्होंने मिट्टी से विद्योत्तमा की आकृति बनाने का प्रयत्न किया...किन्तु यह क्या आकृति बनी तो किन्तु यह आकृति विद्योत्तमा की नहीं मालिनी की है। यह देख वे अचंभित हो गये। वह सोच में पड़ गयें। "यह क्या, यह तो मालिनी है, हमारी कोईली...बाल्यकाल से अब तक इसी ने तो हर क्षण साथ निभाया है। स्वयं के जीवन के सुख को त्याग हमारे लिए, हमारे कारण अपना सब कुछ त्याग दिया।" मुस्कुराये महाकवि "माँ उमा का श्राप ना होता तो किन्चित हमें मालिनी का प्रेम प्राप्त ना होता। सत्य ही है ईश्वर जो भी करते हैं उसमें कोई-ना-कोई रहस्य छिपा रहता है।"

तभी हिरणों का एक झुंड छलांगे लगाता हुआ भाग रहा है। महाकवि की नजर उन डरी-सहमी हिरणियों पर पड़ी। उन्हें देख वे सोचने लगे "ऐसा लगता है जैसे यह हिरणों का झुंड अपने प्राणों की रक्षा के लिए भाग रहा है।"

तभी एक मंत्री हाथों में तड़पते हुए एक हिरण को लेकर मुस्कुराते हुए महाकवि के पास आ रहा है। उसे देखते ही महाकवि दौड़ते हुए मंत्री के समीप पहुँचे। मंत्री ने हिरण को लगभग पटकते हुए कहा-

मंत्रीः-"देखिए महाकवि, ये सारे मंत्री स्वयं को क्षत्रिय कहते है और अब तक किसी ने एक पक्षी तक को नहीं मारा और हमने इस हिरण...।"

महाकवि उसे तड़पते देख क्रोधित हो बोले-

"इस निरपराध हिरण को मार आप स्वयं को वीर समझतें हैं...।"

सारे मंत्री आ जाते हैं। महाकवि हिरण के सिर को अपनी गोद में रख उसका मस्तक सहला रहे हैं। हिरण भी जैसे उन्हें अपना ही समझ रहा है। बड़ी-बड़ी आँखों से पीड़ा भरे आँसू बहते जा रहे हैं एवं कातर नेत्रों से महाकवि को निहार रहा है। हिरण की पीड़ा मानों महाकवि को पीड़ित कर रही है और महाकवि की आँखों से भी आँसू बह निकलते हैं। सारे मंत्री प्रश्नात्मक नजरों से एक-दूसरे की ओर देख रहे हैं।

कुछ ही क्षण बाद हिरण के शरीर से प्राण उड़ जाता है। अब वह मांस के लोथड़े की भांति लुढ़का हुआ है। अब उसके उस निर्जीव शरीर का प्रयोग

जिस भी रूप में कोई करें इसकी चिन्ता उसे क्योंकर होने लगी। महाकवि उसके सिर को अपनी गोद से नीचे उतारते हैं और अपने गीले नेत्रों को पोछतें हुए उदासी भरे स्वर में कहते हैं-

"आप लोगों की वीरता का प्रमाण आप लोगों के समक्ष इस धरती पर निर्जीव पड़ा है। अब आप लोग इस आनन्ददायक क्षण का उत्सव मनाइये.... हमें क्षमा कर दीजिए...अब हम और नहीं ठहर सकतें।"

इतना कहते हुए महाकवि अपने घोड़े पर सवार हो से निकल पड़ते हैं। महाकवि का मन इतना द्रवित हो जाएगा इसका अन्दाजा उन मंत्रियों को भी नहीं था। सों उनके जाने के पश्चात् वे लोग भी अनमने मन से से लौट जाने का विचार करते हैं।

सायंकाल का समय होते ही कामायनी प्रसन्नता से खिल उठती है मानों उसे आज कोई वरदान मिलने वाला है। वह दौड़ती हुई चित्रलेखा के कमरे में जाती है। उसके हाथों में रंग-बिरंगे फूलों की सुन्दर मालाएं और तरह-तरह के सुगन्धित फूल हैं। चुपचाप बैठी चित्रलेखा से कहती है-

"आज भी तुम इस तरह चुपचाप बैठी हो। अरे, अच्छी तरह तैयार हो जाओ। सोलहों-श्रृंगार कर लो और आज रात अपने प्रियतम की सांसों में समा जाओ।"

चित्रलेखा फीकी मुस्कान मुस्कुराते हुए कहती है-

"पता नहीं क्यों कामायनी, आज चित्त घबरा सा रहा है। ऐसा लगता है जैसे कोई अनहोनी होने वाली है।"

कामायनी मालाओं को पलंग पर रखते हुए चित्रलेखा की बांह पकड़ घुमाते हुए कहती है-

"व्यर्थ की चिन्ता ना करो...आज रात तो वह होगा, जिसकी तुमने कल्पना भी नहीं की होगी...(मालाएं दिखाते हुए) ये देखों तरह-तरह के पुष्पों की मालाएं...सुगन्धित रंग-बिरंगे पुष्प आज तुम्हारे इस सेज को मैं अपने हाथों से ऐसे सजाऊंगी कि जिन्दगी भर ये सेज तुम दोनों के लिए महत्वपूर्ण होगी।"

इतना कह वह पलंग पर की एक-एक माला उठाकर पलंग को सजाने लगी। सजाते हुए बोली-

"आज देखना इस सेज पर नयी चादर बिछा कर उस पर सुगंधित पुष्पों का बिछौना करूंगी और तुम्हारे लिए मैंने नया परिधान बनवाया है...

आज तुम वहीं पहनना। कुछ आभूषण है मेरे पास, जो आज तक मैंने किसी को पहनने नहीं दिये और ना ही स्वयं पहना, वो जेवर पहनाकर तुम्हें नयी-दुल्हन की तरह सजाऊंगी...तुम्हारे प्रियतम भी सोच में पड़ जायेंगे कि यह चित्रलेखा ही है या उसकी प्रतिमा।"

मालिनी की आँखों में खुशी के आँसू उमड़ पड़ते हैं। कामायनी पलंग को सजाने के बाद दौड़कर अपने कमरे में नयी चादर, नया-परिधान और आभूषण ले आती है। चित्रलेखा को वस्त्र देकर कहती है-

"आज तुम यही वस्त्र पहनना...और ये आभूषण मैं. अपने हाथों से तुम्हें पहनाऊंगी।"

चित्रलेखा वस्त्र और आभूषण ले लेती है। कामायनी सेज की चादर बदलकर उस पर सुगन्धित पुष्प बिछाते हुए सजा देती है। जब सेज पूरा तैयार हो जाता है तो कामायनी चित्रलेखा को बैठाते हुए उसके केश संवारती हुई कहती है-

"आज तुम्हारे लम्बे-लम्बे केशों का जूड़ा नहीं बाधूंगी बल्कि इन्हें यूं ही खुला छोड़ इसकी सज्जा पुष्प द्वारा करूंगी।"

मालिनीः-"आज से पहले हमने तुम्हें इतना प्रसन्न कभी नहीं देखा।"

कामायनी केशों को संवारती हुई कहती है-

"मेरे जीवन में इतना बड़ा अवसर भी तो नहीं आया....(दोनों हंसते हैं)...एक बार अपने प्रियतम से प्रश्न का उत्तर निश्चय पूछना।"

मालिनीः-"पूछ लूंगी...।"

कामायनी केशों की सज्जा करने के बाद उसका रूप निहारते हुए कहती है-

"अच्छा, मैं कुछ समय के बाद आती हूँ, तब तक तुम तैयार हो जाओ।"

कामायनी अपने कमरे में आती है। हठात् उसके मष्तिष्क में आता है कि "चित्रलेखा के प्रिय महाराज कुमारदास के मित्र हैं। प्रश्न का उत्तर देने के बाद यदि उन्होंने महाराज को ये सब बता दिया तो वो एक लाख मुद्रायें तो हाथ से जायेंगी ही साथ-ही-साथ महाराज छल-प्रपंच रचने के कारण दण्डित भी कर देंगे...नहीं मुझे कुछ ऐसा करना होगा जिससे वो पुरस्कार मुझे ही मिले और महाराज को पता भी ना चले...।" वह विचारने लगती है...कुछ देर बाद उसके आँखों में अद्भुत चमक आ जाती है। वह कुटिल मुस्कान के संग कमरे से निकलती है।

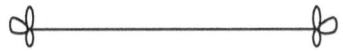

रात्रि के अंधेरे में एक जंगली व्यक्ति कामायनी को पहले एक पुड़िया देता है और कहता है-

"यह जीवन-रक्षक औषधि है। इसके प्रयोग के पश्चात् किसी भी जहर का शरीर पर कोई असर नहीं होता।"

कामायनी के अधरों पर कुटिल मुस्कान फैल जाती है। आदमी दूसरी पुड़िया देते हुए कहता है-

"देखने में तो यह युवतियों के होठों पर लगाने वाली लालिमा समान है किन्तु वास्तव में यह विषाक्त विष है, एक बार मुख द्वारा इसके छुअन मात्र से मनुष्य के प्राण जा सकते हैं...इसे जीवन भक्षक भी कह सकते हैं।"

कामायनी हाथों से जीवन-भक्षक या विष की पुड़िया हाथों में लेकर फाड़े उसे देखती हुई कहती हैं-

"देखों, मेरा काम अति संवेदनशील एवं खतरनाक है, मुझे पूरा भरोसा चाहिए।"

जंगली व्यक्ति मुस्कुराता हुआ बोला-

"मुझे आपने पूरी पचास मुद्रायें दी है...मैं आपके संग विश्वासघात कैसे कर सकता हूँ...बस इसका प्रयोग पूरी सावधानीपूर्वक होना चाहिए अन्यथा अनर्थ भी हो सकता है।"

कामायनी कुटिल मुस्कान मुस्कुराते हुए मन-ही-मन सोचती है-

"अर्थ के लिए अनर्थ तो करना ही पड़ेगा।"

कामायनीः-"ठीक है, अब तुम जाओ और कुछ दिनों के लिए नगर की ओर मत आना।"

जंगली व्यक्ति आदेश पाकर चला जाता है।

कामायनी दोनों पुड़िया संभालती हुई वापस अपने सदन की ओर आने लगती है। मन-ही-मन विचार करती है-बस किसी तरह मेरी तरकीब पूरी हो जाएं और फिर क्या जिन्दगी भर आराम से अपना जीवन व्यतीत करूंगी।

महाकवि कालिदास तीव्र गति से घोड़ा दौड़ाते हुए मालिनी से मिलने आ रहे हैं। मन हिरण के मरने से परेशान एवं व्याकुल है।

इधर मालिनी नये वस्त्र पहन आदम-कद शीशे के सामने बैठी स्वयं को संवारने में लगी है। आईने में तभी कामायनी को देखती है। होठों पर

मुस्कान एवं में लज्जा आ जाती है। कामायनी समीप आकर उसे निहारती हुई कहती है-

"तुम आज इस नव-वस्त्र में कितनी सुन्दर लग रही हो चित्रलेखा... लाओं मैं तुम्हें आभूषणों से सजा देती हूँ।"

कामायनी एक-एक कर सिर से तक के पूरे आभूषण अपने हाथों से मालिनी को पहनाती है। उसके आँखों में काजल, माथे पर लाल टीका लगाती है। उसके बाद जीवन-रक्षक पुड़ियां निकालकर मालिनी को देते हुए कहती है-

"ये पुड़ियां मैंने बहुत दूर से मंगवाया है। इसे अपने होठों एवं जिव्हा में इस प्रकार लगाओ कि इसका रस मुख के प्रत्येक कोने में समा जाएं।"

मालिनी कौतूहल से उस पुड़िया को देख कहती है-

"इससे क्या होगा कामायनी, क्या है यह?"

कामायनी उसकी लटों को प्यार से छूते हुए कहती है-

"ये ऐसी औषधि है जिसको लगाने से मुख से अति सुगन्धित सुगन्ध आती है। बहुमूल्य औषधि है यह।"

मालिनीः-"तुम भी, ना जानें से क्या-क्या लाती हो?"

कामायनीः-"चलो अब इस औषधि को होठों में लगाकर जिव्हा द्वारा इसका रसपान करो।"

कामायनी के कहने पर मालिनी पुड़िया से भस्म निकाल होठों पर लेप करती है। फिर जीभ से उसका पान करती है। कामायनी कुटिल मुस्कान मुस्कुराती है। मालिनी होठों में लालिमा लगाने के लिए लालिमा जैसे ही हाथ में लेती है कामायनी उसके हाथों से लालिमा छीनते हुए कहती है-

"नहीं...नहीं...आज इसे नहीं लगाना है। जब सब कुछ नया है तो, लालिमा भी नयी होनी चाहिए।"

मालिनी मुस्कुराते हुए कहती है-

"इसका अर्थ है कि तुमने कोई बहुमूल्य लालिमा भी मंगवाया है।"

कामायनी दूसरी पुड़िया दिखाते हुए कहती है-

"ये देखो, ये लालिमा होठों को इतनी सुन्दर बना देती है कि क्या कहूँ...किन्तु अभी इसे मत लगाओ...हो सकता है फीकी पड़ जाए...जब वो आ जाएंगें तब ये लालिमा लगाना...ताकि इस सुन्दर अधरों का पान कर तुम्हारे प्रियतम प्रसन्न हो जाएं।"

तभी बाहर घोड़े के टापों की आवाज सुनायी देने लगती है। कामायनी खिड़की से देखती है। चाँदनी रात में वह महाकवि को घोड़े से उतरते हुए देखती है। वह मालिनी से कहती है-

"आ गये तुम्हारे प्रियतम...मैं जा रही हूँ...तुम उत्तर अवश्य जान लेना...और (लालिमा दिखाते हुए) ये लालिमा...।"

लाजवश मालिनी मुस्कुरा देती है। कामायनी कमरे से निकल जाती है। मालिनी आईने के सामने बैठकर उस विष को होठों की लालिमा समझ अपने होठों पर लगा स्वयं के चेहरे को आईने में देख रही है तभी उसे आईने में महाकवि का चेहरा दिखाई देता है।

महाकवि कालिदास उसके गर्दन को अपनी बांहों में भरते हैं।

"आज तो तुम अत्यंत सुन्दर दिखाई दे रही हो।"

मालिनी उठकर खड़ी हो जाती है। महाकवि उसके साथ सेज पर आते हैं। सजा हुआ सेज देख आनन्दित होते हुए कहते हैं-

"आखेट से चले थे तो मन द्रवित था किन्तु तुमने तो आज हमारे स्वागत का ऐसा प्रबन्ध किया कि मन आनन्द-विभोर हो गया। एक खिड़की से छिपकर कामायनी सब कुछ देख रही है जिसका आभास इन दोनों को नहीं है।

पलंग की पुष्पों की माला छूते हुए महाकवि कहते हैं-

"इन पुष्पों की सुगन्ध से हमारा मन मदहोश हो रहा है मालिनी... आज मन को और मदहोश करने की तीव्र इच्छा हो रही है। सोमरस पान की इच्छा है।"

मालिनी पलंग से उतर एक थाल में कुछ फल एवं मदिरा लाती है। महाकवि कालिदास को सोमरस का पात्र देते हुये-

"लीजिए महाकवि, सोमरस पान कीजिए।"

महाकविः-"अपने हाथों से पान कराओ ना।"

मालिनीः-"हम अपने देवता को सुरा-पान कैसे करा सकते हैं?"

महाकवि मुस्कुराते हुए कहते हैं-

"तुम्हारे द्वारा आज यदि विषपान भी हो जाए तो प्रसन्नता होगी... आज रात्रि जितनी सुन्दर तुम हो फिर कभी यह रात ही ना हो...इसलिए यदि आज तुम्हारे आंचल में हमारे प्राण भी चले जाएं तो भाग्य ही होगा।"

मालिनी मुख पर हाथ रखते हुए कहती है-

"ऐसी बातें हृदय में शूल के समान चुभती हैं महाकवि, ऐसी बात ना कीजिए।"

मालिनी ने एक प्याली मदिरा महाकवि को अपने हाथों से पिलायी और लड़खड़ाते स्वर में बोली-

"एक प्रश्न का उत्तर दे सकते हैं?"

महाकविः-"कैसा प्रश्न मालिनी?"

मालिनी दूसरी प्याली सुरा पिलाती हुई बोली-

"महाराज कुमारदास ने एक प्रश्न किया है, जिसका उत्तर देने वाले को पुरस्कार के रूप में एक लाख स्वर्ण मुद्राये मिलेंगी।"

महाकवि हुए बोले-

"तो क्या तुम भी लालच में पड़ गई।"

मालिनीः-"लोभ तो है हमें किन्तु मुद्राओं का नहीं आपके चरणों में रहने का।"

महाकविः-"फिर तुम्हें उत्तर की क्या आवश्यकता?"

मालिनीः-"हमारी सखी कामायनी उत्तर जानना चाहती है।"

कामायनी उत्साहित नेत्रों से दोनों की बातें सुन रही है।

महाकवि उसके अधरों को अंगुली से छूते हुए कहते हैं-

"प्रश्न तुम जैसा सुन्दर होगा तो उत्तर अवश्य बतायेंगे।"

मालिनी तीसरा प्याला मदिरा पिलाते हुए मुस्कुराकर कहती है-

"महाराज द्वारा प्रश्न पूछा गया है कि "कमलात्कमलोत्पत्तिः श्रूमते न च दृश्यते।" कमल से कमल उत्पन्न होता है, यह सुना भर गया है किन्तु कभी देखा नहीं गया।"

महाकवि प्रश्न सुन मुस्कुराते हैं। कुछ क्षण कोई उत्तर नहीं देते।

कामायनी आँखें फाड़े प्रश्नात्मक नजरों से देख रही है।

मालिनीः-"आप मुस्कुरा रहे हैं...है ना अजीब प्रश्न भला कमल से कमल की उत्पत्ति को किसी ने नहीं देखा।"

महाकवि मालिनी के नेत्रों को टकटकी लगायें निहारे जा रहे है।

"हमारे इन नेत्रों में क्या देख रहे हैं?"

महाकविः-"महाराज के प्रश्न का उत्तर।"

मालिनीः-"हमारे नेत्रों में उत्तर।"

महाकविः-"मालिनी...बाले! तब सुखाम्भोजे कथमिन्दीवर-द्दभम् अर्थात हे बाले तुम्हारे मुख रूपी कमल पर नयनरूपी दो-दो कमल कैसे खिल गये हैं?"

कामायनी उत्तर सुन प्रसन्न हो जाती है। मालिनी इस प्रकार का उत्तर सुन आश्चर्यचकित हो जाती है।

महाकविः-"देखा तुम्हारे इन दो नयनों में ही महाराज की समस्या का समाधान था।"

महाकवि उठकर खिड़की के समीप चाँदनी रात की चाँदनी का आनन्द लेने जाते हैं। पीछे से मालिनी भी खिड़की के समीप पहुँचती हैं। चाँदनी की रोशनी में मालिनी ऐसी दिखती है, मानों स्वर्ग से कोई अप्सरा उस रोशनी में धीरे-धीरे महाकवि के समीप जा रही हो। महाकवि उसे देख कहते हैं-

"कितनी रूपवती हो तुम...(होठों को छूते हुए) और ये होठों की लाली, ऐसा लगता जैसे ये होंठ आज हमारी जान ले लेंगे।"

महाकवि मालिनी को बांहों में भरते हुए उसके अधरों को अपने अधर में लेकर अधरपान करने लगते है। कुछ क्षण बाद उनके कंठ में एक अजीब तरह का दर्द का अनुभव होने लगता है। वह मालिनी की बांहें पकड़े सेज पर आते हैं। वह धराशायी होकर पलंग पर गिरकर तड़पते हुए कहते हैं-

"मालिनी, हमारे कंठ में अजीब सा दर्द है, मन व्याकुल हो रहा है।"

मालिनी उनकी व्याकुलता देख परेशान हो जाती है। वह परेशानी से इधर-उधर देखती है। तभी उसकी नजर छिपकर खड़ी कामायनी पर जाती है। उसके नेत्रों को देख उसे किसी षड़यंत्र के होने जैसा अनुमान लगता है। वह दरवाजा खोल कामायनी को खींच अन्दर लाते हुए कड़कती आवाज में पूछती है-

"क्या किया तुमने कामायनी...हमें बताओ।" फिर बेचैन हो जाती है। एक बार महाकवि के समीप जाती है दूसरी बार कामायनी के पास...उसे झकझोड़ते हुए कहती है-

मालिनीः-"कामायनी शीघ्रता से किसी वैध को बुलाओ...।"

कामायनी स्तब्ध निरूत्तर खड़ी है।

मालिनी महाकवि के मुँह में पानी देती है।

मालिनीः-"आप को कुछ नहीं होगा महाकवि...आपको कुछ नहीं होगा, हम अभी वैध को बुलाते हैं।"

मालिनी व्याकुलता से बिलख-बिलख कर रोती हुई कहती है-

"हे ईश्वर, ये क्या हो गया...।"

कामायनी, तुम स्तब्ध क्यों खड़ी हो, किसी वैध को तो बुलाओ।"

कामायनी उसी स्थान पर खड़े-खड़े कहती है-

"कोई वैध अब कुछ भी नहीं कर पायेगा चित्रलेखा।"

मालिनी आश्चर्यचकित हो जाती है। वह महाकवि को छोड़ कामायनी को झकझोड़ते हुए चिल्लाते हुए कहती है-

"तुम ऐसा क्यों कहती हो कामायनी कोई वैध क्यों कुछ नहीं कर पाएगा?"

कामायनीः-"क्योंकि तुम्हारे अधरों में लगी लालिमा में विष है और उसी विषपान से...।"

एक जोरदार थप्पड़ मारते हुए मालिनी कहती है-

"नीच...तूने लोभवश एक ऐसे व्यक्ति की हत्या की साजिश रच डाली जो महाकवि कालिदास है।"

अकस्मात् कामायनी कालिदास का नाम सुन आश्चर्यचकित हो जाती है। वह वहीं गिरकर पत्थर की भांति हो जाती है। मालिनी महाकवि के समीप जाकर उनके सिर को अपनी गोद में लेकर कहती है-

"आप को कुछ नहीं होगा महाकवि...हम अभी आपको वैध के पास ले चलते हैं।"

महाकवि के मुख से पहले सफेद रंग का झाग निकलता है। फिर खून निकलने लगता है। वह मुस्कुराते हुए कहते है-

"मा...लि नी...व्यर्थ में व्याकुल ना बनो...यह तो विधि का विधान...उ... मा...का...श्राप...थ जिसे पूरा...होना...ही...था...।"

महाकवि की नजरों के सामने विद्योत्तमा की छवि आती है...अपनी माँ की सूरत-मूरत बन सामने आती है...अपने गुरू की सूरत नजर के सामने घूम जाती है। हेमचन्द्र और महाराज कुमारदास की तस्वीर आती है। अंत में महादेव का स्मरण आता है। विद्योत्तमा की याद आती है, सांसों की गति विपरीत हो जाती है। मालिनी घबराये स्वर में कहती है-

"आप हमें अकेले छोड़ नहीं जा सकते महाकवि, हम आपके साथ जाएंगे।"

इतना कह वह इधर-उधर देखती है। उसकी नजर सामने रखे फल के साथ चाकू पर जाती है और वह चाकू उठाकर अपने पेट पर लगातार दो बार वार करती है। ऐसा लगता है मानों धरती डोल रही हो याद आता है तो बचपन से अब तक मातृगुप्त, महाकवि कालिदास, महाराज कालिदास

की अलग-अलग छवि। महाकवि का सिर अपनी गोद में लिए स्वयं के खून से लथपथ उसका सिर महाकवि के सिर पर लुढ़क जाता है और दोनों के प्राण-पखेरू एक साथ उड़ जाते हैं।

कामायनी किसी प्रकार उठकर खड़ी होती है और एक गुप्तचर के माध्यम से महाराज कुमारदास को सूचना भेजती है।

महाराज कुमारदास भी व्याकुल एवं परेशान है।

उन्हें किसी अप्रिय घटना के होने का आभास होने लगता है। तभी कामायनी का गुप्तचर तुरन्त पहुँचने का आग्रह करता है। महाराज कुमारदास तुरन्त वेश्या-सदन के लिए प्रस्थान करते है। पहुँच कर यूं महाकवि कालिदास और मालिनी का निर्जीव शरीर देख मूर्छित होकर गिर जाते हैं। कामायनी किसी प्रकार उन्हें चेतना में लाती है।

महाराज कुमारदास के नेत्रों से आंसू की एक बूंद भी नहीं गिरती। वे समझ नहीं पाते कि ये सब कैसे हुआ और क्यों हुआ। वह कामायनी से स्वर में पूछते हैं-

"कामायनी...ये सब...कैसे.."

कामायनी सिर झुकाये निरूत्तर खड़ी है। कुछ पल पश्चात् स्वयं प्रायश्चित करने के उद्देश्य से कहती है-

"आप मुझे मृत्युदण्ड दीजिए महाराज...ये अनर्थ मेरे ही लोभ की उपज है।"

महाराज हतप्रभ हो उसकी बातों को सुन रहे हैं।

कामायनी सारी बातें बताती है। महाराज उसकी बातें सुन क्रोधित हो कहते है-

"ओ लालची स्त्री, तुझे मुद्राओं का लालच था तो हमसे मांग लेती... जानती है तूने हत्या कर दी...ये कोई साधारण व्यक्ति नहीं बल्कि महापुरूष महाकवि महाराज कविन्द्र कालिदास थे।"

कामायनी की आँखों से प्रायश्चित के आंसू बहने लगते हैं।

वह सिसक-सिसककर रोते हुए प्राणदण्ड की भीख मांगती है।

"महाराज मुझे प्राणदण्ड दीजिए-महाराज मुझे प्राणदण्ड दीजिए।"

कुमारदासः-"नहीं...तुझे हम प्राणदण्ड नहीं देंगे...बल्कि उससे भी बड़ा दण्ड देंगे एक लाख स्वर्ण मुद्रायें ताकि तुझे जिन्दगी भर उन मुद्राओं को देख अपनी भूल का एहसास हो और जीवन-पर्यन्त तू प्रायश्चित की अग्नि में जलती रहे।"

हिन्दुओं के धर्म के अनुसार पार्थिव शरीर को सूर्योदय से पहले अंतिम संस्कार नहीं किया जा सकता। इसलिए कुमारदास सारी रात्रि मालिनी एवं महाकवि के पार्थिव शरीर के समीप रहकर सूर्योदय की प्रतीक्षा करने लगें।

पूरे सिंह द्वीप में रातों-रात यह कटु सत्य अग्नि की तरह फैल गया कि महाकवि कालिदास की हत्या एक वेश्या के हाथों हो गई और हमारे महाराजा कुमारदास अत्यन्त व्यथित है। महाराज के आदेशानुसार महाकवि एवं मालिनी को पृथक-पृथक स्थानों में रखा गया।

कुमारदास की आँखों में वे सारी उमड़ने लगी जिसमें उन्होंने कालिदास के साथ अपने मधुर क्षण बिताये थे। साथ ही मालिनी का प्रेम, उसका महाकवि के प्रति समर्पण भाव इत्यादि। सारी रात्रि उनके मन-मष्तिष्क में उथल-पुथल मचती रही। कभी आँखों में अश्रुओं की धारा बह निकलती और कभी आँखें शून्य में शून्य की तरह देखने लगती। महाकवि का विद्योत्तमा द्वारा अपमानित होना। षड़यंत्र द्वारा उन्हें देश निकाला के आदेश का पालन करना इत्यादि। मालिनी का कुमारदास (उन्हें) तिरस्कृत करना वो भी सम्मान के साथ।

सारी रात्रि वे इधर से उधर घूमते और विचारते रहे। अंत में उन्होनें मन ही मन एक कठोर निर्णय लिया। जिसका आभास पूरे प्रजावासियों में से किसी को नहीं हुआ।

सूर्योदय होने के साथ ही पूरे राजकीय सम्मान के साथ महाकवि कालिदास का पार्थिव शरीर की चिता सिंहलद्वीप के माटर नामक दक्षिणी प्रान्त में (रमाशंकर तिवारी रचित महाकवि कालिदास से पेज नं-31 से) किरिन्दी नदी के किनारे सजायी गयी।

राजकीय मान-सम्मान से विधि-विधान अनुसार महाराज कुमारदास ने मुखाग्नि दी। महाराज कुमारदास के मष्तिष्क में महाकवि के संग बिताये प्रत्येक क्षण का स्मरण हुआ। पूरी रात्रि के उधेड़-बुन के उपरान्त उन्होंने जो अचंभित निर्णय लिया था वह अब भी अटल था। महाराज कुमारदास के मष्तिष्क के विचलन का स्तर क्षीण होने के बजाय बढ़ता चला गया और अंत में वे इतने विचलित हो गए कि महाकवि कालिदास की चिता में कूद-कर स्वयं के प्राणों की आहूति दे दी।

समाप्त

www.ingramcontent.com/pod-product-compliance
Lightning Source LLC
Chambersburg PA
CBHW030102170426
43198CB00009B/459
* 9 7 8 9 3 8 7 4 5 6 6 8 6 *